ルネサンスのパトロン制度

PATRONAGE IN THE RENAISSANCE

Edited by Guy Fitch Lytle and Stephen Orgel

ガイ・フィッチ・ライトル／スティーヴン・オーゲル 編
有路雍子／成沢和子／舟木茂子 訳

松柏社

ルネサンスの
パトロン制度

PATRONAGE IN THE RENAISSANCE
edited by Guy Lytle and Stephen Orgel

Japanese translation published by arrangement with Princeton
University Press through The English Agency (Japan) Ltd.

目次

演劇

美術

はじめに

本書は、一九七七年五月にフォルジャー研究所シェイクスピア・ライブラリーで行われた、同研究所主催、ガイ・ライトル企画のシンポジウム『ルネサンスのパトロン制度』に基づいている。このテーマはルネサンス研究において重要性を増しつつあるもので、当初は美術史家が注目したが、最近では政治史、社会史、文化史の研究者たちの新たな興味の対象になっている。パトロン制度は複層的なシステムであり、社会の表層で豪奢な芸術作品を供給するためのものというばかりではなく、ルネサンスの文化に内在する本質的で不可欠な要素として機能を果たしていることはすでに明らかになっている通りである。

掲載した十四編の論文のうち八編――ガンダーシェイマー、ハーディング、ペック、ライトル、オーゲル、ジャンソンの各教授、それにホープ博士とルイス博士によるもの――はシンポジウムでの発表がもとになっている。残りの六編は寄稿であるが、執筆各氏のこの分野での仕事はきわめて独創的、挑戦的であり、そのうえシンポジウムの参加者が論じていない領域に触れている。

ここでは主題の広がりを地理的に網羅するつもりはない。それより我々が関心を持ったのは、パトロン制度についての興味深い最新の仕事に用いられている広範で多様な方法論であり、それらの方向性と相互関係を示すことである。ワーナー・ガンダーシェイマーの論文はルネサンスのパトロン制度全般についての序論であるが、その他のより専門的な論文は、この主題特有の領域とか状況というよりは、特有の疑問とか問題にそれぞれ取り組んでいる。執筆者の多くは、ルネサンス期のイングランドにおけるパトロン制度の諸相を扱った。これは、一つには、スポンサーになっているフォルジャー研究所の関心を反映しているのであるが、また、特に現在成果の上がっている仕事が多い領域を指し示してもいるのである。イングランドへの関心の集中は、偏向というよりは、確実な成果が期待できるテストケースであると思われる。三人の美術史の専門家が扱っているのはイタリアの事例であるが、これをキプリング教授とスマッツ教授の論文の、それぞれチューダー朝とスチュアート朝のパトロン制度を扱ったより広い概念の文脈に置いて読めば、遅れてルネサンスを迎えた他の社会でイタリアの状況がどの程度、どんな方法で規範となっていたかが明瞭になる。全体として見てもらえれば、本書はルネサンス文化にとって中心的なシステムであるパトロン制度というテーマの持つ、まぎれもなく学際的で、一元的な性質を例証したものであることがわかるだろう。パトロン制度は、たとえ（マロッティ教授とヴァン・ドーステン教授が示しているように）効果的に機能しなかったときでさえも、ルネサンスの中心的なシステムであることに変わりない。芸術のパトロン制度は政治的なパトロン制度の一部であり、賛美とか汚職とかいう概念は、このシステムに付きまとう現実の目的という光りに照らして、絶えず吟味し直さなければならないのである。

終わりに、本書のタイトルに〈ルネサンス〉という語を使ったことについて、一言述べなければならない。これは、一般に認められているように、厳密に歴史学的に構成されたものが表現できる以上のものを表せる便利な言葉である。チャールズ一世の宮廷をルネサンスの宮廷と呼ぶことは、疑いもなくその語の描写力の有効性をほとんど致命的に弱めてしまうことになるだろう。しかし同時に、それはまたイングランドと北方の国々全体が、十七世紀のはじめという時代にもかかわらず、いまだに深くルネサンスの理想に染まっているのを示唆してもいる。したがって、我々の主題の持つ幅の広さが、ある程度の語彙の拡大を正当化してくれると思われるのである。

スティーヴン・オーゲル

第一部　序論

一章　ルネサンスのパトロン制度——新たなアプローチ[1]

ワーナー・L・ガンダーシェイマー[*]

パトロン制度は、広義には「個人、団体、著作、美術品などに支援、保護、奨励、賛助を与えるパトロンの行為を表すシステム」と定義することができる。とすればそれは産業革命以前のヨーロッパを支配していた社会過程〔社会を構成するすべての人の間の関係的活動。社会構造に対する語〕の一つとしてすでに確立されていたシステムなのは明らかである。[2]初期ヨーロッパの高度な物質文明が専門家による生産を基盤としているのだから、パトロン制度は事実上その文明とは切り離せない構造的特徴としてさまざまな分野に浸透している。例えば、俗界と宗教界における役職の任命、人びとが働き、祈り、生活するための建物や空間の構想と創造、物質文明と精神文明が生み出すものの製作などにこの制度のもたらす効果が見られる。また、社会的なグループ——家族、部族、ギルド、（経済的、社会的、職業的あるいは性的な）集団——の行為を組織し、このようなグループ相互の関係を表す契約のシステムの中にもパトロン制度の反映がある。しかし、我々はよく研究のためにこの言葉を特定の学問領域の分析対象に都合のよい、もっと限定した意味に使いがちである。そうではなくて、重要なのは、個々のパトロン、およびあらゆる種類と程度のパトロンとしての一つ一つの行為は、その直接的な文化のコンテクスト内だけで理解するべきではないという点を認めることである。パトロンやその行為は、ヨーロッパの社会的、知的歴史においてパトロン制度が持つシステムとしての効果を扱った、もっと包括的な理論によって考察することもできるはずである。

だが、このような理論を完成させるには、この小論の目標と限界を大幅に越えなければならない。こうした仕事に求められるのは、膨大な量の歴史的資料についてのさまざまな社会科学領域の考え方を適切に使いこなす知的素養と手腕である。したがって、ここでできるとしたら、せいぜいこれを総合的な学問のための長期的目標として掲げるということぐらいであろう。

ところで、近世初期のシステムとしてのパトロン制度への一つのアプローチを、〈否定的な方法〉つまり、既存の概念を疑ってみること、によって組み立てることができるかもしれない。パトロン制度がないルネサンス社会などというものが存在するだろうか。ルネサンス社会の基本的な特徴とはなんだろうか。パトロン制度のある社会に反対あるいは否定の立場は、その社会のどのような面を我々に理解させる手助けになるのだろうか、といったような否定的な側面からの考察である。私はこれらの問に理論と実際、あるいは創作と歴史と言ったほうがより正確かもしれないが、この両面から答えてみようと思う。

ルネサンス文学が社会思想を具体的に表現しているものである限り、パトロン-クライアント関係というシステムの介在は自明のものと考えられがちである。アリオストやカスティリオーネが描く宮廷社会においても、ボッカッチョ、アルベルティ、マキャヴェッリが描写するいささか中央から離れた貴族社会においても、ともに人びとは彼らの上位者に敬意を払い、保護を受け入れることを期待されている。[3]十五世紀のもっとも理想主義的なイタリアのテクストでさえ、世に出たいという欲望をパトロンによる後援と結び付けている。フィラレーテの構想した理想都市スフォルツィンダは、彼自身のパトロンであるフランチェスコ・スフォルツァからその名を取ったものである。[4] もっと現実的なところでは、都市に住む人びとはそれぞれ階級によって独自の建築様式を持っており、ルイジ・フィルポに言わせれば「それには皆、矛盾する無益な要素であるルネサンスの君主の名を戴いている」。[5] たしかにフィルポにとって君主の名などは矛盾する、無益なものであったろう。彼はフィラレーテの主張を、改革者として、最初のルネサンスのユートピア主義者のものとして前面に押し出したいと思っているのだから。しかし、フィラレーテにとってはスフォルツァ家なしではスフォルツィンダはなく、明確に分節された社会階級制がなければ理想都市は存在しなかったであろう。かなりの修正や合理化はしているが、フィラレーテはイタリアの都市世界に見た社会、政治組織および文化の後援制度という約定を受け入れていたのである。[6]

ルネサンスのイタリア人で特定のパトロンを拒絶した者を探すのはそう難しいことではない。（この風潮を根拠にして、美術家の場合かなりな程度パトロン制度からの自立が可能だったと推論する学者もいた。だが実際は、多くの美術家は自立など夢想さえしなかったのである。）しかし、この時代で私が知る限り、パトロン制度に対するもっとも顕著な本物の攻撃は北ヨーロッパにあった。ついでにここで、エラスムスのいつもの複雑でバランス感覚に富んだあの姿勢について述べてみるのも良いかもしれない。だいぶ以前にJ・オユーが証言したように、エラスムスはパトロン制度に依存していたが、しかしつねにそれが持つ危険も感知していた。[7] 折に触れて金貨の詰まった財布を受け取り、その他にも馬をあてがわれ、高級なブドウ酒を一箱もらい、長い逗留さえ許されていたのだが、彼は自分自身をクライアントという役割で定義することには同意しようとしなかった。このため多くの抜擢の機会を拒絶したし、また誘惑に負けた者たちについて深い疑いの念をもって書き記してもいた。[8] この時代にはまれだったが、彼の態度は文化的「スーパースター」と呼んでもよい者の持つ特権であった。「スーパースター」というのは、彼との一体化がパトロンにもたらす利益が、彼がパトロンに長く依存していることから得られる利益よりも大きいという事実を表すきわめて日常的な表現である。

　しかしエラスムスの留保条件は、行動上のものも教義上のものもともに、パトロン制度に対する反対理論を形成するにはほど遠かった。そのためには彼の親友であったトマス・モアに視線を移さなければならない。『ユートピア』は社会の現実像と理想像の両方に正面から立ち向かっている。まず始めは、極端な機能不全を示す人間社会を情を廃した厳しさで起訴する。マーチン・フライシャーが見たように、そこには「囲い込みと農村の人口減少、価格革命と貨幣の品質低下、失業、乞食、浮浪者、それに紳士階級の追剥、上層階級の謀反と農村の不穏な動き、農地経済の変化――など、イングランドの一五四〇年から一六四〇年までの期間、〔その時代を専門とする経済史家の名を取って〕《トーニィの世紀》と呼ばれている時代を構成するほとんどすべてのものがある」[9]。こうした事態に対するモアの解決法は、第二巻に具体的に示されている平等主義の社会、人びとの間に経済的、社会的、政治的区別が見られないように意図された社会である。もちろん適性や能力の違いはあるが、遺伝的なものは別として、それが恒久的な地位の差異になることは禁止されている。モアの社会的平等主義は仕事のタイプ、衣服や住居の様式、その他さまざまなところで強調されているが、ユートピアのシステムのもっとも重要で中心になる要素は私有地制度の撤廃である。これまで多くの優れた学問的知識がモア研究に捧げられてきたが、ユートピアにおける富の分配がもたらす一つの大きな効果はパトロン制度の根絶であるということが十分に評価されてはいなかったと思う。我々はこの効果が、モアの目指しているより一般的な「価値の再評価」という仕事の一部であることを明らかにするべきだろう。[10] ボエティウスのいわゆる〈貴重なる禍 pretiosa pericula〉金は、寝室用便器の製造に関わるところまで追いやられるとき、それが持っていた交換の仲介物としての機能を失う。この逆転では、金はまたもっと微妙なもの、その鑑賞的装飾的な要素も失ってしまう。ここでは社会的基準も芸術的基準もともに放棄されている。しかしながら、これと同様に衝撃的なのは、モアはパトロン制度の物質的側面ばかりか社会的側面も切り捨てていることである。貴族はおらず、誰もが働き、共同で肉体労働をする。生活関連施設も例外ではなく、すべて共有されているのである。

モアはそれと判るようには芸術についてはほとんど何も言っていない。しかし、庭園に関する一節は、しばしば見過ごされてきたものだが、考えてみる価値があると思われる。庭園にはルネサンスの私的なパトロン制度を研究する者ならだれでも関心を抱くような主題がある。なぜなら、本来持っている性質によって、その主題は我々の偏狭な学問の境界を超越しているからである。天上の楽園をイメージする庭園、この世の楽園、神話のアナロジーに組み込まれたものとして、また自然に対する人間の優位を主張する試みとしての庭園は、文学や美術にたくさん見られる。[11] このような庭園の実際の創造過程を理解するには、美術、建築、古典的技法、建築諸職、その他特殊な領域を専門とする歴史家たちの力を必要とする。[12] モアの庭園には自然界の複雑さもなければ知的な奇想もない。首都アモーロートにある「平均的なレベルを超えた」区画毎に立ち並ぶ住宅を、モアは次のように描写している。

　住宅の後側には区画の長さ一杯に家の裏側で囲まれた広い庭がある。各住宅には表通りに通じる戸口だけでなく、庭に通じる裏口がついている。その上、片折戸は手で押せば簡単に開き、ひとりでに閉まるので誰でも自由に出入りできる。したがって、どんなところであろうと私有財産はない。実際、十年ごとにくじ引きで家を交換するのである。[13]

この庭の開放性と公共的な利用という概念は、比較の対象として、中世後期の宮廷や修道院あるいは中産階級に属するまわりを取り囲む塀を持った理想的な庭園を取り上げれば、さらに深い意味が加わることになる。〈囲われた庭 hortus conclusus〉〈快楽の庭 locus amoenus〉〈私有の庭 giardino segreto〉は、排除の幻想（時には実現することもある）であり、最近出されたエリートについての論集の題を借りれば、『富豪と上流階級と権力者』[14]のために確保されたものである。だが、モアの庭は単なる公共の広場あるいは運動場ではない。そのことを彼は次のように述べている。

ユートピアの人びとは庭をたいへん好んだ。彼らはそこにブドウや果物、ハーブ、花を作った。手入れがよく見事に育っており、外のどこにも見られないほど豊かにおいしい実がなっていた。彼らがこうした植物を世話する情熱は、ただ楽しみのためというばかりではない。住宅区域毎にどれが一番優れた庭かを決める競争があったからである。[15]

ここでは、競争本能が農作業に没頭することで純化されている。というのも、ルネサンスのエピクロス主義者にとっては、農作業は本来文化の一変形だからである。その結果は、芸術的にも経済的にも豊かな果実が得られる。これは集合的努力の産物であり、共有できる楽しみである。つまり、パトロン制度の対極にあるものなのである。

『ユートピア』からはさらに多くのこのような例、人民によって選挙され、女性も就くことができる聖職、すべての人を平等に扱う裁判制度などの例を追加できる。全体的な問題点は明白である。階級制度を除くことで、モアは少なくとも理論上は、富と職業と地位の差異にその存在理由をおく政治、経済、そして明らかに芸術のパトロン制度を廃したのである。宗教改革の時には、これほど系統的ではないがもっと直接的なルネサンスの階級制度に対する攻撃も表面化している。これについて考えるとき、トマス・モアが俗界のパトロンに仕えるのを最終的に拒絶し、喜んで命を捨てたことが思い出されるのである。[16]

宗教改革の中心的指導者は、聖書本位主義においてどんなに急進的であろうとも、政治的信条においては根深い、文字通りの保守主義者だというのはつねに認められてきたことである。ルターもツウィングリもカルヴァンも、ローマ人への手紙第八章に基づいて、法律上の権威者には従うべきであると一貫して主張した。こう言うことで、彼らはほとんどの現実社会の階級制度を支持していた。その見返りとして、しばしば都市や行政官庁のエリートからの保護を得ていたのである。だが、このように政治的パトロンとは手を結ぶ一方で、いくつかの別の形のパトロン制度には果敢に挑戦した。教会の階級制度は倒されて、教会会議と宗教法院の話し合いに置き換えられた。聖職の理論と聖典礼の実践、人間の差別、そして男女の差別もある程度までは緩和されるようになった。彫像を禁止し、偶像崇拝反対を標榜する聖書の禁止令を文字通り受け入れたため、幾つかの地域では美術品に対する教会のパトロン行為が事実上停止になった。この際の偶像崇拝とは、ローマカトリック教会の実践している広範な儀式（一部濫用もあるが、これはみな神聖なものとされている「伝統」という拘束を楽しんでいた）を指す非難の速記文字的表現である。このような新しい事態の幾つかを、パトロン制度の多様な展開に対する（そして、しばしば民衆から起こった）攻撃であると意識的に考えているわけではないが、機能的には意図的な攻撃と区別することはできない。この点を強調するため、ビザンチン帝国の場合とまったく異なった現象である、宗教改革時の聖（画）像破壊についてかんたんに述べておくとよいだろう。しかしだからと言って、これがある宗教改革者たちと彼らを保護していた俗界の指導者との間にあったパトロン的な関係を否定するためでないのは当然のことである。

十六世紀北ヨーロッパでは、何千もの絵画や彫刻が教会や修道院から強奪されて破壊された。壊されたもののリストは、もしそのようなものが作れるとすればだが、興味深い視覚芸術の殉教録になるであろう。私がここで言いたいのは、このような行為を単に神学的な批判の表現だとか、手綱を外された群衆の熱狂の表れだとか説明するのは単純に過ぎるということである。この狂気の行動には別の、おそらく無意識の論理があったということが二、三の例から少なくとも推測はできるだろう。聖（画）像の破壊は一五二三年九月一日にはもうチューリヒで始まっていたようである。レオ・ジュートの説教とルイ・ヘツァーの偶像に反対する論文が出たのに引き続いて、熱狂的な一団がチューリヒ近くのスタンデルホーフェンでキリストのはりつけ像の付いている大きな十字架を壊した。この事例は破壊されたものがどうなったか判っているまれなケースの一つである。叩きこわされた破片は貧しい者たちに薪として配られたのである。[17] これより雄弁に聖職者の父としての統制を否定した事実、またこれより力強く象徴的に社会的関心という新しい意味を肯定した事実を考えつくことはできないだろう。同様の例が、一五六〇年代にネーデルランドやその他のところでも起こっていた。

一五六六年、ネーデルランドにおいてカルヴァン派の反乱があったが、その間の聖（画）像に対する攻撃はほとんど組織的と言えるような形を取っているのがわかる。これには宗教闘争への民衆の参加がだんだん増えているという事実が作用していると思われる。ペイター・ハイルよれば、ネーデルランド議会はかねてから国民意識の証しとして機能していたが、「国民がその当時ほど広い範囲で熱心に参加したことはそれ以前にはけっしてなかった」。この民衆参加はどのような形を取ったのだろうか。まず始めに彼らは集まって説教を聴き、教会の外で賛美歌の合唱に加わる。それからもっと攻撃的な役割を求め、それを偶像の破壊に見出すのである。ハイルはその運動の様子を次のように描写する。

その運動は言語境界地方、新しい織物製造業が産業労働者階級を生み出した地方で始まった。……彼らの宗教的熱狂は社会不安ときわめて近い関係にあった。突然、群衆は狂気のような怒に捕らえられ、大挙して教会に押し寄せ、古い宗教の宝物とされていた象徴物や装飾品をすべて壊した……。多くの場合……このような行き過ぎは指導者たちを驚かせ、狼狽させたが、彼らの狂信的な言葉が群衆の熱気をあのようなところまで煽ってしまったのである。いずれにしても、それは荒々しく真っ正直で、芸術や美にはまったく敬意を払わないカルヴァン派のやったことに間違いない。[18]

ハイルのようにほとんど嬉しそうにこのような出来事をいきいきと再現して見せる者は別として、こうした出来事をあまり重視しないやり方も多い。たしかに、彫像を叩きこわす方がアルバ侯爵の軍隊に立ち向かうよりは容易なことである。しかし、反乱をこのような側面で考えるのはその文化的な意味を見失うことになる。職人や工芸家がこうした攻撃を行ったという点がことに興味深い。彼らはカトリック派に属する同業の者たちがしたように、彫像のかわりに人間を殺すこともできたのである。また、彼らは芸術作品の製作に関わることについては何らかの知識もあった。自分たちと同じ階級の者が何世紀にもわたってこうした貴重品を作ってきたのである。にもかかわらず、明らかに破壊がここでの目的であり、略奪は、もしあったとしても、ほんの小さな役割しか果たしていない。我々が見ているものは単なる社会的欲求不満のはけ口ではないだろう。それはおそらく意識的、象徴的な過去の抹消であると理解する方がよいだろう。聖（画）像――聖人、英雄、父の像と母の像、服従と尊敬の対象物――は日常生活の社会生態学の中で重要な役割を演じていた。それらを注文した俗界と教会のパトロンのように、像は不変のまま立ってあらゆる人間に要求を出しているのである。神学的には、偶像は取り除くか、あるいはそれを敬うのを拒絶するだけで十分なはずである。しかし、ルネサンスの偶像破壊はこれだけでは収まらない。天上と地上の両方の階級制度を出現させた当のシステムを攻撃することをその中に含んでいるのである。[19]

これまで私がパトロン制度に根拠を置く社会・経済秩序に対する、多少とも直接的な攻撃であると考えてきたいろいろな理論や行動は、このシステムを個人の主義主張によって拒絶するというレベルのものとはまったく異なるものである。人間の自由という概念がいまだ未熟でほとんど知られていなかったこの時期に、主義に基づく拒絶などを期待するのは時代錯誤というものであろう。したがって、ジョンソン博士のよく知られたパトロンの定義には、当のパロトンは言うまでもなく、もしルネサンスの芸術家が耳にしたら、驚かない者があるとは思えない。

閣下、パトロンとは人が水に溺れて必死でもがいているのをただ傍観していて、岸にたどり着いたとなるとお節介にも手をさしのべる者ではないでしょうか。私の作品のためにお書きくださった推薦文も、もう少し早いときならばありがたかったのですが、どうでもよくなり、喜べなくなったころに頂いたのでは。私は独りになり、その喜びを分かち合える者もなくなってしまいましたし、人にも知られるようになって、あなたのお力はもういらなくなったのです。[20]

最近の研究では、十八世紀の英国の文人たちの間で流布していたパトロン観は、リスクがなくなって、称賛が得られてからやっと登場する投資家というものであったことが示されている。こういうパトロンの登場は、一六〇〇年以前に存在していたものとは異なる、文筆の才能のための市場ができるまで待たなければならなかった。[21]もっとルネサンス的なのは、教会などの恩恵を受け活躍していた者たちが抱いていたようなパトロン制度とその経済的援助に対する考え方であった。例えば、歴史家で外交官でもあったフランチェスコ・グィッチャルディーニはこう書いている。

私ほど聖職者の野心、金銭欲、そして肉欲を憎む者はない。これらの悪はそれ自体憎むべきものであると共に、神によって生きることを表明している者には、そのどれ一つ取ってもまったく相応しくないからである……。それにもかかわらず、数人の教皇のもとで私が得ていた地位は、教皇の利益を増すよう強いるものであった。それも私自身のためにである。もしそういうことがなかったら、私はマーチン・ルターを自分と同じくらい愛せたことだろう。[22]

ルネサンスにおけるパトロンとクライアントの複雑な関係を考察するときには、初めからこういう態度を念頭に置かなければならない。その態度が、『ユートピア』第一巻の作者と、君主の助言者の役割は相手の意志と意見に偽善的服従を強いるものであると述べる現実のモア[23]との結び付きを感知させるのである。グィッチャルディーニとモアという二人の学識豊かな政治家は共に、制度としてのパトロン行為は基本的に政略的な性質を持つということを完全に把握していたのである。ニューギニアの部族社会から現代英国の民族社会まで、人間の社会組織を観察する学者たちはある一つの構造を探り出している。それは、確かにさまざまな変形はあるが、「自分の周囲に権力によって忠誠のネットワークを張り回らし、その社会の他者にとっての力の中心をなす指導者」の支配を伴う構造である。指導者がこのような支配に到達するのに成功すると、さらに次の勝利が生まれる。メアリー・ダグラスの観察によれば、「指導者の勢力を規制するようなすべてに優先する共同体の利益などほとんどない。彼の影響力が強ければ強いほど、彼への支持は集まるのである」[24]。このような人物には競争者がいるかもしれないが、それがそのシステム自体の統一性をおびやかすことはない。このような構造を示す社会は、人類学の用語では、「ビッグマン・システム」と呼ばれる。

このようなビッグマン・システムが世界中に――メラネシアに、北米大陸北西太平洋沿岸地帯のアメリカインディアンの間に、フィリピン諸島その他に――あり、産業革命以前のヨーロッパにこのシステムが強い影響を与えた可能性について我々に注意をうながしている。実際、幾人かの人類学者は権威主義型の部族社会を描写するのに、歴史学者の中のある者たちがイタリアのシニョーリア制や、バラ戦争時のいわゆる庶子封建制度の出現を描写するのに使ったのと非常に近い語を用いている。[25]両者には次にあげるような共通の要素がある――ビッグマンの手にある権力の増加、服従とパトロン制度のパターンの展開、政治と芸術両方における敵対

1.1　T. ホッジソン『ユリウス三世に自作のミサ曲を捧げるパレストリーナ』挿絵

する権力者間と彼らのクライアント・グループ間の競争。

こうした組み立てを持ったルネサンスの社会階級制が、パトロン制度の典型的な側面を明らかにするために役立つ方法が幾つかある。この論文の残りの部分では、理想的支配者という主題にまつわるいくつかの例をあげていきたいと思う。最初の例として、ここにある木版画（図1・1）が好都合であろう。ここで教皇――聖なる父、おそらくはビッグマン中のビッグマン、あるいは間違いなくその地位に対する永遠のライバル――はお抱えの作曲家から一冊の楽譜を受け取っているようである。作曲家の謙遜は、彼が膝まづいていることばかりでなく、教皇聖座を置いた壇の下に位置していること、衣服がきわめて質素であること、服従を表した表情、そして階級差に従った二人の人物の大きさによっても示されている（中世の寄贈者と聖人像、あるいは忠誠か帰属を表す封建時代の像のように）。彼はパトロンを直視することなく、目をそらして中景を見つめている。一方、教皇はこの献呈を祝福のポーズで受け入れている。彼の態度は父として相応しいものである。彼の身につけているものはすべて教皇の権力を表している。大外衣は〈俗界の大人物たち uomini famosi〉の教会版である聖人たちの像で飾られ、彼を世俗世界の階層と同じく霊的世界の階層においてもその頂点に結び付けている。このような献呈の図は珍しくなく、同様の服従と慈悲深い受容という表象はよくある。[26] 以上のことはこれと対になる関係――パトロンがクライアントに何かを与えるという関係についても言える。ここでも一つ例を挙げればよいだろう。忠実な犬や廷臣たちに囲まれ、気に入りの道化に褒美を与えているボルソ・デステの華麗な姿が描かれた絵（図1・2）を考えてみよう。現存するスキファノイア宮殿のフレスコ画すべてと同じく、この場面には宮廷における階級の区別が細心の注意で守られている。[27] 同じことがマントヴァのゴンザーガ家にあるマンテーニャのフレスコ画についても指摘されているが、現存しないものを含む他の作品についても言えるだろう。

これらの例からすると、ルネサンスの階級制度におけるパトロン‐クライアント関係では、少なくとも形式的なあるいは行動上の服従が求められていたようである。しかし実際は、北方の宮廷においてさえも、人生は理想化された表現よりも複雑であった。芸術家たちは時として雇いあげの条件に抵抗したり、あるいは特定のパトロンとの約束を延ばしたり、また拒絶さえしようとした。こうした行動をシステム自体に対する反抗というような筋道の通った意味に解釈するのは誤りだろう。そういう行動が示しているのは、パトロン‐クライア

1．2　フランチェスコ・デル・コッサと助手たち『道化に褒美を与えるボルソ・デステ』

ント関係に含まれているものの外にある二つの階級組織に注意を払う必要についてであると思われる。この二つとは、社会的集団としてのパトロン間の階層と、職業団体の中核である芸術家間の階層である。こういうものは時と場所によって変わるし、人によっても変わるが、何らかの一般的な見解を述べることもできるだろう。

パトロンたちの間に階層があることはイタリア都市国家において効果的に示される。まずはじめに、個々の都市には、暗黙のうちにではあっても、それぞれ固有のパトロンの序列がある。この暗黙の序列における〈シニョーリアたち〉の地位がどんなものかは容易に推測できる。通常、一番上に来るのはシニョーリアとその直系の家族である。彼らにはもっとも多くの収入があるが、他方で（よく見落とされる点だが）きわめて多様で広範な義務という重荷を背負ってもいる。[28] 彼らとその身近の者たちからなる選ばれた集団だけがその地域の最高水準の才能を引き付ける力を持っている。そればかりでなく、その都市、地方、あるいはイタリアそのものも越えるより広いネットワークから、そういう才能を引き寄せる力をも持っているのである。遠くに配置した密偵や収集網からはたえず情報が送り込まれ、より広いネットワーク――イタリアという国家を一つのコンテクストに想定したとき、その中の都市国家指導層のネットワークの内で、彼らがライバルとして競うことを可能にしているのである。

大きな都市のエリート――君主一家とその傍系の人びと、宮廷人、そして貴族の小集団――はその地域で支配的な役割を演じているため、政治的、知的判断力を高め、他の都市の同じような立場のエリートたちと業績の優劣を競うことを強いられている。このような地方のエリートたちは、クライアントが別の都市国家の同じ立場の者たちと彼らを比較して判断していることを知っている。この点に関しては寡頭政治の派閥や一門に支配されている共和国についても、シニョーリア政体の場合と負けず劣らずの状態であると言える。このようにしてビッグマンたちのひそかな競争が始まった。地方のパロトンは、その土地の才能ある者に恵まれていれば、他所から有名な美術家や技芸家を招聘するよりは経済的で、自前で間に合う貯えから選択することができるだろう。その際には、経済的な面と趣味の面を考え合わせて決断することになるのだろうが、このことからある一定の芸術形式におけるその地域特有の様式がかなり持続して発達するというパターンが出現する。こうして、芸術のその地方における流派が生じる。もしその地方に才能ある者が不足していれば、パトロンはある領域の活動をなしで済ませるか、あるいは他所から助けを補給するか直ちに選択しなければならないだろう。もし他所に探しに行くとなると、もっと出費が多くなるのは当然としても、もっと広く、複雑な市場での競争をしないわけにはいかなくなる。パトロンたちは彼らがしていることによほど深い関心を持っているのでなければ、こうした代価を支払いたくない、あるいは支払えなくて、最高の資質を持った者よりは劣ったクライアントで我慢しなければならないという結果になるだろう。

例えばフェッラーラでは、エステ家の人びとがその土地出身の多くの芸術家を長い年月にわたって保護し、相当の成果を上げていた。これらの芸術家は他所からの依頼も受けていたが、エステ家の宮廷が彼らの仕事の中心であったし、そこで与えられた名声によって他所のパトロンたちを引き付け、時には本拠を離れて仕事をすることにもなったのであった。ボルソ・デステに宛てたフランチェスコ・デル・コッサの有名な手紙は、芸術家もまた地域の境界を越えた市場制度の中で、決定権のある場を持つことを十分意識していたことを示している。コッサは言う「どうかお考え下さい、私はあの控えの間に続く壁の三枚のパネル画を描いたフランチェスコ・デル・コッサなのですよ。……今ではいささかの名声も得ましたのに、フェッラーラでは未熟な見習いと同じような扱いを受け、評価され、そういった連中と比べられているのです」。[29] コッサがここで経験したのは社会学者が言うところの地位の不調和というものである。彼は、自分の職業集団内で獲得した力で当然得る権利があると思われる報酬を、現実には与えられていないと感じているのである。このような立場にいる人がその期待を満たされない時には、どんなものであろうと移動できる可能性があればそれを使って、もっと適正な報酬を得るために危険をも辞さない行動を新たに起こすだろう。コッサのボローニャへの旅立ちは、もっとも理にかなった方法でこのシステムを例証した。ことに〔フェッラーラでは〕トゥーラが若いコッサがぜひとも手に入れたかった愛顧をすでに受けていたのであるから。このような決定には、ふつう経済的報酬の問題はもちろんあるにしても、心理的社会的な報酬という問題も含まれているのである。

エステ家ではコッサを失ったが、なんとか別の優秀な画家を獲得し、徐々にフェッラーラ以外の出身の名匠が数多く仕えるようになった。エルコーレ一世（一四七一―一五〇五年）のもとでは、フランドルのもっとも優れた歌手と作曲家がエステ家に仕え、こと音楽に関しては教皇、ミラノ公やナポリ王とも喜んで競争に応じられたほどであった。しかしながら同じ時期、エステ家では彫刻家についてはそれほど優秀でない者を雇うことで満足していた。これが伝統的なフェッラーラのやり方なのであった。[30] パトロン行為の決定は個人的な趣味や熱意を反映はしているが、しばしばその下にある合理主義的な計算というつねに存在するパターンから目を逸らせてはならない。

我々はパトロンとクライアント――とりわけパトロンと美術家――について学問的に論じる際に、中心にある二者の関係に集中し過ぎる傾向があり、それを支える構造となる心の姿勢や社会的なつながりというネットワークを見落とし始めているのではなかろうか。ある特定のパトロンの趣味や資力や関心事が、彼の周囲で生み出された作品の理解に関連するのを否定するのは愚かなことである。実際、フランシス・ハスケルやヒュー・トレヴァー-ローパーのような宮廷のパトロン制度についての研究者は、最近の著書でこのアプローチの有用性を新たに証明している。

しかし、少なくともルネサンスにおいては、どんなに資産や権力があり位が高くても、パトロンは孤島ではない。個人の台頭という伝統的なブルクハルト流の主張は、社会についてのルネサンス的認知自体を曖昧にしてきたのかもしれない。私はここで、十五世紀と十六世紀のパトロン制度を理解するために、個人と集合的な多様体との境界を、伝統的なやり方よりはもっと流動的に、もっと多面的に見始めることが必要だということを示唆したい。たしかに、集団のパトロン行為——ギルド、自治体、同信会、修道会などいろいろあるが——に影響を与える決定は、結局のところ個人によってなされるのである。その個人が何らかの組織の人びとを代表して語る、あるいはその人びととの要望に答えなければならないとしても、それにもかかわらず自分自身の審美的、計画的な判断に頼らなければならず、パトロンとしての資力の限界を受け入れなければならなかった。[31]反対に、これはもっと議論のあるところだが、個人のパトロンはどんなに自分中心で、個人的な性癖があろうと、集団的なパトロンよりは識別しにくいけれども、彼らに劣らず現実に集団的なネットワークの一部として機能していたのである。

この論文でも他のところでもすでに指摘してきたことだが、個々のパトロンによって厳密な形態は変わるだろうが、パトロンとしての役割そのものは、ビッグマン・システムに内在する根源的な構造の一面として、権力の座にある者に義務づけられているものである。しかし、ルネサンスのビッグマンたちは、まれに一時的な例外はあるが、集団的な構造との結び付きによって支えられている。そのうちもっとも重要なものは一族からなる集団である。団体制度と家族制度をはっきりと区別する歴史家もいる。[32] このような区別は他の問題に関しては発見的な価値があるだろうが、パトロン制度の分析には役に立たない。ルネサンスのパトロンは自らの〈卓越性〉を顕示しながら、趣味人、文化人という面を持つ個人としてばかりでなく、家族それも一般的には拡大家族〔親子のみならず直系血族、婚姻血族を含む大家族を表す社会学・人類学の用語〕の名目上の頭領としての機能を持っていたのである。宮廷も規模は大きいが同じ現象の一変形であろう。こう述べることで私はリチャード・ゴールドスウェイトが優れた近著で出した一つの結論に反対することになる。彼は、イタリア後期〈クワトロチェント〉美術における大邸宅の建設は核家族という新しい概念から生まれたものであると考えて、十五世紀後半のフィレンツェの拡大家族の終わりを告げる弔鐘を打ち鳴らしたのであるが、[33] これは私に言わせれば時期尚早である。この点に関してより信頼できるフランシス・ウィリアム・ケントの最近の研究は、拡大家族あるいはクランという概念はカッポーニ家、ジノリ家、ルーチェルライ家などに十六世紀に至るまで立派に生きているということを疑う余地もなく例証している。ケントの著書中の「近隣、パトロン制度、先祖」というきわめて明晰な章では、建築計画、教会や礼拝堂の装飾方針、その他同様の事柄についての重大な決定は一種の家族集団の意志を反映していることを示している。[34]

領土を保有し、積極的に競い合うフィレンツェの家族集団について言えることは、北方の王家が治める都市国家についても同じく有効である。ゴンザーガ〈家〉、あるいはエステ〈家〉を当時の人文主義者が礼讃し、美術家が表現するとき、それを単に先祖返り的修辞であると切り捨ててしまうことはできない。それは教皇の大外衣に飾られた聖人たちと同じ響きを持っている。なぜなら、現在の指導者は遠い過去から遙かな未来まで

1．3　ジョルジョ・ヴァザーリ『大公コジモ・デ・メディチの神格化』

続いている偉大な連続体の一部であることを暗示しているからである。[35] このような主題は、幼稚で二流の表現をされると、現代人の感覚では反発を受けるかもしれない。しかし、アリオストの『狂乱のオルランド』第三巻に書かれたエステ家の系譜に心を動かされないでいるのは難しいし、ヴァザーリが描いた君主の栄光の後期フィレンツェにおける再現である『大公コジモ・デ・メディチの神格化』(図1・3)は厚かましい想像であるとは思っても、感銘を受けないでいるのも困難である。ルネサンスのパトロンたちは時間の超越を追求し、空間の超越については後代の治世者であるパトロンたちに委ねたのである。

パトロン制度についてのこのいささか

概論的で試験的なアプローチを締めくくる前に、パトロンと芸術家のさまざまな等級を表す目盛りの下端に少し注目してみたい。社会的行為と芸術生産の研究者として、我々は対象がエリートたちに片寄るのを避けるにはどうしたらよいのだろうか。今までは、たまたま資料が残っていたとか、芸術品に対する鑑識眼の好みとかいうことにどうしても影響されてきたのである。おそらくこれを完全に避けることは難しいかもしれないが、社会全体を通してパトロン制度の影響を考えるというより広い意識を持つことによって、この欠点を相殺するよう努力することはできるだろう。パトロンがみなマイケナスではないのと同じく、芸術家の方もみなホラティウスではないのだから。私が提唱した階層の法則は一般的には真実だが、階層の目盛りの下端には、二流のクライアントと組んだり、一流の芸術家のものでも大作ではないものの注文者になったりする、それほど金も名声もないパトロンは大勢いるだろう。審美的見地から言えば、このような作品は、目盛りの上端でなされた仕事に比べて稚拙で注目するだけの価値がないように見えるかもしれない。だが、社会と宗教の歴史、趣味の歴史、技芸家の仕事の組織化の歴史やその他同じような主題の多くで、このような作品はきわめて啓発的な意味を持ちうるのである。このような主題はそこに内在する重要性とともに、いまだに手がつけられていない主題を発見しようという専門家としての動機もあって、パトロン制度の研究者たちにとってますます魅力的になってきている。エレン・コールマンのアポロニオ・ディ・ジョヴァンニの工房についての近著[36]がこうした傾向の成果の一例となるだろう。

しかしここで、現代の学問的知識はその限界に直面することになる。産業革命以前のヨーロッパでは、今なら確信を持って芸術家と呼べる人びと、ことに職業的な階層では下端に近いところにいる人びとがふつう受ける注文は、純粋にその時々に必要な、はかない性質のものであった。何代も続いたどちらかと言えば特権階級のヨーロッパの人びとが身近に置いていた張り子の像、だんまり狂言に使う面、紋章付きの盾や長旗、カルタ、舞台装置、食卓の装飾品、衣装箱、誕生記念の盆、祝詩の小冊誌などがどのくらいの量あったかだれも数えられないし、それを注文した者、製作した者について個人レベルで述べることもほとんどできないだろう。こうしたいわゆる二流のまたは装飾的美術はほとんど残っていないし、ましてその創作記録が存在しないのは言うまでもない。しかしその残存する断片について、多くのことが手付かずになっている。また、当然のことながらグラフィックアートの全分野や、印刷された本の献呈文のようなテクストを系統的に研究することで、ヨーロッパのそれほど裕福ではないパトロンたちの好んだ様式と趣味の変遷にも近づく手立てがあるだろう。[37]

私はパトロンの富と彼らが注文した作品の質との間に、不変の相互関係があると言うつもりはない。しばしばたいして才能のない者に惜しみない援助が無駄に与えられていたこともある一方で、天才が孤立して苦しんでいたり、困難と闘っていた。ルネサンスのシステムは概してうまく機能していたと見ることができるが、だからと言って何らかの別のシステムならもっとよく機能したのではないか、また、そのシステムの恣意的な側面で才能あるものが無視されたりだめにされたことがなかったかと言えば、そうとも言えない。あるいは、だれかまれな才能を持った者たちが、その芸術の革命的な力によって、新しいもっと広い基盤を持ったパトロン制度を結果として作り上げることができたのを否定しているわけでもない。その一例として、ここでウィリアム・シェイクスピアの名前を上げるのが良いだろう。

前時代のモアやモンテーニュと同じように、シェイクスピアは階級制度のない世界を想像することができた。そして、当然のことながらこれもまたパトロン制度のない世界である。それがあの無人島、『テンペスト』の中でゴンザーロが、もし自分が王になるとしたらという仮定のもとに、ヨーロッパのアンチテーゼとして空想した島である。

……まず、どんなものだろうと取引は認めない。官職は廃する。
学問を奨励することはせず、金持ちも貧乏人もなく
したがって、奉公というものもない。契約、相続、
境界、私有地、田畑、ブドウ畑などをなくす。
……
君主の権利もなくします。

しかし、彼はこの理想の国家に一人のエリートをはめ込んでしまった。このことはセバスチャンとアントーニオもすぐ気づいたのである。

セバスチャン　でも王になろうというのでしょう。
アントーニオ　この国家論の締めくくりは出だしを忘れていますな。[38]

ハリー・レヴィンはこの箇所についてこう述べている。「無政府主義の問題で重要なことは、だれかが公務をしなければならないということである。責任は権威を前提とするし、権威は責任を押し付けるものである。[39]」我々はここに、責任はパトロンとしての行為を含むと付け加えることができるだろう。ルネサンスのヨーロッ

パ社会における政治的、社会的秩序はパトロン制度の構造に映し出されている。シェイクスピアはこの点を意識していたから一人の〈パトロン〉ではなく、ロンドン市民という大衆をパトロンとすることを選んだのだろうか。そうだとすれば、我々は彼の経歴をルネサンスのパトロン制度を定義する伝統的な関係の産物としてよりは、そこからの脱出、そしておそらくそれへの挑戦として見ることができよう。

*Werner L. Gundersheimer 歴史学専攻

注

1 この論文は、ペンシルヴァニア大学の歴史学研究会とエルサレムのヘブライ大学史学部、美術史学部へ提出したものを基にして書いた。これらの大学の研究会に参加でき、多くの参考になる考えを聞くことができたのを感謝している。特にYehoshua Arieli, Nancy Farriss, Michael Heyd 氏の御説は論中で言及させて頂くつもりである。

2 C. T. Onions rev. & ed., *Oxford Universal Dictionary*（Oxford, 1955, p.1449）. 最近の数編の研究は制度としてのパトロン行為の重要性に注意を喚起しているものがある。例えば、Michael Levey, *Painting at Court*（New York, 1971）; Hugh Trevor-Roper, *Princes and Artists: Patronage and Ideology at Four Habsburg Courts, 1517-1633*（London, 1976）そして Francis Haskell の定評ある研究 *Patrons and Painters:A Study in the Relations between Italian Art and Society in the Age of the Baroque*（New York, 1963）など。最後のものには有益な文献目録ときわめて興味深い理論的な序論がある。ごく最近のものとしては、A. G. Dickens 編による論文集 *The Courts of Europe: Politics, Patronage, and Royalty, 1400-1800*（London and New York, 1977）、及び Keith Thomas の論評 *New York Review of Books*, 26 January 1978, pp.12-14 がある。

3　例えば、Leone Battista Alberti, *Opere Valgari*, ed. by Cecil Grayson (Bari, 1960) の、特にI, 13-81参照。これは『家族に関する対話編』の第1巻でN. Watkinsによる英訳*The Family in Renaissance Florence*のpp.33-91にある。アルベルティの*Momus*と*De Iciarchia*にはさらに多くのこれを補足する例証がある。

4　フィラレーテ（Antonio Averlino）の『建築論』を参照。（英訳　John R. Spencer trans., *Treatise on Architecture*, New Haven, 1665. この版にはフィレンツェ写本の複写The Florence manuscript, Biblioteca Nazionale, Magliabechianus II, IV, 140が収録されている。）フィラレーテの仕事とそこに含まれたルネサンスのパトロン制度の意味に関する注目すべき意見はC. W. Westfall, *In This Most Perfect Paradise:Alberti, Nicholas V, and the Invention of Conscious Urban Planning in Rome, 1447-55*（University Park, Pa., 1974）に見られる。

5　Luigi Firpo, "La Citta Ideale del Filarete"（*Studi in Memoria di Gioele Solari*, Turin, 1954, p.56）。またこれはEugenio Garinの興味ある論文「ルネサンス期イタリアの理想都市」（*Les Utopies à la Renaisssance*, Université Libre de Bruxelles:Travaux de l'Institut pour l'Etude de la Renaissance et de l'Humanisme, Brussels & Paris, 1963, I, 13-37）に引用されている。

6　著者自身が現実のまたは潜在的なパトロンの意を迎えたいと願っているか、あるいはその必要があるということがここでの意味を限定している事情である。このような動機は、納得できる説得力のある作品を生み出すことへの作家の興味に取って代わるのではなくて、それを補足するのである。きげんを取りたいという気持ちは、それだけだと作者に偽善的な姿勢があるのではないかという警告を発するかもしれない。しかし、それは作者が目標を軽く考えているとか、その目標は自分のためだけの理由から出たものであるとかの証拠には決してならない。作者の個人的な事情がつねに考慮されるという条件付きではあるが、イデオロギーと利己心というのは奇妙に一致することがあるのである。

7　"Les Moyens d'existence d'Erasme," *Bibliothèque d'Humanisme et Renaissance*, 5（1944）, 7-59.

8　古典の例はH. H. Hudsonの英訳した*The Praise of Folly*（Princeton, 1941, pp.93-99）に見られる。にもかかわらずエラスムスは、君主は人文主義の作品を支援する義務があると信じていた。*Opus Epistolarum Des. Erasmi Roterodami*, ed. P. S. Allen and H. N. Allen（Oxford, 1926）を参照。この中で彼はWillibald Pirckheimerへの手紙でその点を主張している。

9　*Radical Reform and Political Persuasion in the Life and Writings of Thomas More*（Geneva, 1973）, p.34.

10　Freisherは*Radical Reform*の中でこの考え方をモアの*Utopia*にあると見ている。彼はこれを、同じ考えがエラスムスの風刺文にあると見たWalter J. Kaiserの*Praisers of Folly*（Cambridge, Mass., 1963, pp.51-83）から借用している。

11　さまざまな形式の芸術表現におけるこの主題の研究には、優れた文献解題の付いたA. Bartlett Giamatti, *The Earthly Paradise and the Renaissance Epic*（Princeton, 1966）; R. Turner, *The Vision of Landscape in Renaissance Italy*（Princeton, 1967）. またDavid R. Coffin, *The Villa d'Este at Tivoli*（Princeton, 1960）には庭園のモチーフについての興味ある所見がある。

12　*Journal of the History of Ideas*, 32（October-December 1971, 483-506）にはTerry Comitoの“Renaissance Gardens and the Discovery of Paradise”というすばらしく示唆的な論文が出ているので参照のこと。

13　私が使ったのは*Complete Works of Thomas More*, ed. Edward L. Surtz, S. J. and J. H. Hexter（New Haven, 1965, IV）である。庭園に関する箇所はpp.120-21である。

14　Frederic Cople Jaher, *The Rich, The Well Born and The Powerful:Elites and Upper Classes in History*（Urbana, Ill., 1973）.

15　Surtz and Hexter ed., *Complete Works*, IV, 120.

16　モアの殉教の意味とスタイルについてのするどい議論がFreisher, *Radical Reform* esp.ch.5にあるので参照のこと。

17　G. H. Williams, *The Radical Reformation* (Philadelphia, 1962), pp.91-92.

18　*The Revolt of Netherlands (1555-1609)* (New York, 1958), pp.92-93.

19　多くの最近の研究は、産業革命以前のヨーロッパ社会における、聖事物の文化的な意味およびその破壊の象徴的な含意に注意を喚起してきている。もっとも優れた研究のうちのいくつかは人類学者の仕事で、例えば William A. Christian Jr., *Person and God in a Spanish Valley: Studies in Social Discontinuity* (New York, 1972) esp. ch.2 "The Saints:Shrines and Generalized Devotions" がある。この論文でことに目下の議論に適切なのは第七節の「教会の聖画像」である。また一〇〇頁で、著者はスペイン内乱期における偶像破壊の暴動の持つ意味を次のように要約してる。「現実のパトロン［聖人］の役割は重く深い意味を持つ。心をしっかり掴んでいるのである。けっして過小評価したり、軽く見てはならない。その力は、心から献身してきた聖像を追跡し、もしできれば内乱の間にそれを破壊する暴力によって正確に測ることのできるものである……。どのくらい聖像が破壊されるかは、聖像が一種の文化的外殻、価値連鎖をどのくらい作ってきたかをはかる尺度と等しい。」最近の論文中で啓発される説を幾つか上げてみよう。N. Z. Davis, "The Riot of Violence: Religious Riot in Sixteenth-Century France," in *The Massacre of St. Bartholomew:Reappraisals and Documents*, ed. Alfred Soman (The Hague, 1974), pp.203-342. これは *Past and Present*, 59 (May 1973) と Davis の選集 *Society and Culture in Early Modern France* (Stanford, 1975), pp.152-88 にも発表されている。また Victor Turner, *Dramas, Fields, and Metaphors: Symbolic Action in Human Society* (Ithaca, N.Y., and London, 1974), pp.166-230 にある "Pilgrimages as Social Processes" も参照してほしい。同世代の民衆の信仰における関連する面については A. N. Galpern, *The Religions of the People in Sixteenth-Century Champagne* (Cambridge, Mass., 1976) で扱われている。J. Toussaert, *Le sentiment religieux en Flandre à la fin du Moyen-Age* (Paris, 1960) は古いものであるがまだ今でも役に立つ。指導的な宗教改革者の聖像についての意見は Hans von Campenhausen, "Die Bilderfrage in der Reformation," *Zeitschrift für Kirchengeschichte*, 68 (1957), 98-128 に巧みに要約されている。

20 Boswell's *Life of Johnson* (Oxford, 1924), I, 174. この件はチェスターフィールド卿への手紙のなかにある。ここでジョンソンは卿の援助申し出を断っている。この節は以下のように続く。「何の恩恵も受けていないところには謝意を表明しなかったり、天が私に独力でさせて下さったものを、パトロンのお陰で私がそれをすることができたと一般の人びとが考えるのを快く思わないからといって、とんでもないすね者の耳障りな言い分とお取りになりませんように。」

21 Paul J. Korshin, "Types of Eighteenth-Century Literary Patronage," *Eighteenth-Century Studies*, 7 (Summer 1974), 453-73.

22 *Maxims and Reflections of a Renaissance Statesman*, trans. M. Domandi (New York, 1965), p.48.

23 Surtz and Hexter ed., *Complete Works*, IV, 90-95.

24 Mary Douglas, *Natural Symbols* (London, 1973), pp.89, 90. この理論は pp.156-57, 170-71 でも論じられている。ここではそのシステムの崩壊はとりわけ十七世紀ヨーロッパの危機と比較されている。ダグラスの引用している経験的な研究も参照のこと。

25 ここで興味深いのは、歴史家たちが自らの認識から引き出した、あるいは認識に押し付けた政治的価値評価ではなくて、彼らが記述的な言語を用いていることである。例えば、Ernest Salzer, *Über die anfänge der Signorie in Oberitalien* (Berlin, 1900); Luigi Simeoni, *Le Signorie* (Milan, 1950); Jakob Burckhardt, *The Civilazation of the Renaissance in Italy*, tras. Samuel G. C. Middlemore (London, 1898), esp. part I, "The State as a Work of Art" などの古典的な研究を参照。また、Daniel Waley による一般向けの教科書 *The Italian City-Republics* (New York, 1969) くらいの新しいものも見てほしい。

26 例えば、Gundersheimer, *Styles of Renaissance Despotism* (Princeton, 1973) の図6と11を参照。同僚の Paul

27　F. Watson 教授と私はこのような献呈の図について共同研究している。ごく最近の研究としては、Mickael Levey, *Painting at Court* (New York, 1971) ch.2があるので参照のこと。また Paolo d'Ancona, *Les Mois de Schifanoia à Ferrara* (Milan, 1954) には役に立つ文献目録も付いている。フェッラーラのフレスコ画群におけるパトロンとの階級的関係についての同様な興味は Giovanni Sabadino degli Alienti の当時の描写によって明かにされている。これについては *Art and Life of Ercole I d'Este: The "De triumphis religionis" of Giovanni Sabatino degli Arienti*, ed. Werner L. Gundersheimer (Geneva, 1972), esp.bk.V を参照。

28　ルネサンス君主のパトロン制度に関する義務については "The Patronage of Ercole I d'Este," *The Journal of Medieval and Renaissance Studies*, 6 (Spring 1976), 1-18 と *Ferrara*, esp.chs.6 and 7で論じた。Daglas, *Natural Symbols*, pp.170-71も参照。

29　David Sanderson Chambers, *Patrons and Artists in the Italian Renaissance* (Columbia, S.C., 1971) pp.162-63に英訳されている。Gundersheimer, *Ferrara*, ch.5も参照。ニューヨーク州立大学ブロックポート校の Charles Rosenberg 教授は、現在ボルソ・デステの芸術に関するパトロンとしての行為について系統的な研究をされている。

30　Gustave Gruyere, *L'art Ferrarais à l'époque des princes d'Este* (Paris, 1897), esp.I, 503-54. フェッラーラの音楽については L. Lockwood 教授の最近の雑誌論文 "Music at Ferrara in the period of Ercole I d'Este," *Studi Musicali*, 1 (1972), 101-31と "Pietrobono and the Instrumental Tradition at Ferrara in the Fifteenth Century," in *Rivista Italiana di Mugicologia*, 10 (1975), 115-33を参照のこと。Lockwood 教授は今この主題についての著書を執筆中である。

31　こうした過程がどのように作用していくかについての例証は Chambers 編の選集、*Patrons and Artists* にある。また、この主題を全体として考察しているのは Perter Burke, *Culture and Society in Renaissance Italy, 1420-1540*

(London, 1972) であり、ここには統計的な資料による所見も見られる。

32　このような区別は Francis William Kent の研究 *Household and Lineage in Renaissance Florence: The Family Life of the Capponi, Ginori, and Rucellai* (Princeton, 1977) に内在する概念として含まれている。

33　R. W. Goldthwaite, *Private Wealth in Renaissance Florence* (Princeton, 1968), pp.258, 261.

34　Kent, *Household and Lineage*, pp.227-93.

35　万世一系の王朝を発見したいという意志については、系譜に関する論文と写本が優れた証拠を提供している。このような写本には、先祖の肖像を新しく勝手に作ってしまったり、場合によっては先祖の組織化までしてしまっているものもある。例えば、このジャンルの典型的な例として Biblioteca Estense, Modena, MS. Alpha L.5, 16 (Ital.720), *Genealogia Estense* を参照されたい。

36　*Apollonio di Giovanni* (Oxford, 1974).

37　Eugene F. Rice Jr., "The Patrons of French Humanism, 1490-1520", in *Renaissance Studies in Honor of Hans Baron*, ed. Anthony Molho and John A. Tedeschi (DeKalb,Ill., 1971), pp.687-702. また Robert M. Kingdon, "Patronage, Piety and Printing in Sixteenth-Century Europe," in *A Festschrift for Frederick B. Artz*, ed. David H. Pinckney and Theodore Ropp (Durham, N.C., 1964), pp.19-36 もある。

38　*The Tempest*, II.i.144-48, 152, 152-54. The Pelican Edition of William Shakespeare: *The Complete Works*, gen. ed. Alfred Harbage (Baltimore, 1969) より引用。

39　*The Myth of Golden Age in the Renaissance* (Bloomington, Ind., 1969), pp.125-27.

第二部　教会と国家のパトロン制度

二章　宮廷のパトロン制度と政治──ジェイムズ朝のジレンマ[1]

リンダ・レヴィ・ペック*

ルネサンス国家の政治を検討する中で歴史家たちが強調してきたのは、パトロン制度が君主制の安定にとっていかに必要だったかという点である。パトロン制度は法の原則が許す範囲で非公式に機能し、ルネサンスの支配者には政治上有力な人物の忠誠を手に入れる欠くことのできない手段であり、また地方行政と地方のエリートを中央政府に組み入れる主要な方法にもなった。そしてイングランドの場合、下賜恩賞を思いのままに操りながら注意深く行動するエリザベス女王の流儀とパトロンとして気前よく恩恵を与えるジェイムズ一世の流儀には大きな違いがあるとするのが、これまでの一般的な考え方だった。さらに、ジェイムズの寵臣たちが私益のためにパトロン行為を独占的に行ない、業績を考慮しないで恩賞を与えた結果、政府が懐柔しようとした人びとの間に不満が生じることになったという点も強調されてきた。

ジョン・ニール卿はその大きな影響を与えた論文『エリザベス朝の政治の世界』で、エリザベス女王はパトロンとしての権限を利用して派閥どうしを競わせ、それによって仕事の能率を高め権利の濫用が起こらないようにしたが、このうまく双方を満足させる方策はジェイムズ一世の下で挫折し、「腐敗しつつあった政治システムが原因となって生じたスキャンダルや不満が、内戦を誘発する一因になった」[2]と論じている。十七世紀の全般的な危機に関する論文でさまざまな論議を呼んだヒュー・トレヴァー＝ローパーは、ニールの考え方に基づきながらその時代の暴動の原因を探り、その原因は大きくなりすぎたルネサンス国家、大きくなりすぎ、官僚的で腐敗し、当時の社会をますますひどく圧迫するようになっていたルネサンス国家にあると述べている。彼によれば、イングランドではルネサンス宮廷に苦しめられたのは政治に活躍するジェントリーで、彼らは自分たちを「地方」の人間と定義し、宮廷に向かって武器をとることになるのである。[3]トレヴァー＝ローパーの主張には批判があるものの、「宮廷」と「地方」の二分法はイギリス史の専門用語として使われるようになった。また政治的エリートの「宮廷派」と「地方派」への二極化の一因はパトロン制度の濫用にあり、この二極化がイングランド内戦の下地になったという主張もひろく受け入れられている。[4]

しかしながら、ジェイムズ一世の宮廷については見直しが必要である。その活動がふつう説明されているよりはるかに複雑だったからである。たしかにジェイムズ一世時代のパトロン制度にはうまく機能しない面があった。しかし運用の仕方に優れた面があったのも事実で、それが見過ごされてきたのである。その運用については次の三点を指摘しなければならない。まず一つはジェイムズ朝の役人がエリザベス朝の慣習を継続し、宮廷と地方を結ぶパトロン制度のネットワークを維持しようと意識的に努力したこと、第二はパトロン制度の慣習を診断し変革することで官僚制を改革しようという試みが宮廷の内部で起こったことである。実際ジェイムズの時代には、専門家を政府に組み入れて政策の助言をさせ行政を合理化するために、宮廷のパトロン制度が使われたのである。そして第三に、パトロン制度の慣習を改革しこの制度を使って地方のエリートを統合しようという試みが失敗したのは君主と大臣たちの個人的な弱点のためではあるが、構造上の問題にも原因があったことがあげられる。以上概括したが、ある一人の役人、ときにはジェイムズ朝の典型的な宮廷人とみなされるある人物の活動に目を向けてみると、話はもっと具体的になっていくだろう。宮廷のパトロン制度と政府の政策の関係をここで分析するのは── 政策が行政、財政、内政、外交のいずれに関わるものであっても── ルネサンスの政治家には手段と目的を緊密に連関させる手腕が不可欠だったことを示すためである。この二つはしっかり結びついていることもあったが、ジェイムズ朝には分離寸前だった。

十六、十七世紀のイングランドでは、君主と政治上もっとも有力な集団の間に存在するパトロン－クライアント関係が政治の土台になっており、この集団は貴族とジェントリーから成るものだった。[5] パトロンとクライアントの関係は枢密院、王室、中央行政機関、議会、司法機関を含む宮廷のあらゆる所に存在し、地方にまでおよんでいた。そして地方では、城や荘園ばかりでなく地方行政機関の地位も、宮廷のパトロン制度を通じて埋められていた。十六世紀までには、封建的な関係から成る仕組に代わってさまざまな市民社会的関係が生まれ、それが君主にとっては地位や特権と引き替えに忠誠や奉仕を確保する手段になったのである。君主は、地方で自分の意志を強制的に執行する手段として常備軍も有給の地方官僚制も持たなかったため、地方の有力者の好意に頼らなければならなかった。しかしウォレス・マッカフリーが言うように、「政府は、官職や身分や富を巧みに操作し分配するという方法で、政治上もっとも有力な階級の好意を永続的に確保できたのである[6]」。十六世紀初頭、国家が教会とギルドの機能を引き継ぐと、君主が贈与できる官職と特権の範囲が拡がる。このパトロン制度というシステムの実用的な役割は、政治を宮廷に集中し、十五世紀に分裂と暴力に繰り返し悩まされたイングランドの社会に、より大きな安定をもたらすことだったのである。

ジェイムズ一世の時代、王から何らかの恩恵を受けようとする人は、宮廷に群がる人も宮廷から離れている人も、主として地主という同質の集団に属する貴族かジェントリーだった。この集団に、市民法を扱う法律家や有力なロンドン商人など、教育や財力を生かして宮廷で認められようとする少数の人びとが加わる。[7] この土台の上に、君主は国家の安定に寄与する関係のネットワークを築いた。

王に目をかけてもらうようになるには、まず宮廷にパトロンを見つける必要があった。パトロンは王から下賜恩賞を受ける鍵を握っていた。親戚関係の絆、一族間の忠誠、地域的な結びつき――これらすべてに訴えて、人びとは王に対して影響力があるとみなされている宮廷人に近づこうとした。ジェイムズの宮廷では、パトロンとクライアントの間にできる関係は永続的でも排他的でもなかった。同時に数人の有力な宮廷人に働きかけ、パトロンが影響力を失うとすぐ忠誠を誓う相手を変えることなど、つねに出世を願っている人びとにはよくあることだった。たえずパトロン行為を受けようとすることが宮廷で生活するあらゆる階級の人びとの特徴で、有力な役人でさえ、寵臣たちの仲介を通して王の好意を確保し続ける必要があった。この関係はパトロンとクライアント双方の利益になり、パトロン行為を受けようとする人は、その地位や能力や富に応じて、パトロンに礼金という有形の贈物と、パトロンの社会的地位を高めるのに貢献するという無形の贈物を提供することになる。こういう人びとが従者の列に加わってその数を増やすことで、パトロンの影響力や地位は強化されたのである。[8] その代わりパトロンは王の下賜恩賞のおよぶ範囲に近づく手段をクライアントに提供した。

一六〇三年に君主が自由に与えることのできた恩賞は、叙勲、特権、官職の三種類である。叙勲は君主がその支持者たちに与える伝統的な恩賞だったし、特権も宮廷が与えるもので、これは相当の実質的な利益をもたらし、貴族にもロンドンの実業家にも裕福な地主にも出世途上にある野心家の新人にも、大きな魅力となった。年金あるいは恩給と、有利な条件で貸与されたり払い下げられる土地がこの中に入る。王に代わって経済法や宗教法を施行したり、王の利権の行使を委嘱されたり、王のために新しい利権を開拓することも、利益になる特権だった。独占権を与えられると、製造権や輸入権や業者に販売を認可する儲けの多い特権が占有でき、もっとも有力な宮廷人にはこれを主な収入源にしている者もいた。[9] しかし何といっても官職が王の最大の恩賞だった。官職が特典を与えたからである。例えば主要な大臣の場合それは権力に伴うものであり、州の総監などの場合には社会的に高い地位から生れるものだった。また王の寝室に仕える侍従官のように王が下賜恩賞を配分するときに物を言う影響力を手にすることもあるし、余禄が入ることもあった。当時は、俸給が何世紀もの間同じ水準に抑えられていたので、余禄である礼金のほうがはるかに大きかったのである。これは支払う側が不本意であることも多かったのだが、昔からあった手数料とは別にどうしても支払わなければならないものだった。十七世紀の初頭に徴収された手数料と礼金の年間総額は、ざっと二十五万から四十万ポンドの間と見られる。これはおそらく王室の一年の収入総額の四〇パーセントに当たる額だろう。[10] 官職はある程度までは保有する人個人の財産として扱われ売買されていた。本来無給で仕事の規準量も定められていない世襲の官僚制をとり、その地位が血縁関係やクライアント関係によって埋められていた時代には、パトロン制度というシステムは、君主が政治上有力な人物に報酬を与える手段であり、さらには必要な役人を確保する手段にもなっていたのである。

チューダー朝とスチュアート朝のパトロン制度の主な機能として、地方の政治的エリートを国家に組み込み、中央政府と地方の絆を確立し維持することがあげられる。この絆はジェイムズ朝のパトロン制度が王の寵臣たちの手に握られてうまく機能しなくなったことで失われ、その結果「宮廷」と「地方」の二極化が起こったと言われる。しかし近年、コンラッド・ラッセルとデレク・ハーストは一六二〇年代までの議会政治を研究する中で、この二極化という考えは単純すぎるのではないかと述べている。「地方」はこれまで考えられていたようにたえず「宮廷」と対立関係にあったわけではない（仮に対立するものであったらの話だが）という理由からである。事実、地方の指導者も、歴史家たちに議会の反対勢力とみなされている議員も、一六二〇年代の後半になってなお宮廷の保護を望み、それを受け続けていた。[11] また一六二〇年代にバッキンガム公がパトロン制度を支配するようになるまでは、枢密院の中にはパトロン制度の独自のネットワークを持っている人たちがいて、その影響下にある地方でクライアントを擁立し、クライアントもそれによって宮廷と結びついていたということもよく知られている。

このようなパトロン行為のよい例は、枢密院の一員ノーサンプトン伯爵ヘンリー・ハワードの活動である。彼はだれよりも王の大権を尊重した人物として優れた歴史家S・R・ガードナーに非難され、内戦中に宣伝用のパンフレットを書いたある人物には「財産を手に入れるためご機嫌とりをすることで……有名な」と言われており、隠れたローマカトリック教徒でスペインから恩給をもらっていたことも今ではわかっている。それでもなお彼はジェイムズ朝の宮廷人の原型であると考えてよいだろう。[12] 一五七二年に謀反のかどで処刑された四代ノーフォーク公爵の弟だったことが災いして、エリザベス女王の治世のほぼすべての期間、権力の外におかれた。一五九〇年代にエセックス伯爵と手を結んだが、それから一転してエセックスのライバルであるロバート・セシルに協力し、スコットランドのジェイムズ王とひそかに手紙のやりとりをした。それはジェイムズが平和裏にイングランド王として即位することを保障するものだった。王の寵愛が確実になると、ノーサンプトンには、自分と一族の利益を永続的なものにするようなパトロン-クライアントの関係を作る必要が出てきた。東南沿岸五港の初代の不在長官に任命されたときも、ノーサンプトンは自分のパトロンとしての権限を失うことがないよう気を配った。例えば一六一二年にワイト島にあるサンダウン城の守備隊長が副隊長を解雇すると、怒って管理機関に手紙を書き、解雇令を無効にした。

使用人が私の対面を汚すような侮辱を行なうことに私は我慢できない……。彼は指揮権を陛下から賜ってはいても……その陛下に由来する最高権力の支配下におかれていることを知らなければならない。五港長官の存在がいかなるものかを見せてやろう。また私が彼をサンダウン城の守備隊長に登用したのだということを認識させてやろう。私の面前で正当な理由が示されたのでなければ、守備隊の最下級の兵士を解雇する力さえ彼にはないことを教えてやろう。[13]

一見すると、これは結局はジェイムズの宮廷の評判を落とすことになる、パトロン行為の目先のことにとらわれた拡大解釈の典型と受けとられるかもしれない。しかし実際は、五港におけるノーサンプトンのパトロン行為をくわしく検討すると、彼が伝統的な地方のエリートを擁護し、彼らに宮廷の保護を与える責任を認識していたことがわかる。

五港でのノーサンプトンのパトロン行為は、地方の指導者を中央政府と結びつけるというエリザベスの政策を継続するとともに、クライアントに官職や利益を与えるようにうまく機能していた。彼の敵で前五港長官のコバム卿ヘンリーに仕えていた多くの都市行政機関の役人たちは、管理体制の変化にともなってノーサンプトンの従者と考えられるようになった（次にズーチ卿が長官になると、こんどはそのクライアントになる）。彼らはノーサンプトンに「私に仕える者」とみなされ、報酬として支配下にあるあちこちの城で職務を与えられた。それは給料のよい閑職だった。このように地方の役人たちは、彼のパトロン行為を通して宮廷に属するようになる。[14] 彼が五港に配属したのは主として都市の少数の支配層の人びとと、加えてケント州のジェントルマンであった。これはニールが言う、[15] 地方のジェントリーによる自治都市の行政への侵入にあたるものである。さらにノーサンプトンは、五港の支配層の二人の子弟を自分の屋敷に雇い入れ、のちに都市の重要な職務に就けた。[16] 十七世紀には五港の経済力と地位が下がり、その地域が宮廷における利益を保護してもらうために長官に依存する度合いも低くなったが、それにもかかわらず、彼は地方のエリートに報いるように心がけた。彼らの行使する影響力が、中央政府による監視を必要とするものだったためである。パトロン制度のおかげで、中央政府は常備軍や職業的官僚制がないのに五港のような地域を管理できたのであり、これは当時のパトロン制度がある程度成功したことを表している。

ノーサンプトンは議席についてもパトロンとしての権限を主張した。これもまた、伝統的なエリートたちを統括し中央による支配を確立することに彼が関心を寄せていたことを示すものである。彼が権限を主張したのはドーバー、ヘイスティングズ、ハイズ、ニューロムニー、ライ、サンドウィッチ、ウィンチェルシーの七つの（五つではない）都市の議席で、それぞれに割り当てられている二議席のうち一つを指名し、それまでの五港長官が主張しても実現できなかった権利の拡大を効果的に行なった。一六〇四～一〇年の議会では、港市選出の議員のうち十二人、一六一四年には十人を指名している。これもジェイムズ朝の宮廷人の高圧的な行動と解釈されるかもしれないが、大事なのは指名を受けたのがほとんど地方の人だった点である。多くは五港の支配層の人びとか、ケント州やサセックス州のジェントルマンである。一六一四年に指名を受けた十人のうち八人が地方の人だった。[17] ジェイムズ朝の宮廷人で不在官職保有者だったこの人物は、一六一四年に亡くなるまで、支配する地域のパトロンとしての権限を主張し、地方のエリートたちを懐柔しようとした。地方と宮廷の関係は、このように宮廷のパトロン制度を通して維持されていたのである。

行政改革がジェイムズの宮廷内部で行なわれていたことも強調すべき点である。トレヴァー-ローパーはルネサンス国家を宮廷内部から改革しようとするこの試みを検討し、フランスの成功とイングランドの失敗を比較している。[18] フランスでは、シュリー、リシュリュー、コルベールが国王の利益のために官職を売り、行政機関と財政機関を広範囲にわたって合理化することによって、十八世紀にまで続く安定した政治を確立した。J・H・プラムは、イングランドにも一六六〇年から一七一五年の間に同じような行政改革が見られると述べている。この時期、コルベールの改革に心酔したイングランドの役人たちが自国の官僚制をもっと能率的なものにしようとし、[19] 政治的計算にたけた人びとを集めて経済政策、行政政策について助言を受けたと彼は指摘する。事実、ジェイムズの時代には、大きくなりすぎた官僚制を改革して専門家の助言を求めるこのような努力が、宮廷内部で行なわれ続けたのである。例えば、ソールズベリー伯爵ロバート・セシルは行政改革に取り組んだ末、大契約案を議会に提出した。王が封建的諸権利から上がる収入を放棄するのと引き替えに、議会が年間援助金を支払うというものである。セシルのしたこの仕事は、ライオネル・クランフィールドの仕事と同様よく知られている。ノーサンプトン伯爵の場合は、この二人と違って、一般には改革者とはみなされていない。しかし彼の活動を検討すると、ジェイムズ朝のパトロン制度が有能な人びとを中央政府に組み入れ行政改革を始めるために利用されていたことがはっきり見えてくる。

枢密院ではすべての人が等質の責任を負い、あらゆる種類の政策について王に助言するよう求められていた。したがってその一員であるノーサンプトンにとって、助言者集団をクライアントにすることが得策だった。彼の立場は君主が直面する財政および政治上の多くの問題の解決策を生み出す能力にかかっていたので、古文書研究家、商人、役人から成る専門家集団をつくり、政策、特に海軍、関税局、造兵局に関する調査で助言を受けた。中でも古文書研究家ロバート・コットン卿と商人でのちの大蔵大臣ライオネル・クランフィールドは、中心的な助言者だった。ノーサンプトンが専門家だとみなした人びとをいかに頼りにしていたかは、スコットランドとの統一問題についてコットンに書いた手紙からも明らかである。その中で「貴君がむずかしいとか容易だとか思う理由だけでなく、法律に明るい、あるいは商取引や通商に熟達した貴君の友人たちから得られる考えは何でも」教えてくれと頼んでいる。[20] コットンは、スペインとの和平協定交渉や王室の歳入を増やす方法や下院の特権などの問題について、ノーサンプトンのために助言した。

ルネサンスに歴史の記述が始まると、古文書研究家には新しい役割が生まれた。宣伝家という役割だけでなく、政府の助言者としての役割と言ってよいかもしれない。古文書研究は、一次史料を実証的研究法を用いて検討しながら制度や慣習の起源を追求する学問である。したがって、現在の問題の解決にあたって過去を参考にすることがよくあり、しかも君主と議会の対立する要求がどちらも過去の前例に基づくものである場合が多いような社会では、古文書研究家は専門家だった。[21] ロバート・コットンはエリザベス朝古文書研究協会の創立にたずさわったウィリアム・カムデンの親しい友人で、カムデンは学者や政界の有力者に幅広い友人を持つ地方のジェントルマンである。[22] コットンはノーサンプトンに演説や政策書の基礎になるものを提供し、また財政改革や行政改革についての助言もした。例えば伯爵の求めに応じて書いた『御料地回復の方法』では、過去には現在でも役に立つ貴重な方策がたくさんしまわれているという信念に基づき、ノルマン人の征服から始まるほとんどが原本の文書を二折版で四百ページ添付している。しかしそこでこの問題を終わらせはしなかった。

というのも彼は歴史の観点から物事を考えるだけでなく、政治的な洞察力をそなえた人物でもあったからである。なぜ君主は負債を抱えているのか。どうすればそれをなくすことができるのか。コットンはこれらの問題をよく検討し、土地を所有するジェントリーを敵にまわさないですむ方法を強調している。例えば荒地を開墾して王の収益にするという方法を提案するときには、地方のジェントリーや他の借地人の利害に気を配り、地方が主導権をとるという戦術を考え出した。

しかしこの仕事を進めるときには、騒ぎが起こらないよう注意する必要があります。彼らの中には入会権を持つ人が実にたくさんいるのです。そういう人びとと協定を結ぶときには、ふいをついて自信をもって行なわなければなりません。大衆は抜け目がないし気まぐれだからです。この計画を実行するためには、よそ者でなく、周辺に居住し利害関係を持つ平民を仲介者にする必要があります。最初の権利は住民に規準以下の安い価格で譲渡されなければなりません。[23]

地方が主導権をとるというこの戦術をノーサンプトンがしっかり心に留めたのは明らかだった。自ら書いた『御料地回復についての考察』には次のような主張が見られる。「荒地と共有地を最大限に利用するには、巧妙な調査管理官を選ぶ必要がある。模範となって人びとを導き、借地人と住む土地のない人びとの共同誓願によって提案が出てくるように動く人物である。[24]」さらに「借地人が申し立てる以上に荒地と共有地を囲い込むことが改善にふさわしい方法だなどと、次の議会で……考えられるようなことは決してあってはならない[25]」という注意事項をつけている。政府の政策が成功するかどうかは地方のジェントリーがおとなしく従うかどうかで決まることは、ノーサンプトンにもコットンにも明白だったのである。

コットンは、宮廷そのものを検討しながら、もっとも深刻な浪費、言いかえれば王の気前のよさに焦点を当てている。結局のところ、王の歳入を改善するためどんな提案をしても、肝腎なのは王が本気で支出を切り詰め、あらたな下賜をやめる覚悟をしているかどうかなのである。コットンはノーサンプトンの目を都合のよい前例に向けさせた。「そのために、リチャード二世の治世第二十一年に政府は賢明にも君主の気前のよさが災いをもたらすことを予知して法を制定し、裁判による債務の確定、没収、罰金、後見、その他いかなる方法によるものであれ、いったん王の所有となったものは譲渡を禁止し、下賜を斡旋する者を罰することにしたのです。」[26] コットンが目指したのは、惜しみなく与える王の行為に歯止めをかけ、なおかつ政策上の必要に合わせて下賜恩賞を分配するような改革である。

コットンがもっとも重要な役割を演じたのは、ノーサンプトンが一六〇八年海軍調査委員会の顧問になったときだった。海軍における不正行為についての一年にわたる調査で、この古文書研究家は証人を尋問し、委員会に提出された証拠をまとめ、海軍のあらゆる部局の腐敗した慣習に関して膨大な報告書を作成した。二人は、海軍の運営上の欠陥について分析した結果、さまざまな問題の原因は、パトロン制度というシステムと、王に奉仕する義務を無視してパトロン行為を行なうことにあると考えた。その分析は次のようなものである。

王の恩賞は功績ではなく派閥に従って分配されている。何ができるのかは問われず、だれのクライアントかが注目される。……現在、中心となる二人の役人が影響力を行使して斡旋に努め、信用と利益をもたらす主要な官職全部あるいは大部分を、官職占有権または次期候補権という形で、自分に従っている者や協力者や手先となって働く者の手に渡している。彼らは欺瞞を次々に行なっているが、自分の関係者たちに官職の永代所有権があるので、その恥は永遠に隠蔽されてしまうのだ。そしてそうでなければ人生成功したとは考えない。それは王にとっては大きな損失なのだが。[27]

ノーサンプトンの考えでは、海軍の運営がうまくいかなくなり、その結果、膨大な無駄が生じ、管理が行き届かず、船舶が朽ちたまま放置されることになったのは、運営の職務に人を任命するというパトロン行為を政策から切り離したことが原因だった。中堅の役人に官職保有権が渡ったため、王が持っていたパトロンとしての権限も彼らが握ることになった。これではその役人は利益を得るが、王には何の利益にもならないのである。またノーサンプトンは宮廷の官職を、決まりきった仕事と行政手腕を必要とするものに区別した。海軍改革の勧告書では、代理制度も部外者の雇用や次期候補権も終身在職権も官職の売買も許されないと主張している。[28]この海軍改革案は当時のイングランド官僚の文字通りあらゆる面を糾弾するものだった。しかしその改革努力は、彼が根絶しようとした腐敗しきった役人たちの揺るぎない利権に直面して行き詰まる。そして一六〇九年、一年におよぶ調査のあと、王自らが彼らの利権を支持したのだった。王自身が君主に必要なものを顧みないとすれば、役人たちが改革しようとしても、できることはほとんどない。それでもなお彼らは努力したのである。

ノーサンプトン伯爵は法律と商取引の分野で専門家を擁立したが、おそらくその主要な功績は、改革を目指してもっとも精力的に奮闘する人物ライオネル・クランフィールドを見いだし、王の行政機関に入れたことだろう。一六一二年ノーサンプトンは、イングランド製織物の輸入禁止令をめぐってスペイン領ネーデルランドのアルベルト大公と対立していたとき、初めてクランフィールドに注目した。「彼は私の特別の友人で、あの国々と取引している関係上この調査を行なうのに最適だと思われているどんな人物よりも賢明で優れた判断力をそなえている」[29]と評し、王に仕えさせることにしたのである。のちに王自身が「余が彼を知ったのは伯爵を通してである……。まだ余の使用人にもならないうちから伯爵はよく彼を私人として連れてきた。それから余の利益になるような多くの計画を立ててくれるようになった」[30]と述懐している。クランフィールドは恒常的に不安定な国家財政について助言し、歳入をもたらす計画を推進したのち、ノーサンプトンのクライアントとして政府の仕事にたずさわることになったのである。

コットンが補佐役を務め歴史的観点からの分析を提供したのに対して、クランフィールドは自分の商取引の経験に照らして、王に納める関税上納金と国際貿易の不公正を摘発した。彼の調査の結果、アルベルト大公は屈伏し、また関税と酒税の上納金は増加された。これで王はクランフィールドの能力を認め、関税調査管理長官に任命した。ノーサンプトンはパトロンとして満足し、寵臣ロバート・カーに宛てて手紙を書いた。

王がライオネル・クランフィールド卿の功績を寛大に評価し、その努力に惜しみなく報いてくださったのが間違いでなかったことを、卿がこれからの働きによって立証しても、私は驚きません。と申しますのも、今度のことで陛下と……立派な仲介者であられる閣下が当人を励ましてくださっただけでなく、彼を登用した人物にも栄誉をお与えになったからです。このような目に見える結果が与えられるかどうかで、力ある君主に仕える忠実な大臣は励まされたり落胆したりするのです。そして人はそれを見て、目指す目標とするのです。……私が使う者の満足が、王に使っていただく私の満足にもなるのです。[31]

パトロン行為は自分の影響力を表すのに不可欠であり、有能な役人は王とパトロン双方の名を高める。この二点がノーサンプトンの手紙の対をなす二つのテーマになっている。そのような人物を官職に任命することが、パトロン制度を利用しながらジェイムズ朝の行政を合理化していく方法でもあった。また有能な行政官がその地位に不可欠の権力を行使するためには、寵臣を動かす力があることを見せておく必要があり、それも彼は心得ていたのである。

のちにクランフィールドはバッキンガム公の保護を受けて行政の分野で出世し続けた。一六一七年から一六二〇年までの間に、改革と節約計画を実行に移し、王室、海軍、造兵局を調査し改革する委員会を設立した。彼の計画は「スチュアート朝最初の効果的な王室財政改善の努力」[32]と言われている。十年前のノーサンプトンの委員会と比較すると、クランフィールドの委員会のほうが大きな成功をおさめた。おそらく寵臣カーの支持があったからだろう。例えば王室の場合を考えると、クランフィールドは年間支出を七万七千ポンドから五万九千ポンドに削減した。これはエドワード六世とメアリー女王の治世の君主の支出額程度のもので、バーリー卿が宰相を務めたエリザベス朝の年額四万八千ポンドの支出と比べても不都合なものではない。クランフィールドの熱心な仕事ぶりは、王室の調査細目にもうかがわれる。牛一頭から四十切れの肉が取れ、年間二万四千四五〇切れの肉が使われることを職員に確かめたうえで、五三五と四分の三頭の牛が説明のつく量であることを割り出した。それなのに王室は六六八頭の牛を購入しているではないか。「一三二と四分の一頭分の牛はどうなってしまったのか」と意気揚々と尋ね、それから考え直して言った。「一頭の牛から四十切れの肉しか取れないなどとどうしてわかるのか」と。[33]

もっと真面目な話をすれば、クランフィールドと委員たちのとった手続は、パトロン制度を使った改革方法でもあった。彼は衣装局の会計係に自分の使用人たちを任命して、衣装局という堅固な壕に立てこもる役人たちを包囲した。その結果、支出は四万八千ポンドから二万ポンドに削減された。[34] 海軍では、委員たちは官職の次期候補権を授与する習慣を廃止し、在職者の死などによって勅許状が無効になるのに合わせて漸次、在職期間を終身から王の任意の期間に変えていった。そうすることで、パトロン行為を管理する中央政府の権利をあらためて主張したのである。さらに、職務への任命は海軍司令官の指名によってしか行なわれないように委員たちは気を配った。[35] そうすれば、役人は地位の高い低いにかかわらず、上司でなく王の高官に頼ることになる。(不幸にしてこの場合は海軍司令官はバッキンガム公で、間もなく改革に関心を失ってしまう。) メナ・プレストウィッチは決していい加減な伝記作家ではないのだが、クランフィールドが大蔵委員会委員として立てた計画を、シュリー、リシュリュー、コルベールの計画に匹敵するものだと言っている。[36]

クランフィールドは改革しようと努力した中心的人物だったが、一人で仕事をしたのではなかった。ベイコンも、ジョン・コーク卿やリチャード・ウェストン卿のような役人たちとともにこれに参加していた。[37] ジェイムズ朝の役人に関する研究が多く世に出るようになって、王の財源を監視してもっと効果的に管理し、政府の支出を削減しようとした役人がたくさんいたことがわかってきた。たしかに彼らは在職中自分の利益にもなるように行動した。しかし、だからと言って彼らの改革の努力が価値を失ってしまうことにはならない。なぜなら彼らの行動はルネサンスの政治形態の性格から必然的に生まれたのであり、当時の社会慣習を映すものだからである (このような慣習が変わりつつあることを、残念ながらベイコンは学ぶことになるのだが)。

これまで見てきたように、ジェイムズの時代にはずっと改革が行なわれていて、宮廷にはつねに改革者がおり、一六一七年から二〇年の時期には王の寵臣バッキンガムの支持さえ受けている。政府は専門家たちの助言を受けて政策を立て、その政策を実行するのに宮廷のパトロン制度を使っていた。そうだとすれば、いったいどこに問題があったのだろうか。

この問いに答えるためには、ルネサンス国家における改革失敗の原因が、少なくともある程度は構造上の問題にあったことを強調しておく必要がある。

構造上の根本的な問題は、王のパトロン行為の財源となるもの、特に官職の数が、王の後ろ盾を得ようとする人びとの数が増えていく時期に減っていったことである。ジェイムズの時代には、明らかに終身在職者の数が多くなっていき、それにともなって中級と下級の役人に任命権のある官職が増えていった。フランスの場合、君主は新しい官職を作り、古いものは政府の当面の問題を解決するため売り払った。しかしイングランドでは、王は官職保有者に左右され続けたのである。王は、多くの官職に付帯する次期候補権や終身在職権と、新しい官職を作ることに反対していた官職保有者に縛られ、自由に行動できなかったとG・E・エイルマーは指摘している。[38] 官僚制を改革しようとした人びとは——セシルもノーサンプトンもクランフィールドも、チャールズ一世時代の武断政策の支持者たちも——君主のパトロン行為を行なう権限を取り戻そうとした。改革の処方は王の下賜恩賞を分配する権限を政府の高官が握ることだった。

ジェントリー階級の拡大（興隆とまではいかなくとも）は、ジェイムズ朝のパトロン制度を運用する過程を以前とは違ったものにした。十六、十七世紀に、人口の増加と繁栄、土地の分配政策、そして教育が前より受けやすくなったことによって、重大な社会的、政治的拡張が起こった。これは治安判事の数やジェントリーだと主張する人の数が増えたことで立証される。[39] この政治的エリートの増加は深刻な結果をもたらした。これによって、一方では、報酬を与えながらなおかつチューダー朝の均衡のとれたパトロン政策を維持することが宮廷にとってさらにむずかしくなる。他方、スチュアート朝の初めには王の恩恵に預かろうとする人びとの競争が激化し、それにともなって恩賞を地方に配分することが多くなる。パトロン‐クライアント市場の腐敗と言われてきたこと、つまりパトロン行為を分配するさいに金銭を徴収するという方法はスチュアート朝初期特有のもので、それ以前とは大きく異なる点でもある。[40] ジェイムズの宮廷では、称号、勲章、官職、特権、独占権など、あらゆるものが売りに出されているように見えた。議会の特別補助金を含む他の財源が枯渇していくとき、こうした売買は王と寵臣の歳入を増やしてくれるものだった。そして需要が供給を大幅に越えているパトロン制度というシステムの中で、恩賞を地方に配分するという方法がとられるようになる。[41] しかしながら、結局これらの慣習は政治的エリートの間に不満をもたらすことになったのだった。

準男爵位の新設は、パトロン制度を使って政治上有力な人びとに報いようとするジェイムズ朝の努力や、報酬を得ようとする多くの人びとの容赦ない圧力を示すよい例である。準男爵という思いつき、王の利益のための称号の販売は、ロバート・コットン卿の尽力で推進された。ソールズベリーとノーサンプトンが采配をふるって人選にあたった一六一一年から一六一四年までの時期には、準男爵位の配分は慎重に行なわれ、その数は低く抑えられていた。この爵位の新設は、政治上影響力のある人びとに報いるとともに王の歳入を増やすことにもなり、宮廷のパトロン制度と政府の政策の互いに補足し合う性格をよく表している。

しかし準男爵位の市場価格は、一六二二年までには一〇九五ポンドから二二〇ポンドに下落した。質のほうも数を増やしたのにともなって低下したとよく言われるのだが、[42] そう言われているだけで、あとの時期に準男爵位を授与された人びとについて実際に調べた人はだれもいない。たしかに一六一一年に準男爵になったのは傑出した地方のジェントルマンだった。三十九人が州知事で、三十三人が国会議員である。ところがそれ以後授与された人びとのうち一六二五年までの百十二人については、準男爵になる前に州知事だった人が二十六人で、国会議員は十四人、称号を受けたあと州知事になった人は二十七人、国会議員は三十四人で、州の官職に就いていなかったのは百十二人中二十三人にすぎない。[43] 言いかえれば、準男爵の称号を受けた人びとのうち八〇パーセントが州の官職を保有する地方のジェントルマンだった。特に興味深いのは、この称号を受けた宮廷人が少なかったことである。役人はフランシス・コッティントンとアダム・ニュートンを含むごく少数で、法律家は数人、商人は一人授与されたが、彼らは例外として目につく存在になっている。要するに準男爵の称号は、地方の指導者とジェントリーに恩賞を与えて彼らを宮廷と結ぶために、ジェイムズの治世に新設され配分されたものと言える。

いまあげたのは全体的な数字であるが、一つの州をくわしく見ても同じである。ノーフォーク州では、あとの時期に授与された五人のうち四人がこの州の旧家の一員である。例えばリチャード・バーニー卿は母親がゴーディ家の出で、祖父は民訴裁判所の判事と州知事を務めた。兄弟の一人はエドワード・コーク卿の娘と結婚し、別の兄弟はノーフォーク州知事、リチャード卿自身も準男爵になってから二年後に同州の知事になる。[44] ノーフォークに土地を買い屋敷を建てて移り住んだエドワード・バーカム卿だけが部外者で新参者だった。しかし政治的には有力な人物で、ロンドン市長を務め、その年に準男爵の称号を与えられたのである。彼を追悼する記念碑は、商人が土地を所有するジェントリーになるという英国不滅の伝統を象徴するもので、そこには騎士の紋章の上にロンドン市長のガウンを羽織った彼の姿が見られる。[45] だからと言って、準男爵になった人はすべて同質であるとか、称号が分与されてもジェントリー間に深刻な不和が生じたことはなかったとか、下院で論議を呼ぶこともなかったなどと言うつもりはない。しかし面白いことには、一六二〇年代の宮廷の批判的人物たちのほとんどと政治的な結びつきや親族関係を持つ著名なピューリタンのフランシス・バリントン卿に、一六二〇年代に準男爵になった娘婿が三人もいたことである。[46] ピューリタンや州の指導者にとっても、この称号が与える社会的地位は金を支払うという不快な気持に勝ったということなのだろう。簡単に言えば、準男爵位の価値が下がったのは、この称号を受けた者の育ちの悪さのためでなく、数がひじょうに多かったためだったのである。

パトロン制度というシステムが持つ歪みはパトロンの立場に反映された。パトロンの地位は本来クライアントの地位より高いはずだが、ジェイムズ朝のパトロンは、宮廷でも地方でも、自分が影響をおよぼすのと同じくらい他から影響を受けていた。ハッセル・スミスは、一五七二年以後にノーフォーク州のジェントリーの間に見られた地方の官職をめぐる激しい争奪戦を描いている。[47] この州では、ジェントリーが自分は宮廷の利害に一致すると考える人と地方の利害に一致すると考える人に分裂し、派閥を作っていく。加えて、官職保有者がその地位を次々に譲渡していったことや、州選挙に対する関心が高まっていったことも、この州の政治的特徴としてあげられる。その結果、この場合には地方のジェントリーが宮廷から影響を受けるのと同じくらい宮廷に影響を与えることになる。このような地方での競争のため、宮廷のパトロンが地方の問題に口を出す機会はおそらく前より多くなっただろう。その一方で、クライアントに与える手持の報酬をパイにたとえれば、パイはたえず小さくなっていくうえ、報酬の奪い合いのためパトロンはパイを薄く切って与えることになり、彼の側にも不安が生まれた。パトロン行為によって生じる一種の契約関係で自分の役割をうまく果たせるのかという不安である。パトロンは宮廷における自分の立場や寵臣との関係をたえず検討し、同じ立場のパトロンたちを観察することになる。

パトロン制度を運用する過程が過熱していったのは、何もジェイムズの即位に始まったことではなく、一五九〇年代、宮廷で女王の恩恵に浴する道がエセックスとセシルの二人に絞られたときにさかのぼるのである。二人の熾烈な権力争いの中では、だれが恩恵を受けても、それが表すのはこの二人が運命の女神の車輪のどこに位置しているかということだった。しかしこうした状況はジェイムズの支配の下でさらに深刻になっていった。ノーサンプトンの例はそれをはっきり見せてくれる。彼は宮廷と地方におよぶパトロン制度のネットワークを作ったが、羽虫のように自分の編んだ網にかかってしまった。寵臣カーへの手紙には、影響力が増すのに比例して増大していく不安がうかがわれる。ナイト爵の問題を論じながら「うまくいかない」「おじけづく」「ためらった」「不名誉な」「絶望して」などと言い[48]、ナイト爵という報酬が取り立てて言うほどのものでないことはわかっていても、うまくいかなかったとき重大な結果になると強調している。ランカスター公領に関するある事例で、問題の官職もその候補者たちも大したものではないのに、自分の影響力を主張するため寵臣カーにこう助言している。

私といたしましては、張り合っている者たちはだれも存じておりません。しかし世間は彼らのうちだれか一人が閣下から恩恵（それは一種の契約です）を受けることを期待しており、特にこの件は閣下がご不在の間凍結されていたものですので、あえて申し上げるのです。もう一度この件で動いてください……。閣下にだけこのようなことを申し上げるのです。閣下の光が陰って欲しくないからです[49]。

ジェイムズ朝のパトロン制度は、パトロンとクライアントの一対一の関係の上にだけ成り立つものではなかった。そこには友人のまた友人、敵のまた敵という間接的で変則的な関係も含まれていた。パトロンは派閥の長として、まったく知らない人にまで恩恵を施すことになった。ときには影響を与える以上に影響を受けることもあり、その場合、パトロンとしての行為は、本人の意向を映しているのと同じくらい、同じ立場のパトロンたちの期待を映すものでもあった。

こうした事情にもかかわらず、構造上もう一つ問題だったのは、国家の行政機関の肥大化ではなく、有効に機能する部局が小さすぎたことだろう。君主には行政機関の政策を監督する手段がはたしてあったのかという問題を、デレク・ハーストは提起している。[50]例えばアイルランドのアルスター地方への入植計画が進められているとき、枢密院は企画者に方針に沿うことを繰り返し強要した。これに似た事例はいくつか見られる。しかし一六二〇年代に戦争が起こると、枢密院には内政を監視する余裕はなくなってしまう。したがって、王政復古の時代になって官僚制が拡大したのは、少なくともある程度は政府にその必要があったからだったと言えるだろう。

これまで述べた構造上の問題は三点に要約される。パトロンの与える報酬が新しい状況に合わなくなったこと、政治的エリートの数が増えたこと、政府が力量に欠けていたことである。これらの兆候はすでに一五九〇年代には見え始めていたが、ジェイムズの時代に入ってパトロン行為が王の寵臣たちの手に握られると、事態は深刻になり破綻寸前にいたった。ジェイムズ朝以前にも、異なった考えを持ちそれぞれ自分のクライアントを抱える人たちが、君主の恩恵を得ようと枢密院の中で競っていた。このときには、この競争のおかげで、恩恵は政治的に優れたかなり広い範囲の人びとに分け与えられることになった。しかしジェイムズの時代には、王の恩恵に浴する道は一つにかぎられてしまった。最初はロバート・カー、次はバッキンガム公爵である。この時代の役人は、パトロン行為を利用して有能な人物を官職に任命し政策を立てて地方との結びつきを維持しようとしたが、その努力は無駄になった。行政改革の試みは、下級役人と王の寵臣たちの揺るぎない利害に直面して行き詰まる。うまく機能しなくなったパトロン制度というシステムが、懐柔するはずだった地方のエリートをかえって遠ざけることになったのだった。

パトロン制度と政策の両方を同時にうまく管理することができないというジェイムズ朝のジレンマは、これら構造上の問題がもたらしたものなのである。宮廷で恩恵を受けようとする人びとをすべて満足させることは不可能で、必要なのは、政治的に特に優れた人物を懐柔するためにパトロン制度を利用して恩恵を与えるという政策だった。財源の不足によって、これは実現できなかった。恩恵を与えることと政策とが相容れないことも多く、そのうえ、政策によっては宮廷のクライアントである地方のエリートの利害とぶつかるものもあった。例えば、議会の出す特別補助金が十分でないため、間接的な方法で資金を集めるときがそうである。こういうときに議会を召集すると、かえって王室の増収計画の妨げになる。このようなことがジェイムズ朝によくあったジレンマなのである。

ジェイムズ朝の役人たちが直面するジレンマは他にもあった。政府の部局を改革するという任務のため委員たちは長期間ひたすら仕事をしたのに、君主は腐敗した役人たちに責任をとらせようとはしなかった。シュリー、リシュリュー、コルベールはフランスのブルボン朝の財源と権力を立て直そうと努力し成功した。なぜフランスは成功しイングランドは失敗したのか。メナ・プレストウィッチはこの点を比較検討し、両者の大きな違いは、フランスの君主たちがスチュアート朝の君主たちと違って君主の富を維持することの重要性を理解し、また助言者の労を高く評価し、腐敗した役人を進んで罰したことだと指摘している。[51] 一六二一年にジェイムズは議会で宣言した。「毎日がクリスマスになるとはかぎらない」ことがわかったと。最高支配者のパトロン行為が政策から離れ始めていたことは、この言葉から明白である。[52] したがって、一方ではジェイムズ朝の宮廷を評価し直し、その優れた業績を認識しなければならないが、もう一方で、ジェイムズの果たした役割が理解しがたいものであると認めることも必要なのである。スコットランド王としてのジェイムズは宮廷の派閥の均衡をうまく保ったが、イングランドのパトロン制度というシステムを管理することはできなかった。役人たちが寵臣たちのうしろで苦労しているのを彼は黙って見ていたのである。ジェイムズはなぜ行動しなかったのか。これはシャーロック・ホームズの「夜の犬の怪事件」に似ている。「だが、犬はその夜まったく何もしなかったのだ」「これははなはだ奇妙なことだ」とホームズは言う。[53] ジェイムズのとった態度は、おそらくは歴史上もっとも奇妙でもっとも深刻なものだろう。

*Linda Levy Peck　歴史学者

注

1 この論文の草稿を読み批評してくださったPeter Clark, Lester Cohen, Conrad Russell, Lois Schwoerer, Phillip VanderMeer 諸氏に感謝の意を表する。

2 "The Elizabethan Political Scene," in J. E. Neale, *Essays in Elizabethan History* (London, 1958), p.84.

3 H. R. Trevor-Roper, "The General Crisis of the Seventeenth Century," in *Crisis in Europe, 1560-1660*, ed. T. S. Aston (London, 1965), pp.82-83.

4 例えば Perez Zagorin, *The Court and the Country: The Beginning of the English Revolution of the Mid-Seventeenth Century* (New York, 1970) を参照。

5 チューダー－スチュアート朝のパトロン制度というシステムについての議論は、主として次の文献に基づいている。Wallace MacCaffrey, "Place and Patronage in Elizabethan Politics," in *Elizabethan Government and Society, Essays Presented to Sir John Neale*, eds. S. T. Bindoff, J. Hurstfield, and C. H. Williams (London, 1961), pp.95-126; Neale, "The Elizabethan Political Scene," pp.59-84; G. E. Aylmer, *The King's Servants, The Civil Service of Charles I, 1625-1642* (London, 1961).

6 MacCaffrey, "Place and Patronage," p.97.

7 Brian Levack, *The Civil Lawyers in England, 1603-1641* (Oxford, 1973). Levack によれば、市民法を扱う法律家は土地を所有せず、市民法による裁判は中央の裁判所にかぎられていたので、収入の面でほぼ完全に宮廷に依存しなければならなかった。

8 Neale, "The Elizabethan Political Scene," p.70. パトロンを取り巻く使用人、支持者、クライアントは宮廷の中で小宮廷を形成していたと Neale は指摘している。

9 Lawrence Stone, *The Crisis of the Aristocracy, 1558-1641* (Oxford, 1965), p.247.

10 Aylmer, *The King's Servants*, p.248.

11 Conrad Russell, "Parliamentary History in Perspective, 1604-1629," in *History*, 61 (February 1976), 1-27; Derek Hirst, "Court, Country and Politics before 1629," in *Faction and Parliament: Essays on Early Stuart History*, ed. Kevin Sharpe (Oxford, 1978), pp.105-37 を参照。

12 S. R. Gardiner, *The History of England, from the Accession of James I to the Outbreak of the Civil War*, 10 vols. (London, 1883-84), I, 93-94; "Truth Brought to Light," in *Somers Tracts*, 2nd ed. (London, 1809),

II, 267.

13 British Library, Stowe MS. 743, fol. 26, 26 February 1612.

14 Linda Levy Peck, "Patronage, Policy and Reform at the Court of James I: The Career of Henry Howard, Earl of Northampton," Ph.D. dissertation, Yale University, 1973, pp.38-51を参照。

15 J. E. Neale, *The Elizabethan House of Commons* (London, 1949), pp.140-61.

16 William Bing and Thomas Godfrey; British Library, Lansdowne MS. 235, fols. 1-13^{v}を参照。

17 Peck, "Patronage, Policy and Reform," pp.52-59; John K. Gruenfelder, "The Lord Wardens and Elections, 1604-1628," in *The Journal of British Studies*, 16 (Fall 1976), 1-23. Gruenfelderの一六〇四～一〇年のリストに、ドーヴァー選出のGeorge Bingをノーサンプトンが指名した議員の一人として追加した。

18 Trevor-Roper, "The General Crisis of the Seventeenth Century," pp.88-95.

19 J. H. Plumb, *The Origins of Political Stability, England, 1675-1725* (Boston, 1967), pp.11-13.

20 British Library, Cotton MS. Titus C VI, fol. 163^{v}, Northampton to Sir Robert Cotton, n.d.

21 Peck, "Patronage, Policy and Reform," pp.142-93.

22 近年コットンの経歴をくわしく調査したものは、Kevin Sharpe, *Sir Robert Cotton, 1586-1631* (Oxford, 1979).

23 J. H., Esq., ed., *Cottoni Posthuma* (London, 1651), p.183. この中にはコットンの"The Means to Repair the King's Estate"の出版されたテクストが含まれている。コットンのこの著作は、一七一五年"A Treatise of the Rights of the Crown Declaring How the King of England may Support and Increase his Annual Revenues..."として著者不明で再版された(London, 1715)。このときには著者はWilliam Noyと考えられた。Noyは一六三〇年代チャールズ一世の下で法務長官を務めた人物である。彼自身も官僚制を改革しようと努力したので、この誤りは、一六一〇年代の改革者と一六三〇年代の改革者との興味深い結びつきを示唆するものである。

24　British Library, Cotton MS. Cleo F VI, fol. 102. ノーサンプトンはコットンに次のような頼みをしている。「臣下から王へ贈られたすべての贈物についての記録をもってきてほしい。昨日見せてくれたものだ。その点についていつかゆっくり貴君と話し合いたい。」British Library, Cotton MS. Titus C VI, fol. 145^{v}, n.d.

25　British Library, Cotton MS. Cleo F VI, fols. 99-99^{v}.

26　J. H., Esq., ed., *Cottoni Posthuma*, p.170.

27　Cambridge University, Trinity College MS. R. 7. 22, fol. 4^{v}; Public Records Office S. P. 14, XLI, I, fol. 8. ケンブリッジ大学所蔵の手書き原稿は、ノーサンプトンが書いた序文 "The Report of the Committee appointed by King James I to inspect the Navy" の写しである。コットンが起草したこの報告書そのものは公文書館に収められている。Public Records Office, S. P. 14, XLI, I.

28　Peck, "Problems in Jacobean Administration: Was Henry Howard, Earl of Northampton, a Reformer?" in *The Historical Journal*, 19 (December 1976), 831-58 を参照。

29　Public Records Office S. P. 14, LXX, 46, Northampton to Rochester, 12 August 1612.

30　*Journal of the House of Lords*, 22 vols. (London, 1846), III, 343b. これは一六二四年クランフィールドの弾劾裁判中にジェイムズが述べた言葉である。

31　British Library, Cotton Titus C VI, fol. 135 (after 4 July 1613).

32　Menna Prestwich, *Cranfield: Politics and Profits under the Early Stuarts* (Oxford, 1966), p.211. しかしジェイムズ一世の治世の初期にロバート・セシルが重要な仕事をしたことを認める必要がある。これについては "Church and State, 1558-1612: The Task of the Cecils," in Joel Hurstfield, *Freedom, Corruption and Government in Elizabethan England* (Cambridge, 1973), pp.79-103 を参照。

33　Prestwich, *Cranfield*, pp.210, 208.

34　Prestwich, *Cranfield*, pp.228-30.

35　Prestwich, *Cranfield*, pp.216-17.

36　Prestwich, *Cranfield*, pp.223-26.　もちろんこれら三人の大臣たちがそれぞれした仕事の違いをはっきりさせる必要がある。例えばOrest Ranumによれば、リシュリューは〈忠誠〉を強調し、自分に忠実で依存している人物を官職に任命した（*Richelieu and the Councillors of Louis XIII* [Oxford, 1963]）。コルベールのほうは、Ernest Lavisseの権威ある書*Histoire de France, VII*（Paris, 1911）が示すように、体系的にフランスの行政機関を合理化し、能力によって役人の任官や昇進を行なう制度を作った。しかしコルベールも近代初期の行政体制の枠内で活動しなければならず、彼の改革はふつう考えられているほど体系的ではなかったことが最近の研究で明らかにされた。例えば海軍の改革では、彼に依存する新しい階層の役人を官職に任命したが、古い行政体制の廃止は行なわなかった。Henri Legohérel, *Les Trésoriers généraux de la Marine 1517-1788*（Paris, 1965）を参照。（この点についてGeoffrey Symcox氏からご指摘をいただき感謝している。）したがって十七世紀の行政改革では、〈忠誠〉と能力とを切り離して考えることが必ずしも可能だとは言えないのである。

37　Michael Young, "Sir John Coke (1563-1644)," Ph.D. dissertation, Harvard University, 1971を参照。Youngは、"Illusions of Grandeur and Reform at the Jacobean Court," in *The Historical Journal*, 22 (March 1979), 53-73で、造兵局改革でクランフィールドが果たした役割について疑問を呈している。Michael Van Cleave Alexander, *Charles I's Lord Treasurer: Sir Richard Weston, Earl of Portland* (*1577-1635*) (Chapel Hill, 1975).

38　Aylmer, *The King's Servants*, pp.136-37, 465.

39　Stone, *Crisis*, p.38; A. Hassell Smith, *Country and Court: Government and Politics in Norfolk, 1558-1603* (Oxford, 1974), pp.51-61.

40　"Proto-Corruption in Early Stuart England," in James C. Scott, *Comparative Political Corruption* (Englewood Cliffs, N. J., 1972), pp.12, 54.

41　Conrad Russell, "Parliamentary History in Perspective, 1604-1629," pp.1-27; Arnold Heidenheimer, ed., *Political Corruption* (New York, 1970), p.5 を参照。

42　Stone, *Crisis*, p.93 および Katherine S. Van Eerde, "The Jacobean Baronets," in *The Journal of Modern History*, 33 (1961), 144-45 を参照。Van Eerde はチャールズ一世時代の John Burgh の言葉を引用している。「生まれがわるく財産も乏しい多くの人びとが……この栄誉を授けられた。それは最初に授与された人びとをはずかしめるものである」(p.144)。しかし最初に準男爵位を受けた人びとも、Van Eerde が指摘するように「生まれがよく資産家だった」(p.142) にもかかわらず、同じようなことを言われた。

43　準男爵位は宮廷と地方のパトロン制度の結びつきを示す先例であるという Conrad Russell 氏のご教示に感謝の意を表したい。ここにあげたジェイムズ朝の準男爵に関する分析は、G. E. C[ockayne], *The Complete Baronetage*, vol. I (Exeter, 1900) および *DNB* といくつかの地方史に基づくものである。

44　Francis Blomefield, *An Essay towards a topographical history of The County of Norfolk* (London, 1810), XI, 123-28.

45　Blomefield, *Essay*, VI, 82-83.

46　三人のうち Gilbert Gerrard は一六二〇年、William Masham は一六二一年、Richard Everard 卿は一六二九年に準男爵位を授与された。

47　A. Hassell Smith, *Country and Court: Government and Politics in Norfolk, 1558-1603*.

48　British Library, Cotton MS. Titus C VI, fol. 93^{v} (February 1614); fols. 107-107^{v} (after 21 February 1614).

49　British Library, Cotton MS. Titus C VI, fols. 88-88^{v} (1612-13).

50 Derek Hirst, "The Privy Council and Problems of Enforcement in the 1620s," in *Journal of British Studies*, 18 (Fall, 1978), 46-66.

51 Prestwich, *Cranfield*, pp.223-26.

52 Robert Zaller, *The Parliament of 1621* (Berkeley and Los Angeles, 1971), p.35.

53 Arthur Conan Doyle, "Silver Blaze."

三章　役人の不正行為――ルネサンス・パトロン制度の倫理

ロバート・ハーディング*

近世初期のヨーロッパ諸国における役人の不正行為の問題は、我々現代人の概念に従うと議論できなくなるおそれがあると、多くの歴史学者や社会学者は指摘している。なぜなら、現代人は役人の不正行為を公共の利益を侵すもの、または公職という観念に内在する行為の原則に背くものと定義するが、近世初期のヨーロッパ諸国には現代人に見られるような公職という観念がなく、公共の領域と個人の利益との区別がはっきりしていなかったからである。封建制度の下では、公共の利益と個人の利益の混同はこの制度の性格上必然的に起こることだったが、近世初期になっても、この二つは買収という慣習とパトロン制度が存在していたためずっと混同され続ける。公私の利益の混同が当たり前だったとすれば、ルネサンスの人びとが不正行為について論じるとき、それをどんな意味で使っていたのだろう。ルネサンスにも通用する不正行為の定義は可能なのか。このような疑問が当然わいてくる。この問題を検討する方法は一般には二通りあるが、どちらも十分な方法とは言えない。

その一つはある慣習をその時代の規準を考慮しないで不正とみなし、当時の倫理に照らしてどうだったかという問題に触れずに通る方法である。歴史学者はよく不正行為という言葉をこの方法で定義し、贈収賄、金品の強要、縁故主義、黒幕、搾取、保護のような現象を、不正行為というレッテルの下に一括りにしてしまうのだが、それにもかかわらず当の学者は、これらの慣習が近世初期の社会では合法だったり、そうでなければ倫理的に見て白黒のつけがたいものだったことを十分認識しているのである。他方、社会学者や経済史学者は不正行為を市場という観点から定義するが、これもまた倫理的評価を回避したやり方である。[1] 官僚制以前の行政体制では、往々にして役人は自分の保有する官職を事業とみなし、そこから個人の利益を最大限に引き出そうとした。社会学者や経済史学者は、このようにまるで自由市場で活動し、その働きと財源を現金と交換しているように見える役人の活動をすべて不正行為と定義する。しかし、実業家や農民が賄賂としてあるいは強要されて支払う金額は必要経費と考えることもできるし、役人の不正行為と言われるものは経済活動の一部門とみなすこともできるのである。

当時の倫理規準に照らした評価を避けて通るこのような研究法は、問題を単純化するには、あるいはその時代の経済発展のむずかしい状況を理解するには有益かもしれないが、政治倫理を明確にするものでないことはたしかである。それでは近世初期において政治行為の妥当性を判断する規準は何だったのか。この問題はこれまでも研究されてきたが、その中で、ジョエル・ハーストフィールドのチューダー＝スチュアート朝イングランドとのちのヨーロッパ大陸に関する一連の論文がもっともくわしく優れている。[2] ハーストフィールドの論点を要約すると次のようになる。当時も現代と同様に公共の利益になるかならないかが政治行為の妥当性を計る規準だったが、行政管理と人物評価の方法が十分発達していなかったため、この規準の適用の仕方が現代と比べてゆるかった。[3] 例えば、この時代には人物評価にもっとも有効なシステムはパトロン制度だったが、パトロン制度を支配する中で、バーリーもソールズベリーもフランス王アンリ三世の〈寵臣たち〉も不正を働いた。多くの場合、単に二流のクライアントを取り立てたからそうなったにすぎないのだが、その結果、公共の利益が個人の利益の犠牲になった。言いかえれば、一流の公務員を集める責任を犠牲にして、派閥の指導者としての利益を優先させたのである。[4] また当時は税制が十分整備されていなかったため役人の給与がひじょうに低かったので、彼らは当然贈物や援助や心づけを受けるものと考えられており、しかも贈る側が優遇されることを目的としたのでなければ、不正行為とはみなされなかった。ハーストフィールドはこれらの贈与や貢献をチップのようなものとみなす。[5] 彼の考えでは、ルネサンスに不正行為に関する訴えが増えたのは政治行為の規準を厳しくした結果ではなく、任用や恩賞授与にあたって、また保有する官職からよりよい収入を引き出そうとして、明らかに公共の利益を犠牲にする傾向が政府内に現われた結果なのである。[6]

現在、ルネサンスの政治家に倫理的判断を下そうとする学者は少なくなっている。しかし合法的な行為と不正行為との境界線を知るというハーストフィールドの目的は間違いなく重要であり、この時代の政治と制度の歴史を理解するうえで欠かすことのできないものである。倫理上の問題に関心を持たず、その時代の規準に照らした評価もしないで歴史を見ると、批判に終始する時代遅れのやり方と同じくらい歪んだ見方をしてしまうことにもなりかねない。

この論文で扱うのは十六世紀と十七世紀のフランスだけである。ルネサンス時代には、政治行為の規範はたいていの場合国によって違っていた。おそらく違っただろうという話ではなく、確実に違ったのである。例をあげれば、フランスでひろく受け入れられていた考えは、フィレンツェのレオナルド・ブルーニとその仲間たちの見解とは正反対だった。後者の見解では、公の栄誉を受けるために基本的に必要なものは、生まれつきの才能、誠実さ、国家のために働くという強い信念であり、地位、家柄、縁故関係は問題にされるべきではない。ところが、ハンス・バロンが述べる通り、アルプス山脈の北ではこの考え方は理解しがたいもので、反感の対象となった。[7] マキャヴェッリとグィッチャルディーニは、不正と高潔の緊張関係の中から衰退と再生の周期的な繰り返しである歴史が生まれると考えていた。しかしこの考えもまたアルプス山脈の北では異質なものだった。役人の不正行為とは主として個人の利益が公共の領域を侵害することであると考える傾向は、明らかにフィレンツェの思想に見られるものなのである。[8]

さらにここでは論点をパトロン制度の倫理上の問題にかぎるつもりである。この範囲に限定してしまうと、支障をきたすことがあるかもしれない。例えば、公金の着服や法の破壊などのような他の種類の不正行為の本当の原因はパトロン制度の悪用だとみなされることがあったからである。しかし、これから明らかにしていくつもりだが、パトロン制度にはここまでは守るべきだという倫理的な期待が課されていて、その期待は財務機関や司法機関にはなじまないものだった。したがってパトロン制度の倫理上の問題は、これらとは別に扱われなければならない。

パトロン制度は官職と禄を伴う聖職への任用の方法および規準であり、さらに称号、勲章、特権、財政上の控除、現金、土地、恩給などの恩賞授与の方法と規準である。フランス人がパトロン制度に代わるものとして思い描いたのは、試験または教育の程度や専門知識を測る他の客観的規準によって人員補充や授与を行なう現代的なシステムではない。それは買収だったのである。本来パトロン制度が扱う授与は、買収の対象になるものより範囲が広かった。しかし十六世紀に入って売りに出される官職がますます多くなり、総督職のような委任される任務と貴族の称号も売買されるようになると、パトロン制度と買収という二つの選択肢が直接競合することになる。[9] パトロン制度のほうが倫理上まさった任用や授与の方法と考えるのがふつうではあったが、その論議には買収の問題が影のようにつきまとった。

この二つの対立は十七世紀の初めに頂点に達した。一六〇二年、財政の最高責任者シュリーは官職の買収を制度化する案を提出する。役人一人一人から毎年税金を徴収し、その見返りに官職の世襲を保障するというもので、この税金は〈官職税〉と呼ばれるようになる。アンリ四世はこの案を支持し、最終的に一六〇四年十二月に成立した。これは明らかに財政上の応急措置だった。[10] それにもかかわらず重大な結果をもたらしたため、意図的に計画されたものと十七世紀以来信じられるようになった。政治的、社会的な理由からパトロン制度というシステムとパトロン‐クライアント間の忠誠を徐々に弱め、ある程度その肩代わりをさせるために立てられた計画だったというのである。事実、官職の世襲制は、先祖代々の〈武家貴族〉が行政機関と官職保有者である〈法服貴族〉〔司法官や行政官からあたらしく貴族に列せられた者〕に対して持っていた影響力を激減させた。一方、一九四六年以降、別の見方もつよく主張されるようになった。政治や社会にもたらされたこのような結果は一六一四年の三部会のころには一般に高く評価されるようになってはいたものの、一六〇二～四年に〈官職税〉について討議されたときにはだれも予測しなかったようだという見方である。[11] しかし〈官職税〉という新しい計画は財政改革にすぎなかったとするこの見方はまだ一般には受け入れられておらず、かえってパトロン制度を攻撃するための意図的な計画だったという説を復活させようという試みがあらたに始まっている。この説が有力な根拠としているのは、主として〈官職税〉を弁護したときのシュリーの主張をジャック＝オーギュスト・ド・トゥーが要約したものである。[12] シュリーはこの案に批判的な人びとによって守勢に立たされていた。批判の先鋒に立つのは大法官ベリエーヴルで、官職の世襲制がもたらす不正行為の種類を予見し、これは説得力を持った。それに対してシュリーは次のように反論した。

勲章と爵位と官職はもはや君主が与える〈恩恵〉ではなくなっている。これらはすべて陰謀の産物であり、貪欲な〈娼婦たち courtisans〉に喰い物にされている。この〈娼婦たち〉はクライアントをつなぎとめるためこれらを渡してしまうか、売って自分の費用に当てる。……だから金を個人の懐に流れ込ませておくのをやめ、国庫に入るような道をつけるほうが賢明である。[13]

こう主張したシュリーの意図は何だったのか。パトロン制度の下で貴族がクライアントを擁立するというシステムを、政治あるいは社会という観点で批判しているのではない。こう考えるにはたしかな理由がある。おそらく暗黙のうちに倫理上の区別をし、パトロン制度の中で行なわれる活動のうち、容認できる限界を越えていると考えるものだけを批判しているのだろう。理論上も実践上も、シュリーは〈武家貴族〉の利益と彼らが君主制政治において果たす役割を支持していることで知られていた。[14] したがって自分の属している階級の影響力を意図的に弱めるようなことはおそらくしなかっただろう。また彼も王もクライアント制度の政治的価値と合法性に完全に幻滅していたわけでもなかった。このシステムについて二人が批判とは逆の見方をしていたことは、王が一六〇三年に最高責任者シュリーをポアトゥーとその隣接地域の総督に任命したとき与えた忠告から明らかである。

これらの地域と特にそこに住むユグノー教徒を治めるときには、余が与える指示に従って慎重に［行動］せよ。

そして彼らが余から受ける報酬は、すべてそなたが仲介して与えるように。そうすればそなたは信用をすべて独り占めにし、ブイヨン公爵一族とその不満分子の信用を低下させられるだろう。とりわけ彼らに余の意図が善であることを認識させることになるだろう……。つねにだれにでも同じように心を配り、平等に愛顧と恩恵を与え、各人の地位と能力と働きにふさわしい関係を保たなければならない。[15]

一六〇四年の夏任地を訪れたとき、シュリーはパトロン行為の実行に関する王のこの見解を熱心に宣伝し、そのおかげで地方貴族を懐柔できたと明言している。[16]

ド・トゥーの報告を読むと、シュリーと王がパトロン制度に対して新しい批判的な見解を持っていたように思われるが、これを見ればそれほどでもなかったようだ。パトロン制度は正しく機能していれば、貴族とエリートたちを王という中心に引き込んで責務を果たさせ社会の融和を保ってくれる渦のようなものである。不幸なことにこのシステムは崩壊してしまった。〈官職税〉についての討議で国務評定官たちがパトロン制度の問題を気にしていたことは、ド・トゥーの報告で明らかである。しかし彼らの決定を左右したのはパトロン制度の中で見られる不正行為であって、このシステム自体ではない。実際シュリーは、倫理的に見て宮廷人が官職と官職辞任と〈襲職権〉を管理することが間違っていないのと同様、官職の世襲制も間違ってはいないと主張している。彼がしたようなパトロン制度の批判は、一五七〇年代以来ふつうに聞かれたものだった。この時代、宮廷はあまりにも気前よく恩賞を与えたため、信用と民衆が抱く尊敬の気持が徐々に失われていき、倫理上一種の危機に陥っていたのである。シュリーが言及した「貪欲な〈娼婦たち〉」にもっともひどく損害を与えられたと感じていたのは、まさに〈武家貴族〉だった。ベリエーヴルは〈官職税〉からある種の不正行為が起こることを恐れたが、だからと言ってパトロン制度がこの種の不正行為を防止できるとは考えがたかった。

アンリ四世の言う「各人の地位と能力と働きにふさわしい関係」は、ルネサンスのフランスにおけるパトロン制度の慣習を要約するありふれた言葉なのである。この規準についてはこの時代のいくつかの本格的な論文で扱われている（くわしさの程度は違うが）。中でも、シャルル・ロワゾーとジャン・ボダンのそれぞれ有名な論文、一六二三年に書かれたエメリック・クリュセの『新キニク学派』、一六三二年に書かれたカルダン・ル・ブレの『君主至上権概論』、一六三三年のフィリップ・ド・ベチューヌによる『国務評定官』がもっとも役に立つだろう。[17] これらを補うものとしては、ルネサンス期の演説や〈陳情書〉や書簡やその他のさまざまな資料にたえず出てくる、パトロン制度についての断片的な所見である。一般に論文というものにはかなり著者固有の見解が書かれているおそれがあるものだが、これら五本の論文のパトロン制度の項にはありふれた考えが出てきて読者を安心させてくれるし、この時代の政治に関する修辞学によく出てくるテーマが繰り返されている。著者たちはパトロン制度が倫理上許される範囲の中におさまっていることを望んでいたようである。しかしその許容の規準は一定せず、しかもそれぞれに論理的な関連がなく、その指示するところが相容れないことも多かった。

これら五本の論文が支持する任用と恩賞授与の規準は現代の人物評価という考え方に似ているが、訓練と教育によって得られる能力というよりは生れつきの才能という観点から考えられたものである。シャルル・ロワゾーは個人の優れた能力を「内にそなわった名誉」または「徳」と呼び、それに応じて外から栄誉が与えられるべきだと書いている。[18] フィリップ・ド・ベチューヌも同じ考えで、任用にあたっては候補者の「生れつきの能力」または「気質」を評価するよう主張し、軍務は勇敢な人物に、司法に関わる任務は判断力のある人物に与えられなければならないとした。[19]エメリック・クリュセの場合も、『新キニク学派』の中で候補者の気質に合った任務や官職を与える要領について触れ、「候補者が慎重で賢明なら国務評定官にし、清廉なら財政管理を任せればよい」[20]と述べている。

このような任用の原則を見れば、パトロン制度についてルネサンスに書かれた論評には現代的なところがあるように思われる。しかし、候補者の優秀さがパトロン行為をするときの唯一の規準だと考える人は、五人の中には一人もいない。生まれついた身分に忠誠心と尊敬の念を抱くことの肝要さは、彼らが繰り返し論じていることなのである。社会階級制は自然法と神の定めによって是認されたものというのが当時の一般的な考え方で、したがって特権と身分が恩賞授与の正当な理由になるという結論は避けがたいことだった。国務大臣ヴィルロワが、王は「自然と古代法と憲法が〈大貴族〉に付与した」ものを下位の人びとに与えるべきではないと書いているのも、おそらく同じ結論を踏まえてのことだろう。[21]恩給を管理しそれを給付する対象を「身分のある優れた人物」[22]にかぎるよう王は「自然と宗教と義務」によって命じられていると、貴族階級の議員たちは一六一四年の一般〈陳情書〉で進言している。

五人の著者は特権の主張を考慮に入れているが、先祖代々の貴族、特に〈武家貴族〉の権利請求にどの程度寛容かという点でそれぞれ違っている。ロワゾーはこの点でひじょうに厳しく、すべての官職と任務はその人物の価値に従って分配されなければならないという説を崩さない。貴族というものは本来一つの形の価値──武勇の徳──しか持っていないという主張に基づいて、彼らには自動的にそなわっている権利として軍務の独占権を認めるだけである。[23]五人のうちでは、僧侶でのちに法学教授になったエメリック・クリュセがいちばん厳しく、身分と家柄の持つ意義を認めていないが、それでも完全に無視していたわけでもない。「高潔な家柄はある程度は考慮に値する」と述べている。なぜなら「立派な父親の息子は感じる心があれば非難を恐れ、父親の徳を受け継ぐよう努力するだろう。したがって、能力と有用性が同等であるかぎり、素性のわからない人物よりこのような人物のほうを優先的に登用しなければならない」[24]からである。父親を模範として見習うのは当然であり、人は家名に恥じないように生きる義務がある（「非難を恐れよ」）。この二つは縁故主義を正当化する理由としてよくあげられていた。縁故主義は他の行政手続ではつよく非難されることだったにもかかわらず、任用や恩賞授与の規準として受け入れられていたのはたしかである。ベリエーヴルの場合は、裁判官と訴訟当事者の縁故主義に反対して戦う一方で、自分のような法律家一族に生れた者は先祖伝来のエリートであるという信念を失うことのなかった人の典型である。[25]

クリュセは、身分と家柄はまず優れた人材を集めたうえで考慮されるべきものだという主張[26]だけを見れば、特権よりも優秀な人材を優先させていたように思われる。しかし彼の論文には、優れた能力は大事だが、有用な働きをした人に報いるほうが優先されるのは当たり前だと言っているような箇所もある。[27]五人とも功績に報いて何かを与えたり贈ったりする行為を単なる報酬の支払いと区別するのに苦労している。[28]パトロンによるあらゆる種類の授与は、パトロンがすでに受けた働きに見合った報酬を与えるだけでなく、クライアントに感謝の念とさらに忠勤に励もうという気持を起こさせるものと考えられていた。この相互依存の原則に基づいて、授与は合法と判断された。しかし合法と認められるのは互いに忠誠を尽くし合う二者の継続中の関係の範囲だけであり、そうであるかぎり、その関係が厳密に個人的なパトロン‐クライアント関係か、知事とその地方の法人団体の関係のようにもっと一般的な保護の関係かは問題ではない。

〈忠誠〉の上に成り立つ関係を尊重するというこの時代の習慣が、「不正な贈与」と合法的な贈与を区別するというルネサンスの難問をある程度解決する鍵になっている。不正な贈与の例には、判決をくつがえす目的で裁判官に贈る賄賂と外国の君主や大使から役人への贈与が含まれている。[29]ボダンもベチューヌもクリュセも、支配者が外国人に不正な贈物をするのは徳であるが、外国人がそれを受け取るのは悪であると書いている。[30]それまで持っていた忠誠や義務を捨てさせるための贈物を受け取ることは、人によって判断の違いはあるにしても、たいていは不正とみなされただろう。[31]それに対して、明らかに優遇を受けようとして贈られたのであり一見賄賂やリベートに見えるものでも、保護と忠誠の関係が継続する中で起こったことだという理由から、合法と考えられたものが多くあった。州知事が恩恵を与えた見返りに市議会や他の団体から多額の金を贈られても、悪ではなかった。また法律家が宮廷の仕事を確保するのにやがて役に立つだろうと期待して何年もの間貴族に仕えても、不法なこととはみなされなかった。[32]

これらの論文はパトロン制度をきちんと論じているにもかかわらず、恩賞授与に関しては、一般に容認される規準を優先させたり重視したりするのを極端にいやがる傾向を示している。クリュセでさえこの点あいまいで一貫性に欠けているところがあった。[33]これは、一つの規則を一貫して適用するというより、すべての規準の命じるところをうまく調和させる能力が優れた政治手腕だと考えられていたことによるのだろう。規準が多様であるというこのルネサンスの特質は、役人の不正行為を個人の違法行為ではなくシステム上の悪弊とみなす傾向に関係している。例えば金銭の着服を告発しても、この考え方では個人の責任は問われないので効果はなかった。そしてこの時代、パトロン制度に関する告発は、優れた能力や身分や功績を無視して任用や授与を行なうシステムの告発である場合がひじょうに多かったのである。このような問題のとらえ方をしたことから、不正行為は生物の身体に関する比喩を用いて表現されるようになり、これはパトロン制度を扱った文献にひんぱんに見られた。不正行為は国家という身体の四体液の不均衡であり潰瘍であり病気である。自然の衰微を指すように書かれてはいるものの、実はそうでなく政治上の不正を指すことも多かった。

この種の文献で扱われるもう一つのテーマは、古いやり方が最良であらゆる悪は最近起こったものだという、ルネサンスによく見られる考え方である。黄金時代の状況に戻ろうという訴えでパトロン政策批判を締めくくるのはごくふつうのことで、十六世紀末にはフランソワ一世の治世が真似るべき模範であり、[34]十七世紀にはアンリ四世の治世が模範とされた。[35]

ヴィルロワとド・トゥーは、高位の官職に在任した何十年もの期間を振り返って検討した結果、両者とも一五七四年という年を重視し、彼らの時代の不正行為が始まった時とした。二人にとって、アンリ三世の即位はパトロン政策のまったく予期しない変更、ド・トゥーの言葉を借りれば「説明のつかない大変革」をもたらした。[36]ド・トゥーの場合、アンリ三世は任用と恩賞授与の「方法と原則」を宮廷でもっとも〈勢力〉のある人びとの利益になるように変更したと述べているだけだが、[37]当時国務大臣だったヴィルロワはさらにくわしく厳密に説明している。それによれば、新国王が恩賞授与の手続を変えたため、それまでのように国務大臣が寄せられる要請の中から合法的なものだけを選ぶということはできなくなり、その結果、大臣は王が署名した申立書のある要請なら何でもただちに処理する単なる書記に成り下がってしまったのである。例えばデスカール卿が館の軍隊を維持していくために（これは勅令で禁じられていた慣習である）その領地の小作人に課税する権利を要請したとき、ヴィルロワはそれを拒否して苦境に陥り、はじめて自分の新しい役目が何であるかを認識することになった。[38]

パトロン制度というシステムが陥った危機は、基本的には斡旋、言いかえれば任用と恩賞授与を仲介する行為が陥る危機だった。ヴィルロワが問題にしているアンリ三世の変更はそれほど重大なことでないのははっきりしている。なぜなら王の定めた法がパトロン制度に関係するあらゆる不正行為を内包していたわけでもないし、その原因になっていたわけでもないからである。[39] また単に仲介者が存在するということが根本的に問題なのでもない。ただこの点は明らかに意見の違いのあるところで、すべての任用と授与は君主が自らすべきことだという立場をとる人びともいた。[40] しかしこのような単純な理想主義の立場は、現実の政治の世界では受け入れられないものだった。ド・トゥーもヴィルロワも、社会的地位のある者が合法的な仲介者であると考えた。王に影響力を持ってよい人びととは、ド・トゥーにとっては「〈大貴族〉および高く評価される働きをした人びと」であり、[41] ヴィルロワにとっては「王族と身分の高い人びと」だった。[42] 知事とその代理というシステムは中心から地方へと放射状に広がっていき、合法的な仲介システムの延長にも、影響力を地域ごとに分割する方法にもなった。アンリ四世が一六〇三年にポアトゥーのシュリーに文書で指示した役割は、すでにずっと以前からフランス中で一様に制度化されていたものだったのである。

アンリ三世の治世（一五七四～八九年）で問題だったのは、宮廷の仲介者が〈寵臣たち〉だったことである。彼らは身分の低い貴族から出た「新人」で、優れた能力があるわけでも立派な働きを積み重ねたわけでもなく、あるのは「もっとも不名誉な働き」[43] だけだった。彼ら〈寵臣〉は、官職だけでなく、知事職や軍司令部の職務など委任を受けるものでそれまで売買されなかった任務まで売ったことで知られている。この行為はこれらの任務を授与するときの慣習をすべてくつがえしてしまい、[44] 宮廷と〈武家貴族〉との間に存在する心理的、倫理的な溝を大きく広げる結果となる。〈大貴族〉のほとんどが仲介者としての影響力を失って地方に戻り、身分の低い貴族も大部分はそれに習った。「最初宮廷には人が大勢いたが」「急速にいなくなった」とド・トゥーは言う。[45]こうした悪弊には一五七四年以前から存在していたものもたしかにある。その明白な例は聖ミカエル勲章授与に見られた不正で、アンリ二世の時代になっても嘆かれていたことだった。もともとナイト爵は数十人の身分の高いもっとも優れた貴族にしか授与されなかったものだが、一五六〇年代以降、身分が低く取り立てて優れた才能や功績のない何百人もの人びとに与えられるようになった。[46]

いささか逆説的だが、宮廷は〈武家貴族〉を遠ざけていたにもかかわらず、「惜しみなく与える」という評判をとるようになる。パスキエによれば、宮廷は「他のどの国家にもなかったような気前のよさ」を誇っていた。[47]ボダンも、フランスが王室歳入で外国人を別にしても二千人の恩給受給者を維持しているという事実に仰天している。[48]フランスのパトロン制度というシステムを支える財政が、例えばイングランドと比べていかに巨大な規模だったかは、こうした人びとの感想を聞かなくてもわかることである。フランスの人口がイングランドの四倍もあったことを考えても、なおその財政は巨大だった。エリザベス女王は政府が支払う恩給と手数料の費用を年額三万ポンド以下に抑えていた。[49]この額はフランスが内戦のさ中の一五七〇年代中ごろに恩給だけに支出していた金額――二五〇〇万ルーブルを越える――の十分の一以下である。[50]

国務大臣在任中、ヴィルロワは多額の恩給や贈物を与えて身分の高い貴族を十分に満足させるという政策を勧めており、ベリエーヴルもだいたい同じ考えである。その理由はヴィルロワが晩年マリー・デ・メディチに書き送った覚え書きにいちばんよく現われている。王が気前よく与えれば、身分の高い貴族は「さらに感謝し、いっそう安定した行動をとる」ようになる。彼らに渡った金は下の者に少しずつ流れていき、「家計の破綻した者たちの困窮状態をやがては改善するようになるだろう」[51]というのである。身分の低い貴族は〈大貴族〉のクライアントの集団に入り、その屋敷、軍隊、地方行政機関などに雇われているので、〈大貴族〉に巨額の金が支払われても、結局それは適切に使われることになると彼は考えていた。
ヴィルロワが進言するよりも厳しい財政上の抑制を主張する人も多く、シュリーもその一人である。それでもなお、気前よく与えるという立派な徳と浪費という大きな悪徳の違いは、その金がだれの手に渡るか、そしていかに使われるかの問題であって、単に金の総額の問題ではなかった。〈寵臣たち〉が浪費したというのはすべての人の一致した見方である。彼らの浪費には、功績に報い戦時の力となる貴族を維持するという伝統的な観点から見て、正当な理由がまったくなかったのだ。一五七〇年代以来、贈与と恩給の授与を規制し、〈会計法院〉による管理を強行し、現金を授与された者にはその公表を義務づけるという案が多く出されるようになる。[52]

パトロン制度に関する当時の論評全体から言えるのは、公共の利益という観念が、浪費の規制をつよく主張する中でひんぱんに喚起されていることである。宮廷人にたらふく詰め込むことは「[貧乏人の]手からパンを奪うこと」[53]であるのは、だれの目にも明らかだった。〈公共の利益〉はパトロン制度を倫理的に縛るものとして、国民全体の福利、特に庶民という臣下の経済的な利益を意味した。しかしながら、これが他の倫理上の規範に優先するという観念はなく、特権階級の利益と〈忠誠〉を重視する任用や恩賞授与の規準と共存するものだったのである。

十六世紀の最後の十五年間で宮廷のイメージはわるくなっていき、それにつれて宮廷は、パトロン制度にあまり責任のない他の制度の失敗に憤った民衆の無防備な攻撃目標になっていく。この傾向は神聖同盟に属する伝導者たちの説教や小冊子にうかがわれる。彼らは聖職者の堕落をたえず批判し、複数の聖職の兼務と不在聖職者制度とその他昔からあったさまざまな悪弊の責任は、聖職禄をめぐって宮廷で繰り広げられる手段を選ばない争奪戦にあると考えた。[54] 寵臣たちは「訴訟の移送」という慣習を使って司法機関を堕落させたと非難された。宮廷人は親族や被保護者の起こした訴訟や彼らが受ける刑事裁判を、有利な扱いが受けられることを見込んで、下級裁判所から高等法院か別の司法機関に移した。[55] この慣習は一種の司法特権にまでなってしまう。歴史上他のさまざまな時代に見られるように、不正行為が蔓延していると感じると、そろって問題の原因を権力の中心近くにいる小集団に押しつけようとする心理が人びとに働くものなのである。しかし、パリ高等法院〈主席検事〉ジャック・ド・ラ・ゲールのような王政主義者の立場から見れば、本当の不正行為は〈王の恩恵〉を受ける側の忘恩にあった。「〈恩恵〉と〈寵愛〉」は「太陽の光のように」当然のものと考えられていると彼は嘆き、「すべてが堕落し」「身体の中と同じように腫瘍ができているのだ」[56] と書いている。しかしパトロン制度から不当な利益をむさぼる王の寵臣たちを嘲った膨大な数のパンフレットや民衆詩や俗謡の中にあっては、これは特異な考え方なのである。宗教戦争が終わるまで、宮廷は、プロテスタントの側からもカトリック同盟側からも、フランスの悪の巣窟とみなされることになってしまった。

官職の売買をやめて世襲にするという決定がなされたときまでには、すでにパトロン制度というシステムにはいくつかの改善が見られた。その一つとしてアンリ四世の下で維持された財政上の規制は有名である。シュリー文書の中に「王の贈与、一五八九〜九六年」という表題のものがある。改革論者たちは、パリ〈会計法院〉から送られる抄録を記録し編纂するという方法で金の贈与を記録するようにと、何十年来勧告し続けていたが、この文書はシュリーがその勧告を実行していたことを示している。[57] しかしシュリー自身が指摘するように、その締めつけがあらたな悪弊の原因となった。直接王から贈与を得るのがむずかしくなると、宮廷人たちは王に圧力をかけて独占権と間接税収入の下賜を受けようとしたのである。同じころイングランド女王エリザベスの極度の節約政策も同じ結果を生むことになった。[58] シュリーとスワソン伯爵の間に見られた長年の激しい確執も、一六〇三年スワソンに輸出入の新関税が下賜され、シュリーがこれに反対したことに端を発する。[59] 彼はいっせいにこの類いの二十五の下賜を一考の必要ありとしている。[60] 官職と委任される任務の売買は減らなかった。[61] シュリーの著書『王の財政』には、宮廷人たちの忘恩とパトロン制度の濫用を非難する激しい言葉が数多く出てくる。[62] 明らかにこの老兵は、宮廷への疑いと軽蔑の念を完全に捨て去ることがなかったのである。

これまで見てきたことから、支持者たちが、〈官職税〉をパトロン制度とパトロン-クライアントのネットワークをおびやかすものでなく、パトロン制度上の不正行為にとって脅威となるものと考えていたのは明白である。シュリーは一見パトロン制度を批判しているようだが、当時の政治に関する修辞学でよく行なわれていた倫理上の区別をしているのであり、彼の見解は大方の〈武家貴族〉が持っていた見解でもある。彼が意図したのは、倫理の問題に白黒をつけず、王の財政上の利益を〈官職税〉を決断する唯一の根拠にすることであって、貴族の利益となりそのクライアントたちを支える合法的なパトロン制度に打撃を加えることではなかった。当時意見を言える立場にあった人びとの共通の見解では、合法と不正との区別は公共の利益と個人の利益の区別とは一致しないからである。公共の利益になるかならないかが不正かどうかを計る規準だったとするハーストフィールドの見解は単純化しすぎであり、またあまりにも現代的で、ルネサンスのフランスに当てはめることはできない。当時ひろく受け入れられていた価値観では、民衆の権限と公共の利益を献身という隠れみのを着た個人の忠誠と特権に優先させるにはいたっていない。

政治倫理という現代的な考え方は、フランスのほうがイングランドよりゆっくり発展していったということも考えられる。フランスでは、貴族は軍務と地方行政機関の中心であり続けたし、君主はクライアント制度というシステムをなかなか壊そうとしなかった。官職の私物化はイングランド以上に制度の中に組み込まれていた。公共奉仕という現代の倫理が政治の世界で確立するのは、基本的なところで社会と制度に変化が起こってからのことである。

*Robert Harding　歴史学専攻

注

1　例えば次の五本の論文 J. van Klaveren, “The Concept of Corruption,” pp.38-40; van Klaveren, “Corruption as a Historical Phenomenon,” pp.67-75; B. Hozelitz, “Performance Levels and Bureaucratic Structure,” pp.76-81; R. Tilman, “Black-Market Bureaucracy,” pp.62-64; N. Leff, “Economic Development through Bureaucratic Corruption,” pp.510-20 を参照。都合よくすべて Arnold J. Heidenheimer, ed., *Political Corruption* (New York, 1970) に収められている。

2　Joel Hurstfield, *Freedom, Corruption and Government in Elizabethan England* (Cambridge, Mass., 1973) に転載された彼の次の三本の論文 “Political Corruption in Modern England: The Historian's Problem,” pp.137-62; “Corruption and Reform under Edward VI and Mary: The Example of Wardship,” pp.163-82; “The Political Morality of Early Stuart Statesmen,” pp.183-96 を参照。彼の論文 “Social Structure, Officeholding and Politics, Chiefly in Western Europe,” in *The New Cambridge Modern History*, ed. Richard Bruce Wernham (Cambridge, 1968), III, 126-48 は、改訂のうえ新しいタイトル “Officeholding and Government Mainly in England and France” で、上記の彼の著書の pp.294-325 に転載されている。

3　Hurstfield, *Freedom, Corruption and Government*, pp.141, 149-50; Hurstfield, "Social Structure," pp.133-34, 144.

4　Hurstfield, *Freedom, Corruption and Government*, pp.152-53, 193.

5　Hurstfield, *Freedom, Corruption and Government*, p.152; Hurstfield, "Social Structure," p.144.

6　Hurstfield, *Freedom, Corruption and Government*, p.153; Hurstfield, "Social Structure," p.141.

7　Hans Baron, *The Crisis of the Early Italian Renaissance*, rev. ed.(Princeton, 1966), pp.418-29. 特に pp.421-23 の長い注を参照。

8　これらの問題に関する論議については、Felix Gilbert, *Machiavelli and Guicciardini* (Princeton, 1965), p.176; J. G. A. Pocock, *The Machiavellian Moment* (Princeton, 1975), pp.93, 203-4, 258-63 and *passim* を参照。

9　フランスでは一五一五年から一六六五年の間に、官職数が（総督職のような委任による任務を除外して）四〇四一から四万六〇四七に増えた。人口の増加を考慮しても、一五一五年の住民四七〇〇人当たり役人一人から、一六六五年の三八〇人あたり一人にまで増加したということである。これは一一五平方キロメートル当たり役人一人から一〇平方キロメートル当たり一人に増加したことでもある。Roland Mousnier et al., *Le Conseil du Roi de Louis XII à la révolution* (Paris, 1970), pp.17-20.

10　歳入を増やすために王が一六〇四年にかけた強い圧力については、Sully, *Sages et Royales Economies d'Estat*, in Michaud and Poujoulat, eds., Nouvelle collection des mémoires relatifs à l'histoire de France, no. 16 (Paris, 1881), pp.555-59, 619-21 を参照。この著作はこれ以後 Sully, *Economies royales* として言及する。

11　Roland Mousnier, *La vénalité des offices sous Henri IV et Louis XIII*, 2nd ed. (Paris, 1971), pp.594-605; Raymond Kierstead, *Pomponne de Bellièvre* (Evanston, 1968), pp.130-34.

12　J. R. Major, "Henri IV and Guyenne: A Study Concerning the Origins of Royal Absolutism," in *French

Historical Studies, 4 (1966), 365-67; J. R. Major, "Bellièvre, Sully, and the Assembly of Notables of 1596," in *Transactions of the American Philosophical Society*, N.S. 64 (1974), pt. 2, 29-30.

13 Jacques-Auguste de Thou, *Histoire universelle depuis 1543 jusqu'en 1607* (London, 1734), XIV, 325（翻訳は筆者による）。ベリエーヴルが〈官職税〉に反対だったことを示すものは、彼のヴィルロワ宛ての一六〇二年十一月二十九日付けの手紙と一六〇二年の覚え書きである。これらの文書は Bibliothèque Nationale, FF [fonds français] 15894, fols. 544, 450-54 にそれぞれ収められている。覚え書きと手紙の一部は、E. Fages, ed. "Contre la Paulette. Mémoire du chancelier Bellièvre," in *Revue Henri IV*, 2nd ed., I (1912), 182-88 に転載されている。

14 Major, "Bellièvre," p.29. David Buisseret, *Sully* (London, 1968), pp.175-77. Roland Mousnier, "Sully et le Conseil d'Etat et des Finances," in *Revue historique*, 192 (1941), 82-83. Kierstead, *Pomponne de Bellièvre*, pp.128-29.

15 Sully, *Economies royales*, *XVI*, 521-22. 一貫性を保つため句読点を変えて文章を切った。Bouillon はポアトゥーのプロテスタント派の指導者で、陸軍元帥 Biron が起こした反乱に関与した。Biron は一六〇二年夏に処刑された。引用で割愛したのは "*Bouillons et brouillons*" という地口の部分である。

16 Sully, *Economies royales*, *XVI*, 585-86. 王は「〈温情〉、愛顧、勲章、任務、爵位、報酬の分配に当たっては平等と釣り合いを保ち」「それぞれの働きや忠誠心に見合った報酬」をお与えになるつもりだと、シュリーは貴族たちに伝えている。

17 C. Loyseau, *Les Oeuvres*, ed. C. Joly (Paris, 1616). Jean Bodin, *Six livres de la Rêpublique* (Paris, 1579). Emeric Crucé, *Le nouveau cynée* (Paris, 1623; reprint, T. Balch, ed., Philadelphia, 1909). Cardin Le Bret, *Traité de la souveraineté du roi* (Paris,1632). Philippe de Béthune, *Le conseiller d'Estat* (Paris, 1665).

18 Loyseau, "Cinq livres des offices," in *Les Oeuvres*, pp.14, 63-64; Loyseau, "Traité des ordres et simples dignités," in *Les Oeuvres*, p.79.

19 Béthune, *Le conseiller*, pp.139-40. pp.178-83, 362-70も参照。

20 Crucé, *Le nouveau cynée*, p.137. この時代にこの説について系統的に論じたものには他に次の論文 Le Bret, *Traité*, pp.209-10; Bodin, *Six livres*, pp.508-22; Anon., *Avis à Messieurs des estats sur la reformation et le retrenchment des abus & criminels de l'Estat* (n.p., 1588), pp.9-10 (Bibliothèque Nationale Imprimés Lb[34] 525); *Recueil des cahiers généraux des trois ordres aux Etats-généraux*, ed. Lalourcé and Duval (Paris, 1789), II, 283, article 262, 1576, 3rd estateがある。

21 N. de Villeroy, *Memoires*, ed. Michaud and Poujoulat, Nouvelle collection des mémoires pour servir à l'histoire de France, no. 11 (Paris, 1838), p.108.

22 Lalourcé and Duval, eds., *Recueil des cahiers*, IV, 175, 1614, 2nd estate.

23 Loyseau, "Cinq livres," in *Les Oeuvres*, p.83.

24 Crucé, *Le nouveau cynée*, p.135. ベチューヌは*Le conseiller*, pp.179-80, 182, 256で、特権の主張について述べている。

25 Edmund H. Dickerman, *Bellièvre and Villeroy* (Providence, 1971), p.124; Kierstead, *Pomponne de Bellièvre*, pp. 107, 132.

26 人物の能力が特権に優先するという彼の考えは前にあげた引用文のすぐあとに続く箇所で立証されているので、それを引用する。「しかし叙勲や報酬の授与では徳がつねに優先されなければならない。さもなければうまくいかないだろう。地位や聖職禄の下賜を受けようと息子を連れてくる母親や兄弟を連れてくる者を追い出すことは、君主にはむずかしいかもしれない。そうではあっても、その人物の優れた能力に基づくのでなければ推挙してはならない」(Crucé, *Le*

nouveau cynée, p.136)。

27 「働きに報いることはさらによい働きをさせる。君主や公衆に役に立つことを行なった人には当然報いるべきである。こうした人びとが認められるのは当たり前で、そうしないのは恩知らずと言うべきだろう。しかしまた徳をそなえた勤勉な人びとも忘れてはならない。こういう人びとは一般大衆の上に立って立派なことをする素質をそなえているからである」(Crucé, *Le nouveau cynée*, p.131)。ベチューヌはもっと強調し、「能力より功績が優先されなければならない」と言っている (*Le conseiller*, p.363)。

28 Béthune, *Le conseiller*, pp.254, 367. Bodin, *Six livres*, pp.70-76.

29 例えば François Isambert et al., eds., *Recueil général des anciennes lois françaises* (Paris, 1822-1833), IX, 249, edict of April 1453, article 118; Edmond Huguet, *Dictionnaire de la langue française du seizième siècle* (Paris, 1925-1966) の "corrompable" と "corrupteur" の項などを参照。

30 Bodin, *Six livres*, p.242; Béthune, *Le conseiller*, p.365. Crucé, *Le nouveau cynée*, p.93. さらに Lalourcé and Duval, eds., *Recueil des cahiers*, II, 146, 1576, 2nd estate; IV, 273, 1614, 3rd estate を参照。

31 Le Bret, *Traité*, pp.179-80. Béthune, *Le conseiller*, pp.365-66. Huguet, *Dictionnaire* の "corrompable" の項など。

32 Robert Harding, *Anatomy of a Power Elite: The Provincial Governors of Early Modern France* (New Haven and London, 1978), pp.135-37, 182-89 などにおいて、さまざまな例があげられている。

33 聖職禄を論じる中で、クリュセは身分と能力を同等の規準とみなしているように思われるが、王が個人的に寵愛する者については例外として能力を優先させなくてよいと認めている (*Le nouveau cynée*, pp.136, 148)。私は能力と身分(または特権)と功績(または忠誠心)だけを論じてきたが、任用と恩賞授与のもっとも重要で一般に認められている三つの規準だけを私自身の判断で取り上げたのだということはだれにでもわかるだろう。大して重要でないものかこれら三つに手を加えたものを規準として加えている政治倫理学者もいる。特にベチューヌは、個人に対して君主が気前よく与える理由として認められるものを四つ付け加えている（*Le conseiller*, pp.363-67）。このうち二つ――敵側に仕える外国人を味方にする、人びとを引き付けてあらたに仕えさせる――は、個人的忠誠という関係をあたらしく始めることに関連している。気前よく与えるという評判をとることと「好意」を誇示することが、もう二つの理由である。これらの理由がどのくらい大事だと考えているかベチューヌは特に述べていないが、パトロン制度に関する文献全体から判断すると、さほど重大ではないように思われる。たいていの著者は、政府が気前のよさと好意を誇示するという理由で能力と身分と功績を無視してもよいなどとは思っていなかったのはたしかだろう。

34　Bodin, *Six livres*, pp.518, 630.

35　Jean Bourgoin は、「古代の黄金時代」はアンリ四世によって復活されたが、彼の未亡人の下ですぐに堕落したと述べている（*La chasse aux larrons* [Paris, 1618], p.1 [Bibliothèque Nationale Imprimés Lf^{76} 50]）。Lalourcé and Duval, eds., *Recueil des cahiers*, IV, 93, 175, 196, 1614, 1st and 2nd estates; A. Arnaud, *Propositions au roy sur la Reformation de l'Estat* (Paris, 1617), pp.1-14 (Bibliothèque Nationale Imprimés Lb^{36} 1067) も参照。

36　De Thou, *Histoire universelle*, VII, 134.

37　De Thou, *Histoire universelle*, IX, 72.

38　Villeroy, *Mémoires*, p.108.

39　パトロン制度の明らかに違法な濫用は王の御料地の譲渡に見られた。これはルネサンスには進行していた過程であるが、基本法に違反するものである。この違法な譲渡については特に Le Bret, *Traité*, pp.322-26 を参照。

40　Bodin, *Six livres*, pp.435, 516-17; Béthune, *Le conseiller*, pp.139, 369; Lalourcé and Duval, eds., *Recueil des cahiers*, IV, 192, 1614, 2nd estate.

41　De Thou, *Histoire universelle* (1574), VII, 134.

42　Villeroy, *Mémoires,* p.108.　クリュセは、専門の秘書に任用の候補者たちの有用性を記録させ、国務会議を使って嘆願をふるいにかけるという提案をしている (*Le nouveau cynée,* pp.133, 151-52)。

43　De Thou, *Histoire universelle,* VII, 134; VIII, 550.　バーガンディ地方三部会が請願を出して同じ主張をしていることについてはVII, 729-30を参照。Villeroy, *Mémoires,* p.108も参照。

44　Lalourcé and Duval, eds., *Recueil des cahiers,* III, 53, 139, 1588, 1st and 2nd estates.　De Thou, *Histoire universelle,* VII, 134, 729; X, 674-76. Harding, *Anatomy,* pp. 124-25.

45　De Thou, *Histoire universelle,* VII, 134-35.　貴族が疎外されたことについてはVIII, 550; X, 674-76にも書かれている。

46　Bodin, *Six livres,* pp.512-14.　De Thou, *Histoire universelle,* VI, 424.　Michel de Montaigne, *Essais,* ed. M. Rat (Paris, 1962), I, 418-20.　Harding, *Anatomy,* pp.81-82.

47　Etienne Pasquier, *Oeuvres* (Paris, 1723), II, 338-39 (Pasquier to Sainte Marthe, n.d. [1588]).

48　Bodin, *Six livres,* pp.606-7.　pp. 519-21も参照。Lalourcé and Duval, eds., *Recueil des cahiers,* II, 296-97, article 295, and 318-19, 1576, 3rd estate; III, 164, article 244, 1588, 2nd estate.

49　Lawrence Stone, *The Crisis of the Aristocracy* (Oxford, 1965), p.419.

50　Bibliothèque Nationale Dupuy 852, fols. 30-99, "Estat des pensionnaires du Roy…" によれば、国庫金で支払う恩給は総額一八五万三八三五ルーヴル、そのうち〈一般歳入〉で支払うのは三九万二七六四ルーヴル、〈戦争のための臨時財政基金〉から支払うのは三一万一四三八ルーヴルである（一五七六年）。

51　Joseph Nouaillacが*Villeroy secrétaire d'état et ministre* (Paris, 1909), p.524で一六一一年の〈助言〉から引用している。Joseph Nouaillac, ed., "Avis de Villeroy à la reine Marie de Médicis (10 mars 1614)," in

Revue Henri IV, II (1907-8), 83も参照。一五八〇年代のヴィルロワとベリエーヴルの同じように寛大な見方については、Dickerman, *Bellièvre*, p.120とn.4を参照。

52 Bibliothèque Nationale FF 17287, fol. 161 ff.; Anon., "Mémoire de l'ordre et règlement proposé peu auparavant le décès du feu roy Charles IX..."; Bodin, *Six livres*, pp.629-31; Lalourcé and Duval, eds., *Recueil des cahiers*, II, 320, articles 354-55, 1576, 3rd estate; III, article 247, 1588, 3rd estate; Crucé, *Le nouveau cynée*, pp.152-53; Le Bret, *Traité*, p.422.

53 Lalourcé and Duval, eds., *Recueil des cahiers*, II, 319, 1576, 3rd estate. 政府の奨励するものが産業、宗教、教育、芸術のいずれであれ、公衆の利益になると考えられたのはたしかである。しかしこの点についての論評では、「公衆への気前のよさ」と「個人への気前のよさ」は分けて考えられている（例えばBéthune, *Le conseiller*, pp.360-70）。「公衆の利益」は、パトロン制度や個人への気前のよさという問題の論議の中に出てくるかぎりでは、認めないという指示、すなわち倫理的に見て許容範囲を越えたことを示す印として機能している。

54 このよい例として次の三つ J. Porthaise, *De la vraie et faulse astrologie* (Paris, 1578), dedication; S. Vigor, *Sermons catholiques pour tous les jours*, ed. J. Christi (Paris, 1588), fols. 66; Anon., *Apologetic d'un prestre de Rennes contre les heretiques & politiques dudict lieu* (Poitiers, 1590), pp.15-16があげられる。

55 訴訟移送の弁明の一つとして、裁判官と訴訟当事者の癒着などの不正行為をなくす手段になるという点があげられていた。これについてはBiraqueが一五七六年の三部会でした演説を参照（Bibliothèque Nationale FF 17287, fols. 129-34）。訴訟移送に対する当時の苦情についてはLalourcé and Duval, eds., *Recueil des cahiers*, I, 56, article 139, 329, article 114, 1560, 1st and 3rd estates; II, 73, article 212, 149, article 104, 284, article 263, 1576, 2nd and 3rd estates; III, 145, article 179, 1588, 2nd estate; IV, 118, 311, 324, 1614, 1st and 3rd estates を参照。さらにくわしくは Mousnier, *La vénalité*, pp. 602, 649; Kierstead, *Pomponne de Bellièvre*, p.109; Auguste

Poirson, *Histoire du règne de Henri IV* (Paris, 1862-1865), III, 61-62を参照。

56 Jacques de La Guesle, *Les remonstrances de messire Jacques de La Guesle* (Paris, 1611), pp.3-4. 引用したのは最初の忠告からである（27 May 1588）。ラ・ゲールはpp.35-36, 308-9, 580で同じ問題にもどっている（remonstrances of 1588, 1594, 1598）。

57 Archives Nationales 120 AP 12, "Dons du Roi, 1589-1596."

58 J. E. Neale, "The Elizabethan Political Scene," in *Essays in Elizabethan History* (New York, 1958), pp.59-84. Stone, *Crisis*, pp.424-49; Perez Zagorin, *The Court and the Country* (New York, 1970), ch.3 and *passim*. J. E. Neale, *Elizabeth I and her Parliaments* (New York, 1966), II, 325-56, 376-88. Lawrence Stone, *Family and Fortune* (Oxford, 1973), pp.55-58.

59 Sully, *Economies royales*, XVI, 511-14.

60 Sully, *Economies royales*, XVI, 513.

61 Mousnier, *La vénalité*, pp.337-38. 特にJ. Leschassier, "La maladie de la France" (1602) in *Oeuvres* (Paris, 1649) を参照。

62 一五九四年から一六〇三年の期間について、シュリーは宮廷における財政上の不正行為とパトロン制度の濫用を批判している（Sully, *Economies royales*, XVI, 189-93, 244, 250-51, 285, 298, 303-306, 354-55, 381-82, 511-14, 520-21）。多くの歴史学者が指摘するように、彼はこの著作では〈官職税〉に言及していない。これは一六一一年以降この大著を書いていたころには、この税がもたらした結果に困惑していたことを示すものと考えてよいだろう。

四章　宗教と俗界のパトロン——宗教改革期のイングランド[1]

ガイ・フィッチ・ライトル*

中世後期から宗教改革の時代においては、教会でパトロン行為をすることは多くの資産家が守ってきた合法的な権利だったが、同時に宗教改革を目指す人びとを悩ませる大きな問題でもあった。ある意味では〈アドヴワソン〉（聖職禄の受領者を指名する権利）は、ルネサンスのパトロン行為としてはあまり人目を引くものではなかった。しかし教会におけるこの種のパトロン行為は長年にわたって存続し、社会と教会双方の構造にしっかり組み込まれていたため、重大な権力行使（人を動かしたり悪用したりする可能性のある）を意味し、教会組織を総合的に改革しようとすると、現実にそして象徴的な意味でも越えなければならないハードルになった。基本的には教会におけるパトロン行為は困窮した聖職者に職を与え昇進させるもので、このかぎりにおいては資産階級が封建時代から受け継いだごくふつうの社会的、宗教的役割の一つである。しかしそれにとどまらず、これは君主と貴族とジェントリーの間で結ばれる政治上の協力関係と重なり合うものであり、また教育と教会建築のための寄進、新しい音楽と美術の注文、宗教書執筆者の奨励と保護にも関わっていたのである。

この論文ではこのようなより大きな問題も視野に入れながら、俗界の信者が宗教界でパトロン行為をするという制度についていくつかの競合する考えを検討するつもりである。最近の社会学的研究では、聖職者のおかれていた状況や彼らの特定の場所での活動や傑出した人物に関する研究が中心になることが多いが、これらの問題からひとまず離れて、俗界の手にあるこのパトロン制度について「神学理論」と言えるようなものを検討したいと思う。[2] この時代の社会は、魂と道徳に新たな関心が向けられ、一般の信者とは何か、聖職者とは何かについて見直しが始まり、その新しい考え方を、古くから社会と教会にある恭順と神聖の徳に基づいた手続にいわば接木しようという試みが行なわれていた社会であり、その中で書き表された理想や挫折や弁明は、このような社会におけるパトロン制度と宗教について多くのことを教えてくれる。またパトロン制度の諸問題に焦点を当てて考えることによって、聖職者と俗界の信者との関係や争いについても理解を深めることができるのである。

過去から引き継がれて十六世紀にいたったこのパトロン制度は、法律、財産、義務、社会的拘束、野心、宗教活動、複雑な社会を有効に動かす個人の決断などをすべて動員するものだった。組織化された教会は社会の不可欠な要素になっていたが、内部にはさまざまな緊張関係が見られた。実際、俗界の信者と聖職者の関係はうまくいっていたことがなかったのである。聖書を通してまた歴史の展開の中で示されてきたそれぞれの役割は両義的なものだった。聖職者にとって俗界の信者とは神に使えるしもべのパトロンにしてクライアント、保護者にして嘆願者、主人にして使用人だった。一方有力な信者は当然の権利として、また自分の魂が確実に救われるための手段として、聖職者に接近し支配しようとした。そして神学はゆうに千年以上もの間、俗界の信者が神性に近づく一般的な方法として善行を強調してきた。封建時代のヨーロッパのきわめて実利的な社会では、報酬を受けるにはまず貢献しなければならないと考えたのは当然のことだった。その貢献が贈物、土地や建物の寄進、教会に収める十分の一税という形をとったとき、信者も聖職者も――神の御業も――報われるように思われたのである。

洞察力のある人びとは、この仕組に内在する利害衝突の可能性に注意をうながしていたが、教会が持っていた世俗的欲求と、豊かな階級の信者が抱いていた魂の救済を得たいという願望が、何とか対立を抑えていた。教会のライバルとなる俗界の信者の石切り場から切り出された礎石の上に、目に見える現世の神殿が出現した。この記念の建造物は価値ある財産であり永遠の聖所でもあったので、その管理をめぐって教会と信者の双方がときにさもしく貪欲に争うことになり、これは法的にも神の目から見ても、信者と聖職者の権力と地位に関する複雑な問題に発展する可能性を持っていた。教会と社会がそれぞれの利害のため同じかぎられた財源をめぐって争ったり、一方がその道徳観や「真の教会」についての定義を他方に押しつけることになれば、両者の関係はなおのこと複雑になる。[3]

宗教改革期に生き残り使われ続けた中世の教会の建物は、それぞれの教区に礼拝の場を築いた特定の人物や一族を記念するものとなっていた。仏教では、寺院を寄進することはただ一つ俗界の信者にできる最高に価値のある行為とみなされる（財産の半分を寄進することがそれに続く）。[4]これほどまでとはいかなくとも、中世のキリスト教会でも、特別の寄進者（とその相続人）は法と慣習と神学理論に従って信仰上の恩典や世俗的特権を与えられた。その特権のうちもっとも重大だったのが教区司祭を任命する権利だったのである。

この特権は制限を加えられないまま聖職者の教会観をおびやかすものになったので、教会はそれを規制しようとした。高位聖職者を叙任するのは教皇か俗界の権力者かをめぐる叙任権論争のあと教皇の権力が増大し、さらに教会法の研究が進んだことが重なって、初期のパトロンたちが保有していた〈私有教会〉を持つ権利は

〈教会を保護する権利〉に後退する。俗界の信者であるパトロンが教区司祭の候補者を指名する権利は守られたが、候補者を承認し任命する責任は司教が保有するものとなった。[5] 同時に教会は、敬虔で穏健な正統的信者像、教会の権利と財産と権威を擁護し尊重する信者像を示して、人びとがそれに従うよう熱心に勧めた。憲章、戴冠式での宣誓、君主が習うべき手本を示す書物、説教、年代記、図像学などあらゆる所でこの理想像が強調されている。一つの例はジョアンヴィルの書く聖ルイ〔ルイ九世〕に見られる。ルイは「聖職禄の授与にさいしてはつねに聖職者と信頼できる立派な人たちに相談され、それからまるで神の御前においでになるかのように、誠意をもって良心的に任命なさったのである」[6]。

イングランドでは、俗界の信者であるパトロンと教会の間で対立が生じる可能性がどの国にもまして大きかった。教会法の新しい動きが部分的にしか受け入れられていなかったためである。コモンローはパトロンの権利をローマからの侵害を受けないように擁護してきた。十二世紀の〈前推挙者の権利を保護する条令〉や教会の諸権利を国王に委譲することを定めた〈クラレンドン法〉から、教会や団体が寄進された不動産を永久に所有する〈死手譲渡〉を禁じる法や〈次期受禄者〉を認める法など十四世紀の議会で成立したものにいたるまで、さまざまな法がそれを示している。[7] 多少まぎらわしいところはあるにしても、アドヴワソンは財産で、したがって売ったり遺贈したり贈与したりできたのである（例えば修道院に贈れば、あつい信仰心から出た宗教行為として再度認められるだろう）。特別な事態でもないかぎり、パトロン行為をする権利を奪い取ることはできなかった。リンドウッドはイングランドに影響を与えた十五世紀の教会法を編纂し、パトロンの資格を停止する条項をいくつかあげている。異端者はパトロンとしての権利の行使を禁じられたが、それでも動産、不動産すべてを没収されるという事態にならなければアドヴワソンの所有は認められていた。また「パトロンが……関係する教会の司祭や司祭代理や書記を殺すかまたは殺させるかした場合には、四代にわたってパトロンとしての権利を失うことになり……そのことはしばしば教会で公告されなければならない」という決まりもあった。聖職売買は禁じられていたが、嫡出であれ非嫡出であれ（女性でも未成年者でも）正当と認められる相続人の権利には、そしてだれであれパトロン権を所有または占有する者の権利には、教会も国家も介入することはできなかった。実際、リンドウッドによれば「職務遂行中に正当なパトロンから聖職任命権を奪おうとして……故意にパトロン制度に疑問や疑念を呈する牧師がいれば」教会はその人を破門し、パトロン権をめぐる争いが起こったときには「コモンロー法廷である王座裁判所が裁判権を［主張した］」。イングランドの聖職者たちは、原則上この主張が正しいと思っていたかどうかは別として、現実にはこのような状況を容認していたのである。[8]

何が合法的かは別として、中世後期イングランドの聖職者たちは堕落し国民の精神生活を危うくしていると、多くの人びとに非難されていた。俗界の信者がパトロン行為をするという制度がその悪弊の中心だと言う人もある一方で、それが改革の鍵だと主張する人もあった。しかしこのパトロン制度が教会と社会双方が直面する大きな問題になっていたという点ですべての意見が一致していたのである。

一般の信者であるパトロンたちは、聖職者を推挙するさいその人物が職務にふさわしい精神的資質をそなえているかどうかをまったく考えないとよく非難された。こうした非難には誇張されている部分が多く、批判する側が推挙を求めて挫折した人物である場合が多いのも事実であり、またある種の非難はあまりたびたび聞かれるのでかえって説得力を失ってしまったのもたしかである。大学卒業者は顧みられないという嘆きはよく聞かれた。

オックスフォードとケンブリッジで名高い
優秀な学者も
昇進しないまま。悪賢い輩が
神の御心以上に
教会や聖堂参事会員禄をもらっているのに。

受領者のいない聖職禄が「まぬけな奴に、また厨房や大法院の事務官に」[9]まわされることはひんぱんにあった。聖職者は献身的であるよりは気さくな遊び友達でいるほうが昇進した。こうして多くの聖職者が「俗界の人びとのために身を誤った。聖職者が世辞を並べたて、宴会やさいころ遊びやトランプ遊びを付き合い、狐や鷹を追って駆け回れば、よい男だと言われて聖職禄を与えられるだろう。このような遊びがあらゆる種類の悪をもたらすものであっても」[10]。ドミニコ会派のジョン・ブロムヤードはネズミに食物を取られないよう猫に番をさせた愚者のたとえ話をし、教訓として「おめでたいパトロンと高位聖職者についても同じことが言えるだろう。彼らは人びとの魂を悪魔から守るため邪悪な受禄聖職者の手に委ねるのである。このような聖職者たちは悪魔よりもひどく人びとを破滅させる。悪魔でさえ彼らほどはわるい手本を示さないだろうから」[11]と述べている。人びとが高い社会的地位に向かって移動していく時代には、聖職禄の授与権を活発な公開市場で売るパトロンも出てくる。「いまやパトロンが所有する聖職禄や聖堂参事会員禄や教会のその他の禄のアドヴワソンを手に入れるほどうま味のある取引はない。陳情するとか、許可状を手に入れるとか、金を使うとか……方法は何であれおかまいなしだ。アドヴワソンはロンドン市で……いま店や通りに出回っている商品なのだ」[12]と言われるほどだった。しかしながら、どんなに堕落した無責任なパトロンがいても、またどんなにいかがわしい行為をする聖職者がいても、これから我々がより広い視野でパトロン制度と社会を考えていくときに留意しなければならない点がある。それは、俗界のパトロンたちの多くがあらゆる種類の従者や使用人に大きな義務を負っていて、その義務をかぎりのある収入で何とか果たしていかなければならなかったということである。そのために、宗教改革主義者には悪弊に見えるものでも、俗界のパトロンには財源を合法的かつ適切に使うことであって、神または教会を侮辱するとは思われなかったのである。

宗教改革を唱える人びとの多くはすべての悪弊を聖職者の責任とみなしたが、それはもともと宗教改革以前には、俗界の信者が徳の模範になるはずなどないと思われていたからである。ジョン・マークによれば「正しい行いと学識によるより、追従と売買で昇進した聖職者のほうがはるかに多い。労力や追従という形での賄賂を使わないで昇進することさえできないのだ。だから人は金を出したり……世辞を使ったり……やっかいな仕事を引き受けて機嫌をとったりする。だが罪を犯して聖職禄を受ける者は当然罪のうちに……生きることになる」[13]。リンカーン司教のロングランドは「聖職売買を行なう者に下される神の強い手」に訴えて、さらに厳しく言う。「聖職を売買する者を根絶してしまうより先に……キリスト教徒の魂のほうが滅びてしまうだろう。なぜなら彼らは……キリストが尊い血を流してあがなった人びとの魂より儲けのほうが大切だと思っているからだ。」彼は同僚の司教たちのことも同じように非難した[14]。

それに対してジョン・ウィクリフは「聖職売買という異端」を非難し、昇進のためパトロンを崇める聖職者を「節度のない愛」という罪の例としてあげる一方で、俗界のパトロンの存在は堕落した教会を改革するのに役に立つと考えた[15]。彼の主張によると、歴史上初めてパトロンになった人びとは信仰のため教会に寄進したのだから、聖職者のどんな過ちによってもその目的を奪われないようにすることがパトロンの権利であり義務である。そして「……教会やパトロンの財産をつねに悪用している聖職者からは、監督する立場にある高位聖職者が義務を果たさない場合は、王かパトロンがその罪に応じて布施を取り下げなければならない」。ウィクリフはグレゴリオ七世以前の教会法とコモンローを論拠に自分の見解の正当性を示し、「あらゆる聖職者の頂点にあり、その直接のパトロン」である王は宗教改革に最大の責任を負うものであると断言している。[16]

また別の改革派は、パトロン制度の管理において教皇と司教が担う役割を強調する。オックスフォード大学の著者不明の神学討論集（一四六七年ころ）では、一人の修道士がウィクリフの見解に反論を試みている。聖職叙任権は、俗界のパトロンが権利をどう主張しようともすべて教皇に属するものであると彼は言う。パトロン行為をする権利は教皇が俗界の領主に許可したもので、それは教会へ贈物や保護を与えさせるためだった。しかし寄付行為自体はパトロンとしての権利をもたらすものではない。（彼はここでレビ記二十七章二十八～二十九節をわかりやすい言葉で言いかえて）神に奉げられたものはすべて殺されこの世とその持主には完全に「死んだ」ものとなるからだとその理由を述べている。またこれまでの教皇たちが俗界の信者にパトロンとしての権利を与えたからと言って、現在または未来の教皇がそれを取り消すことはありえないということにはならないと彼は考える。[17] 一方、十三世紀のリンカーンの有力な司教ロバート・グローステストの場合は、すべての聖職禄を処理する権限が教皇にあることを認めはするが、承認と任命の権限はそれぞれの地域の司教が保有するものとした。[18]

イングランドでは、宗教改革が行なわれたことで論争のテーマとなるこれらの問題や緊張関係がなくなったわけではなく、その後も論争や説教に繰り返し出てくることになる。だが宗教改革はたしかに重大な変化をもたらした。たとえて言えば、ゲームのルールがいくつか変わり、ゲームに参加する俗界の信者の元手が増えるとともに、利益もひじょうに大きくなったのである。いったいその重大な変化とはどんなものだったのだろうか。

第一に、俗界の信者が宗教界で直接パトロン行為をする割合、言いかえればアドヴワソンの割合が大幅に増えたことがあげられる。この再編成が正確にはどのようなものだったかを明確にするためには、さらにデータを集めて検討する必要がある。しかし一五三〇年代、土地、パトロン行為をする権利、聖職禄や十分の一税など、それまで富裕な修道院が所有していた莫大な財産が持ち去られ、まず君主に、ついで下賜や売買を通じて貴族とジェントリーの手に渡ったことはすでにひろく知られている。[19] 財産が手に入るということで、改革された新しい宗教の受け入れは進んだ。しかし俗界の信者の手に渡った教会財産の実際の使用状況は、教区という社会構造と教会の建物と中世の〈イングランド教会〉から受け継がれた宗教界におけるパトロン制度の手続については、以前と変わらないことを示している。

第二の変化は、新しい神学と新しい経済状況の出現によって、伝統的なパトロン行為を熱心に行なう動機となっていた考え方のいくつかが揺らぎ始め、同時にパトロン制度の濫用を非難する根拠のいくつかも弱くなってしまったことである。十六世紀には煉獄の観念が薄れ、金銭や富に対する欲求（あるいは少なくとも経済的な必要性の主張）が高まった。善行の果たす役割についての見直しは、中世の人びとが抱いていた献身の念とパトロン制度を根底から揺るがすことになった。不可欠と思われていた秘蹟の役割が小さくなり、したがって聖職者の神聖な地位が低下していくのにともなって、教会を支える俗界のパトロンたちはより自由に営利活動を始め、支配権を要求するようになる。因習の打破を唱える神学上の新しい説には、教会におけるパトロン制度がもたらした結果を攻撃するものも見られ、それは単なる象徴的な意味を越えた攻撃だった。

第三の主要な変化は宗教改革以後の新しい倫理の出現である。これはプロテスタント主義と宗教改革以後のきわめて厳格で自己批判的なキリスト教人文主義をもとにし、聖職者ばかりでなく一般の信者への適用を意図したものだった。「バスタード・フューダリズム」〔エドワード三世時代に傭兵制の結果生まれた従来とは異なる封建制〕の社会慣習や考え方を新しい宗教倫理規範で判断し規制しようとする試みは混乱を生み、また個人の激しい内省と、権利を不当に侵害されたと感じる者の自己正当化の努力、さらには本当の改革をもたらすことになる。

第四の変化としてあげられるのは、「すべての信者が聖職者」という考え方も聖職者に対する強い反感も、イングランドでは大陸ほど急速かつ広範囲に広まることはなかったにもかかわらず、聖職者と一般の信者が金と権威を求めて争うようになったことである。この対立に油を注いだのは、教会で職務を獲得し保有するという現実的な関心をめぐって、さらに「真の教会」とは何かという問題をめぐって、聖職者たちが派閥どうしで繰り広げた激しい争いである。

そして最後はあらゆる陣営の思想家たちに見られた変化である。教会のパトロン制度を廃止したり改革したりする努力がなされるにつれて、聖書に基づいた歴史学的で実利的な新しいタイプの議論が試みられ、さらにこれに対する反論が生まれるようになった。しかし俗界の信者はパトロンとしての権利を祖先から受け継いできたのであり、そのうえコモンローという強い味方に支えられていたので、そう簡単にはその権利を奪うことはできなかった。そのため多くの聖職者はパトロンたちの考えを自分たちの考えに改めさせて、パトロンとしての権利を自分の陣営が主張する「正しい信条」を促進するために行使させようとしたのである。

宗教改革以後、俗界の信者によるパトロン行為の割合が大きくなるにつれて、濫用の事例、少なくともその可能性は増大した。同時に、本質的にはエラスムス派であるかもっとはっきりとプロテスタント主義であるかに関係なく、聖職者の間で改革の気運が高まり、その結果、より慎重でありながら見解を明確に述べることのできる新しい世代の説教者が生まれ、新しい公共倫理を語るようになる。彼らの宗教関係の印刷物は、多くの点でその前の時代に書かれた反聖職者主義の文書とは鏡に写った姿のように対称の関係にあったと言えるだろう。社会の上層部の信者が果たす宗教上の役割が関心の的となった一方で、天国に入る鍵を握る聖職者の力が弱くなり、それとともにその発言とペンの力も弱くなった。しかしそれとは逆に、中世では期待されることのなかった俗界の信者がいまやその義務を果たすことを忘れないようにと言われ、そうしなかったときには激しく非難される、いや非難されなければならなくなったのである。

俗界のパトロンたちが非難を受けるもっとも一般的な理由は、それまでの非難と同様に欲の深いことだった。一五四九年にラティマーは「パトロンとしての行為から利益を求めるのでなく、職務が遂行されるように管理する義務がある」と説教した。ついでパトロンに金貨が詰まったリンゴ三十箇を贈って聖職禄を確保した野心家の聖職者の話をし、そのリンゴの木から接穂を取って自分に接木したらどうだと言っている。

そうすれば聖パウロの学問を全部合わせたよりずっとあなたたちの役に立つことはたしかだ。だがパトロンたちよ、十分注意しなさい。あなたたちの過ちのために堕落した魂の責任を取らなければならなくなるからだ……。魂など存在しないと言う人、永遠の魂を信じない人がイングランドには大勢いる……。私にはわかっている。……聖職を売ることは天国や地獄の存在を信じていない証拠なのだ。そういうことは冗談だと思っているのだ。[20]

ジョン・ジューエルは教会の十分の一税を使い込む俗界のパトロンを非難している。

いまや教区牧師館と代理牧師館……神の神殿の城郭と塔がパトロンから受け渡されるときには、必ず賃貸契約書の交換か現金の授受が行なわれる。キリストが……神殿から追い出したよりももっとひどい商人たちが、神の教会に押し入っている。パトロンになる人は神の教会を大切にし、教会員の良心のために備え、学識のある牧師を連れてこなければならない……。イングランド中で「パトロンたちは」イエス・キリストでなく自分たちの腹に仕えている。だからジェントルマンも、牧師館を一つか二つ貸して儲けないことには生活していけないのだ。[21]

以前のような宗教界のパトロン制度を守ることができなくなった当時の人びとは、中世の信心深い（惑わされていたこともあっただろうが）寄進者の贈物を破壊しその意図を無視する聖像破壊者で盗人だと考えられたのである。例えばヘンリー・ビードルは「私たちの祖先が愚かにも恥知らずの托鉢僧や……太鼓腹の修道士に与えたものを探してみなさい……。正道をはずれた教会を飾っていたあの膨大な金の装飾品はいまどこにあるというのか。……当時人びとは恐れから、また厳しい罰を逃れるため寄進したのは事実だが、理由はどうであれ彼らは寄進したのだ。恐怖は真実の福音より人びとの心を動かす力を持っているとでも言うのだろうか[22]」と嘆く。ヘンリー・バートンは聖職売買という慣習を「教会のあらゆる災いの素」とみなした。「なぜなら、それはあらゆる人びとの中に流れ込む良い生活という川の二つの水源……牧師とパトロンという水源に毒を入れ汚してしまうからだ。この二つは教会の大空にあって、下界にいる下位の人びとの生活を導く二つの星のようでなければならないのである。」[23]バートンはエドワード・コークから引用し、さらにラティマーの見解を繰り返し、国家の腐敗、特に「大小を問わずあらゆる種類の［行政関係の］官職と公共正義と私的な奉仕を売買する俗界の行為」は、宗教界の聖職売買という慣習に習ったものであり、またそのことが弁明の根拠にもなっていると指摘する。[24]

しかしこれらの説教はどんなに雄弁でも、パトロン制度という砦を攻撃する武器としては明らかに貧弱すぎた。ジェイムズ・ピルキントンはエリザベス朝のセントポール寺院を描写して、「南側の通路は高利貸とローマカトリック用、北側の通路は聖職売買用」と述べている。北側の外陣では、〈牧師任命予告〉が掲示される扉のそばで、あらゆるタイプの聖職者が自分がいかに有用であるかを宣伝しており、このことは「乞食に施しを受ける自分の大事な鉢がわからないはずがないように、だれもがよく知っていること」[25]だった。

強欲と聖職売買、たしかにこれらは非難の中心だったが、イングランドが職務にまったくふさわしくない教区牧師に悩まされることになった理由として当時あげられていたのはこれだけではない。この時代の上流階級の人びとは以前の人びとと同じ社会の要求に直面しながら、報酬として使える現金は彼らのほうが少なかったため、パン職人、執事、料理人、弓術家、鷹匠、馬丁などの使用人の給料やその長年にわたる忠実な奉公に報いて支払う年金の代わりに、アドヴワソンを使って聖職禄を与えるという中世後期の慣習を引き続き行なっていた。[26]このような状況では、適切な人物が牧師に就任しても任務をうまく果たすのはむずかしく、ますます俗界の信者に従属することになった。アンソニー・アンダーソンの言葉を借りれば「聖職は軽蔑され……パトロンは……牧師の取り分を奪って自分の生活費に当てている。聖職者は十ポンドもあれば十分だが……これをもらうためにでさえ、ご主人様のテーブルに皿をもって行くか、さもなければいつも食器棚のそばで食物をよそい、厨房の事務官代理を務めなければならない。礼拝と説教は短くして、料理人の準備に合わせる必要がある」。長々と説教して教会に信者を足止めする牧師は「主人とその従者たちに、ガチョウ焦がしの能無し牧師殿[27]」と呼ばれた。

この伝統的な慣習はパトロンに最小限の支出で社会義務を果たす手段を与えただけでなく、一時的にせよ安楽という恩典も与えてくれた。バーナード・ギルピンはそのあたりのことを次のように述べている。

パトロンたちは〔聖職者が〕だれも職務を果たしていないのを知っているから、ロバ〔馬鹿〕にさせても同じだと思っている……。聖職者が聖書を開くことがなくてもそれはかえって都合がよい。自分たちが悪習を行なっても、聖職者は反論できず、罪を犯しながら怠惰に暮らすことを黙認してくれるからだ……。何という愚かな判断だろう。こうした聖職者が得ようとする仕事はすべてロバでなく人間がするに……ふさわしい立派なものなのに。高い代価を支払ってあがなわれたキリスト教徒の魂だけが大事にされずに、羊を飼う資格もないような人の手に委ねられているのだ……。神の忍耐につけこむことなかれ。すぐに悔い改め、聖職禄をもっと正しいやり方で与えなければ、主人も家来も地獄の炎で焼かれるだろう。[28]

プロテスタント主義者もカトリック教徒も、貴族の家に仕える牧師の大多数を非難している。「身分の高い人びとの聴罪師で天国に行った人はほとんどいない。卑しい甘言で魂を駄目にし、また過ちを指摘しなかったため、自分の魂もパトロンの魂も破滅させてしまったのである。[29]」このように聖職者の口をパトロンが抑えれば、最後の審判で厳しい代償の取り立てに会うことになるのだが、そうなる前に別のわるい結果をもたらす恐れがあった。「パトロンがピューリタンならそのお抱え牧師もそうならなければならないし、ローマカトリック教徒なら牧師も必ずそうなる。そうしなければ追い出されるからだ」[30]とロバート・バートンは糾弾する。公認された正統派の信仰に亀裂ができることを恐れていた時代において、バートンが指摘するような状況は、散発的にしろパトロン行為を規制する政府の試みを引き起こすことになる。それでもパトロンはその権利を財産権としてコモンローという砦に守られていたので、自分の考えに従って比較的自由に行動できたのである。

聖職を希望する優れた人材が十分いないのは、俗界のパトロンが大学を支えず、空席になった禄つきの聖職に優秀な学生を抜擢したがらないからだと言われた。エリザベス朝の説教師バーティミーアス・アンドリューズによれば「無知でまぬけな田舎者や百姓や職人が聖職売買と不正行為を通して教会に入り込み、聖職禄を奪ってしまった。そのせいで本来聖職に迎えられるはずの学問があって適格者である大学人は職を失うことになる。このようなことが起こるのは……パトロンたちが神の民のことを良心的に考えないからだ……。そのため人びとの魂は哀れにもひじょうに危険な状態におかれているのである」[31]。邪悪なパトロンのために立派な学者が挫折する姿は少なくとも十四世紀以来よく見られた。大学卒業者の将来の見通しがほんとうに以前よりわるくなっていたかどうかはまだ答のでない問題ではあるが、パトロンを非難する宗教改革期の印刷物には必ずと言ってよいぐらい出てくることでもあった[32]。例えば「神の教会で行なわれるこの聖職売買のため、二つの大学は打ち棄てられた孤独な未亡人のように不毛になってしまうだろう」、なぜなら聖職売買という習慣に頼るだけしか出世の道がないなら、賢い親は金をつぎ込んで息子に余計な教育を受けさせたりはしないだろうから[33]といった具合である。

宗教界で批判の声をあげる人びとの間では、責任の大半は俗界のパトロンにあるというのが一致した見解だった。しかしパトロン制度というものは相互関係があって成り立つものであるし、きわめて受動的な立場にあるパトロンが多かったのもたしかなので、罪を彼らの側にだけ着せるのはむずかしかった。聖職者も、下は牧師補から最高位の主教まで、機会があればいつでも出世しようとしていたので、当然罪あるものとして非難されることが多かった。「欲深いパトロン……教区牧師、教区牧師代理、祈祷書朗読者、給料で雇われる牧師、主人の権威の傘の下で羊たちの魂の糧を奪う横暴なお抱え牧師、彼らはみな同類だ。主イエス・キリストではなく自分たちの腹に仕えているのだ[34]」などと言われたのである。有力な急進主義者のトマス・ブライトマンは当時の慣習とその問題をまとめ、聖職者を厳しく叱責している。

〔聖職者とは〕一枚の銀貨のため地面にひれふし……聖職禄をもらおうと懸命になっている人のことだ。……昇進の機会に出会わないかとどれだけあちこち駆けずり回り、どんなに賄賂を贈り……いやしいご機嫌とりのお辞儀をしていることか。……〔これが〕聖職禄を手に入れる誠実な方法だとでも言うのだろうか。……聖職禄をもらうのに、金で買うよりはひいきによるほうがまだましだというのだろうか。賄賂と聖職売買という習慣によろうが、へつらいと甘言によろうが、すべて同じ一つの過ちに入り込んでいるのだ。また、たちのわるいパトロンに仕え、その門口で待ち構え、愛人ででもあるかのようにパトロンの妻の機嫌をとり、その子弟をだまし、その使用人をまことしやかな言葉や約束でそそのかす……。主教にはこのようなさもしい乞食根性がないというのか。それではいつも彼らが宮廷に入り浸り貴族につきまとっているのはなぜなのか[35]。

宗教改革後は主教に対する攻撃も見られるようになる。一五八四年の書き手がわからないピューリタンの文書では、主教は不適切な人物を聖職に就けた責任を免れないと言われた。[36] 任命した当の本人が、パトロンが資格のない人物を推挙したなどとどうして非難できるだろう。「主教が愚かにも無学の牧師を任命したりしなければ、パトロンはどんなに欲が深くても、そういう人を推挙したりはできないだろう。[37]」実際多くの信者たちが下院の「教会裁判権に反対する嘆願書」（一五三二年）に賛成の意向を示した。そこには主教と大主教の行状がくわしく描かれている。

前記の主教や大主教は……陛下や他のパトロンの推挙を受けて聖職禄を与えられた人びとから、聖職就任証と引き替えに……多額の金を受け取るだけでなく……何ら正当な理由がないのに就任を遅らせます。……空席になっている間、その禄を自分のものにしたいからです。さもなければ、就任後その禄から上がる利益の一部を彼らに贈るという誓約をさせるのです……。また自分の甥だとか親戚だとか称して特定の若い人びとにさまざまな聖職禄を与えておいて、まだ未成年なので……資格はあっても職務を果たすことができないからと、その禄を……我が物にしてしまうのです。……哀れにも陛下の臣民は……よい牧師がいないので、真似るべき模範も教義も教えも与えられず、破滅してしまうのです。[38]

倫理を説く当時の人びとが考えるように、関係者全体の責任とする理由は十分あった。ウィリアム・ウォーカーによると、イングランドを毒したのは「パトロン制度を掠奪に変えた」俗界のパトロンであり、賄賂を使って聖職を買い「寛大なパトロンに滅びなくてすむはずの魂を裏切らせてしまう」聖職者であり、こうした悪弊を正すことなく黙認している無関心な主教である。「シモン（聖霊を与える力を金で買い取ろうとしたサマリヤの魔術師〕が大金を持ってやってきたらユダは売り、バラム〔頼りにならない預言者〕は祝福するだろう。それゆえユダが聖職禄の授与権を持つパトロンで、シモンが牧師で、バラムが主教である国は災いなるかな。こういう所では、キリストさえ売られ、聖霊さえ買われ、あげくのはてにどちらもまったく不要とされるだろう[39]」と彼は慨嘆する。

しかしながら、問題が何であるかを指摘し、キリスト教徒（俗界の信者も聖職者も）に聖職売買という罪を犯さないように勧告するだけでは明らかに不十分だった。新しい規制であれ、教会全体の再編成（これには法と社会の再編成も暗に含まれる）であれ、何かもっと積極的な対策が講じられなければならない。解決をめぐって宗教上の大論争が起こった。

トマス・ビーコンは「何の役にも立たないまぬけ」と「無知な牧師がキリストの会衆を監督する」ことを憂慮し、改革希望者との対話で解決への一つの道を示唆している。この対話では、まず「無学な愚か者を聖職に受け入れる主教に」罪があると一人が言うと、別の人が反論して「聖職禄の受領者を推挙する権利を持つパトロンたちに罪がないわけではない。情愛のためであれ報酬のためであれ、そんな無知な人間に聖職禄を与えたのだから。最後の審判で彼らが受ける罰は軽くはないだろう。これは盲人の指導者に手を引かれた盲人の会衆が溝に落ち、永遠に破滅してしまうということではないか。その原因であるパトロンについていったい何と言ったらよいのだろう。破滅する者は恐ろしい審判の日にパトロンの手にかかって血を流すようなものだ」と言う。最初の発言者がそれに答えたあと、ビーコンは「事態の推移を見ていよう。慈悲深い陛下と枢密院は必ずこのような悪弊を正してくださるだろうから[40]」と楽観的に締めくくっているのだが、ここに一つの解決法が示唆されているのである。

「教会がこの世で頂く最高のパトロン」[41]とフッカーが呼ぶ君主は、パトロンとしての権利をもっとも多く所有していた。君主またはその代理人は、大主教から諸施設の礼拝堂つき牧師にいたるまで、あらゆる階級の聖職者を推挙していたのである。王の推挙を通じてパトロン制度のネットワークが作られ、優れた大学卒業者が昇進し、宮廷の寵臣とその従者たちに報酬が与えられた。だが君主というものは最大のパトロンであると同時に議会と並ぶ立法者でもある。したがって、当然多くの聖職者は直接君主から仕事をもらおうとし、またそれぞれ動機は違っても、宗教界でのパトロン権の行使とその関連法を管理する君主の権限が拡大されることを望んだ。

政府による効果的な介入（言いかえれば俗界の手による規制）を望む声が強かったことは、王と議会に提出されたさまざまな訴状や請願書が示している。チューダー朝の宮廷で行なわれたこのテーマについての説教をすでにいくつか引用してきたが、さらに例をあげてみよう。一五七〇年、エドワード・ディアリングは大胆にも臣下に模範を示し新しい法を制定するようエリザベス女王につよく求めた。

まず陛下［ご自身］が所有なさる聖職禄について申し上げましょう。……その中には俗界の信者の手に渡って汚れてしまったものがいくつかあります……。またパトロンたちを……ご覧になってください。……［彼らは］聖職禄を売り……またある者は子供たちのためにそれを取っておき、未成年者や使用人に与える者もいます。……こうした背信行為が行なわれているにもかかわらず、陛下は何の関心もお持ちにならず、ただ座していらっしゃる。神は陛下おん自らが解決なさることを求めておいでなのに……。陛下が賢明なダビデ王のように熱心に神の御心に従ってお働きになりますよう、神よ、どうか聖霊をもっとお遣わしになってください……。邪悪なパトロンを正すには、陛下が身分の低い者と同様に身分の高い者も支配するように法を強化なさらなければなりません。[42]

フィリップ・スタブズは「際限ない悪弊」をなくすためには、「パトロンとしての権利を現在享受している、いや台無しにしてしまっているパトロンたちから奪い……本来あるべきように君主か個々の教会に委ねてしまえば、教会は堕落することがなくなり、いまよりはるかによくなるだろう」[43]と信じていた。

一方、国教派のリチャード・カズンは、主教がまず法に訴えなければなすべき職務を遂行できないというのはおかしいと考える。「コモンローによって十分資格があると認定されるのはわかっている」[44]人物を不適格者として拒否するため、主教がわざわざ多大な労力と費用をかけて法に訴えることはありえないだろうと彼は言う。

宗教改革後に議会で新しく制定されたパトロン制度に関する法には三本の柱がある。第一は、俗界の信者が教会でパトロン行為をする制度、特にアドヴワソンを財産権とする伝統的な考え方の継続である。いや強化というべきかもしれない。第二は聖職売買の禁止であり、第三は異端の信仰を持つパトロンの問題である。これらの法律の内容はこれまであちこちでくわしく的確に語られてきたので、[45]ここではそれらをめぐる宗教論争についてだけ検討したい。

キリスト教の歴史を通じて、異端者や背信者や非国教徒が有力なパトロンの保護を受けずに生きのびた例はなく、まして繁栄することなどありえなかった。またチューダーおよびスチュアート朝のイングランドでは、ピューリタン主義者とカトリック教徒の運命にとって、信仰あつい俗界のパトロンたちが果たす保護者としての役割は欠かすことのできないものとなっていた。[46] しかし十七世紀初頭までには法が制定されて、カトリック教徒が宗教界でパトロン行為をすることは厳しく制限され、カトリック司祭を擁護することは重罪とみなされるようになる。[47] 一六〇四年、何人かのカトリック教徒がイングランドでカトリックが一部黙認されるよう王に願い出、司祭を貴族とジェントリーが必要とする数に抑える、司祭を保護するパトロンはすべて司祭の行為に対し間違いなく社会的責任を負うという二点を王に約束した。[48] マシュー・サトクリフはこのような寛容政策に異議を唱え、教皇が「教会の禄を処理する……権利があると主張しても……その権限を外国人と敵に与える国家はないだろう。国家には拒否する自由があるのだ」という信念を表明し、さらに国教を忌避するパトロンを激しく非難している。

教皇と司祭は人間の魂を売り買いし、教会と……天国と恩寵とすべての聖なるものを売買しても、少しも良心の呵責を感じていない。彼らは……信者の財産を荒らしている……。為政者の姿を求めてフクロウのようにその屋敷の明かりの下を飛び回り、敵国のスパイをもてなし、信者であるパトロンの財産を食い潰し、不潔な好色家のようにその妻や娘や小間使いをはずかしめる……。パトロンをカトリックに改宗させるふりをして、実はその妻を寝取ってしまう。こういう司祭を自分の家に迎える［パトロンには］思慮分別がまったくないのだ。[49]

ヘンリー・バートンは、ひそかにカトリックを支持する人びとがパトロン行為をすることによって犯している「人を蝕む忌むべき罪」をもっと用心深く監視するため、法の制定を求めた。「どんな聖職であれその推挙権を奪われたくないなら、推挙のさいに君主への忠誠とともに国王至上権を認める誓いを立てなければならない」

という法である。「これが……真のキリスト教徒と偽物であるカトリック教徒、善良なパトロンとローマの狡猾な盗人との区別をする試金石になるだろう。狼が牧羊犬を任命するなら、羊が安全であるはずはないからである。[50]」

おそらくリチャード・バンクロフトと思われるある国教徒は、ピューリタンのパトロンが行なっている同じような悪習をあげている。

〔ピューリタンの聖職者は〕……貴族やジェントリーの懐に忍び込み……友人たちの力を笠に着て出すぎた行動をすることをつねとしている……。多くのジェントルマンが……この一派に加わり、その保護者になっている……。公的な発言をしたり恭順を説いたりして……彼らの煽動的行動に反対する人は、狂人だとか……ローマカトリックだとか……どっちつかずだとか言われてはずかしめられたり、〔逮捕されて〕裁判にかけられる。……イングランドの正直で学問のある人はだれ一人非難できないような教義を……説き、法の遵守を唱え、反抗的で煽動的な人を非難しただけなのだが……。貧乏人の虐待、家賃の値上げ、共有地の囲い込み、教会荒らし、聖職売買、傲慢、為政者と法への不服従や宗教儀式を軽んじるという罪でも、厳格に教義を守る人たちの多くが蝕まれているどんなおぞましい罪でも、〔我々は〕〔ピューリタン主義者の〕よきご主人さまのひどい罪に……触れることは決して許されないのだ。[51]

俗界の手によるパトロン制度は国教とさらには国家の統一までもおびやかすものになる。一六三三年、ピューリタンのパトロンとなっている土地受領者は教会財産の私用を理由に告訴され、その行為は事実上聖職売買の罪にあたると裁定された。しかしながら、これに批判的な領主の一人は「裁定する側のしていることこそ最大の誤ったパトロン行為と言うべきものである。自分たちの意見をもって全国的合意とし、思いのままに指示を出しているではないか……。いまに説教師が使うように教義まで与えてくれるだろう」[52]と皮肉っている。そういう批判があっても、俗界の最高のパトロンである国家としては、単なる私的な異説や信仰を個人や集団が保護することによって社会がこうむる悪影響を防がなければならなかったのである。

ときにはパトロンが国教を遵奉するため介入することもあった。一五八四年、ユーシビアス・パジェットが聖職禄を剥奪されたことが合法かどうかをめぐる裁判で、弁護人は次のように主張している。「管区を管轄する聖職者［主教］とパトロンは、この牧師の良心を苦しめるような儀式を強制したりはしないと約束した……。［のちに］主教が……つねに共通祈祷書を用いるよう命じたが、正規の祈祷書が支給されなかったので、この牧師はそれまで通りに行なった。それで主教とパトロンが腹を立て、後者は教区委員と委員補を通して高等宗務官裁判所に訴え出た。だが委員たちはパトロンが任命したのであって、正しい方法で選ばれた人たちではなかった」[53]（傍点筆者）。しかしたいていの場合、国教を遵奉させることはパトロンではなく政府と主教の仕事だった。一六〇四年、ヨーク大主教マシュー・ハットンは政府から指示があったことを認めている。「私は……陛下から……つまり枢密院から二つの点を含む書状を受け取った。第一点は、ピューリタンは国教に従わないかぎり法によって訴えられること。第二は、欲の深いパトロンの屋敷には国教を遵奉しているか徳や学問において優れた人以外だれも出入りしないよう十分監視しなければならないということである。」そして間もなく「ローマカトリック教徒と国教忌避者を告訴せよという……命令があると思う」[54]と述べている。

異端に比べると聖職売買という慣習はそれほどの脅威ではなかったが、はるかに多く見られた悪弊である。

よく言及されるエリザベス治世第三十一年の制定法第六号によって、聖職に就く者はすべて聖職を買ったりはしないと誓わなければならなかったが、多くの改革主義者はパトロンにも同じような誓いを命じる新しい法の制定を望んだ。一六一〇年にバンクロフトと主教委員会は上院に請願し、俗界のパトロンに同様の宣誓を強制すること、「推挙のさいに金品のやり取りをしたと立証された……場合には、パトロンとしての権利を永久に王に引き渡す」という罰則を設けること、「さらにアドヴワソンの売買も聖職売買とみなされること」を求めた。[55] 一六二一年五月、下院でのこの件の審議中、ベンジャミン・ルディヤード卿が立ち上がって発言した。

もともと神のものであったものを……神に売ろうという欲の深いあつかましいパトロンたちを抑える対策が講じられなければなりません……。牧師は宣誓に縛られていますが……彼らのほうは野放しで思う存分利益を得ています。自己規制をしている敬虔で良心的なパトロンも大勢いるのは……存じております。しかし法というものは善人ではなく悪人のために定められるのです。良心に逆らわないですむ方法が見つからないので、気の毒にも牧師になりたいという強い気持を……抑えて書斎に閉じこもっている、正直で十分資格のある牧師が大勢います。大胆不敵で役に立たない無知な牧師は……農場でも買うように聖職禄を買っています。……おかげで教会は、使用人や女やときにはもっとひどい仲買人の手に落ちるという危険にさらされています……。このようなパトロンは、自分の牧師が誓いを破って良心を破滅させたのを知っているのですから、その導きで信仰心を養うことなどできるわけがありません……。この名誉ある議会が……パトロン側にも同じ宣誓をさせて……この……いまわしい過ちを阻止するため委員会を設けることを私は提案させていただきたいと思います。

彼の発言は「議会によってひじょうに好意的に受け入れられた」[56]と言われている。

しかしながら、ほぼ十七世紀全体を通して提出されたさまざまな訴状を見ると、パトロンたちは巧妙に法の裏をかき、聖職者は聖職売買の市場をなくしたいと願っている人びとが追い詰めるには数が多すぎ、また手に負えない野心家だったことがよくわかる。フィリップ・スタブズによれば、彼らは「巧みに法を無効にする……。聖職禄と引き換えに三百ポンド……払っても、犬も吠えないくらいこっそりやる。……偽誓罪に……ならないように……牧師自身が金を払うのでなく、友人たちが代わりに払ってくれるのだ。それからかつてユダがキリストを裏切ったときと同じくらい安らかな気持で、この地位をやましいことは何もなく手に入れたと誓うのである」[57]。トマス・ブライトマンはつけ加えて言う。

これは法が腐敗しているのでなく、人間のほうが堕落しているのだと言う人もいるだろう。まったくのところ、教会の任務への推挙（すなわちパトロン行為）がこのようなやり方で行なわれるかぎり……改善の道はないのである……。この前の議会でそれを阻止する厳しい法が制定された。だがどんな効果が見られたというのか。さらに……巧妙に法を欺く手立てが生まれただけである。キリストの法に従わないのだから、この世の法に従うことなど期待できないのだ。[58]

さて最後にもっとも議論の多い問題を検討しよう。アドヴワソンが持つ権利に基づく従来のパトロン制度を継続すべきかどうか、すべきならその根拠は何かという問題である。宗教改革後のイングランドでは、パトロン制度をめぐる議論は手続と悪弊の問題にとどまることはできなかった。パトロン制度は教会組織と教義そのものの基本を侵害するものとみなされるようになっていたからである。ピューリタンと長老派の大方の人びと、組合教会派のほぼ全員、そして多くのカトリック教徒とかなりの数の国教徒が、現状を良心的にも信仰的にもたえがたいと感じるようになっていた。多くの人びとが俗界の信者の手にある既成の形でのパトロン制度をなくすことが絶対に必要だと考えた。もっとも、それにとって代わるものは何か、俗界の信者が聖職者の任命において何か役割を果たし続けるとすればそれはどんなものかというような問題については、それぞれ考え方がかなり違っていた。俗界の手にあるパトロン制度はこれらの人びとの道徳律に反し、さらに重大なことには、神の「真の教会」について彼らが抱いているさまざまな見解に反するものだったのである。

ピューリタンと組合教会派の反対理由は基本的にはきわめて単純だった。「原始キリスト教時代に書かれたものを読めば、アドヴワソンという言葉が……教会で聞かれるようになったのはずっとあとになってからだということがはっきりするだろう」[59]と穏健派のピューリタンであるジョザイアス・ニコルズは一六〇二年に書いており、これと同じ立場の見解が組合教会派の多くの声明文でさらに明確に述べられている。例えばある声明文によれば、牧師の選定は「為政者としての仕事でも、管区主教、あるいはパトロンの仕事でもない。そのような人たちに何か権力があるということについては、聖書はまったく何も言及していないのである」[60]。国教会からの分離を唱えるヘンリー・バロウは「パトロンの役割に関しては……新約聖書には何も書かれていない(そこには教会の仕事がすべて完全に説明されているのだが)……。キリストは、個々の教会と教会員は学問のある者もそうでない者もすべて一団となり、心を一つにして聖職者を選ぶようにと命じられた」[61]と主張している。

このように、聖書に前例が見られないということが反対理由の中心ではあったが、決して理由はこれだけではなかった。もう一度バロウを引用しよう。

聖職者を選定するという教会全体の権利と義務を一人の人間が握ってしまったら（その人が賢明な人でないときには）、正しく選ぶことも秩序を保つこともできなくなるだろう。ましてよくあることだが、アドヴワソンを所有するパトロンが聖職者も教会員も知らない人で、無知で、選ばれ推挙される人の才能や適性や生活ぶりを見極め判断する能力がなかったり、女子供だったり……野卑なあるいは邪悪な人だったり、ローマカトリック教徒、無神論者、異端者だったりすれば、なおのことそうである。こうしたパトロンと管区主教のひどい命令に従わなければならず、彼らのすることにはどんなことでも黙ってたえなければならない哀れな人びとは、このような選定を嘆かわしく思う。たとえ選ばれた聖職者がわるい人でなくても。[62]

フィリップ・スタブズも「どんな階級の人であれ、私人または一人の人間が聖職禄の受領者を……推挙する権利を持つこと」を否定し、この権利は個々の教会にあると考えていたと思われる。「人間は一人ではすぐに堕落し、聖職禄を好意や愛情や金のためにふさわしくない者に与えてしまうが、教会全体で選べばそんなことはできない」[63]という理由からである。ジョン・キャンはパトロンの世襲の権利を弁護する人びとにあるたとえ話をしている。

仮に教区のだれかが住民すべての夫や妻を決める権利を持ち、それが永遠に相続されていくとしたらどうだろう。これは社会生活に関することであるが、それでもこのような隷属関係は我慢ならないものだろう。まして精神の自由を奪ってしまうような罪はいかに大きくたえがたいことか。[64]

キャンは別の論文で、聖職者を会衆にむりやり押しつけるというやり方を非難している。「会衆が同意しない、それどころかまったく反対で、しかももっともな理由があるのに……パトロン（彼がカトリック教徒でも神を冒涜する者でも信仰のあつい人でも結局は同じなのだ）と主教の意見が一致すれば、会衆の首を邪悪な強奪者のくびきにつなぐことになるのだ」[65]（傍点筆者）。何が問題なのか、その張本人はだれか――この場合俗界のパトロンと主教――は、いわばプロテスタントの多様な考え方から成るスペクトルの一方の端にいる、比較的近い考えのいくつかの宗派の人びとには明白だった。しかしそれを正しく摘発し批判することで一致はしても、その選定方法に代わるものを考える段になると、即座に意見は分かれてしまう。

新しい牧師を会衆が選ぶ場合、一般の信者がどんな役割をどの程度果たすかという点についてかなり議論があった。一六三〇年代ジョン・パジェットは、ある人物の宗派が何かを知る最良の方法は「個々の教会が管区内の諸教会を支配する〈中会〉〈牧師と長老による会議〉の許可なく牧師を招聘できるかどうか」[66]と質問することだと言った。いかなる制約を受けることも拒否する人びとがいる一方で、個々の教会の完全な独立には慎重な人びともいたのである。トマス・カートライトは『議会への勧告』（一五七二年）で「これらの欠陥を是正するには、叡知をもってアドヴワソン、パトロン制度、教会財産の私有化、および主教の権限をなくさなければならない。そして牧師を任命する権利が自分たちにあると主張し……昔会衆が行なっていた正しい選定方法を導入しなければならない」[67]と忠告した。さらに『第二の勧告』では「牧師を自由に選べるように、聖職禄授与権を持つ陛下と他の人びとが……それを手放すこと」[68]を説いている。しかし結局彼も「会衆が牧師を招聘し承認し就任させる」のがよいと思っているのではないかという批判に、「それは……まったく違う。……私の言う昔行なわれた方法とは、長老たちがその教会の会衆全体の承認を経て選定するというものだ」と答えた。俗界の信者がパトロン行為をする制度の存続については「こういうものはなくすべきだと主張するなんてばかげた話だとでも言うように、分別のある人がこれを守ろうとするとは考えられない。カンタベリーの首座大主教職もすべてのアドヴワソンもなくさなければならない[69]」と述べている。

一般の信者が完全に聖職者の選定を管理することについては、それが正式に選ばれた長老の手によるものであっても懸念を表明する人もいた。カートライトとは同時代のウィリアム・フルクもその一人だった。彼の見解では「聖職者の選定は重大な問題で、だれか一人の判断に委ねられるのでなく個々の教会がやるべきことなので、〈教会会議〉の判断に任せるのが適当である。そのほうがふさわしい人物を選ぶのによりよい忠告を得ることができるし、選定された人物の承諾を得るのに必要な権威もそなえているからである」。さらに彼は、一人の人間が牧師の任命権や特定の教会に就任させる権限を持つことを否定する根拠として聖書から数箇所引用したのち、結論として次のように述べている。

まじめで賢明で敬虔な一般の信者から成る長老会は、牧師の地位が空いたとき、どこで適切な人物に会えるかを教会会議に尋ね……その助けを求めなければならない。こうした敬虔な人びとの忠告を聞いて選ばれた人物は会衆に紹介され、だれも正当な反対理由を示すことができなければ……承認されなければならない。これが原始キリスト教会で神の御言葉に基づいて行なわれていた牧師の正しい選定方法であり任命方法である……。これを見れば、パトロンによる推挙は神の御言葉にもとる偏ったものであることが明らかだろう。[70]

一五八八年ジョン・ユーダルは「神の御言葉に従って私たちが望んでいる……選定の方法」は「カルヴァンが使徒行伝十六章に基づいて示したもので、それによれば彼ら［会衆］はおごそかで善良な聖職者の指示なしに選ぶことはできないのである」[71]とつけ加えた。このように考え方の違いはいろいろあっても、現行の慣習は間違いで、それを直す手段は聖書に記されている原始教会の慣行を正しく理解することにあるという点で、すべての意見が一致している。

・

俗界のパトロンによる推挙に反対する人びとは、必要とあれば会衆の合意による選定を支持する議論を聖書を持ち出さずに行なうこともできた。ユーダルを再度引用すると「会衆全体に関係することは、その承認を得なければばならない。……全体の合意で選定されたのであれば、彼らが選んだのだから彼らを従わせる力がもっとある……。したがって会衆の合意による選定が最良で、それ以外のやり方はすべて無効である」。教父の著作や初期の宗教会議や当時のプロテスタント主義者の言葉も典拠として引用された。同時に彼らは新約聖書に頼るほうが安全だとも感じていた[72]。

国教徒は、他の多くの問題についてと同様パトロン制度の問題についても、きわめて独善的で聖書の記述をすべて正しいとする敵ピューリタンに守勢に立たされた。国教徒たちは伝統という重荷を負い、既成の社会階級制と長年にわたって結びつき、徹底的な変革を伴わないゆるやかな改革をよしとしてきたので、新しい道徳の提唱者たちの攻撃を受けやすい立場にあったのである。国教徒の著述家はピューリタンや組合教会派の主張にできるかぎり反論しようとした。過激派のもくろみが悪い結果をもたらすだろう（特に資産家の信者に）と言って不安の念をあおり、パトロンの善行が過去にも現在にも必要であると弁明し、そのような寄進者が世俗的報酬と魂の救済という信仰上の報酬を得るのは妥当であると強調した。さらには控えめな改革の提案をしたが、それはたいていは主教の役割を強化することによる改革だった。また教会におけるパトロン制度が、法的にも管理上も宗教上も実利的な面を持っているという認識を一貫して示している。

ジョン・ウィトギフトも国教徒の立場で弁明する多くの人びとと同じように、パトロン制度が濫用されているという事実は認めたが、それだけが問題ではないと考えた。「一方ではパトロンたちの欲の深さが、そして他方ではあなたがた［ピューリタン主義者］の論争好きが教会で多くの害をなし、少なからず福音の妨げになっている……。すべての人が……自分の欠点に気づき、それを恥じ［なければならないのである］」[73]と述べて、ピューリタンの責任も追求している。

国教徒には、聖書の解釈と同様に原始教会の歴史を解釈する場合にも、コンテクストを考え合わせることが大事なのであって、原始キリスト教時代の事実という怪物をただ卑屈に模倣する必要はないと思われた。ウィトギフトの著作からの引用はたくさんあるが書いたのはおそらくバンクロフトだろうと考えられる小論文には、「彼らが長老会の特権として主張するのは、教会員の合意によってすべての……聖職者の選定を行なうことである。彼らは根拠は何もないのに、使徒の時代にそう定められたとか、それを継続していくように命じられたとか言って、あつかましい態度で我々に反対している。しかし私は確信するのだが、使徒たちはいつでも同じ指示を出したわけではない。いまの彼らのようにつねにあらゆる状況で同じことをしなければならないと考える人がいないように、意図的に指示を変えたのである」[74]と書かれている。この著者はさらに論じる。原始キリスト教時代には信者の数が少なかったのでおたがいよく知っており、最適の人を牧師として選ぶことができた。そのうえ、そのころは現在のような教会の組織は存在していなかった。ところが「いまは為政者が信者で、国教会が確立され法に従っている」。また初期のキリスト教徒は特別の判断力を授けられていたが、いまはそれは「なくなり、たいていは無知で判断力に欠けている」。初期の会衆には偶像崇拝者や迷信家などはいなかったが、いま教会は大酒飲み、「教皇支持者、無神論者やその類いの人たちであふれている」。自由な選択が許されたら、このような連中はどんな奇妙な牧師を選ぶことやらわからない。[75]この見解にピューリタン主義者は反論し、そういう類いの人びとが「教会の中にいる」ことを否定し、それは「外部の人なので……宗教上の行為には介入できない。万一教会員が不適切な人物を選んだ場合には、長老が……それを正すことができる[76]」と主張している。これに対して国教徒は誤った選定を正す権限は主教にあるほうがよいと考えた。

国教徒の著述家たちはまた、プロテスタント主義の小冊子の記述に歴史的に見て正確ではないところがあると考えた。そして会衆の手による牧師の選定が穏健派のピューリタンの方法で行なわれてさえもやっかいな結果をもたらすことを見落としていると指摘している。ジョン・ブリッジズは誤った歴史的証拠をあげているとしてウィリアム・フルクを非難した。ブリッジズに言わせれば、フルクが証拠としてあげたものは「個々の教会での牧師の選定ではなく、主教の選定に関するもので」、そのうえ会衆は最初の二世紀の間に「権利の濫用、派閥争い、ときに流血を招くこともある行きすぎた無秩序な論争のため[77]」主教を選ぶ権利さえ失ったのである。マシュー・サトクリフは、聖書にも「過去のどんな時代にも、長老会による選定の、いや長老会そのもの」の例など見つからないと主張した。さらに「長老会による選定は、派閥と分裂と思慮に欠けた偏った選択に左右されやすく、手続もなかなか進まない。これは国の法律にもパトロンの権利にも君主の特権にも、また政府のあらゆる優れた方針にも不利益を与える[78]」と懸念している。

俗界の信者がパトロン行為をするという制度を運用していく従来の過程では、教区牧師を選択する権限は「女子供や愚者の手に移ってしまうだろう。こういう連中は全国いたる所に聖職禄を四十も持っていて、行ったこともないような土地の牧師を推挙する。それでも人びとは受け入れなければならないのだ」[79]と急進派は反対する。これに答えてバンクロフトは、ピューリタンが「自分たち、そして自分の教区の人びとを聖職者の選定に関与させ、彼らに権限をすべて与えた」ことのほうが深刻な問題なのであり、「人びとの邪悪な性質を考慮し、彼らがいとも簡単に分裂してしまうことを考えると、これでは大論争と不和が生じるに相違ない」[80]と主張する。サトクリフはこの点をさらに強調する。彼によれば、会衆が聖職者を選定するなら、当然のこととして二つのことが起こる。「一つはカートライトが……言う一家の主人だけでなく、女も使用人も若年者も、そして神の民であるすべての人が聖職者の選定に発言権を持つことになるだろう。これらの人びとも牧師には同じように利害関係があるのだから……。第二に、すべての教会でその外側に選ばれたのではなく招かれた聖職者と、真の福音伝導者というよりは日和見主義者と情熱を欠いた学者が集まり、結局はその意見が多数を占め、教会のあらゆる問題を牛耳ることになるだろう。」ピューリタン主義者は実際はこの第一の結果である社会的平等も第二の宗教上の結果も認めていないのだから、会衆が選定権を持つという要求は馬鹿げているとサトクリフは主張し続け、結論として一つの疑問を呈している。「賢明な支配者は、農民と職人が宗教上の諸事を決定したり、愚者が……教会のあらゆることがらを支配するのを容認できる適切なことだと思うだろうか。そして無知な人が長老に選ばれても、すぐに新しい能力を与えられて……新しい人に生まれ変わるから問題ないなどとは……神学のどんな法則に基づいても考えられないのではないか」[81]という疑問である。

国教徒たちは、このように会衆の手による聖職者の選定が社会変動をもたらす恐れがあると指摘するだけでなく、聖職者による専制の恐怖を呼び起こし、さらに不安を掻き立てた。ジョン・ブリッジズもその危険性を指摘する一人である。

私は……パトロンの腐敗したやり方を弁護しない。むしろ多くの悪弊を……心から悲しむ……。しかし彼らの悪弊を正す方法については有効なものが見つかるだろう。それに比べて、すべての人びとに与えられるべき正義をくつがえし、ジェントリーも貴族も主教も王侯も例外とせず、会衆による選定にすべてを委ねるという不法行為を正す方法を見つけるのはなかなか大変なことだ。だが会衆の選定権が問題だからと言っても……会衆からそれを巧妙なやり方で取り上げ……少数者の集まりに与えたり、教会会議を召集し、州の……すべての教区の牧師と長老を集めて選定に口を出させたりすることは〔いかがなものだろう〕。教会会議の出席者は……たいてい教区にとってパトロン以上ではないにしても同じくらい部外者なのである……。私たちが行なっているようなパトロンによる推挙が神聖を汚し偏っているというのなら……長老と教会会議による選定は国家にとってはるかに危険で、多くの人びとに害になることは明白である。[82]

ウィトギフトも「聖職者の政治的な権利を主張する」極端なプロテスタント主義がもたらす宗教上の結果を強調した。

主教からその……権威を取り上げ、教区を……主教、為政者、君主の管理から解放して、それぞれに牧師を選定させてみなさい。そうしたら教区の数ほど宗教が生まれ……教会はくるくる変わるさまざまな意見で哀れにもばらばらになってしまうだろう。あの人たちが何をねらっているのかわからないのか。……ほんとうは再洗礼派と同じく「キリスト教徒は御言葉を伝える牧師の他には為政者を持ってはならない」と言っているのではないのか。……教皇でさえ……これほど熱心に……教会と俗界の支配権から……逃れようとはしなかった。王侯、貴族、為政者がこれらの人びとがもくろんでいるほどひどい隷属と屈従の下におかれたこともなかった。[83]

パーカー大主教はこのような懸念をすべてまとめて、一般会衆による選定を支持する者は「実直そうな様子をして誠実……らしさを」装っているが「本当は野心家で、自分の上に立つ者がいることに我慢ならないのだ」「彼らの思いつきが他人の損失から利益を得ようとする身分の高い人［に］支持された」としても「……この愚かな党派が讃えられたり……大目に見られたりしたら、民衆政治に陥ることになり、賢明な人びとが予測するように貴族階級は破滅するだろう」[84]と述べている。

ピューリタンは少なくとも教区民が選定に参加し選ばれる人物を自主的に承認することを求めていた。国教徒のカズンはそのような方法をとるようにとは「神の法も人間の法も命じていない」と反論した。とにかくその手続はまやかしで、会衆は「パトロンの機嫌を損ねることを恐れてとても反対などできないから、パトロンが自分の利益のために推挙する人物を進んで承認するだろう」[85]と彼は考える。十七世紀半ばになって、ジョン・プリンズリーはコモンローから言葉を借りた面白いたとえを使って、会衆による聖職者の選定を弁護している。「私たちの選定について言えば、会衆の投票が……必要だと言っても……〈事前承認〉を申し立てる……人も多いが、たいていは……〈事後承認〉を求めているのである。……レアをヤコブの妻にしたのは何だったのか。彼が初めて彼女と床を共にしたとき彼女は妻ではなかった［が］、〈事後承認〉された。法律では〈追認〉と言うのだが、これが婚姻を有効にしたのである。このような承認はわが国の大部分［の］……聖職者が受けているものだと思う。[86]」実際、教区民を牧師の選定に積極的に参加させているパトロンも多かった。しかし選定問題のこうした面はこの論文の理論的、神学的関心の圏外にあるものなので、ここでは触れないでおく。

国教徒はつねに守勢に立っていたわけではなかった。提唱する教会学が有効なら、当時の教会の悪行を正す説得力のある方法を示し、自分たちの慣行をよしとする理由をはっきり述べる必要があったのである。

もちろん国教徒は改革を心から望んでいた。彼らにとっては、それは今まで以上に（以下ではない）主教が監督することによって、言いかえれば、主教が聖職売買に対する警戒を怠らず、叙任する聖職者の資質にもっと関心を寄せ、俗界のパトロンが不適切な指名をしたら恐れずに拒否し、たえず勧告することによって実現できるものだった。[87] 一五一一年ジョン・コレットは聖職会議に先立って「聖職禄を……ふさわしい人に与えよと命じた律法を繰り返し読むように。世俗的な感情に従って承認すると、現在のように経験を積んだ人でなく子供が、賢明な人でなく愚者が、善でなく悪が治め支配することになるのだ。そうではなく、徳をそなえた人を推挙せよと命じた律法を繰り返し読むように[88]」と説教した。しかしのちにカズンは、いかに「主教が非難し叱責しても、［それによって］パトロンの欲の深さや熱意の欠如……聖職売買という慣習、私益のために人をそそのかして偽証させるという罪がなくなるわけでない[89]」ことを指摘した。一方フッカーは、主教が俗界のパトロンを保護するコモンローに阻まれていても、宗教上の根本方針を公式に示す必要があるという考えから、資格のない人が推挙されたらもっとつよく拒否すべきであると主張しさらに論じる。「聖職者の任命に反対する者に〈反対理由の陳述を求める法〉があるため、かえって聖職者の任命が簡単に承認されてしまうのかもしれない。」だから議会はこの法（任命に反対したため裁判になれば、その費用で財産を失ってしまうことになりかねないので、主教はあえて反対しなくなる。したがって口封じと言えるような法）を破棄しなければならない。「このように自分の判断に従うこと、抑えられる理由は何もないような正しい判断を〈表明〉することを阻止する法がある国では、良心の欠如した邪悪なパトロンたちは（国教会にはあふれるほどいる）、あまり簡単に任命が認められるので、ますます大胆にどんなくずでも推挙してくるだろう。」だから主教は聖職者の水準に関心を持ち、責任あるやり方で自らのパトロンとしての権利を行使するところを見せなければならないというのである。[90] ウィンチェスター主教トマス・クーパーは「聖職禄を不正に与える主教がいれば、同じ罪を犯した俗界の信者がどれほどの罰を受け［ようが］、私は主教にはその二倍か三倍も重い罰を望む」[91]と記している。しかしサトクリフは「最悪の主教でも俗界の最良のパトロンの多くがするよりはましな［パトロン行為］をしているのだから、［パトロンが］義務を果たしてさえいたら……学識があるのに聖職禄を得られない人びとがこれほど多くは……いないだろう」と結論づけ、不正を働く俗界のパトロンを助ける法律家なども非難した。[92] ウィリアム・ロードはロンドン主教時代の一六二九年に、ハマースミスの住民たちが設立を望んでいた教会についてマルグレイヴ伯爵宛てに手紙を書いた。その中で彼は「会衆による聖職者の選定に目をつぶるのは私としてはとても不本意です……。そんなことをすれば、教会の平和を破る悪名高い人びとを引き入れることになるでしょう……。聖職者の生活費を出すのだから任命権が欲しいと教会員が申し立てるなら、生活費を出すのは自分の魂の安泰のためであって、主教の職務を奪うためではないと言わなければなりません」と述べ、自分に新しいアドヴワソンを預けるよう求めている。[93]

これらの反応は、俗界の手にあるパトロン制度に対する国教会のどちらともつかない態度を表すものである。俗界のパトロンたちは堕落し利己的で、信仰的にはいい加減で、主教の導きが必要な存在だったにもかかわらず、国教会にとって貴族階級とジェントリー階級に属するパトロンは、社会と宗教の急進的な刷新を阻んでくれる巨大な砦になっていた。そして教会の建物や聖職者を支える寄進は過去において必要だったし、さらに寛大な寄付がこれからさきもずっと必要になるだろう。だが神の御業を護る俗界の信者のこのような行為に応えて与えるべき有形の報酬など教会にはなかった。国教会は教会組織の発展と有力な信者の役割を歴史的に正当なものとしてきたのであり、それは主教が全体を監督する必要があるという改革案と相容れないことだった。

フッカーは、ある俗界のパトロンたちを批判はしても、現実的な理由から当時の教会組織は正しいと考えた。

この国では……土地保有は軍法に基づいて行なわれたものであり……教会堂の建立と、したがって……聖職禄の割当ては、土地のおもだった所有者であるような人の承認を受けなければできないことだった。教会に多大な恩恵をもたらした人びととその相続人はその見返りとして……聖職禄を主教が認めるような資質をそなえた人物に与える権利を末代まで与えられた。これは公明正大で道理にかなったこととして、全員一致で決めたものだった……。パトロンがどうやってこのような権利を持つにいたったのか知りたいと思う人に答えるのだが、……キリスト教世界全体の目から見て、自分の土地に金を出して教会堂を建立した人とその相続人に権利を渡すのは当然だと思われたのである。あつい信仰心を讃え人びとを同じような行為に駆り立てるため、だれもが喜んでこれを認めたのである。そうでもしなければ人びとはなかなか教会堂を建てたり寄進したりしようとはしなかったはずである。[94]

トマス・ビルソンはこれらの点を敷衍して、会衆による聖職者選定を求める急進派の要求に次のように反論した。封建制の下ではどの村にも領主がおり、それ以外の住民はすべて「その小作人や使用人で、教会堂を建てる財源も領主の土地の産物をいくらかでも聖職者に与える権利もまったくなかった。したがって教会は建てられなかったか、領主が何らかの刺激を受けて建てるかのどちらかだったのである……。神の法にこれを禁止する条項は見当らない。あなたがたでも牧師を選ぶ会衆の権利を認めるさいには、会衆に子供や使用人、乞食、奴隷を含めず、牧師を選ぶ分別と牧師を支える能力のある人びとだけを指していると私は確信している」。古くは領主以外すべての人が農奴で、領主が全責任を負っていたので、パトロン行為の見返りを独占するのは当然だった。何世紀もたつうちに、領主は寛大にある者たちを解放し、またある者たちに謄本保有権による土地所有を認めたが、これによって教会に関して領主が本来持っていた権利がなくなったということではない。「建立者の記念であり遺産であると……国法が何百年にもわたって認めていたことなのに……少数のおせっかいな人びとが……神の法に反すると……世間に信じさせようとするのを許しておけるだろうか。パトロン制度をその目的や効果を理解しないでやたらに非難すると、あなたがたの他の教会規定も同じように思慮分別に欠けていることを賢明な人にすぐ見破られてしまうだろう」[95]と彼は言う。これに対してジョン・キャンは寄進の価値を否定し、したがって報酬の必然性はないとして急進派の主張の建直しを計った。それによれば「ローマ皇帝コンスタンティヌスが初めて教会に……土地と財産を寄進したとき、天から『今日、教会に毒が注がれた』と言う声がした……。ほどなく原始教会の規則も儀式も慣習もほとんどが破られ、人びとは愚かな献身に夢中になった。迷信的行為が本当の信仰だと思い、聖職者に隷属することになってしまった」。だからローマ皇帝ユリアヌスが行なった教会財産の没収は宗教を妨げたのではなく改革したのであり、イングランドからカトリックの残した汚点をすべて取り除くため、同様の措置がいまふたたび求められているのである。[96]

「偶像を維持するために贈られたものを……神に仕えるものに変えることができるのか」という疑問に、国教徒は断固として「できる」と答えた。「それらを私用に供してしまうのであれば、迷信をなくすふりをして実は神への信仰の向上でなく個人の利益を……ねらったのだと考えてよいだろう……。ローマカトリックを維持するために贈られたものを神に仕えるものに変えられないと言うなら……教会も大学も壊し……神への信仰の代わりに無神論を唱え、新約聖書の代わりにマキャヴェッリでも読めばいいのである。[97]」全キリスト教会が欲の深い聖像破壊者と「多くの無神論者と神を冒涜する背教者[98]」に包囲されているいま、パトロンは減らしてもいいどころか前よりさらに多く必要だと彼らには感じられた。

これまで改革主義者と国教徒に焦点を当ててきたが、第三の主要な宗教上の立場であるカトリック教徒のジェントリーや貴族に目を向けることにしよう。彼らの大多数が心配するのは、身代を潰すような厳しい罰金、信仰と財産をおびやかす法律、彼らと家族と屋敷内にある礼拝堂の牧師と使用人の生命の危険であり、俗界の手にあるパトロン制度自体に関してはそれほど心配しておらず、自分たちの信条を推し進めるためできるかぎりのことを静かにやっていた。しかし聖職者について言えば、例えばイエズス会士ロバート・パーソンズはもっと野心的だった。イングランド全体の「再改宗」という大きな計画を立ててパトロン制度の問題に取り組み、ときにはピューリタンと国教徒双方の解決案をそのまま繰り返した。理論上の理由で、また以前教会の財産だったものを「真の」教会に戻す妨げになるという理由で、コモンローには反対だった。何が合法かに関係なく、すべての善良なキリスト教徒は教会財産の返還に同意しなければならないと主張する。「というのは、これらの財産は最初は贈主である第三者のものだったが、彼らは神への奉仕と自分の魂の救いのため教会だけで使われることを願って、それを子供や親族や相続人から取り上げたのだから……どんな理由があっても、どんなに正当なことでも、それを教会から……奪って……汚すことは許されないからである。」さらに返還された土地とアドヴワソンの最善の使い道を決めるため、聖職者たちの「改革委員会」の設立を提案した。富の再取得とパトロン制度の改革によって「……長い嵐と……破壊は終わり、我々イングランドのカトリック教会では設備面での修復が始まるだろう。……教会や病院と無料の学校や神学校が修復、拡張、増設され、大学では公開講座が開かれ……新しいカトリック教会の設立に……必要な……無数のことが行なわれるだろう」。議会は〈死手譲渡〉法を再検討しなければならないとパーソンズは言う。そして「この国ではふたたび敬虔な行為が行なわれなければならないので、〈死手譲渡〉という縛りを少なくともある期間なくし……教会への寄進を抑えるよりは奨励する必要があるだろう」と考えたものの、新しい寄進者にパトロンとしての権利を与えることは望まなかった。それどころかこうした権利をすべて廃止するか厳しく規制することを望んでいたのである。

イングランドの善良な聖職者の保護のため……聖職禄の授与権は……司教と司教座聖堂参事会か司教に近い高位聖職者でその仕事を割り当てられた者だけが［保有］すべきである。……パトロンに報いるためには……その教区の何か他の特権や名誉を代わりに与えなければならないが……牧師の推挙権やアドヴワソンは与えられない。あるいは……すべてを取り上げてしまうわけにいかないなら、能力のある人を全部で三、四人推挙するというのがパトロンに与える最大限の権利で、その中から司教が審査員と一緒にもっともふさわしいと判断した人物を選べばよいだろう。[99]

パーソンズの考え方は他の宗教的立場の考え方と並べてみると面白いが、当然、財産のあるカトリック教徒の支持はほとんど得られなかった。

予想されるように、これらの議論は主として教会組織とその規定、言いかえれば国教会の構造とそれがコモンローおよび社会の中で占める位置という問題に集中した。しかし俗界の手にあるパトロン制度に関係することで神学上問題になることが他にもあった。パトロンが専制的である場合、牧師は自由に務めを果たすことができなくなる恐れがあると多くのプロテスタントが心配する一方で、カトリック教徒の中には、聖職者が従属的な立場におかれているのでは聖餐を受ける者の罪を効果的に免除することができないのではないかと懸念して、新「ドナティスト派」に接近する者もでてきた。[100] ピューリタン主義のウィリアム・フルクは、教会の他の分野で規律を改善する手始めに、礼拝の基本的な性格、特に説教の果たす役割を変える必要性を提唱している。

決められた数の詩編と聖句を読み、定められた形式の祈りをすることだけが牧師の仕事だとみなされ、十歳の子供でも同じ程度にはできるようなことをする牧師が……よい牧師だと評価されるかぎり、無学の牧師、無知で罪深い会衆、聖職を金で売る神を恐れないパトロンはなくならないだろう。またそうであるかぎり、それに会衆が抱く妄信も加わって、神の教会はなかなか先に進まないだろう。[101]

もちろん実践上のさまざまな問題点も指摘された。ウィトギフトとバンクロフトが「長老会による聖職者選定」に反対したのは、一つには実践上生じる不都合が理由になっているのである。

〔このような選定方法をとれば〕多くの教会が長期間にわたって〔牧師を〕欠くことになるだろう……それというのもふさわしくない人物が選ばれると、不満を持った教区民は〔近くの教会の〕牧師たちに助けを求めて、次に開かれるその管区の教会会議に訴えてもらうことになる。そして従おうとしない教区民は教会から追い出され……君主に訴える。その結果、牧師の選定のやり直しを余儀なくされる。……このような状態の中では、信じがたいような分裂や争いや喧嘩や憎しみが生まれ……あっという間に二、三年過ぎてしまい……その間教区には牧師が不在になるのである。[102]

聖職者たちからは、競争相手のすべてであるいは大多数が地位を金で買っているのだから、神に仕える場所を見つけ神の召命に応えるためには自分たちもそうしなければならないという便宜的な議論も出てきて、改革を目指す人びとはこれにも答えなければならなかった。また全キリスト教会は危機状態にあるのだから、必要な改革を遂行するためには、いかなる手段をとってでも自分たちが権力の座に就く必要があると主張する人びともいた。もちろんその動機が純粋なのだから、そうするうちに堕落してしまうことはないだろうと彼らは言うが、ヘンリー・バートンはこのような主張をする人びとに決して聖職を買うことのないよう命じた。そんなことをすれば〈聖別されて〉聖職に就いたのでないことを世間に示すことになるだろう。そうではなく、神は手遅れになって教会を保持できなくならないうちに立派な聖職者に合法的に昇任する機会を与えてくださることを信じる必要があると説いた。[103]

しかしながら、改革主義者にとって何といっても問題だったのは、パトロン制度を擁護する牙城のようなコモンローだった。これは土地所有の構造に見られる大きな変革と経済および社会の新しい状況と宗教対立のさ中にあってなお効力を持ち続け、ほとんど変わることがなかった。アドヴワソンという財産を保有する者を法が保護することにより、改革の努力はいちじるしく妨げられた。一六七二年「聖職売買という慣習を容認することでパトロン制度が汚され」ないよう監督して欲しいというサセックス伯爵の要請に、パークハースト主教は自分にはその権限がないと回答している。

宗教界でよく見られるような不正行為を私は認めませんが……ローマ法の学者や学識者と……協議してわかったことがあります。古くからあるローマ法はアドヴワソンの売買を認めていませんが、この国ではこれは不正行為ではないのです。なぜなら［他の法によって］パトロン行為をする権利は単なる世俗的財産権と見なされ、慣習に従って売り買いされており、これをめぐる争いはこの法により裁可され決定されるのですから。したがって、聖職禄の受領者を推挙する権利を審査するのは、それがいかなる人の権利であっても私の権限外のことなのです。[104]

このような状況は腹だたしいことではあったが、パトロンの権利に本質的なところで手をつけると大変革が起こる可能性があり、また確実に俗界の有力な味方を遠ざけてしまうことになるのが、国教徒には、そして多くのピューリタン主義者にさえよくわかっていた。一五七三年、ルードルフ・グァルターはスイスでの体験を踏まえ、「私たちが長年の慣行によって公認されている……権利を奪おうとすれば、大きな騒ぎを引き起こし、教会に大きな危険を招くことにもなるでしょう」とコックス主教に慎重策をとるよう提言した。神学的に見てまったく受け入れられない人物を推挙するのでないかぎり「彼らに聖職禄受領者を推挙する権利を享受させておいたほうが賢明のようです」「変えようとすれば危険と混乱がかならず起こるようなことは、永遠の救いを失うことにならないかぎり我慢するほうがよい」[105]と考えていたのである。一五八九年にクーパー主教はパトロン制度を改革するための法制定に反対の意を表明している。それが有益ではあっても、パトロンが「世襲の財産と権利を放棄するのに同意することなどありえない」と彼には思われた。そして「法の制定によって事にあたると大混乱と大変革が起こり、国家の安泰を維持していけなくなるほどの不都合を招くことになるでしょう」[106]

と忠告する。このように、俗界のパトロンたちは法を味方にしているかぎり、聖職者の監督を受けないですんだのである。

結局のところ、宗教論争は俗界の信者と聖職者の関係の根本に関わる対立を解決できなかった。改革案には矛盾がいっぱいあった。国教徒は教会財産を保有する俗界の信者を煽動して、「権利の強奪」を謀るピューリタンの聖職者に反対させた。だが彼ら自身の解決案では聖職階層制がさらに大きな役割を果たすことになるという矛盾を抱えていた。ある人びとは、俗界のパトロンが悪弊を行なう張本人であると同時に改革者でもあるというこの明らかな矛盾を何とか解決しようとしたが、うまくいかなかった。まったく違った教義と気質を持った神学者の中には、俗界の信者を聖職者の指導に従わせる努力や、信者を「聖別して」両者の差をなくすための努力を続ける者もいた。しかし大多数の聖職者は歴史の産物である現実に不満を持つか、甘んじて従うかだった。

批判と立法（提案されただけのものも成立したものも）と改革の試みがいっせいに押し寄せてくる状況では、俗界の手にある宗教界のパトロン制度が生き残るとは思われないだろうが、事実生き残ったのである。宗教論争がどんなに説得力を持っても、また俗界のパトロンの管轄権の濫用ぶりがいかに目に余るものであっても、それらはこの伝統的な権利と慣習の廃止にはつながらなかった。イングランドが〈全面的改革〉を体験し、他の封建的な諸権利が消滅した一六五〇年代においてさえ、俗界の手にあるこのパトロン制度はなお存続したのである。

一六四五年、ヒュー・ピーターズは議会の両院で説教し、聖職禄を受ける者による「輝かしい活動」の再開を勧め、「議会が審査して、合格者を説教師として派遣したらどうでしょう……。この立派な活動が行なわれるよう取り計られているなら、私たちは国民どうしで争ってなどいないでしょう。この内戦は相手方が神を冒涜する聖職者と無知な民衆を煽動して……起こしたものなのです」[107]と述べた。クロムウェルと議員たち（もちろん俗界の信者である）は聖職者審査委員会と聖職資格剥奪委員会を設置した。この委員会が果たす役割は、ある人たちが主教や教会会議のものとして描いたものだった。しかしクロムウェルも委員会も、またいわゆるベアボーン議会（聖者議会とも呼ばれ、一六五三年各地の教会から推薦をうけた信仰あつい人びとから成る）の議員たちの試みも、聖職禄受領者を推挙するパトロンの権限をなくすことはできなかったし、委員会の政策が行きすぎだと考えた俗界の信者が多かったのも事実である。一六五九年の三月に下院で行なわれた討議で、上級法廷弁護士のジョン・メイナードは「ホワイトホールの審査委員たちは……教皇や主教がしなかったことまでやってアドヴワソンを取り上げようとした」[108]と不満を述べた。しかし人びとが直面していた危機は本質的には政治的なもので、十七世紀の後半までには、教会をだれが運営し管理するかをめぐる争いで、俗界の信者が聖職者に完全に打ち勝ったのである。[109]さて最後に、俗界の信者自身の思いと、俗界の手による管理という新しい現実に何とかうまく対処しようとする聖職者の反応を追ってみたい。

仮に完全に自由な意志決定が許された場合、イングランドの俗界の信者のうち、あるいは聖職者のうち、どれだけ多くの人が俗界の手にある宗教界のパトロン制度を廃止する計画に協力しただろう。それを推し測るのはむずかしい。聖職者への恭順のしきたりは徐々に消えていった。多くの聖職者は権威ある地位に就いている人も含めて（国教徒もピューリタンもカトリックも）、おもに俗界のパトロンのおかげで昇進したのであり、ほとんどがさらに昇進を目指した。そのため大半の聖職者はパトロン制度というシステムにおとなしく従うか、それを巧みに利用するかだった。宗教界のパトロン制度自体は（俗界所有の教会財産から生じる収入を別にすれば)、チューダー朝とスチュアート朝の地主が属する財界や社会では小さな位置しか占めていなかったが、それにもかかわらず依然として有益でありコモンローによって保護されていた。そしてこの法には宗教改革主義者の抜け道となるものはたとえあったとしてもごくわずかで、ましてパトロン制度を全面廃止しようとする者の抜け道などなかったのである。俗界の信者はそれぞれパトロンとしての権利を良心に従って必要なところに行使した。宗教改革の闘士になった信者もいた。また財産権を法によって安全に保護されているので、皮肉屋が不能者に示すような冷笑を見せて降りかかる非難と挑戦を払いのける者もいた。俗界の信者の間でも、聖職者と同じく、パトロン制度については多様な意見が見られたのである。

善良なパトロンもいることはだれもが認めた。ヘンリー・バートンはこうした人びとを讃えている。

> 真に寛大な貴族、そして真に高潔なジェントルマンは少なからず存在する。……彼らには聖職を売るという堕落した行為はまったく見られない……。私の知るかぎりでは、多くのパトロンたちは自分が推挙権を持つ聖職禄の受領者がいなくなると、人に懇願されるのをじっと待っているのでなく(ふつうじっと待つなどというのは誉められたことではない)自ら行動し、大学に使者を送り、もっともふさわしい人物を尋ね回る……。こうやって慎重に求め、思慮深いやり方で見いだした人物に進んで聖職禄を与えるのである……。こういうところにこそ、イングランドの俗界の信者と聖職者の間にある使徒行伝が言う意味でのすばらしい競争心……父と子の競争心があるのだと思う。このような人びとこそ祝福された息子であり、あの聖なるお方のパトロンである。[110]

俗界の多くのパトロンはこの最後の部分の比喩を聞いて気おくれしただろうが、大方は冒頭の賛辞に自分自身の姿を見たはずである。

パトロン制度の悪弊について、聖職者と同じくらい厳しく批判する俗界の信者もわずかながら存在した。「聖職禄を三つも四つも、いや……一ダースも持っていながら……その一つ一つを無学文盲師や……誤った教義を使って愚かな羊を貪ることしかできない飢えた狼に与えているとは何と情けないことではないか」[111]と、すでに一五三五年にフランシス・ビゴッド卿は非難の声をあげている。宗教改革の時期を通じて、ときには主教の責任をもっとあからさまに非難しながら同様の思いを語る書物が他にも俗界の信者によって書かれた。[112]俗界にいる信者の徳のほうが野心家の聖職者のおよばないほどはるかに勝っている例もときおり見られた。一六二三年、サイモンズ・デューズ卿はスタンストーンの教区牧師から一通の手紙を受け取る。そこにはこう書かれていた。「閣下が所有なさるストランソーンの聖職禄のことで閣下に働きかけて欲しいと親類の文学修士に頼まれております……。［もし］閣下が特定の教会を持たない説教師ですが資格は十分そなえているこの人物をお認めになり聖職禄をお与えくださるなら、金貨二百枚を思召しに従ってお支払いいたします。」これに答えてデューズ卿は書き記している。

手紙を受け取るまでは貴下の親族の説教師にいくぶん心が傾きかけていましたが、手紙を拝見してまったく嫌になりました……。貴下のような職業の方がこのような申し出をなさるとは遺憾なことです。こんにち良心的でないパトロンに不満が向けられていますが、それはこのような申し出をして正直なパトロンを堕落させてしまうかもしれない金銭ずくの聖職者にもっと向けられるべきだと思います……。これが聖職売買に当たることをいまさら貴下に証明する必要はないでしょう……。このようなやり方では正直な人間の推挙を受けることはできません。[113]

自分の徳にそれほど自信がないにしても、説教師たちや何人かの俗界の信者たちからまで法的、社会的、宗教的な義務の遂行に関して厳しい非難を受けて当惑し不満に思ったパトロンも多くいたにちがいない。ピューリタンのトマス・ウッドは一五七六年にレスター伯爵に宛てた手紙で、伯爵が二人に共通する信条を十分促進できなかったことを厳しく非難したので、レスターはやむなく弁明した。

地位のある人間で私以上に真の宗教を促進しようと腐心した者はこの国にはいない……。儀式などの問題で説教師の間で悶着が起こったとき……主教と女王の仲立ちで彼らのために働いたのはいったいだれだったか。私が推挙した……主教たちは……どんな聖職者にも負けず好意を持たれているではないか。私が推薦した大聖堂主任牧師はどうか。イングランドで私以上に学識のある牧師を抱えている者がいるだろうか。学問のある説教師のいる教会を増やすため、そういう説教師を私ほど推挙した者はいるだろうか。……私が自分の利益のためにそうしたと言える人はいないと信じる……。世間の人が知る通り、初めから私は宗教をできるかぎり促進しようとしてきた。……いつも最適の人物を、最高の説教師を推挙しようとしてきたのであり……だれであっても私のことを貴下のように非難する理由はまったくないのである。

レスターはウッドから納得できないという手紙を受け取って、ますます失望し怒ったに相違ない。[114]俗界の信者の考え方は一五八〇年代の著者不明の小冊子からもうかがわれる。そこにはある会合で隣席した有力な聖職者と俗界のパトロンとの間で始まった会話の模様が書かれている。

〔この聖職者は〕教会にこれほど邪悪な聖職者がいるのを……すべてパトロンのせいにしているようだった。同席のパトロンは……腹を立て……相手が複数の聖職禄を与えられている不在聖職者であることを知って……こう尋ねた。「田舎の貧しいが誠実なジェントルマンである私が聖職禄受領者を推挙する権利を持っているので、これを正直で貧しい人に条件つきで与える。その条件とは私がその禄から応分の利益を取り、牧師にはその働きに応じた給料を支払うというものです。……説教もできない男ではありますが。でもそれはオックスフォード出身の立派な学者で説教ができるにもかかわらずそうしようとしないあなたに聖職禄を差し上げるのと何ら変わらないことなのですよ。それでもこれは正当ではないとおっしゃるのですか。」この聖職者がとつぜん戸のくぎのように口がきけなくなりおとなしくなったら、それが彼の答だと思ってよいだろう。[115]

しかしこの例に見られるように、好ましくないものを引き合いに出すという方法だけが弁明のとる道ではなかった。パトロンたちに反論しようとした人たちの言うことが信用できればの話だが、大魔術師シモンは聖霊を〈売ろう〉としたのでなく〈買おう〉としたのだから売る側は罪にならないと言うパトロンもあったということである。[116] このような金を受け取ったら「寄付というような何か慈善的な使い道に」「それをあてようという良い意図」がパトロンにはあるのだと主張することも一つの弁明法だった。また聖職売買という慣習が長年にわたって神の罰を受けないで存続してきたことこそが神が認めておいでになる証拠だと考える者も多かった[117]し、自分は何も悪いことはしていないと言い張る人もいた。しかしヘンリー・バートンの指摘のように「自分だけが聖職売買という悪弊を払い除けるだけでは十分ではなく、妻や息子や娘や使用人がその罪を犯さないようにしっかり監督しなければならないのだ……。身内の熱心な懇願に負けて聖職禄を与えたり、何か卑劣な不正を意識しないではいられないときがあれば、そのときにはあなた自身がキリストの羊たちを欺いて狼の手に渡すことに同意しているのである[118]」。

しかしながら、このような具体的な弁解や反論も、郷士ウィリアム・プリンが一六五四年に示した包括的な弁明と比べると迫力に欠けるのである。当時の政府の政策に対する恐れと、片やジョン・キャンとウィリアム・リルバーン、片やロバート・パーソンズという両陣営から受ける宗教上の脅威から、プリンは俗界の信者がパトロンになる制度を廃止しようとするそれまでの試みとは反対の立場に立って、法律的な観点から膨大な趣意書をまとめ、パトロン制度を拡大するという提案さえしている。それによれば「私たちの教会の聖職者と宗教と一般国民を誹謗し、パトロンたちが昔から受け継いできた正当で合法的な財産とアドヴワソンを奪い取ろうとする陰謀の背後には……陰険で腹黒い再洗礼派的な策略家の力と悪意と活力と望みが感じられ」、これを抑えなければ彼らは「アドヴワソン……だけでなく［私たちの］屋敷と土地を、同じように不正な手段を用いて力ずくで奪い取るだろう」というのである。そしてパトロン制度に関して市民法とコモンローと教会法を古くから当代にいたるまですべて検討し、パトロンとしての永続する権利は教会に寄進した人の寛大な心とあつい信仰心を讃えて本人と相続人に贈られる最小の報酬であるという見解を雄弁に繰り返した。教会の創立者には当初叙任権もあったが、その権利はローマ教会によって徐々に侵害されたのだと彼は言う。「教皇と高位聖職者の制定した……教会法が、叙任権というパトロンの昔から受け継いできた権利を奪ってしまったのだが、この法は廃止されたのだから、叙任権を完全に復活させ……部外者の手による……儀式をこれ以上行なわずにパトロンに自分の……教会を管理させるのが正当で公平な方法である。」そして「パトロンとしての権利は、神と人間のあらゆる法によって許可され確立されたものであるから、公正な手段で奪われたり没収されたりすることはできない（傍点筆者）。……そうするのは最大の不当行為である。謀反を起こしたり重罪を犯して私権を剥奪される場合には、アドヴワソンは他の財産とともに没収されるが、聖職を売買したり国教を忌避したり無法行為を行なったり過失を犯したりして罪に服するときには、パトロンとしての権利はその間だけ無効になる」[119]と主張している。

　プリンは為政者と長老会が注意深く監督して能力ある高潔で正統な信仰をもった人物以外は聖職に就けないようにしなければならないという点には同意するものの、会衆による聖職者の選定は争いを生じ任命を遅らせる結果になるという理由で拒否し、それよりは俗界のパトロンを頼りにすべきであると言う。

〔パトロンは〕たいてい立派な資質をそなえ、聖職者としてふさわしいかどうかを判断し選定する能力は会衆より優れている……。イングランド中の教区民は大部分が……無知で罪深く不信心で分別がなく、神を冒涜し、その掟を守らない。魂を求め救済しようと熱心に人びとを叱責して罪と悪事をやめさせようとする聖職者の敵である。このような聖職者を慎重に推挙し保護し激励することのできる良心的で敬虔で高潔なパトロンを百人見つけるほうが、善良で聖職者を選定する資格のある人が大多数を占める教区を見つけるよりは簡単だろう。[120]

　そしてプリンは趣意書を次のような言葉で締めくくっている。自分はチャールズ一世時代の議会の仕事を続けているだけである。この議会は国民の基本的な法や権利のいかなる侵害にも反対した。「私たちの国と教会に古くから存在する基本的な法と特権と慣習と政治体制をあらたに変革しようとする人びととその宣伝者の努力が、国家と教会にいまのような混乱をもたらすことのないよう、国民とその領土と自由と特権と生活と……パトロン制度と教会と……信仰の安泰を破壊することがないよう、主よ、どうかお守りください。国家の多くの敵がこうした破滅を望み画策しているのです。[121]」

プリンの論文がどんな影響を与えたにせよ、資産階級の立場はその権力に護られてほとんど攻撃の余地のない強固なものになっていた。大方の聖職者はこれに気づいており、改革を達成するにはパトロン自身に訴える必要があることを認識していた。例えば一六〇四年にウィリアム・コウヴェルは「パトロンたちが不正行為を行なわないようにどんなによい法を制定しても……彼らの貪欲な望みは……危険を避ける手立てを簡単に見つけてしまう。……なぜなら人間の法律は（どんなに道徳的で宗教的でも）、まっすぐな良心が欠けている場合は罪を減らすのに役に立たず、かえって罪を……隠してしまうのだから[122]」（傍点筆者）と書いている。したがって、改革主義者に残された唯一とも言える手立ては、理想的なパトロンと忌むべきパトロンを比較しながら良心に訴えること、そしてときおり非難したり忠告したりすることぐらいだった。

一五五〇年、ヒュー・ラティマーは理想的なパトロンの資質をあげてはみたが、残念ながら現実にはそのような人はいないことに気づき忠告する。

どんな種類の人にパトロンは聖職禄を与えるべきか。誠実な人、教師である人にである……。だがパトロンの皆さん、どうしますか。聖職禄を売りますか、それとも……猟犬や鷹を飼育したからとか庭を造ったからという理由で使用人に与えますか。そのようなことをするパトロンは金さえあれば……自分の魂も他人の魂もどうでもよいのです……。［しかし］パトロンの務めは魂の状態を注意深く見守り、教会員が神の御言葉を教えてもらえるようにしてやることです……。だれがパトロンになるべきかについて大勢の人が……法に訴えている。だがこういう人びとは何のために争っているのか。……まさかだれが先に悪魔の所に行くのかを競っているのではあるまい。……パトロンの務めを果たすには世俗的な楽しみに費やすほどの勤勉さしか、いやその半分の労力しか必要ないのだが。

キリストは使徒たちを遣わして「説教という務めに就かせる前に」一晩中祈った。パトロンも同じようにすべきではないのか。[123] またパトロンはつねに「聖職禄を欲しがる人には気をつけなければならない」。そのような人は羊たちを見捨てるだろうからと彼は言う。

神の御前でパトロンになることは大変なことである。それというのも聖職禄を信仰あつい人に……与える努力をしなかったり……さもなければ欲が深いため……礼拝をしても会衆の信仰心を向上させることができないような……［者］を雇ったりすれば、そのパトロンは責務を果たさなかった償いを神の御前ですることになるからである……。きちんとした教えを受けなかったために破滅した教区民がどんなに多くても、その責任はすべてパトロンにあるのである……。だからパトロンは友情とか他の感情に従うのでなく、神の栄光を促進するように、また会衆を教え訓練することのできる人物を聖職に就けるように取り計らわなければならないのは明白なことである。[124]

「よいパトロンは何の見返りも受けずに聖職禄を与えても、吹聴したりしないものだ」とトマス・フラーは説いた。「それは魂を売買するのと同じことなのだから。……見返りを受けるという過ちが当たり前になっているので、ただで与えるという行為がめったに見られないひろく讃える……価値のあるものになってしまったかのようである。よいパトロンが聖職者を推挙したときに相手に期待するのは、自分のために祈ってくれること、自分に敬意を示してくれること、務めを勤勉に果たすことだけである。[125]」

ルネサンスと宗教改革時代の作法手引書や葬儀での説教や献呈文では、責務を果たしたキリスト教徒の貴族は多くの場合、死後には天国、現世では名誉を捧げられている。ロレンス・ハンフリーは貴族の本質と義務について論じ、「福音の力が弱くなった原因を取り除き、活気を失った宗教を助けて強くし、それが見捨てられないよう保護を与えて守ること、これは貴族に特有の義務である……。大きな権威を有する人を神は信仰を回復させ守るために用いられるのである……。このような人はある意味では民の牧者であり……信仰の守り手である[126]」と述べた。ジョン・ブリッジズもこの点を強調し、教会の創立者である「貴族かジェントリー」の「子孫」には「その権利によって牧師のパトロンであり続ける、言いかえれば、禄を与えるだけでなく、牧師が職務を遂行するにあたってはこれを守り、教会の自由と権利と特権を擁護し続ける[127]」義務があると指摘している。一六五八年、エドマンド・キャラミはウォリック伯爵ロバートを讃えた追悼文を書いた。「伯爵は与えられた信任に忠実だった。……特に聖職禄を与えるときにそうだった。ひじょうに慎重に能力ある信仰あつい勤勉な聖職者を選び、この点で彼はつねにだれよりも立派で模範的だった。この高潔な伯爵が任命した牧師から善を教えてもらったおかげで天国で神を讃えている人びとが大勢いるに相違ない……。まことに彼は敬虔で信仰あつい聖職者の偉大なパトロンでありマイケナスであった[128]」というものである。葬儀の説教の中には死者を過去の立派なパトロンたちにたとえているものもある。リチャード・ヴァインズがサセックス伯爵ロバートの早すぎる死を悼んで行なった一六四六年の説教もその一つである。「神の民を導いてきた星が……まだ旅の終わりに来ていないのに見えなくなり、信頼してついてきた民は茫然自失してしまった。ルターの時代、宗教改革がまだ始まったばかりのときに、希望の中心だったザクセン選帝侯と同志たちが……殺され、誘惑が激しくなった。またモーゼはイスラエルの民をモアブ平原に導くまでしか生きられなかった……。このように神は……ご自身がどんな道具も必要となさらないし、それに縛られてもいないことをお示しになるため、道具である者を召されてしまわれるのだ[129]」とヴァインズは述べている。ウィリアム・ミラーの追悼文のように、もっと私事にわたる内容のものもある。「福音を伝える牧師に寄せた格別の好意と愛情が示すパトロンの信仰と聖職者への愛」は多くの人びとが「体験して知っていることではある」が、「それを裏づけるために自分の体験」を話したいと彼は言う。彼のパトロンは聖職者としての彼の仕事や研究を「まず態度で」奨励してくれ、「……それから寛大にも……そして明らかに神の栄光を高めるための聖霊の働きかけによって、少し前亡くなった尊敬すべき高名な学者が多額な費用をかけて作った充実した図書室を、ご自身で使用料を負担なさって……私が利用できるよう取り計らってくださったのです[130]」。また宗教書の献辞では、ひじょうに多くの人びとが保護や推挙や支持に感謝して、パトロンが自分の人格と信仰について抱いている虚栄心をくすぐるようなことを書いた。例えば一五六六年ジョン・バースレットは、献辞という称賛すべき習慣によって「文筆家は自分の信条を守り救うだけでなく、パトロンの名前を末代まで世に知られるようにするのです。……特に閣下は聖職者の好意的で熱心な支持者であられるのですから[131]」とレスター伯爵への献辞で書いている。これはルネサンスのパトロン－クライアントの理想的な関係を表現するものでもある。

しかし説教師はいつもこんなに穏やかとはかぎらなかった。「書簡体の献辞はふつうパトロンについて語るものですが……私は真実が〈当然のこととして〉要求する以上のことは書きません……。私はその人のためになるなら喜んで気に障ることを言うし、喜ばせることが害になるならそうはいたしません」[132]とリチャード・ヴァインズは辛口の献辞を書き、別の所では偉大なパトロンはモーゼのようにへりくだらなければならないと説いている。「牧師を通して語られる神の叱責に身を低くしなければなりません。彼らはあなたがたと同じく土で作られた器なのです……。牧師を恐がらせて遠回しにしか物が言えないような卑屈な状態に陥れてはなりません。そんなことをすれば、牙をつかんで熊を捕らえるような危険を冒す人がいないのと同じで、牧師もあなたがたの犯さずにはいられない離れがたい罪をあえて非難するようなことはしなくなるでしょう。」[133]

しかし、推挙した聖職者の口を封じたりおどしたりする、あるいは「良心を揺さぶられるよりは耳をくすぐられたほうがよい」[134]と思うパトロンから身を護るすべはほとんどなかった。いまや「聖職者は……淫らで怠慢で不作法な、または無神論的で神を冒涜し傲慢で背教的なパトロンの性格に自分を合わせ、キリスト教徒の厳格で堅苦しい態度を馬鹿にしなければならなくなっている」[135]とジョン・バーナードが述べたのは一六六〇年のことだった。それから二十年ほどして、さらに大きな危機に直面する可能性を声高に指摘する小冊子がいくつか出版された。無関心なパトロンに推挙された不適切だったり無知だったりする聖職者や職務を金で買う聖職者は、教区民を道に迷わせてしまうだろうし、よい牧師でもあまりパトロンが口を出しすぎれば宗教上の義務を果たせなくなる恐れがあり、「そのような場合、牧師は悪と党派に立ち向かうことができなくなってしまうだろう。とりわけパトロン自身が罪を犯すのであれば。きっと聖職者はパトロンを喜ばせるような教義を説教することに甘んじ、たとえパトロンのねらいが政府を混乱させることであっても、その意図に合わせて説教し煽動するにちがいない。それは内戦を見れば明らかだ。……パトロンがローマカトリック教徒なら、説教でカトリックの教義がとがめられることなく堂々と語られるだろう」[136]とこれらの出版物は憂慮している。スティリングフリート主教は「国教に反対するパトロンの数が支持派を上回るようなことにでもなれば、辞職に関する取り決め……も手伝って……教区の牧師職の大部分は間もなくカトリック司祭のものになるだろう」[137]とまで言っている。契約書にうたわれる辞職に関する取り決めとは、ある条件が整えば地位を辞することに聖職者が前もって同意するというもので、改革主義者はこれを聖職売買の新手の口実とみなした。一方俗界のパトロンたちは、自分の次男以下の息子たちが成年になったときに備える必要があるとか、義務を遂行しない聖職者を（俗界の信者が）解雇できるようにするのに必要だという理由から、この取り決めを正当化した。おそらくパトロン制度および俗界の信者‐聖職者の関係が社会的にも宗教的にも抱えている多義的な性格をこれほど端的に示すものはないだろう。

俗界の信者が宗教界でパトロンとなる制度は、ヨーロッパ大陸のどの国よりもイングランド社会が長期にわたって持ち続けた特質だった。法と財産権に支えられたこの制度を廃止する効果的な方法はだれも編み出せなかった。そのうえ、新しいパトロン制度はこの国の宗教にどうしても必要なものであり続けた。一六七七年に国教会は、セントポール寺院の再建を完了するのに必要な資金の調達のため国民の寛大な気持と信仰心と急速に大きくなっていく反ローマカトリックの感情に訴え、「すべての人がふつう以上の熱意をもって……この事業に関心を寄せるべきである。それは国家の栄誉のためばかりでなく……私たちの改革された宗教の栄光のためである。真の信仰より過ちと妄信のほうが人びとに熱心に善行を行なわせることができたなどという嘘が公然と語られることがないように、また私たちの敵ローマ教会にイングランド人の信仰心から生まれた寛大な心は自分たちと同じ程度だなどと思わせることがないように頑張らなければならない。……私たちは善行の報酬は求めないが、善行が義務であり必要なことだと固く信じる」[138]と呼びかけている。ところがピューリタン主義者とカトリック教徒のほうも、神の計画が彼らの使命の最終的勝利を保障してはいるものの、この困難な時期を乗り切れるかどうかは権限を委任されている俗界のパトロンたちによるところが大きいことに気づいていた。皮肉なことに、パトロンの活動をもっとも厳しい目で見ていたピューリタンの聖職者たちが、貴族およびジェントトリー階級に属する支持者に大きな期待をかけ、それを口にすることがいちばん多かった。このようにパトロン制度がすべての陣営に必要とされていたうえ、批判を認め支持した俗界の信者でさえも、おそらくパトロンとしての権利を聖職者や会衆に引き渡すよりは、大義の成就のため自分で用いたほうがよいと考えたことだろう。たいていのパトロンは聖職者より広い視野に立ち、片方の目で宗教と教会を見つめ、もう一方の目で経済的、政治的に何が有利なのか、社会的義務は何なのかを見極めていた。したがって教会での地位を望む者は、多様な価値観を持つさまざまなパトロンにぶつかる覚悟をする必要があり、ある昇進手引書では次のように教えている。「個人のパトロンの性癖はいろいろだが、総じて儲け主義で欲の深い人と情け深く信仰あつい人に分けられる。それを考えると、聖職禄を手に入れるためにすべきことはこれ以外ない。つまりあなたの息子に学力と誠実な生き方と作法にかなった態度を身につけさせることで……そうすれば寛大で立派なパトロンに出会うことができるだろう。しかしもう一方のパトロンにとっては学問などどうでもいいし、礼儀も大した問題でなく、作法にかなっていようがいまいが関係ないのである。まったくのところそういうことには無関心なのだ。[139]」

決して戦いをやめなかった改革主義者もいる。しかし十七世紀の終わりころには戦いの傾向に変化が見られた。ラティマーやカートライトやキャンがしたような激しい非難はもはや聞かれなくなっていた。一六七五年、ザカリ・コードリーはパトロン制度の歴史を書いた書物の最後で、非難する代わりに「イングランドの敬虔な貴族とジェントリー階級の人びとに謹んで懇願」し、(「富裕な靴製造者や縄製造者やエール販売業者がその息子たちを聖職者に推挙」しないように彼らからパトロンとしての権利を取り上げる）運動を指揮し、さらにある改革を始めるか許可して欲しいと要請した。そして貴族は手本とすべき正しいパトロン行為を行なっているので、それ以外のパトロンたちが就任させた多くの愚者と盗人を嘆かわしく思っているにちがいないと述べ、「立派な方々よ、前進してこの力あふれる業を行なうなら、あなたがたはイスラエルを救うことになるだろう……。なぜなら陛下の下にあっては……神の教会の聖職者を育成し、飢え顧みられず破滅寸前の哀れな多くの魂を聖職を売買する者の手……から救い出すのはあなたがたの仕事だからである」と彼らを奮い立たせようとしている。またコードリーは悪弊を正す方法を模索しながらも「無礼にも会衆の選定権を求めること」は望んでいなかった。しかし「会衆が自分たちの牧師の選定にもっと参加するようにならなければ……聖職売買の習慣はなくならない」と信じ、地域の聖職者と会衆と大学による複雑な任命制度を立案した。それでも最終的な推挙権はパトロンの手に委ねたのである。[140]

中世末、ルネサンス、そして宗教改革期にわたって、俗界の手にある宗教界のパトロン制度と俗界の信者の信仰と俗界の信者‐聖職者関係がたがいにどのように影響し合っていたのか。この問題を完全に理解するにはまだ多くの検討がなされなければならない。教会におけるパトロン制度は、実践の点からも、階層制度と恭順のしきたりと野心と財産権に支えられた思想的基盤の点からも、イングランド社会全体に存在するパトロン制度の一側面として検討される必要がある。イングランドの状況をヨーロッパ大陸のプロテスタント国とカトリック国に見られるパトロン制度のさまざまな形態と比較することも大切である。しかし正しく理解するにはパトロン制度を越えた研究をしなければならない。この時期には宗教が強力な動機づけとして働いていたので、パトロン制度に関する大多数の研究はこれを前提として始められ、さまざまな宗教的、政治的信条に身を捧げた俗界のパトロンたちの活動に焦点を当てている。たしかにそれはこのテーマの重要な側面ではあるが、それだけが重要なのではない。これまで引用してきた論文や説教や他の資料は、俗界の信者が宗教界でパトロン行為を行なう制度を彼らと聖職者との間にある広範囲におよぶ問題――聖職者への反感と聖職者が抱く聖別意識、聖職位授与と俗界の信者による説教、十分の一税、聖職者を通さずに俗界の信者が直接聖書を解釈できるかどうかなど――との関連で見ている。歴史家にも同様の研究態度が求められる。近年は教会の歴史を厳密に社会学的観点からとらえた研究ばかり行なわれているが、それを越えなければならないのである。ピューリタンと国教徒、宗教界と俗界など、関係する陣営すべての宗教的見解を当時の人びとと同じくらい真剣に扱い検討することが必要である。トーニィ、ヒル、トマス、ウォルツァー、コリンソン、ラモントなどの研究にもかかわらず[141]、イングランドにおける宗教改革期の俗界の信者たちの神学の歴史はいまだ十分知られていない。俗界の信者の神学とは彼らが信じた神学であり、この時期の聖職者によって推し進められた多様な神学の発展の過程で彼らが果たした宗教的役割のことである。そして宗教界で俗界の信者がパトロン行為を行なう制度は、この両義の神学の中心をなす問題なのである。[142]

*Guy Fitch Lytle　歴史学専攻

注

1　アメリカ諸学会協議会、アメリカ哲学学会、人文科学研究全国基金（フォルジャー・シェイクスピア図書館の仲介による）およびオースティンのテキサス大学から受けた援助に感謝の意を表する。ルネサンスのパトロン制度について有益な話し合いをもってくださったM. G. A. Vale, Mordechai Feingold, Joel Lipkin 諸氏に感謝する。またJohn Andrews, Stephen Orgel 両氏に感謝する。二人がいらっしゃらなければ学会も開かれなかったしこの本もできなかった。この研究はLawrence Stone氏、Christopher Hill氏、Dacre卿（H. R. Trevor-Roper), Francis Haskell 氏との数多くの議論が刺激となって始まったものである。この問題を神学的に再検討するという試みについては意見を異にする点がいろいろあると思うが、それにもかかわらずこれらの方々に負うところが大きい。

2　パトロン制度の事実について、ときにはその背後にある理論もある程度扱っている多くの研究書のうち特にJ. E. Christopher Hill, *Economic Problems of the Church from Archbishop Whitgift to the Long Parliament* (Oxford, 1956; corr.ed., 1963); M. Bowker, *The Secular Clergy in the Diocese of Lincoln 1495-1520* (Cambridge, 1968); P. Heath, *The English Parish Clergy on the Eve of the Reformation* (London, 1969); K. L. Wood-Legh, *Perpetual Chantries in Britain* (Cambridge, 1965); A. Kreider, *English Chantries: The Road to Dissolution* (Cambridge, Mass., 1979); R. O'Day, *The English Clergy: The Emergence and Consolidation of a Profession 1558-1642* (Leicester, 1979); W. K. Jordan, *Philanthropy in England, 1480-1660* (London, 1959); P. S. Seaver, *The Puritan Lectureships: The Politics of Religious Dissent, 1560-1662* (Stanford, 1970); C. Cross, *The Puritan Earl: The Life of Henry Hastings, Third Earl of Huntington, 1536-1595* (London, 1966); R. C. Richardson, *Puritanism in North-west England: A Regional Study of the*

Diocese of Chester to 1642 (Manchester, 1972); J. Bossy, *The English Catholic Community, 1570-1850* (London, 1975) を参照。またHugh Avelingによるカトリックのパトロン制度に関するさまざまな研究もあげられる。論文では特に R. O'Day, "The Law of Patronage in Early Modern England," in *Journal of Ecclesiastical History*, 26 (1975), 247-60; "The Ecclesiastical Patronage of the Lord Keeper, 1558-1642," in *Transactions of the Royal Historical Society*, 5th Ser., 23 (1973), 89-107; "Ecclesiastical Patronage: Who Controlled the Church?" in *Church and Society in England: Henry VIII to James I*, ed. F. Healy and R. O'Day (London, 1977), pp.137-55; M. C. Cross, "Noble Patronage in the Elizabethan Church," in *Hist. J.*, 3 (1960), 1-16; M. Feingold, "Jordan Revisited: Patterns of Charitable Giving in Sixteenth and Seventeenth Century England," in *Hist. of Ed.*, 8 (1970), 257-73 を参照。未発表の優れた学位論文は Healy and O'Day eds., *Church and Society*, pp.186-87 のリストを参照。パトロン制度の背後にある神学の研究を始めるには、まずPeter Milward, *Religious Controversies of the Elizabethan Age* (Lincoln, Neb. and London, 1977) と *Religious Controversies of the Jacobean Age* (Lincoln, Neb. and London, 1978); F. B. Williams, Jr., *Index of Dedications and Commendatory Verses in English Books before 1641* (London, 1962) を読むべきである。

3　現在、中世の宗教界のパトロン制度に関していくつか論文を執筆中で、俗界と宗教界の争いについての言及と補助的な文献の引用はその中で行なう。またこの論文の注32を参照。

4　S. J. Tambiah, *Buddhism and the Spirit Cults in North-East Thailand* (Cambridge, 1970), pp.146-47. またJ. T. Rosenthal, *The Purchase of Paradise: Gift Giving and the Aristocracy, 1307-1485* (London, 1972) と比較。

5　P. Landau, *Ius Patronatus: Studien zur Entwicklung des Patronats im Dekretalenrecht und der*

Kanonistile des 12. and 13. Jahrhunderts (Cologne and Vienna, 1975) の優れた記述と、この論文の注7を参照。

6 Joinville, "The Life of St. Louis," in Joinville and Villehardouin, *Chronicles of the Crusades*, tr. M. R. B. Shaw (Baltimore, 1963), p.337. また L. K. Little, "St. Louis' Involvement with the Friars," in *Church History, 33* (*1964*), 125-48 と比較。

7 膨大で重要なもっと古い文献に言及している現代の研究としては *J. W. Gray*, "The *Jus praesentandi* in England from the Constitutions of Clarendon to Bracton," in *English Historical Review*, 67 (1952), 481-509; F. Cheyette, "Kings, Courts, Cures, and Sinecures: The Statute of Provisors and the Common Law," in *Traditio*, 19 (1963), 295-349; S. Raban, "Mortmain in Medieval England," in *Past and Present*, 62 (1974), 3-27; G. W. O. Addleshaw, *Rectors, Vicars and Patrons in Twelfth and Early Thirteenth Century Canon Law* (York, 1956); W. A. Pantin, *The English Church in the Fourteenth Century* (Cambridge, 1955) があげられる。

8 William Lyndwood, *Provinciale* (Oxford, 1679), pp.215ff.

9 *The Poems of John Audelay*, ed. E. K. Whiting (London, 1931), p. 30; *Pierce the Plowman's Crede*, ed. W. W. Skeat (London, 1867), pp.28-29.

10 William Chedsey and Cuthbert Scott, *Two notable sermons lately preached at Paul's crosse* (London, 1545), sig. Gv[v].

11 G. R. Owst, *Literature and Pulpit in Medieval England*, 2nd ed. (Oxford, 1961), pp.256-57.

12 John Longlande, *A Sermonde made before the Kynge, his maiestye at Grenewiche*... (London, 1538), sig. Fiii[r].

13　Owst, *Literature and Pulpit*, pp.276-78.

14　Longlande, *A Sermonde*, sig. Fiii^{r}.

15　*Tractatus de Mandatis Diuinis*, ed. J. Loserth and F. D. Matthew (London, 1922), p.331; *Tractatus de Simonia*, ed. M. H. Dziewicki (London, 1898), *passim*.

16　*Opera Minora*, ed. J. Loserth (London, 1913), p.45.　俗界の信者がパトロンとなる制度についてのウィクリフの見解を紹介する最良のものは William Farr, *John Wyclif as Legal Reformer* (Leiden, 1974), pp.95ff., 119-38, 154-55 である。

17　British Library MS. Royal 8. E. VII, fol. 78-81^{v}.

18　W. A. Pantin, "Grosseteste's Relations with the Papacy and the Crown," in *Robert Grosseteste: Scholar and Bishop*, ed. D. A. Callus (Oxford, 1955), pp.178-215.

19　Margaret Bowker が現在行なっている重要な数量的研究に加えて、Joel Lipkin が十六世紀初頭の司祭の名簿から多くのデータをコンピューターに入れているし、私も中世後期の名簿について同様の作業をしている。我々は近いうちにデータをそのまま一般の使用に向けて発表し、またこのデータに基づいたいくつかの研究を完成したいと思っている。Joel Lipkin, "Pluralism in Pre-Reformation England: A Quantitative Analysis of Ecclesiastical Incumbency, c.1490-1539," Ph.D. dissertation, Catholic University of America, 1979 を参照。

20　*Sermons and Remains of Hugh Latimer*, ed. G. E. Corrie (Cambridge, 1845), I, 186-87.

21　*The Works of John Jewel*, ed. J. Ayre (Cambridge, 1847), II, 1011-13; 999ff.

22　*A Sermon exhorting to pity the poore* (London, 1572), sig. B iii^{v}.

23　*A Censure of Simonie* (London, 1624), pp.93-99.

24　*Ibid.*, p.97.

25 *Works,* ed. J. Scholefield (Cambridge, 1842), pp.540-41; *Puritan Manifestoes,* ed. W. H. Frere and C. E. Douglas (London, 1954), p.31.

26 このようなことが実際あったことについては J. W. Blench, *Preaching in England in the late Fifteenth and Sixteenth Centuries* (Oxford, 1964), esp. pp.238ff; H. C. White, *Social Criticism in the Popular Religious Literature of the Sixteenth Century* (New York, 1944), pp.101ff., 183ff., and passim で何度も言及されている。

27 *The Shield of our Safetie...* (London, 1581), sigs. T iv^{v}-vi^{r}.

28 *A Sermon Preached in the Court at Greenwitch...1552* (London, 1630), pp.18-20.

29 Edmund Calamy, *A Patterne for all, especially for Noble and Honourable Persons...* (London, 1658), p.33 とそこで引用されているもの。

30 *The Anatomy of Melancholy,* ed. A. R. Shilleto (London, 1904), I, 322.

31 *Certaine verie godly and profitable Sermons...* (London, 1583), p.121.

32 この問題をさらに検討しているものとして、私の論文 “Patronage Patterns and Oxford Colleges, c.1300-c.1530,” in *The University in Society,* ed. Lawrence Stone (Princeton, 1974), I, 111-49 と私の *Oxford Students and English Society 1300-1510,* University Micr., 1990 を参照。

33 John Howson, *A Sermon Preached at Paul’s Cross the 4. of December 1597...* (London, 1597), pp.30-35.

34 *Puritan Manifestoes,* ed. Frere and Douglas, p.32.

35 *A Revolation of the Revolation that Is* (Amsterdam, 1615), pp.143-45.

36 俗界のパトロンの間で聖職を売買することが盛んで、主教はパトロンの指名を拒否するときにはコモンローに基づく深刻な法的障害に直面するという事実をこの文書の著者は認めている。また「教会が必要とすることを考え、最後の日の神の審判を目の前に思い描くように。そして教義と判断力と高潔さと信仰と誠実さをそなえ汚れない生活を送っていて重責を担うことができる人物にしか聖職禄を与えてはならない」と主教たちが「パトロンに熱心に説いた」こともこの著者は認めている。しかしこれがすべて真実だとしたら「欲深いパトロンが推挙した邪悪な……あるいは無知な人物を牧師にしたのは」実際だれだったのか。「欲深いパトロンだろうか。いや彼は俗界の信者にすぎず、聖職叙任などできないだろう。」*An Abstract, of Certain Acts of parliament...* (London, 1584).

37 *Ibid.*

38 C. H. Williams, ed., *English Historical Documents, V, 1485-1558* (London, 1967), p.735.

39 *A Sermon preached at the Funerals of the Right Honourable, William, Lord Russell...* (London, 1614), pp.14-15.

40 "The Jewel of Joy," in *The Catechism of Thomas Becon*, ed. J. Ayre (Cambridge, 1844), pp.423-34.

41 Richard Hooker, *Of the Laws of Ecclesiastical Polity* (New York, 1877), bk. VIII, ch. 7, no. 7.

42 L. J. Trinterud, ed., *Elizabethan Puritanism* (New York, 1971), pp.159-60.

43 *The Second Part of the Anatomy of Abuse*, ed. F. J. Furnivall (London, 1882), II, 82. A. Peel, ed., *A Seconde Parte of a Register* (Cambridge, 1915), II, 186; Hill, *Economic Problems*, p. 71も参照。

44 Cosin, *An Answer to the two first and principall Treatises of a certaine factious libell...* (London, 1584), pp.176ff.

45 例えばJ. Doddridge, *A Compleat Parson or A Description of Advowsons* (London, 1630); Wm. Hughes, Esq., *Parsons Law: or, a view of advowsons...*, 3rd. ed. (London, 1673)、またこの論文の注2を参照。

46 注2のリストにあげた研究を参照。また例えばJ. M. Klassen, *The Nobility and the Making of the Hussite Revolution* (Boulder, Colo. and New York, 1978); P. R. L. Brown, *Religion and Society in the Age of*

Saint Augustine (London, 1972), pp.183-226と比較。

47 *The Tudor Constitution,* ed. G. R. Elton (Cambridge, 1965), pp.424ff.; *Statutes of the Realm* (London, 1810), IV, 1077.

48 *A Petition Apologeticall, presented to the Kinges most excellent Maiestie by the lay Catholikes of England...* (Douai[?], 1604), pp.33-35; Bossy, *English Catholic Community,* pp.38-39.

49 *The Petition Apologeticall of Lay Papists...contradicted, examined...and refuted* (London, 1606), pp.41-42, 51.

50 *A Censure of Simonie,* pp.113-14.

51 A. Peel, ed., *Tracts ascribed to Richard Bancroft* (Cambridge, 1953), pp.57, 71-72.

52 I. M. Calder, ed., *Activities of the Puritan Faction of the Church of England 1625-33* (London, 1957), esp. pp.111-22.

53 Peel, ed., *A Seconde Part of a Register,* I, 176; Trinterud, ed., *Elizabethan Puritanism,* pp.380-81.

54 S. R. Babbage, *Puritanism and Richard Bancroft* (London, 1962), pp.113-14.

55 Bodleian Library, Certe MS. 77, esp. fol. 17v; Babbage, *Puritanism,* pp.113-14.

56 W. Notestein et al., eds., *Commons Debates 1621* (New Haven, 1935), IV, 343-45.

57 Furnivall, ed., *The Second Part of the Anatomy of Abuse,* II, 81-82. William Walker は「教会の扉は聖職売買を阻止するため……もっとも健全な法により封鎖されてはいたが、聖職者たちがすぐ近くにあるパトロンの屋敷を通って裏口や脇道から[教会に]入る」のを目撃した。*A Sermon at the Funerals of Lord Russell,* pp.15-16.

58 *A Revolation,* p.144.

59 *The Plea of the Innocent* (London, 1602), pp.215-16.

60 例えばW. Walker, ed., *The Creeds and Platforms of Congregationalism* (Boston, 1960), esp. pp.214-15; John Owen, *The True Nature of a Gospel Church and its Government*, ed. J. Hustable (London, 1947), pp.53-61; M. Tolmie, *The Triumph of the Saints* (Cambridge, 1977) を参照。これからこの論文で私がしようとしているキャンやカートライトなどへの言及も参照。

61 *The Writings of Henry Barrow 1587-1590*, ed. L. H. Carlson (London, 1962), pp.236-37.

62 *Ibid.*, p.237.

63 Furnivall, ed., *The Second Part of the Anatomy of Abuse*, II, 79-82.

64 *A Second Voyce from the Temple to the High Powers* (London, 1653), pp. 23-24.

65 *A Necessitie of Separation from the Church of England, proved by Non-Conformists Principles* (London[?], 1634), p.17.

66 K. L. Sprunger, *The Learned Doctor William Ames* (Urbana, Ill., 1972), p.223.

67 *Puritan Manifestoes*, ed. Frere and Douglas, p.12.

68 *Ibid.*, p.132.

69 *Ibid.*, pp.137-40.

70 Trinterud, ed., *Elizabethan Puritanism*, pp.291-92.

71 *A Demonstration of Discipline*, ed. E. Arber (London, 1880), p.34.

72 *Ibid.*, pp.29ff.

73 *The Works of John Whitgift, D. D.*, ed. J. Ayre (Cambridge, 1853), III. 456-57.

74 Peel, ed., *Tracts ascribed to Bancroft*, p.101.　彼はつけ加えて次のように述べている。「時代と作法と人びとの多様性に応じて……管理の方法、種類、形態も多様に変わらなければならない。……使徒の時代には推賞に値しても、イングランド教会の現状にとっては……はなはだ害になる不都合な命令もありうるのではないだろうか。」

75 *Ibid.*, pp.109-10.

76 Udall, *A Demonstration of Discipline*, p.34.

77 *A Defence of the Government Established in the Church of England*...(London, 1587), p.1253.

78 *A Treatise of Ecclesiastical Discipline* (London, 1590), p.36.

79 *The Writings of John Greenwood, 1587-1590*, ed. L. H. Carlson (London, 1962), p.250.

80 Peel, ed., *Tracts ascribed to Bancroft*, p.83.

81 *Ecclesiastical Discipline*, pp.31-32; Sutcliffe, *An Answer to a Certain Libel* (London, 1592), p.188.

82 *A Defence of the Government*, pp.1254-55.

83 *Whitgift Works*, ed. Ayre, III, 9-10.

84 *Correspondence of Matthew Parker, D. D.*, ed. J. Bruce and T. T. Perowne (Cambridge, 1853), pp.434-37.

85 Cosin, *An Answer to...a certeine Factious libell*, p.183.

86 *The Araignment of the Present Schism of New Separation in Old England*...(London, 1646), p.32.

87 チューダー朝後期とスチュアート朝初期の主教職の全体的な歴史はこれから書かれる必要がある。最近この分野で貢献しているのは P. Collinson, *Archbishop Grindal 1519-1583: The Struggle for a Reformed Church* (London, 1980) である。パトロン制度を改革しようとした主教たちの試みを記述しているのは O'Day, *The English Clergy*, chs. 3-6.

88 Williams, ed., *English Historical Documents*, V, 652ff.

89 Cosin, *An Answer to...a certeine Factious libell*, p.177.

90　*Ibid.*, p.100; Thomas Cooper, *An Admonition to the People of England* (London, 1589), pp.144ff; Hooker, *Laws of Ecclesiastical Polity*, bk. VIII, ch. 24, no. 7.

91　*An Admonition*, p.144.

92　Sutcliffe, *An Answer to a Certain Libel*, pp.134-35.

93　*The Works of William Laud*, ed. J. Bliss (Oxford, 1860), VII, 26.

94　*Laws of Ecclesiastical Polity*, bk. V, ch. 80, no. 11（会衆による選定に反対の意見を述べている nos. 12-13 と比較）。

95　*The Perpetual Government of Christ's Church*, ed. R. Eden (Oxford, 1842), pp.471-72.

96　*A Second Voyce*, pp.22-23.

97　Robert Some, *A Godly Treatise...touching the Ministerie, Sacraments, and Church* (London, 1588), pp.14-15.

98　John Howson, *A Second Sermon Preached at Paul's Crosse...* (London, 1589), pp.26-31.

99　*The Jesuits Memorial, for the Intended Reformation of England under their First Popish Prince*, ed. E. Gee (London, 1690), pp.49-57, 64-69, 107, 132-33.　また T. H. Clancy, S. J., *Papist Pamphleteers* (Chicago, 1964), pp.111-22; J. J. Scarisbrick, "Robert Persons' Plans for the 'True' Reformation of England," in *Historical Perspectives: Studies in English Thought and Society in Honour of J. H. Plumb*, ed. N. McKendrick (London, 1974); Bossy, *English Catholic Community*, pt. I も参照。

100　特に Bossy, *English Catholic Community*, pp.54-55 を参照。

101　Trinterud, ed., *Elizabethan Puritanism*, p.259.

102　Peel, ed., *Tracts ascribed to Bancroft*, pp.86-87.

103 *A Censure of Simonie,* pp.60-63, 114-17.

104 Cambridge University Library, Ms. Ee. 2. 34, no. 88e.（この件にパークハースト主教が言及していることはRosemary O'Day を通して知った。）

105 H. Robinson, ed., *The Zurich Letters* (*2nd Series*) (Cambridge, 1845), pp. 230-31.

106 *An Admonition,* pp.86-87.

107 *Gods Doing and Mans Duty* (London, 1646), pp.42-44.

108 これについての全般的な記述でもっとも優れているのは依然として W. A. Shaw, *A History of the English Church during the Civil Wars and under the Commonwealth 1640-1660* (London, 1900), II, 178ff, esp. 265 である。

109 最近のものでは I. H. Green, *The Re-Establishment of the Church of England 1660-1663* (Oxford, 1978); J. H. Pruett, *The Parish Clergy under the Later Stuarts: The Leicestershire Experience* (Urbana, Ill., 1978); R. A. Beddard, "The Restoration Church," in *The Restored Monarchy 1660-1688,* ed. J. R. Jones (London, 1979), pp.155-75 および Beddard 自身と他の学者の研究に言及している pp.202-3 を参照。

110 *A Censure of Simonie,* "author's conclusion."

111 *Tudor Treatises,* ed. A. G. Dickens, Rec. Ser. 125 (Wakefield, 1959), p.53.

112 例えば Thomas Whetenhall, Esq., *A Discourse of the Abuses now in Question in the Churches of Christ* (London, 1606), pp.106-8, 127ff を参照。

113 British Library MS. Harleian 385, fols. 74-75.

114 *Letters of Thomas Wood, Puritan, 1566-1577,* ed. P. Collinson, spec. suppl. 5 (London, 1960), pp.10ff., esp. 13-15.

115 *An Abstract, of Certain Acts of parliament*, pp.101-3.

116 Howson, *A Sermon…1597*, pp.42ff.; C. D(owning), *A Discourse on the State Ecclesiastical of this Kingdom in relation to the Civill* (London, 1634), pp.101-2.

117 *Ibid.*, pp.101-2; Burton, *A Censure of Simonie*, p.65; Howson, *A Sermon…1597*, pp.46-47.

118 バートンは続けて次のように述べている。「あなたは高い金を払って永続推挙権を買った、あるいはあなたでなく父親か祖先が買ったと言うだろう。もし……（彼らが）あなたにその権利を気前よく残したのなら、あなたもそれゆえさらに気前よくそれを与えればよいのだ。それを神の栄光と教会の利益のためでなく私益のために……買ったのなら、あなたの罪はいっそう重い……。聖職禄はあなたのものではなく神のものである。あなたはそれを預かっているだけなのだ。」*A Censure of Simonie*, p.116を参照。例えばanon., *A Treatise of Tithes* (London, 1653), pp.3-5と比較。

119 *Jus Patronatus* (London, 1654), pp.1ff., 10-12, 15ff.

120 *Ibid.*, pp.10-11, 27-28.　俗界の別の信者Francis Quarlesは少なくともこれについては同じ見解を持っていた。「君主は聖職者が会衆ではなく君主か特定のパトロンによって選ばれ任命されるように監督する必要がある」と述べている。*Enchyridion* (London, 1641), first century, no. 54; Hill, *Economic Problems*, p.50を参照。

121 *Jus Patronatus*, pp.30-37, 40-47.

122 *A Modest and Reasonable Examination…* (London, 1604), pp.140-41.

123 Corrie, ed., *Sermons of Hugh Latimer*, I, 290-92.

124 *Ibid.*, II, 28-29.

125 *The Holy State, the Profane State* (London, 1841), pp.78ff. このフラーへの言及と注128については、William Barr氏のご教示を受けた。

126 *The nobles or of nobilitye…* (London, 1563), bk. II, sig. M.$_7$, O.$_8$-P.$_6$.

127 *A Defence of the Government*, p.1254.

128 *A Patterne for all*, pp.6-7. Robert Bolton はパトロンであるAugustine Nicholls卿の一生を同じように讃えたのち次のように説いた。「神の栄光と教会の利益を目指すという高い目的を持って良心的にふるまわなければ、近い将来神の呪いがあなたがたと家族と子孫にふりかかるだろう。しかしそれだけでなくあの最後の大事な日に、あなたがたの不正行為のため見捨てられた哀れな人びとの一団が神と天使と人びとの前で泣き叫ぶだろう。あなたがたが誠実だったら……天の永遠の喜びの中で生き続けただろうに、あなたがたがわずかな利益のために無知で怠惰で堕落した……聖職者の手に彼らを委ねたばかりにいま彼らは永遠に滅びなければならないと。だから卿を愛する人はその生き方を見習わなければならない」(*Robert Boltons last and learned Worke*, ed. E. Bayshaw, [London, 1635], pp.160-62)。

129 *The Hearse of the Renowned...* (London, 1646), p.15.

130 *A Sermon preached at the Funerall of the Worshipfull, Gilbert Davies, Esq....* (London, 1621), sig. D.$_2$.

131 *The Pedegrewe of Heretiques, epistle dedicatory*; E. Rosenberg, *Leicester: Patron of Letters* (New York, 1955), esp. p.211.

132 *The Impostures of Seducing Teachers Discovered* (London, 1644), epistle dedicatory.

133 *The Hearse of the Renowned*, pp.20-21.

134 *Robert Boltons last...Worke*, p.184.

135 *Censura Cleri or A Plea against Scandalous Ministers...*(London, 1660), pp.6-8, 13-15.

136 W. S., *The Unlawfulness of Bonds of Resignations* (London, 1696), pp.26-27.

137 Edward (Stillingfleet), Lord Bishop of Worcester, *A Discourse concerning Bonds of Resignation of Benefices in point of Law and Conscience* (London, 1695), p.xi.

138 J. Lang, *Rebuilding St. Paul's* (London, 1956), pp.94-95.

139 Thomas Powell, *The Art of Thriving* (London, 1635), pp.45-46.

140 Z(achery) C(awdrey), *A Discourse of Patronage* (London, 1675), pp.27ff.

141 R. H. Tawney, *Religion and the Rise of Capitalism* (London, 1926). そして J. E. Christopher Hill によるいくつかの研究書、特に *Society and Puritanism in Pre-revolutionary England* (London, 1964), *God's Englishman: Oliver Cromwell and the English Revolution* (New York, 1970), *Milton and the English Revolution* (New York, 1977), *The World Turned Upside Down: Radical Ideas during the English Revolution* (New York, 1973) を参照。K. V. Thomas, *Religion and the Decline of Magic* (New York, 1971). M. Walzer, The *Revolution of the Saints* (Cambridge, Mass., 1965). W. M. Lamont, *Godly Rule* (London, 1969). P. Collinson, *The Elizabethan Puritan Movement* (London, 1967); "Magistracy and Ministry," in *Reformation Conformity and Dissent: Essays in Honour of Geoffrey Nuttall,* ed. R. B. Knox (London, 1977), pp.70-91 を参照。他にもたくさんあるが、*Puritans and Revolutionaries: Essays in Seventeenth Century History Presented to Christopher Hill,* ed. D. Pennington and K. Thomas (Oxford, 1978), 中でも B. Manning の論文と C. Haigh, "Some Aspects of the Recent Historiography of the English Reformation," in *Statburgertum und Adel in der Reformation,* ed. W. J. Mommsen et al. (Stuttgart, 1979), pp.88-106 があげられる。

142 この論文の印刷中に読むことになった論文 M. McGiffert, "Covenant, Crown, and Commons in Elizabethan Puritanism," in *Journal of British Studies,* 20 (1980), 32-52 を参照。特に十七世紀後半の状況については D. R. Hirschberg, "The Government and Church Patronage in England, 1660-1760," *ibid.*, 20 (1980), 109-39 も参照。

第三部　パトロン制度と芸術

五章　チューダー朝パトロン制度の誕生

ゴードン・キプリング*

ヘンリー七世が貪欲だったということは、リチャード三世の背中の瘤のように真実性を帯びた伝説の一つになり、それが真に意味するところとは釣り合わないほどクローズアップされて、我々の歴史観形成に大きな影響を与えている。ベイコンが描いたヘンリー七世はよく知られている。けちな王は「いっぱいになった金庫が与えてくれる至福」の中にいるときのみ幸福で、二十四年間の統治を通して王室会計局長が差し出す会計簿を注意深く検討したうえで署名していた。[1] 彼はエンプソンとダドリーに税や罰金を厳しく取り立てさせ、フランスと戦うのを避けて取引に応じ、両刀論法的な徴税方法である「モートンの熊手」を考案して大いに満足していた。我々にとってもっとも彼にふさわしいと思われるエレジーは、依然としてエラスムスに宛てたマウントジョイ卿の有名な書簡なのである。「天は笑い、大地は歓喜し、すべてのものにミルクと蜂蜜とネクターがあふれている。貪欲はこの国から遠ざけられ、〔新王の〕気前のよさが富を惜しみなくその手でまき散らしている。[2]」これほど美術や文学のパトロンにふさわしくない人はありえない。そのためこのけちなヘンリーと彼の浪費家の息子がよく比較される。ヘンリー七世の宮廷では、アンドレ、ホーエス、バークレイが競って退屈な詩を書いていた。他方ヘンリー八世の宮廷では、ワイヤットとサリー、ホルバインとオランブゥ、モアとエラスムスが全ヨーロッパを魅了していたのである。

したがって、ヘンリー七世が臣下たちから気前がよいという評判を得ていたことを知ると、驚きを感じるかもしれない。シーン宮殿の跡地にぜいたくな新しい宮殿を建設して、それを「リッチモンド」と命名したとき、臣下たちはその名前がすこぶるふさわしいものと考えた。リッチモンドとは、ヘンリーの伯爵領の名前だけではなく、むしろその宮殿の驚くほどの建設費と内装の豪華さを示すものとして、「リッチ・マウント（豊かな山）」を意味していると思われた。[3] これを単なる面白い民間の語源説明として軽視する現代の学者は、大事な点を見落としてしまう。ヘンリーの臣下たちは、この語呂合わせをチューダー王朝の象徴の一つにした。何十年もの間、詩の中で、街中の山車の上で、また仮面劇の中で、宝石で飾られた山がヘンリー・リッチモンドと彼の王国すなわちイングランドという豊かな山に対する称賛の印として象徴的に登場していたのである。[4]

ヘンリーの統治時代の記録を丹念に見ていくと、彼の王室が芸術家や文筆家に広範で組織的な保護を与えた最初のイングランドの宮廷であったことがわかるだろう。バーガンディーの公爵たちの壮麗さと張り合って、彼はイングランドの王室を、図書室管理官、肖像画家、タペストリーの織り手、詩人、役者、ガラス職人、また仮面劇や祝宴の考案者たちを抱えるものに変えた。こうしてあらたにもうけられた職に就いた人びとの努力のおかげで、ヘンリーの催す祭礼、馬上槍試合、外交団歓迎会そして式典は「驚嘆すべきもので、ヴェネツィアやミラノの皮肉な目を持った大使たちをも感動させた」。[5] こういう角度から見れば、ヘンリーはチューダー朝パトロン制度の改革者であり、王室の文学と芸術にかかわる制度の創設者であり、それを後継者に引き渡したと主張できる。彼の好みがときには運を逃すこともあったのはたしかである。イタリアよりはバーガンディーの流行を、詩人よりは修辞学者を、人文主義者より宣伝主義者を好み、必然的にモアやエラスムスのような人物を遠ざけてしまった。しかしたとえそうであっても、彼のこのような好みはしばしば、いま「チューダー」様式と考えられているものを創設するのに大きな役割を果たしていくのである。

一四八五年に王位に就いたとき、ヘンリー七世が受け継いだ王室は、バーガンディーの壮麗さを手本として改革を始めたばかりだった。一四六八年にエドワード四世は妹を豪胆公シャルルと結婚させ、バーガンディーとの同盟を確実なものにした。彼は短期間廃位させられていた追放の時期（一四七〇〜七一年）を、義弟の壮麗な宮廷で過ごした。ブルージュにあったその宮廷を実際にその目で見て強い感銘をうけたエドワードは、義弟の式典長官であり宮廷の儀式や規則についての当時の最高の権威であったオリヴィエ・ドゥ・ラ・マルシュに、バーガンディー公家の組織を詳細に記すように依頼した。ラ・マルシュの『豪胆公が書き取らせたバーガンディーのシャルル公家についての報告』（一四七三年）は、一四七〇年代後半のイングランド王室再編成に多大な影響を与えたであろうと推測できる。例えばあの有名な『黒書』と一四七八年の王室法令は、「過度と過剰がもたらす悪徳と、欠乏と不足がもたらす悪徳」という、非難すべき両極端の間にある徳としての壮麗さについて論じることから始まっている。王はこう命じている。

前述の我が王室が浪費に支配されることを望みはせぬ。浪費とは名誉や正直と調和せず、また礼儀とも調和しない。他方それが貪欲に支配されることも望まぬ。貪欲とはさらに悪しき極端であり、さらに憎むべき忌まわしい悪徳である。余は王室が上述した物惜しみしない寛大さを土台として築かれたものになるように出費と諸経費の管理運営をするという確固とした決意をしてきたのである。[6]

もちろんここには『ニコマコス倫理学』からの引用が認められるが、ギヨーム・フィラストゥルの『金羊毛』(一四七〇年ころ)からの引用であるとしてもたぶん間違いはないだろう。金羊毛騎士団の団長であったフィラストゥルは、アリストテレスの定義を用いて、初めて壮麗さを君主の徳目の筆頭においた。そしてエドワード四世は王室の再編成を行うさいに、その先例にならっている。[7] この定義に合わせて、王室は二つに区分された。〈壮麗な王の部屋〉あるいは「上の部屋」はいくつかの常設の部局——王室衣装局、天幕局、営繕局、兵器保管局、造兵局、造幣局で、すべて勅許により任命された監督官もしくは管理者の管理下にある——と取次役や侍従から吟遊楽人や牧師にいたるまでのさまざまな使用人から成り立っていた。宮内大臣の指揮下、これらの多様な部局や使用人は、王の権威をはなばなしく誇示して外の世界に対して強く印象づけることを仕事としていた。〈供給の部屋〉あるいは「下の部屋」は、対照的に日常的な部門でできており、台所、地下酒貯蔵室、パン焼き室、食料貯蔵室、ろうそく倉庫などで、王室家政長官の指揮下にあった。これは倹約とつつましい運営という方法で、王の「上の部屋」の壮麗さを支えていた。[8]

この基本的な組織を受け入れて、ヘンリーは「上の部屋」の機能を大掛かりに改善し、宮廷における公式の儀礼が果たす役割を強調した。エドワードから受け継いだ〈壮麗な部屋〉の組織には繰り返し追加や修正を加えたが、〈供給の部屋〉の組織はあまり変えずにおいた。エドワードは書物とタペストリーを収集していたが、ヘンリーは「上の部屋」の独立した部門として王室図書室を創設し、またフランドルにいく組ものタペストリーのデザインを発注し、あらたに王室にタペストリーの織り手を加えた。エドワードは一年のうちのある時期に吟遊楽人の一団に必要な援助をしていたが、ヘンリーは少なくとも二組の吟遊楽人を宮廷に抱え、そのうえ役者の一団を加え、王室礼拝堂ではもう一つの役者グループの成長を助け、さらに王室衣装局を変更して仮面劇や仮装芝居のためにコスチュームや山車を提供できるようにした。エドワードの王室規定は、〈供給の部屋〉が支えることのできる〈壮麗な王の部屋〉の従者の数と種類を確定するものであったが、対照的にヘンリーの王室規定は、侍従、取次役、吟遊楽人そして使用人たちが王室式に仕えるよう管理するための正しい礼式を定めようとした。しかしどちらの規定も、「下の部屋」がいかにしたらこの壮麗さを支えることができるかについては沈黙している。その方法はともかくも見出せたのであるが。[9]

新しいチューダー朝の王室によるパトロン活動の第一歩は、多分イングランド最初の王室図書室の創設にもっともはっきりと見て取れるだろう。ヘンリー七世は、ヨーク朝の先人たちのバーガンディー風文学の好みに同調しながらも、彼本来の好みから書物に対するパトロン行為を制度化した。これに対して、エドワード四世は高貴な芸術愛好者に止まって満足していた。エドワードは一四六八年にバーガンディーの宮廷と同盟を結んだのちに、明らかにフランドルの彩色写本に強い関心を寄せるようになった。妹のマーガレット公爵夫人はガンーブルージュの写字室の熱心なパトロンだったが、エドワードの蔵書の収集のかなりの部分に関わったのは間違いない。ブルージュのルイも同じであった。エドワードは一四七〇〜七一年の追放の期間に彼の所に滞在し、そのときの厚いもてなしに対してウィンチェスター伯爵の身分を贈った。[10]リヴァーズ、ティプトフト、ヘイスティングを代表とするエドワードの宮廷人の多くもまた、バーガンディーの騎士の特徴である文学と騎士道の調和を熱心に求めた。そして当然のこととしてエドワードは彼らとともに自らも文武両道を保つように心がけた。[11]こうした潮流の最後に、カクストンは、ブルージュでマーガレット公爵夫人の保護の下にバーガンディーの本を印刷して、彼の出版界での経歴を始めたのである。その後彼はイングランドに移り、宮廷に近く貴族の顧客たちが利用しやすいウェストミンスターに印刷所を設立し、本の供給者として王の愛顧を享受していたようである。[12] しかしそれまでの書物収集の活動にもかかわらず、エドワードはいつまでも金持ちの素人そのもので、自分の好みにあまり確信が持てず、豪華な彩色本を単にぜいたくな家具の類いと同じように考えていた。マーガレット公爵夫人とブルージュのルイとカクストンが宮廷の好みのもっとも高い水準を満たすと保証した本を集めては、すぐにそれらを王室衣装局管理官の手にゆだねた。エドワードが宮殿を移動するときは、その収集品のすべてが彼の荷物の行列とともに移動した。本の他にフランドルのタペストリー、ガウン、宝石類、金の食器があった。[13] エドワードは自分の蔵書に伝統的な文学としての役割を思い描くことができなかった。それよりはむしろ本はタペストリーや金の食器のように単に装飾的なもの、あるいは当世風の高尚な嗜好の証しとして役に立っていたのである。

ヘンリーは統治期間の初期に、王室に王室図書管理者の職を加え、蔵書を衣装局の管理から完全にはずし、本に対する保護活動を中央にまとめて、エドワードのやり方をすっかり変えた。この新しい取り決めで、図書室は〈壮麗な部屋〉の常設される部局の一つになり、王の勅許という権利によって終身その職に就いていられる管理官がその担当になった。王室衣装局管理官あるいは営繕局の監督官のように、図書室管理官は直接宮内大臣に報告し、その仕事に対して年給を受け取った。この場合は十ポンドであった。

この職に最初に就いたカンタン・プゥレは、カクストンの死後数カ月して勅許を受け取った。彼の任命は、宮廷の書物保護の特質とパトロンの役割に関するヘンリーの考え方について多くのことを語ってくれる。[14] プゥレは単なる本の収集者でも目録係員でもなく、ダヴィッド・オゥベールやジャン・ミエロのようなバーガンディーの工房経営者と同じような仕事をしていた。これらの人物は本を注文したり、写本の彩飾者を雇ったりしただけでなく、文筆家であり、翻訳家であり、書家であった。実際、プゥレはミエロが工房を経営していたリール生まれで、こうした工房と近い関係を持っていたので、ミエロ自身の工房で訓練を受けたと推測できる。そのうえこの有名なバーガンディーの本を扱う業者ミエロ自身がイングランドの宮廷と良好な関係を保持していたので[15]、なおのことそう推測できるのである。とにかくミエロがバーガンディーでしていたことを、プゥレがイングランドでしていたことがわかる。プロの書家としてプゥレは文学から法律まで、例えば『真の貴族の夢想』（一四九六年）のような宮廷風バーガンディー・ロマンスから「ウェストミンスターにおける王立救貧院の設立」のための勅許状（一五〇三年）に至るまで、さまざまな文書を（しかもすべてを〈バタルド〉書体で）書き写した[16]。これらの多くを彼は才能あるフランドルの美術家に彩飾させた。彼らはプゥレがイングランドに来るときに連れてこられたと考えられる[17]。ときおり彼は「王の用事で」カレーに出かけたが、多分それは王室図書室のために本を購入したり、彩飾家を雇うためであったろう[18]。終身在職のほとんど初めから、彼が主に投資の対象にしたのはバーガンディーの写字本をアントワーヌ・ヴェラールが巧みに模倣したものであった。それらは〈バタルド〉活字体で羊皮紙に印刷され、彩飾を似せるために手で木版の上に彩色された[19]。ヘンリーはプゥレの仕事を大いに喜んで、黒のヴェルヴェットのガウンと百シリングの報酬を与え、さらにリッチモンド宮殿を建設したとき、彼のために特別に設計された図書室を贈った。その新しい宮殿で一五〇一年にヘンリーが息子の結婚を祝ったおりには、プゥレとその図書室は、ヘンリーが大得意で指摘した「壮観な頂塔と美しい模範となる立派な建造物」に備わる重要な呼び物の一つであった[20]。統治の終わりまでにはプゥレの努力は大成功だったので、クロード・ドゥ・セセルのような外国の大使たちはヘンリーに彩飾された写字本を贈り、彼のすばらしい図書室に並べられるようにとの願いを率直に表明したほどだった（セセルの場合は、クセノフォンの『アナバシス』を彼自身がフランス語に翻訳したものであった）[21]。

一五〇七年ころにプゥレが王室出仕をやめたとき、ヘンリーは、プゥレと好み、関心、方法を同じくするフランス系フランドル人の後継者たちを続けて任命した。[22] その中で最初の人物ヴィリアム・ファクはノルマンディー生まれの印刷業者および書籍販売者で、作られたばかりの職場である王立印刷所から図書室に抜擢された。一五〇九年ころにファクが死去すると、同じくネーデルランド人のジレ・デュヴェが王室図書室の担当を引き継いだ。デュヴェはヘンリー王子の宮殿でジョン・スケルトンの同僚としてその経歴を始めた。スケルトンが王子の教育を監督していたとき、デュヴェはフランス語を教え、リュートを演奏した。彼の図書室での責務に加えて――多分その一部として――彼はフランス語の文法書と錬金術についての本を書き、ポールズグレイヴに『フランス語明解辞典』の作成について忠告を与え、ロンドン市会議事堂の図書室の蔵書の点検をしていた。[23]

プゥレやデュヴェと同じフランドル出身の者二人が、プゥレが引退し死去した一五三五年にリッチモンドに滞在し、図書室の目録を作成した。その目録はチューダー期の文学の好みを記した貴重なもので、そこからチューダー朝四十年のパトロン活動の特徴と傾向を判断することができる。驚くことに、その蔵書には英語とラテン語の本はほとんど含まれていない。圧倒的にフランス語を自国語とする作者のものの収集で、フロワサール、アラン・シャルティエ、クリスティーヌ・ドゥ・ピサン、古典のフランス語訳そしてダヴィッド・オゥベール版『林間地』のようなフランス語散文のロマンスなどで構成されていた。[24] ここにはモアやエラスムスの心を喜ばせるようなものはほとんどなく、アスカムが嫌悪感を募らせたであろうような「あからさまな猥雑さと公然の殺人」でいっぱいのロマンスが数多く見られる。明らかに抜粋の目録ではあるが――当然あったことがわかっているヴェラールの印刷された版のいくつかが載っていない――代表的な作品をとり上げているのはほぼ確実である。

そのコレクションすべてに人文主義的傾向が明らかに欠けている。カクストンが古典を軽視していたことについてしばしば引用されるギボンのコメントは、ヘンリーの蔵書についても言えるだろうし、理由もまったく同じである。このリストは「教養ある騎士団」というバーガンディーの伝統にチューダー朝の宮廷が深く染っていたことを明らかにしている。プゥレと彼の後任者たちはチューダー家の王たちに歴史書とロマンスと詩が混在したものを提供した。それらは騎士道精神に力点がおかれ、凝った文体で詳細に書かれた散文で、十五世紀後半と十六世紀前半にフランスやバーガンディーの宮廷では大変人気があった。J・H・ヘクスターは北方ルネサンスにおける学問の受容に関する独創的な論文で、ヘンリーに見られるような貴族の図書室の設立につながる動機について論じている。それによると、バーガンディーの騎士は、君主に仕えて評議会や外国の大使館で活躍し国家の統治にあたれるような深い学識を身につけることが求められていた。[25]キケロを読んで雄弁家になり、カエサルを読んで兵法を習得した。美徳と学問が初めて騎士道精神と結びついたのである。例えばバーガンディー風の鋳型にはまったイングランドの騎士ジョン・ティプトフトは、騎士というものは「学問にまったく疎ければ、軍事において抜きん出ることもめったにない」[26]と言っている。こうした考えと人文主義者のそれとにはいくつか共通点があるが、違いも際立っている。例えば、ラテン語あるいはギリシャ語そのものにはほとんど関心が示されていない。事実バーガンディーの公爵たちは、古典作品をフランス語散文に翻訳する秘書を数多く雇っていた。そして歴史とロマンスの間にはほとんど区別がつけられていなかった。どちらかと言えば、後者は前者として受け取られていて、両者とも、感動的で騎士道にかなった行為と心に触れる気高い思想を与えてくれるかぎりにおいては、評価されていた。この時期にイングランドに騎士道精神を体現した文人の誕生を認めることができる。すなわちティプトフトであり、リヴァーズ伯爵であり、バーナーズ男爵である。

彼らはキケロやブオナッコルソやマルクス・アウレリウスを訳し、ロマンスを書き、そして馬上槍試合場での名誉を求めて勢いよく飛び出していく人たちであった。たしかに学問上の業績をあげていたので、これらの人たちを「人文主義者」と見て、どのようにして彼らが学問追求と平行して騎士道への興味を維持できたのか不思議に思う人も少なからずいた。[27]しかし彼らは実際はまったく別の知性の流れに属していた。こうした学識ある騎士たちは騎士としての働きと名誉欲を支える方法の一つとして学問を追求したのである。対照的に、正統な人文主義者はペトラルカとともに「キケロやスキピオが馬上槍試合をしたなどとどこに書いてあるのか」[28]と尋ねるような人たちである。イングランドでは同時にこの二つの知性の流れが確認できる。バーガンディー風の学識ある騎士たちの伝統は、直接ヘンリー八世、シドニー、スペンサーにつながる。他方、真の人文主義の傾向はエラスムス、モア、アスカムに見られる。

王室図書室の設立は他の分野での王のパトロン行為に直接影響を与え、ヘンリーの文芸保護を全体として指し示すものとなった。例えば、王はプゥレを通して優れたフランスの印刷業者アントワーヌ・ヴェラールを支援したが、これによってウィンクン・デ・ウォルデはウェストミンスターからシティに追いやられ、多分影薄くなっただろう。ウォルデは新しい所で宮廷人の好みに合うものではなく、一般人の好みに合うものを製作せざるをえなくなった。[29]カクストンの死後まもなく、一四九〇年代の初めに、ヴェラールは明らかに印刷された文芸書の王立図書室への販売を独占していた。それは現代の御用商人が「国王陛下のご指定により」商品を販売する権利を勝ち取ることもあるのによく似ている。これから述べていくが、王室出入りの絨毯販売業者はすでにそのような独占的な保護をほしいままにしており、ヴェラールの王室図書室への販売事例は、彼が同じ特権を占有していたことを示している。十年以上にもわたってその図書室へ納められた印刷された文芸書の大部分がヴェラール式に羊皮紙に印刷されたもので、その多くはイングランド王室の紋章で飾られていた。一五〇二年にヴェラール自身が宮廷に参上し、ヘンリーに『健康の庭』の二巻本を六ポンドという驚くような金額で売り渡した。[30]この例からもわかるように、このような独占的な商業権は、一見するよりはるかに印刷業者にとって重要だった。王室図書室に三ないし四ポンドで特別納入版を販売することで、印刷業者は準備される数百部全部を印刷し在庫品として抱えるのに必要とされる費用の大部分を取り戻せたのである。そのうえその数百部は通常紙に印刷され、一部三シリングで利益があがるように販売することができた。

ヴェラールが王室図書室に印刷本を売るという独占的な商業権を享受しているときに、ロンドンの印刷業者たちは、宮廷から公文書刊行の委託注文を勝ち取ることに専心していた。プゥレはこのヘンリーの愛顧獲得への道も支配していたようである。議会で制定した法律やアラゴン王国のキャサリンを迎えるための計画書や『ソールズベリーミサ典書』のような重要なものを公式に注文するさいに、王のパトロン行為はデ・ウォルデを素通りしてしまい、ロンドンに在住していた二人のノルマンフランス人を引き立てた。その一人は印刷業にちょっと手を出しただけのヴィリアム・ファクであり、もう一人は優れたプロの印刷業者リシャール・パンソンであった。[31]ヘンリーの出版物に対するパトロン活動の次の展開は、明らかに王立印刷局を創設したことである。これは公的な出版部門として王室に貢献した。ヘンリーはこれをおよそ一五〇四年ころに実現して、ヴィリアム・ファクにそこを任せた。しかし彼が印刷業者としては比較的経験が浅く、宮廷勤務に推薦されるにふさわしい優れた印刷技術を身につけていたとは思われないことから、彼はプゥレの親しい友人だったかもしれないという推測が生まれる。この推測は、ファクが王室印刷人になってわずか三年でプゥレのあとを継いで王室図書室管理官になった事実によって、単なる推測以上のものになる。ファクののちに今回は勅許を受けて、パンソンが王室印刷人になり、次のヘンリー八世の時代までその仕事を続けた。[32] こうして一五〇九年に死去するまでに、ヘンリー七世は書籍保護のための二つの王室部局を設立した。その一つの図書室は文芸書を製作し、発注し、収集し、もう一つの印刷局は公文書を刊行した。ここまで見てきたように、少なくとも最初は、ヘンリーが引き立てたフランス系フランドル人の図書専門家が両方の仕事を管理運営したと考えられる。

ヘンリーが王室図書室を設立したことは、イギリス宮廷におけるフランドル系の彩飾者の流派の形成にもつながった。プゥレは一四九二年に宮廷勤務に就いたとき、当然リールにあるミエロの仕事場から写本画家を連れてきたと思われる。例えば一四九二年から一五〇〇年の間に、チューダー家の宮廷に二人の優れたフランドル人の美術家がいたことが確認できる。彼らは王室図書室のために五冊ほどの本の彩飾を手掛け、その中にシャルル・ドルレアンの詩とベルナール・アンドレの『君主の統治の全き恩寵』そして『真の貴族の夢想』が含まれていた。[33] このうちの最後のものは、プゥレ自身の手で書き写されたバーガンディー風の教訓的作品で、この一冊で彩飾に二十三ポンド、さらに筆写、羊皮紙、製本に七ポンド近くがヘンリーに請求されたようだ。[34] これらのフランドル人の美術家たちの作品を見ればすぐに、有名なロンドン橋とタワーの光景（図5・1）を含めて、彼らの仕事がガン‐ブルージュ派の当時のもっとも優れた写本画家に匹敵していることがわかる。事実最高のパリの工房で彩飾されたクロード・ドゥ・セセルの『アナバシス』から判断して、ヘンリー七世はフランス国王よりも優れた写本画を意のままにできたと言える。[35] 他のフランドル人の国外移住者たちとともに、こうした美術家たちはチューダー朝の彩飾の進歩のきっかけになった。それにより一四九〇年代には、エルナ・アウエルバッハが指摘しているように、先例のないほど独創的な装飾用のデザインが、突然チューダー家の宮廷の文書の彩飾に登場した。法律文書は花模様、渦巻き模様、怪奇な図柄そして成熟した彩飾を誇示し始め、王

5.1 『ロンドン塔のシャルル・ドルレアン』（フランドルの彩飾家）シャルル・ドルレアンの詩集写本につけられた彩飾

室図書室の古くて粗雑な写本は、やって来たばかりのフランドルの熟練者たちによって作り直された。[36] そのうえ宮廷から離れてさえも、カクストンやビーチャム家や紋章院やジョン・コレットのために仕事をしたさまざまな能力のフランドル人の美術家たちが多数いたのである。[37]

たしかにガン‐ブルージュの彩飾者たちの一派がしだいに王室に入ってくるようになったのである。彼らはプゥレに抱えられた格好で、直接王室会計局長官から報酬を受け取ることはなかった。プゥレが個々の美術家に個々の仕事を委託し、彼が勘定書を長官に提出することで、美術家たちはプゥレを通して報酬の支払いを受けた。この意味では、一人のフランドル人の図書管理官によって動かされていた王のパトロン活動が多分彼らをイングランドへ渡らせるきっかけになったのだろうが、彼らは本質的には王室所属員とは言い難い。しかし第一団のガン‐ブルージュの美術家の成功が疑いもなくさらに著名な写本画家たちをチューダー家の宮廷に導き、最後にジレ・デュヴェが登場して、前任者プゥレが彼らのために王室に報酬付きの仕事を見つけてやったことから始まった行程の終着点に立った。デュヴェの管理下で、細密画家のオランブゥ一族が宮廷勤務に就いた。家長のジェラール、娘のスザンナ、息子のルカである。彼らは宮廷で二十ポンドから百マルクの高額の年給を受領した。これはホルバインが手にした以上の金額だった。実のところ、ジェラールはチューダー家の宮廷に入るために、ネーデルランドの摂政であったオーストリアのマルガレーテの宮廷画家という名誉ある地位を捨ててきたのである。これはチューダー家の宮廷の美術面での威信を示している。『グリマーニ家聖務日課典礼書』や『スフォルツァ家聖務日課書』の彩飾者はチューダー家に仕えるようになったのである。この非凡な一族は、一五二〇年代の中ごろからチューダー家で働くようになり、ウルジー枢機卿のための福音聖句集や礼拝用書簡聖句集の写本に絵を描き彩飾した。[38] 一五三五年にデュヴェが死去する直前に、ルカ・オランブゥは王室画家の地位に昇進した。これはフランドルの美術家たちがチューダー王室へ同化してきた道程の頂点に到達したことである。ところがこのような特別な熟練者がやって来る前でさえ、ジョン・スケルトンは『月桂樹の冠』の中ですでに宮廷で働いているガン－ブルージュの画家たちに賛辞を贈っている。名声の女王が回想の書を開くとき、スケルトンはフランドル人の美術家たちでなければ描けなかった彩飾画を、愛情を込めてこう詠っている。

そこで、本の留め金が開かれた、
　余白はすっかり金の縁飾りで彩られ
そして黒ずんだ青で、キリギリスやスズメバチが描かれ、
　さらに蝶や色あざやかなクジャクの尾、
花とねばねばしたカタツムリで飾られていた。
生き生きとした絵は巧みに描かれ、真に迫っていた。
…………
　異国からきたルビーと紅玉で縁は輝いていた。
　青銅の粉で一行おきに文字が
書かれていた。

（一一五六～六八）

スケルトンは、バーガンディーのマリー付きの巨匠と彼のガン‐ブルージュの後継者たちの標しであった昆虫、カタツムリ、宝石でいっぱいの花飾りが付けられた「だまし絵」の縁を見るために、ネーデルランドに旅をする必要はなかった。ヘンリー七世のパトロン活動のおかげで、バーガンディーのマリー付きの巨匠の流派は、チューダー流派になっていたのである。

このように書籍を収集し、印刷人や彩飾者たちを支援した王は、もちろん自身の好みを満足させるだけのためにこのようなことをしたのではなかった。彼の蔵書は宮廷文芸の流れを産み出すとともにそれを反映してもいた。彼は明らかに宮廷人たちの嗜好の影響を受けていた。そして逆に、彼の少なからぬパトロン活動は彼自身の嗜好を示し、かつチューダー朝初期の詩のスタイルを作り出すのに大きな働きをした。ヘンリーのパトロン活動がその形成に大きく寄与した文芸上の嗜好を指し示すものとして、ジョン・ポールズグレイヴの『フランス語明解辞典』ほどわかりやすいものはない。チューダー朝の文芸界につながりを持っていたおかげで、ポールズグレイヴはチューダー朝の宮廷の嗜好に関しての権威であると主張することができた。彼は王室図書管理官のジレ・デュヴェの友人であり、メアリー王女が一五一四年にルイ十四世と結婚する直前に彼女にフランス語を教え、王の印刷人であったリシャール・パンソンの印刷所で自著を出版した。したがって、『明解辞典』は単なる文法書ではない。それは言及と引用を多用することで、彼が「フランス語にひじょうに通じている」と評価した文筆家たちについての批評と紹介を目的としている。[39] 要するに、チューダー朝の宮廷人が精通することを期待されている詩人たちについての公式の文書にもっとも近いものなのである。当然のことながら、『バラ物語』が（「新しいフランス語に訳し直されている」が）高い人気を維持している。しかしそれよりも、ポールズグレイヴがしている言及と引用は、チューダー家の宮廷ではフランス系フランドル人の修辞学者たちの人気が高かったことを示している。もっとも多く言及されている詩人はモリネの弟子のジャン・ルメール・ドゥ・ベルジュである。[40]もう一人のよく知られたフランドルの修辞学者オクターヴィアン・ドゥ・サン＝ジャレは第二位で、さらに彼のうしろにバーガンディーの宮廷で育てられたか尊敬されていた三人の詩人が続いている。アラン・シャルティエ、ジャン・フロワサール、ジャン・メシィノである。しかしポールズグレイヴはヴィヨンもシャルル・ドルレアンも取り上げていない。この二人の詩人が省かれていることは、フランス系フランドル人の修辞学者たちが享受していた寵愛の強さを雄弁に物語っている。特にシャルル・ドルレアンのロンドン塔の中で書かれた当世風の恋愛抒情詩が十五世紀のイングランド宮廷と太いつながりを持っていたのに言及されていないことが、その証しとなっている。

ヘンリー七世が保護した詩人や学者たち――いわゆるヘンリーの王室桂冠詩人たち――については、初期チューダー朝宮廷の圧倒的なフランス系フランドル嗜好を背景にして初めて正確に理解できる。[41]ツールーズ出身の盲目の詩人ベルナール・アンドレに対して、ヘンリーは宮廷年代記作者の地位を用意した。それは王室を拡大する意味で重要であり、バーガンディー宮廷にあった部署をモデルにしている。ジョルジュ・シャテラン、ジャン・モリネ、ジャン・ルメール・ドゥ・ベルジュがバーガンディー公の下でその地位に就き功績をあげていた。こうした文筆家たちのように、アンドレは歴史を国家や国王に対する称賛の一種と考えていた。これを踏まえてアンドレの初期の作品――ボズワースの戦い、戴冠式、アーサー王子の誕生そしてノーサンバランド伯爵の殺害のようなその時代の重大事を祝ったり悼んだりする一連のラテン語詩――は、のちに適当な散文のつなぎの言葉が加えられて『ヘンリー七世伝』（一五〇〇年）として結集されたのである。[42]いかなる客観的な基準に照らしても、それは貧弱な伝記ではあるが、しかしモリネの『栄光のトロイ人』のような、特別の場合に称賛を目的として作られた作品の文体と形式には正確に適合している。一部散文、一部韻文で称賛という感情を表出するのは、バーガンディーの年代記作者の特色であった。同じように、アンドレの『ヘンリー七世の十二の輝かしい成功』（一四九七年）は、修辞学者たちが使う華麗なフランス語の文体と神話的な発想に溢れていて、ヘンリー統治の最初の十二年間に成し遂げたことをヘラクレスの十二の難事になぞらえて賛えている。一五〇〇年から彼の生涯が終わるまでのアンドレの主な仕事は、同じ形式でその時代を一年ずつ記していく年代記の作成であった。ヘンリーは明らかに、王室の偉容を示すためにこの部署が果たした貢献を重要視していた。彼はアンドレに年給二十四ポンドを与え、毎年元旦に新しい『年史』を献上することに対して百シリングを与えて報いた。ヘンリーが法外な給与を与えていた王付きのガラス工でさえ、それほどは稼げなかった。[43]

アンドレのために特別なポストを創設したのに加えて、ヘンリーはその他の何人かの桂冠詩人に王室内の地位を与えた。ピエトロ・カーメリアノとジョヴァンニ・ギグリはヘンリーのラテン語の秘書として勤め、スケルトンはヘンリー王子の教育にあたり、ホーエスは王の私室付き侍従の一人として仕えた。そして特筆すべきは、これらの事例の大部分で、文筆にかかわる能力が優先されているのである。ヘンリーは宮廷の偉容を詳述してくれる筆の力を持つ詩人を支援するために、熟慮のうえで王室内に地位を与えたのだとほぼ確実に推測できる。ヘンリー以前のイングランドには、自分の回りに文筆家をおくことが政治上の利益をもたらしてくれるのを、彼ほど強く意識した王はいなかった。したがって、それぞれの本来の職務上の義務に加えて、文筆家たちは、そのときどきの要請に従って、アンドレと一緒に王のために詩を作成することを期待されていたのである。カーメリアノとギグリはラテン語で、スケルトンとホーエスは英語で。[44]アンドレとともに、彼らはアーサーの誕生と皇太子叙位を祝い、ノーサンバランドの殺害を悼み、メアリー王女とカスティリア王国の王子との婚約について述べ、スコットランド人に挑戦し、フランス人の人文主義者ロベール・ゴーガンが彼らが仕える国王を侮辱したことに報復した。[45]

こうした活動の大部分で、ヘンリーの桂冠詩人たちは（少なくとも現在の意味では）詩人というより雄弁家としての姿を現している。彼らはチューダー家の政策をできるだけ力強く印象深い方法で提示しようと努め、そうすることで宮廷を知的な内容を持つ場所として描写しようとしている。ヘンリーは文筆活動を奨励したという名声に違わず、外国の詩人や雄弁家たちが大使の任務で宮廷に現れたときに、彼に仕えるそういう人たちに対してと同じように素早く報いようとした。[46]この点で、学者であり教育官であったアンドレとスケルトンの努力はヘンリーの意向に合っていた。チューダー家の王子たちは、それ以前の数世代にわたるバーガンディーの貴族たちのように、雄弁術を磨きあげるように仕向けられた。それは彼らが評議会であるいは交渉のおりにうまく演説ができるようにするためであった。例えばアンドレは生徒としての王子のために『君主の統治の全き恩寵』を書き、他方スケルトンは、カンタン・プゥレの分厚いバーガンディーの写本『真の貴族の夢想』を英語に翻訳し、『夢想についての問答集』とした。[47]

したがって、この宮廷詩人のグループの中でイングランド人たちは、アンドレやデュヴェやプゥレのようなフランス系バーガンディーの文筆家たちと日々交わっていた。スケルトンとホーエスの二人が別の技巧と独自性を持ちながら、バーガンディーの修辞学者たちの流儀で英語の詩を書いたのは当然と言える。例えばスケルトンは、アンドレとまったく同じ政治上の出来事を詩に書き、プゥレの王室図書室にある本を翻訳し、ヘンリー王子の教育に関してデュヴェを助けている。『月桂樹の冠』の中で、スケルトンが名声の城へ向かう道筋は、明らかにチョーサー風のものというよりバーガンディー風のものである。ここではチョーサーが描く気まぐれに報酬をばらまく名声夫人のおかげではなく、自らの一連の優れた作品のおかげで真の栄光の城に入城を許されるのである。それはモリネ、サン－ジャレ、ルメール・ドゥ・ベルジュの描くバーガンディー風の英雄たちが、彼らの徳高く輝かしい業績をあげた生涯のおかげで同じような城に入る権利を得るのに似ている。[48] また「オウムよ話せ」と「雀フィリップ」のような詩もかなりの部分をルメール・ドゥ・ベルジュの『若い恋人の手紙』から借用しているようである。さらに意義深いことには、スケルトンの現存する道徳劇の『偉大さ』は、バーガンディー風の美徳の中核をなすものを視点としてチューダー家の王を吟味し、スケルトンがこの芝居を書く少し前に初めて印刷されたと考えられるフィラストゥルの『金羊毛』の中の偉大さに関する議論を彷彿させる方法で、チューダー家の王を検討している。スケルトンのもっとも独自色の強い技巧「スケルトン風詩形」でさえ、短い間隔で押韻するように工夫された詩行を好む点において、修辞学者たちと共通点を持っている。実際シャテラン、モリネ、ルメール・ドゥ・ベルジュはスケルトンの韻律法に類似する興味ある技法を用いている。[49]

スケルトンがこうした修辞学者たちの用いた技巧に独自色を加味しているのに対して、ホーエスはフランス系バーガンディーの伝統の約束事からほとんど抜け出せないでいる。『美徳の手本』と『愉快な気晴らし』はフランスとネーデルランドで人気があった寓意的ロマンスというジャンルに属している。事実、グラン・アムールやラ・ベル・プーセルというようなフランス語の名前を持ったホーエスの作品の人物と、騎士道ロマンスと学究的な寓意物語の奇妙な組み合わせが特徴の物語は、チョーサーやリドゲイトの作品より一層明らかにバーガンディー風のロマンスと馬上槍試合に由来しているのである。バーガンディーのものとしては『花詞集』『討議する騎士』『黄金の木への困難な道』『美しき巡礼者のたどる困難な道』などがあげられる。ホーエスの作品の主人公グラン・アムールは、きわめてバーガンディー風に二つの面で愛する貴婦人にふさわしい人物にならなければならない。まず彼は騎士道にかなう能力の証しとして、次々に騎士や怪物を打ち負かし、ついで知的能力の証しとして七つの学芸を習得しなければならない。要するに彼はヘンリー八世そっくりな騎士なのである。ヘンリー八世はクール・ロイヤルのような人物になって馬上槍試合場に乗り出すのを楽しむ一方、学問上の力を誇示することに喜びを感じていた。ホーエスは詩人としては出来がよくなかったが、彼の作品は初期チューダー朝のパトロン活動が育成しようとした特性のエッセンスのようなものを示している。それはヘンリー七世が張り合おうとしていたバーガンディー風の偉容を連想させる、学問と騎士道と教訓的な寓意の混ざり合ったものである。モアやエラスムスのような人たちはこのような基準に合わせることができなかった。そのことが、彼らより知的能力では劣っているアンドレやホーエスが王室内に居心地のよい場所を見つけていたときに、なぜモアやエラスムスが愛顧を得られなかったのかを示している。

王室の偉容を高めたいというヘンリー七世の願望は、王付き画家としてある王室肖像画家を試験的に任命したことにも現れている。以前は、この工芸家は紋章に関わる組織と密接なつながりを持っていた。勅許を受けた工芸家として、彼は王室の葬儀や結婚式用に旗に紋章を描くために、そして必要に応じて王の宮殿や専用艇や馬車を紋章のついた盾で飾るために呼ばれた。彼は直接宮内大臣に報告し、労働の対価として日給一シリングを、さらに完成した仕事に対して諸経費分と適当な報酬を受け取った。ときおり、もし彼の仕事が特に王に気に入られたら、どんな額であれ王が与えたいと思う報酬を追加給として受け取った。複数の画家が彼を手伝って与えられた仕事をした場合は、王付き画家が全体を統括し、その他の画家たちは彼より低い日給、通常八ペンスを受けた。ヘンリーは彼の最初の王付き画家ジョン・セルルをエドワード四世の王室から受け継いだ。そしてセルルはすべての重要な王室の婚儀と葬儀のために紋章に関わる仕事をして、ヘンリーの統治期間の会計簿に定期的に登場している。例えば、一五〇二年のアーサー王子の棺架の回りに集められた（カドワーラダーとブルートの紋章を含めて）重要な紋章のついた旗を十一本描いた。そして三十年の勤務の最後の仕事として、一五〇三年のマーガレット王女とスコットランドのジェイムズ四世との結婚のために、らっぱに下げる旗と伝令官の官服に紋章を描き、王室馬車の装飾をした。[50] 彼の仕事についての数多くの現存する記録から判断して、画家であるにもかかわらず彼は在任中紋章の仕事以外何も手掛けなかった。

セルルが王への長い奉仕を終えようとしていたときに、ヘンリーは初めて肖像画家を王室に迎えようとしていた。その地位は多分一五〇一年と一五〇三年の王家の結婚式によって必要なものとされたのだろう。この時期、肖像画は国際間の交渉において重要な役割を果たしており、しばしば外国の王侯たちの人物像を描くために、画家が大使に同行した。例えばフィリップ大公と夫人ジョアンナの肖像画は、一四九六年に〈重大介入〉の交渉に大使たちがイングランドを訪れたとき持参された。オーストリアのマルガレーテは、一五〇五年にヘンリー七世が彼女との結婚の交渉をしようとしたとき、彼の肖像を描かせるためにミハエル・シトウを遣わした。ヘンリーは彼の統治の末期に、近く彼の花嫁になりそうな女性の一人の「容貌と外見の絵を描く」ことができる「熟達した画家を探す」ように大使たちに命令していることがわかっている。[51] 多分ネーデルランド人である画家メナール・ヴェヴィックがヘンリーに仕えることになったのは、そのようなコンテクストで捕らえられなければならないだろう。[52]「若いイングランドの画家」として、彼は一五〇三年のイングランドとスコットランド間の結婚に先だって、スコットランド宮廷に「イングランドの王、王妃、王子そして我らが王女（マーガレット・チューダー）」の肖像画を持って初めて現れる。[53] 画家大使としてのメナールによるイングランド王室の人びとの肖像画は、ジェイムズとマーガレットの結婚を確実なものにするうえで重要だっただろう。一年後彼がイングランドに戻ったとき、ジェイムズ四世の肖像画を何枚か携えており（のちに検討する標準的な肖像画シリーズに近似しているアボッツフォード寺院のジェイムズ四世像、図5・2を参照）、彼は勅許状はなかったが、明らかに王付き画家としてセルルを継いだのである。[54]

当初ヘンリー七世が、仕事をしたときに通常の一シリングの日給を支払うという条件でメナールを王室工芸家として雇ったとしても、最後にメナールは王家の従者になり、彼の地位は王室図書室管理官あるいは王室リュート奏者に似たものに変わり、年給十ポンドが支払われた。このようにして彼は、ホルバインやオランブゥ家の人びとを含むチューダー王室肖像画家の長い系譜の最初の人物となる。宮廷における肖像画や絵画を作成する画家としての彼らの存在は、王室の「上の部屋」を壮大なものにするのに欠くことができないものとみなされていた。メナールは最初、特に気に入られた作品に対する「報酬」と一緒に伝統的な日給の受給者として宮廷会計簿に登場する。この場合セルルと異なり、彼は常に「絵画」に対する給金を引き出しており、紋章の仕事に対するものはまったくなかった。[55]しかしながら、ヘンリー八世の統治時代には、メナールは工芸家から従者への転換を完全に成し遂げたのだった。一五二六年になると彼は「老画家メナール・ヴェヴィック」と呼ばれ、ルカ・オランブゥよりも多い年給を受け取っていた。ルカは少し前に画家として王室に入ってメナールに加わっていた。[56]

ヘンリーの王室画家として、メナールはいわゆる「標準的な」肖像画のシリーズの原形になるものを描いたのはほぼ間違いない。ヘンリー、エリザベス・オブ・ヨーク、アーサー王子、ヘンリー王子そしてリッチモンド伯夫人マーガレット・ボーフォートの肖像画（図5・3〜5・7）は、その大部分が世紀の変わり目メナー

5.3『ヘンリー七世』（作者不詳）1500年ころの原画の模写

5.2『ジェイムズ四世』（16世紀の画家）

5.4『エリザベス・オブ・ヨーク』（作者不詳）1500年ころの原画の模写

5.5 メナール・ヴェヴィック（？）
『アーサー皇太子』1500 年ころ

5.6 メナール・ヴェヴィック（？）
『ヘンリー八世』1520 年ころ

ルが出仕を始めたころに描かれており、一五〇一年と一五〇三年の王家の婚儀と時を同じくしている。このころ初めてチューダー朝の宮廷で肖像画が描かれたようである。例をあげると、新しいリッチモンド宮殿の大ホールには、ヘンリー七世の大きな壁面肖像画があり、婚儀に参列したスペインの客たちが帰国するときに、明らかに王室の人びとの肖像画がフェルナンドとイサベラの許に持ち帰られた。[57] 標準的な肖像画のほぼ同一の姿勢――上半身四分の三、柔らかい帽子、紋章の鎖首飾り、上向きの右手と下向きの左手――はまた同じ時代を示している。なぜなら、それらは一四九六年にヘンリーに贈られたフィリップ大公と公爵夫人ジョアンナのフランドルの肖像画をはっきりと手本にしているからなのだ。[58] 次のヘンリー八世の時代になっても、メナールは依頼された重要な肖像画を描き続けた。例えば、トリジアーノがヘンリー七世とマーガレット・ボーフォートの墓所用の彫像を作成するために、メナールは等身大の手本画を描いた。そしていまもケンブリッジ大学クライスト学寮の図書館にかかっている彼女の等身大の肖像画も、この墓所用の手本画から彼が描いたと思われる（一五一一年。図5・7）。[59] 自信をもって彼のものと言える最後の作品は、一五二〇年ころの「標準的な」定式に従って描かれたヘンリー八世の肖像画である。[60] 肖像画家としてたしかに彼が模倣したフランドルの巨匠たちと比較するべくもないが、彼のもっとも優れた作品は、彼が本物の技術を持った画家であり、のちにオランブゥとヴァン・ダイクが就くことになる職務の尊敬さるべき先駆者であることを示している。

自分の王室に肖像画家を新しく加えたことは、視覚上の大きな効果を持つ美術全般に対するヘンリー七世の姿勢を象徴している。彼はすばらしいタペストリーを収集することと、手に入れられる最高のフランドル製ステンドグラスで宮殿を輝かしいものにすることにとりわけ熱心だった。統治期間を通して、ヘンリーは国を治める策にとってタペストリーが重要であることを認識していた。どこを見ても、彼の祭事、大使歓迎、祝典は

5.7 メナール・ヴェヴィック『リッチモンド伯夫人マーガレット・ボーフォート』

もっとも美しく高価なフランドル製タペストリーを背景にして繰り広げられた。一五〇〇年にはバーガンディー大公との会見のために、タペストリーをカレーに送った。またあらたに建設したリッチモンド宮殿の大ホールにもタペストリーを惜しみなく飾っていた。さらにマーガレット王女がジェイムズ四世と結婚したとき、ヘンリーは彼女の威信を維持するために花嫁とともにタペストリーを北方スコットランドへ送り届けた。そして彼自身はどこにいようとも、文字通りタペストリーに取り囲まれていたのである。[61]

ヘンリーはタペストリーを特に重視していたために、かつてエドワード四世がしていたように、こうした豪華な織物を衣装局長にただ任せればよいという気持にならなかった。その代わりにあらたに勅許を与えられた職人を王室に加え、「王室つづれ織り壁掛け製作者」とし、その人物は衣装局長に直接報告し、彼の働きが必要とされたときはいつでも通常の日給一シリングを受けた。ヘンリーは書籍に対してしたように、タペストリーのためには「上の部屋」に独立した常設の部局を設けはしなかったが、衣装局内のこの組織上の改良は、王室にとってのタペストリー収集の重要性を増す効果をもたらした。当然予期される通り、チューダー期のつづれ織り壁掛け製作者は、十六世紀を通して、フランドル地方の一流の工房で修行したネーデルランド人だった。こうした勅許で保護された職人たちは、衣装局からの仕事の発注がないときはいつでも、宮廷から離れて自由に自分たちの仕事に従事できた。彼らの大部分は多分ロンドンにタペストリー製作の工房を所有していた。[62]

ヘンリー七世が勅許を与えた二番目のつづれ織り壁掛け製作者コルネリウス・ヴァン・ドゥ・ストゥレ（一五〇二年任命、一五一〇年再任、一五二九年死去）の記録を読むと、この重要な地位の職務についてよくわかる。ある記録によると、彼はブルージュでタペストリーを購入しそれらをロンドンへ運ぶ手配をしている。別の記録では、マーガレット王女とジェイムズ四世との婚儀のために七十四本ほどの「フランドルのつづれ織り地」にカンバスで裏打ちをしている。また別のものでは、彼はタペストリー九点を修繕し、それらの縁にチューダー王家の印であるバラと格子戸形の紋を織りこんでいると書かれている。[63] こうしたものの中で、ヴァン・ドゥ・ストゥレが収集し保存することに費やした努力の効果をもっとも雄弁に物語る証拠は、「錦野の会見」（一五二〇年）においてヘンリーが飾ったタペストリーに外国の大使たちが称賛を惜しまなかったことに見出される。あるイタリア人の証言によると、イングランド側の大型天幕の内部に飾られたタペストリーはヨーロッパ中で最上のものだった。なぜならそれらは「二つと同じものを見ることができないほど美しく非凡な」ものだったからである。だれの言葉を読んでも、ヘンリーのタペストリーの鮮明で生き生きしたデザインは他の追従を許さないものだったようで、絵画と比べてもひけをとらなかったと考えられる。それらは「まことに生々とした姿」だったのである。マルタン・デュ・ベレでさえ、このようなタペストリーのおかげでイングランドの大型天幕は「世界の美しい城塞の一つ」と評価されるべきであると認めざるをえなかった。[64] まさにこうした論評の中に、ヘンリー七世がパトロン制度を用いた政策に期待していた政治的効果を見ることができるのである。

ヴァン・ドゥ・ストゥレは彼の後継者であるすべてのフランドル人たちと同じように明らかに熟達した織り手だった。それはチューダー王家の紋章を付け加えるためのタペストリーの織り直しの出来映えが示している。しかし王家のコレクションのためにタペストリーを彼が織った様子はまったくない。そうではなく、ヘンリーは別の「王室つづれ織り壁掛け製作者」からタペストリーを購入した。そのような製作者とは、ネーデルランドの声望のあるつづれ織り職人であり商人であって、王の用に応じる見返りに、独占的な貿易上の便宜を与えられていた。このように、その王付きタペストリー織り業者の王室との関係は、印刷業者ヴェラールの王室図書室との関係とほぼ同じであった。事実、ヘンリー七世は王位に就いて一年もしないうちに、つづれ織り商人で職人でもある最初の人物を任命していた。彼はトゥルネーのパスキエ・グルニエといい、バーガンディー宮廷の織物業者であり当時のもっとも優れたタペストリー織りであった。[65]一四八六年九月に、ヘンリーはグルニエと息子にイングランドへ彼らの商品を自由に入れる権利を認めるという、驚くほど寛容な保護を申し出る書類を発行している。そしてその二年後には、ヘンリーはコレクションの中核をなす作品を彼らから購入している。それはグルニエのすばらしい一連の『トロイ陥落』の中の一枚で、もともとは一四七二年に豪胆公シャルルのためにデザインされ織られたものであった（図5・8）。世紀が変わるころには、ヘンリーはグルニエのデザインのタペストリーに囲まれて座っているのが見られることになる。[66]一四九六年にグルニエが没したとき、ヘンリーはすぐに行動をおこし、ピエル・アンジェン（アンジェンのピーター・ヴァン・アルスト）の織機に保護を与えることとした。彼はベルナール・ヴァン・オルレイのデザインのタペストリーを数多く織った。[67]

ブリュッセルの織物業者アンジェンとヘンリーの関係は、大変近いものであったようだ。例えば一五〇〇年の終わりころ、ヘンリーはタペストリー代と貸付金として八百ポンドを彼に与えている。この大きな金額から見ると、このときヘンリーはこの王付きつづれ織り業者から既製のタペストリーを購入しただけでなく、まったく新しいデザインの品であるチューダー王朝歴史物語を表現したものを発注していたのではないかと思われる。事実そのような歴史物語のタペストリーは存在し、そこには特にアーサー王子の婚儀とかヘンリーのボズワース平原での勝利を描いたパネルが含まれていた。さらに「ヘンリー七世王が王位簒奪者リチャード三世王から得た王冠を片方の手に持ち、反対の手に冠をかぶったバラを持ってイングランドに入ってこられるデザインの壁掛け一枚」もあった。このシリーズのうちで現存するパネルと言われているのは、オックスフォード大

5.8 パスキエ・グルニエ『トロイ陥落』タペストリー 1472 年

学モードレン学寮にある『アーサー王子の婚約式』（図5・9と5・10）である。これは一五〇〇年にブリュッセルで織られており、アンジェンの工房から出たものとしてもよいだろう。[68] 明らかにグルニェの『トロイ陥落』を意識したものであるが、デザインが平凡でとうていそれに匹敵するなどとは言えない。しかしながら、これはむしろアンドレの『伝記』や『年代記』が示すコンテクストで見られるべきで、それらを視覚化したものと言える。チューダー王朝がその歴史をバーガンディー風騎士道ロマンスとして表現しようとした姿勢を反映しているのである。実際は、その王朝の歴史の大部分はロマンティックと言えるようなものではなかったのだが。

バーガンディー風の表現技巧で視覚的にイングランド王室を印象づけようとする作品群に囲まれて、バーガンディーの宮廷の偉容を真似しようとしたヘンリー七世の試みは、王付きガラス職人の地位の変化にもっともはっきりと示されている。ヘンリーが王位に就いたとき、ガラス職人は日給一シリングで営繕局に属していた六人の勅許を与えられた職人の一人で、「王の館や城のガラスを修繕し、よい状態に保つ」ことが課されていた。[69] 彼の仕事は、王付きの壁掛け修理人の仕事のように、主としてすでにあるガラス製品を修理し保存することにかぎられていた。新しいステンドグラスの窓をデザインするような芸術的な能力は、二次的な意味しか持たず、彼の仕事の大部分は、多分可動式のガラス窓をその枠にはめたり、はずしたりすることだった。しかし、一四九〇年代に新しい建物の野心的な建造計画が着手されるとともに、グリニッジとリッチモンドの宮殿、ウェストミンスター寺院の新しい礼拝堂、サヴォイ救貧院、そしてケンブリッジ大学キングズ学寮の礼拝堂などの建造物を飾るために、新しくデザインされたステンドグラスの窓がぜひとも必要だとヘンリーは気づいたのだった。そしてただ新しい建物にガラスを使うということだけに満足できず、すでに存在するロンドンの宮殿を、アーサー王子の婚儀のような宮廷の重大な祝典に備えて、新しいガラスで飾った。それまでヘンリーほどガラ

5.9 ピエル・アンジェン（？）『皇太子アーサーの婚約式』（？）タペストリーのパネル

5.10 ピエル・アンジェン（？）『皇太子アーサーの婚約式』（？）タペストリーのパネル

スを広範囲に使用した王はいなかった。この前例のないまったく新しい活動は、いやがうえにも王室にとっての王付きガラス職人の重要性を増したのだった。一つにはおそらくこれらの仕事すべてを一人の職人ではできなかったということがある。そこで王付きガラス職人は営繕局のために多くのガラス職人を雇わなければならなくなる。また一つにはこれらの格式の高い建造物に要求される高度の仕事という特性上、特別に熟達した技術者の雇用が求められた。ヘンリーの保護を受けて、王付きガラス職人の地位は職人の立場から官職に変わった。もはや勤務が必要になるたびに日給を支払うという方法はとられず、修理の仕事をすることで多額の年給が支給された。そして新しい事業を引き受けるたびに、営繕局と高い工賃で契約した。いまや実際には、彼は独立した王室の部局の長となり、営繕局に雇われているというより共同で仕事をしたと言える。

ヘンリー七世の宮廷に仕えるもっとも重要な視覚芸術の担い手になるバーナード・フラワーが出仕するようになったことは、この身分の変化をよく写し出している。彼の帰化の許可証によると「アルメイン」の名工フラワーは一四九六年までにはチューダー家の宮廷で利益のあがる注文の仕事をしていた。[70] その後四年以内に、彼はすでに王室営繕局でもっとも重要な職人になっていた。アーサー王子の婚儀に備えて、イングランド人の同僚に先だって、セントポール寺院、ロンドン司教館、ロンドン塔、ウェストミンスターホール、グリニッジとエルサムの宮殿でガラスを入れるという旨みのある仕事を与えられた。[71] 一五〇三年に、彼のチューダー家の宮廷での優位は、ヘンリーが与えた注文の中でもっとも重要なもの、すなわちリッチモンド宮殿の大ホールと礼拝堂にガラスを入れる仕事を成し遂げたことで、確たるものになった。まさしくこの年に、いま見てきたように単なる職人としてではなく、年給二十四ポンドが支給される常設の王室部局の長という資格で、王付きガラス職人として終身在職に入る第一歩を踏み出したのである。[72]

ヘンリーが初期にガラス職人たちにさせた記録に残っている仕事は紋章学的な装飾に限定されていたのだが、その特徴は、チューダー王朝を威信と偉容を備えるものにしたいという彼の願望に圧倒的に支配されていた。例えばすでに一四九四年、ヘンリーはグリニッジ宮殿のフランシスコ修道会教会のためにさまざまな聖人の像とともにチューダー家の人びとの像を描くようにガラス職人たちに命じていた。これらの像は写実主義というよりむしろしきたりに従い、紋章学的に表現されている。フラワーが名を成すことになる造形的、写実的なスタイルを示す余地がほとんどない仕事をさせられたことは、だれにでもわかるだろう。ヘンリー七世自身「ウェストまでの上半身で、王にふさわしい豪華な礼服と王冠を着けた若い王」として、左手に笏、右手に十字架付き宝珠を持っている姿でこれらの窓に描かれている。この像の下に甲冑が木の枝にかけられていて、王と認識できるようになっている。[73] したがって王室営繕局員の記述は若い時期に紋章学的デザインのものを手掛けているフラワーを示している。赤いバラ、落とし格子、竜、ヒョウ、そしてチューダー王の紋章を小円形に描いているステンドグラスである。当然彼は仕事のある部分で、ヘンリーの紋章画家の一人ジョン・ブラウンに手伝ってもらっていた。[74]

しかしそのような仕事には芸術面で限界があり、それを超えるフラワーの能力が多分新しい地位に彼を押し上げたのだろう。特に様式化した平板な図形のデザインをずっと写実的で複雑なフランドルとドイツの様式に変えることができた能力は、宮廷において彼を傑出した存在にした。その結果言うまでもなく、彼は報酬を思うままにできたのである。フラワーが宮廷で日の出の勢いで出世していたときにガラスが入れられたグレイト・モールヴァーン小修道院のマリア賛歌の窓は、伝統的なイングランド風デザインが新しい大陸風の様式に取って代わられたことを示している。グリニッジ宮殿の窓のように像はまだ紋章学的に表現されてはいたが、モデルに合わせて作られていたことがわかる。例えばセラピム型の天使像の代わりに巻き毛で長い白い上着を着た写実的な若い女性が描かれていた。[75] フラワーを王室のガラス工芸の長として、新しい様式はヘンリー七世治世の最後の十年間イングランドで完全に優勢となる。それはサヴォイ救貧院のような大規模の事業についても、ヴァインのような比較的小規模のものについても同じである。

王付きガラス職人にフラワーが任命されたことは、イングランド宮廷におけるガラス職人サザック派のこれ以後長く続く優位の始まりを意味した。サザック派とは、フラワーと彼の後継者たちが主としてそこに住んでいたのでつけられた呼び名である。ヘンリー七世と彼らが住んでいた司教区のフォックス司教の保護を受けて、この注目すべき美術家たちの流派は十六世紀初頭のイングランドの美術を変えた「外国様式の侵入」を大規模に引き起こしたと言える。[76] 彼らの大きな作品の多く——例えばサヴォイ救貧院とウェストミンスターのガラス——は現存していないが、彼らの第一の業績であるケンブリッジ大学キングズ学寮礼拝堂のガラス製作は、いまなおヘンリーの美術に対するパトロン活動への傾倒の証しとなっている。フラワーはその仕事を一五〇六年に始め、彼の死後、後継者のネーデルランド人ゲイロン・ホーンの指揮のもとに完成された。多分フラワーがビショップ司教に提示された宗教的主題「旧約と新約」のデザインを準備するために、当時の人びとにミケランジェロと同列におかれていたディリック・ヴェレルを任命したのだろう。[77] ルネサンスのフランドル風ガラス製作において傑作であるとだれもが認めるこれらの窓が、完全にヘンリー七世の保護のもとでイングランドにおいて製作されたことは、一般的には倹約家と見られてきた王の気前のよさと偉大さを雄弁に立証している。

ヘンリーの演劇に対するパトロン活動は、イングランドの幕間劇と仮面劇の展開においてきわめて重要なものであったが、それにもかかわらずそのことは終始軽視され誤解されてきた。正しい評価がなされなかった理由は、さかのぼってフランシス・ベイコン卿に見出せる。彼は、ヘンリーはあまりにも「仕事にその身を捧げていて」演劇のような「遊びごと」に多くの関心を寄せてはいられなかったと述べた。その結果ヘンリーは芝居を「大いに楽しんでいる様子の」王としてより、芝居の「高貴で上品な見物者」と見られるようになった。[78] しかし演劇に対するヘンリーの態度についての評価にこれ以後ずっと影響を与えることになったこうしたベーコンの見方は、ヘンリーの人物像に誤解を招くことになる。そもそもベイコンは、仮面劇のような「遊びごと」に魅入られたスチュアート家の王たちと違ってそうしたことにうつつを抜かすことのないヘンリーを、称賛すべき思慮深い真面目な王として描きたかったのである。ベイコンはヘンリー七世が知っていた仮装芝居は本質的にスチュアート期の仮面劇と同種のものだったと考えていた。そしてエリザベス女王やチャールズ王は言うまでもなく、ヘンリー八世も彼の宮廷での仮面劇に自ら参加していたのに対して、七世はそういうことをしなかったので、ベイコンは再度そのようなエンターテインメントに興味がなかったと結論づけたのだった。しかし、事実は、ヘンリー七世の時代の仮装芝居は王と宮廷人たちが観るためのエンターテインメントで、慣例上そうした人たちによっては演じられることはなかったのである。イングランドの仮面劇で王が宮廷人たちと踊るというやり方はヘンリー八世時代にあらたに考案されたことだった。[79]

これまでの誤解を脇に押しやれば、ヘンリー七世が演劇に対して真に革新的で気前のよいパトロンであったことが見えてくる。彼は俳優の一座を保護したイングランドの最初の王だった。また俳優たちに対する彼のパトロン活動は、これから見ていく通り、これまで認められていたよりはるかに重要だった。[80] 同じく、仮装芝居と馬上槍試合に対して彼が持っていた興味は、これらの表現形式に重大な展開をもたらした。宮廷衣装局で製作されたバーガンディー様式のパジェント用の車を採用することで、仮装芝居はスペクタクルな演劇になり、完全にベン・ジョンソンとイニゴ・ジョーンズ時代のスチュアート期の仮面劇を先取りした。馬上槍試合も、同じくバーガンディー風のパジェント用の車とバーガンディー風の馬上槍試合のロマンティックな筋書を採用することによって、単なる武術の競い合いからスペクタクルな演劇に変わっていった。好例として、シドニーやヘンリー・リー卿が参加したエリザベスの女王「即位の日」の騎馬武者一騎打ちがあげられる。これらの発展はすべて宮廷の衣装局と礼拝堂で興った大規模な改革によって促進された。その改革はヘンリー自身が着手したと考えられ、最終的に宮廷祝宴局の成立につながった。

ヨーク朝の宮廷はすでに吟遊楽人を雇っており、彼らはときどき芝居も演じた。しかし俳優グループそのものが支援を受けることはなかった。それと比べると、二つの吟遊楽人のグループに加えて、一つだけでなく三つの俳優グループに対して行なわれたヘンリーのパトロン活動はなお一層革新的に思われるにちがいない。[81]三つのうちの二グループはヘンリーの宮廷、あと一つは皇太子のためのものだった。この中で、イングランド王に初めて仕えることになった俳優グループである国王一座は、一四九〇年代初期に初めて宮廷の記録に登場する。ジョン・イングリッシュの監督のもと、彼らは一四九三〜九四年の御公顕の祝日以降、あるいはもっと早くからと推測されるが、王のクリスマスの祝宴で定期的に、また王家の婚礼や外交交渉のような特別の場合に芝居を演じた。このグループはその働きに対して、お仕着せ、二十マルクの年給および実際の上演に対して一マルクから二ポンドの間の報酬を得た。[82]七世統治の終わりころ、もう一つの俳優グループが王の保護を受けることになった。「王室礼拝堂一座」は礼拝堂に所属していた四人のジェントルマンで構成されていた。その中にウィリアム・コーニシュとジョン・カイトがいた。一五〇五年以後この「礼拝堂」一座は王のクリスマスの祝宴に毎回登場し、その上演に対して二十マルクを受け取った。[83]

この二つのグループはまったく同じ規模で、ほぼ同じ経済的支援を受け、同じ機会に上演した。しかしそれにもかかわらず、通常両者は今日まで対照的なものとして扱われてきた。一つには、礼拝堂一座は一般的に素人の一座で、さまざまな子供劇団の先駆けであり、アカデミックで「エリート」の伝統を持つ宮廷で活動するグループと考えられている。これに対して、礼拝堂のジェントルマンではなくヨーマンで構成されている国王一座は、地方回りの吟遊楽人たちの延長線上に組織された職業俳優のグループと考えられているのである。彼らは年に一、二回お仕着せを受領するために宮廷に現れるだけで、たいていは町や村を巡業していた。E・K・チェインバーズが述べているように、「宮廷に出仕する必要がないときは、王室付属の吟遊楽人、〈道化〉〈熊いじめ〉がそうであったように、彼らも旅に出た[84]」。とすれば彼らは「大衆」演劇の伝統というコンテクストで理解されなければならない[85]。

しかしながら、この二つのグループの人員を調べてみると、違う姿が見えてくる。例えば、国王一座の主要メンバーのジョン・イングリッシュもリチャード・ギブソンも職業俳優ではなかった。二人とも宮廷衣装局に、イングリッシュは職人としてギブソンは官僚として雇われていた。建具屋のイングリッシュは一五〇一～二年と一五〇八～九年に仮装芝居用の山車を建造するために、そして多分他の機会にも衣装局に雇われた。一五〇三年にはエリザベス・オブ・ヨークの葬儀用像を作るときにギブソンを手助けしている。彼は一四八五年の後半にヘンリー七世の即位に使う絹織物を購入するため衣装局に雇われた従者団の一人でもあった[86]。その間ギブソンは、ヨーマンの仕立て屋（一五〇一年）を皮切りに、衣装局の取次役（一五〇四年）になり、さらにヨーマンとして天幕局に移り（一五一三年）、ついでサージェント（一五一八年）として王室の「上の部屋」で勤務に就くという人生を歩んでいった。彼の俳優としての職業と宮廷での仕事の間の本質的なつながりは、彼が一五〇九年以降祝宴局のためにつけた一連の会計簿に現れている。衣装局員としての二人はヘンリー七世の宮廷に居着きの人であったようである。したがって、彼らの巡業俳優としての割り当て仕事は少なくとも早い時期には短期間のものであったにちがいない。それは初期の巡業劇団の記録を調査すると明らかになる。オックスフォード、アランデルそしてエセックス伯爵のお仕着せを着ていた俳優たちが、十五世紀後半（アランデル伯爵一座は一四七七年以降）にしばしば国中のあちこちに現れている一方、国王一座は王室従者の一員として以外はその治世のいかなる時期にもほとんど旅をしていない。[87]

マーガレット王女の随行員に彼らが加わったときの状況は（一五〇三年）、ヘンリー七世の保護を受けながら宮廷から遠く離れて広範囲の巡業をしようとすると彼らが直面したはずの困難を示している。マーガレットがスコットランドのジェイムズ四世と結婚するために北へ向かったとき、ヘンリーは彼女の随行員として彼が抱えていた俳優を一緒に行かせた。スコットランドの宮廷で「ジョン・イングリッシュと彼の仲間たち」は二度上演した。一回は特別に「道徳劇」を演じている。[88] ジェイムズ四世はこれらの俳優たちに気前よく報いた。しかし会計簿が示すように、一座の四人ではなく三人しかスコットランドに行かなかったので、「道徳劇」の上演にはいささか困難があったはずである。[89] 考えられる背景は、リチャード・ギブソンに衣装局でのヨーマン仕立て屋としての職務があって、他の三人の仲間と一緒に出かけられなかったということだろう。今回のような大事な国事のためにもギブソンがその職務を解かれなかったとしたら、ときたま巡業をするなどということは間違いなくさらにむずかしいことだったにちがいない。事実一五〇四年以降衣装局でのギブソンの責任がだんだん大きくなっていったことは、その治世の終わりころに一座が四人から五人に拡大したことの説明になるだろう。そのような拡大によって初めて、一座が巡業に出られるようにいつも四人を確保できたのだった。しかし、衣装局でのギブソンの重要性が増したことで、一座にとっては不便になったこともあったが、役者たちにはかえって便利なこともあった。その治世の終わりまでに、ギブソンは王一座の中心人物になっていたようである。なぜならジョン・イングリッシュではなく彼が一同を代表して二十マルクの年給を受け取り始めていたからである。もちろん彼は衣装局の取次役としての個人の給金も支給されていた。[90]

こうした事情は、礼拝堂一座と同様に国王一座も、自分たちの時間の大半をそれぞれ生計手段として別の仕事をするのに使っていた王室内の従者たちで構成されていたことを示している。そういう人たちの多くは、監督者イングリッシュのように職人だった。時代が進んで一五二九年になっても、国王一座の俳優ジョージ・ムラーはガラス職人としての仕事に従事し、彼の弟子を満足いく状態におくことに苦労していた。クリスマスごとに王室礼拝堂から出てまた少年聖歌隊の任務に戻る礼拝堂一座のように、国王一座は、クリスマスの祝宴と他の国家的祭事を別にすれば、途切れ途切れにしか姿を見せていなかったにちがいない。この点に関連して、その一座の現存する初期の記録（一四九四年）は、彼らについて「王の役者、あるときには英語で王の幕間劇を演じる役者たち」と書いている。それは正確には「王の後援を得た巡業して歩く俳優たちのグループ」というより「王のための芝居の演技者たち」と言いかえられるものである。[91]すべて演劇のミューズのために、残虐な運命と無教養な村長たちの投石器と矢に苦しめられて各地をとぼとぼと歩く「男四人と子供一人」というようなロマンティックな姿として彼らを定義できる確証はほとんどない。むしろその一座は衣装局そのもののメンバーで構成されていたと言ってよいだろう。その目的は巡業して歩くグループではとうていうまく上演することはできない種類の芝居を演じることであった。ヘンリー七世時代の宮廷仮装芝居を検討していくとわかるように、ヘンリーは宮廷での祝宴でより洗練されたスペクタクルを要求していった。小さな巡回一座にとっては高価な衣装や背景や山車は避けなければならない重荷だった。しかし王が催す祝祭に壮麗さを加えるために特別に王室内の人たちによって構成された一座であれば、巡業にさいして必要とされる節約について考える必要がなく、直接衣装局の資金を当てにすることができた。事実、記録によって、国王一座が遠くまで旅をしたある機会の様子がわかっている。支柱、衣装、背景と彼らが望んだと思われるものはなんでも、その運搬にマーガレット王女の旅荷を当てにできている。この一座の監督が建具職人で、宮廷仮装芝居のための山車を建造し、戴冠式のための衣装を購入したことは、国王一座の特質についての以上の考察に確証を与えてくれるだろうし、スペクタクルを追求するグループの存在を示してもいる。

したがってほとんど疑問の余地なく、国王一座は「大衆」の伝統より、「宮廷」の伝統の中の芝居を上演した。道徳劇の『人間』の類いよりはメドウォールの『自然』や『フルゲンスとルクリース』の系列のものということである。このような宮廷の幕間劇の一座を生み出すことによって、ヘンリーは初期の演劇にこれまでにはなかった格を与えた。それはもはや大衆的あるいは教訓的なエンターテインメントではなく、ヘンリー治世下の宮廷芸術になり、ヘイウッドとリリー、ジョンソンとジョーンズへの道を用意することになる。ヨーマンの職人たちが団結してそのような宮廷風演劇を上演するということが、機織り人のボトム、建具屋スナックと職人たちの一団がアテネでシーシウス公爵の御前で退屈な短い幕間劇を上演するのにあまりに似過ぎているというなら、シェイクスピアは彼の職業の慣習についてと同様歴史についてもよく知っていたのだということを認めなければならない。

宮廷仮装芝居の上演に関してヘンリーがスペクタクルを好んだことは、大掛かりな祝宴を演出するときに衣装局と王室礼拝堂との共同制作を促すことになった。衣装局は衣装や山車を担当し、礼拝堂は俳優を提供した。

一年の後半、通常は九月にヘンリーは「祝宴局長」を任命し、クリスマスのために「モリスダンス向きの仮装芝居を制作するように」と彼に命じる習わしであった。[92] 王とのやりとりの終わりに、祝宴局長は仮装芝居の主題を決定して予算が知らされることになっていた。それから彼はその予算の一部を「臨時貸付金」あるいは前渡しと言う形で受領し、必要な職人を雇い資材を購入して仕事を始めていた。衣装と山車の仕事が進行するとともに、実際の出費のために次の資金を受け取れた。そして一月か二月に、使用した資材が取りはずされ、仮装芝居上演用広間から運び出され、宮廷衣装局に保管されたときに、最終決算書を提出していた。[93] この種の上演にヘンリーが興味を持っていなかったとするベイコンの言葉とは反対に、彼は作品制作の進行に合わせて監督を怠らなかったと考えられる。例えば、ヘンリーに進捗状況を吟味してもらい承認を得るために、一五〇八〜九年の祝宴局長ハリー・ウェントワースは「王が仮装芝居の装備をご覧になれるように」そこまでの作業の結果をすべて荷造りし、ロンドンからリッチモンドへ船で運び、再びリッチモンドからロンドンへ戻し、仕事を完成させていた。[94]

このような活動が示しているように、「祝宴局長」の責任範囲は衣装と山車の製作までだった。そのためにヘンリー七世時代には祝宴局長はいつも宮廷衣装局から登用された。彼は劇作家でも詩人でもなく、ウォルター・アルウィン、ジェイクウィーズ・ホールト、ウィリアム・ポーン、ジョン・アトキンソンあるいはハリー・ウェントワースのような人物であった。ほとんどの点で、彼らはヘンリーの宮廷におけるキャリバンであってエアリアルではなかった。彼らは王の「上の部屋」のさまざまな常設の部局で働くというまったく別の環境でもその姿が確認された。絹、木材、羊皮紙の購入、道路の修理、砦の建造、高位高官の客用に宿泊所の用意、書簡の発送、兵器の管理など多岐にわたっている。この役に就いた人たちは詩的でないように見えるかもしれないが、彼らはただ祝宴用の山車と衣装を製作しただけで、筋書やせりふには何の関わりも持たなかったことを思い出すべきである。例をあげると、ヘンリーの時代の唯一現存している祝宴局会計簿には、一五〇八〜九年の仮装芝居用山車と衣装を仕上げたハリー・ウェントワースの活動が詳述されている。彼は塗装工、建具屋、刺繍職人、仕立て屋そしてバスケット作りを雇い、仮装芝居用の装置の製作を監督し、職人たちの仕事の完成を祝って「リッチモンドでの上演の夜に」彼らに食事を与えた。しかし彼は詩人や俳優たちとはまったく関わりを持たない。[95] ジョンソンの言葉を引くと、彼が産み出すのはただ仮面劇の「肉体」のみで、「魂」ではないのである。

仮面劇の「魂」のためには王室礼拝堂に注意を向けなければならない。そこはヘンリーの仮装芝居のために登場人物の演技を考え出しさらに詩も創作したと思われる。一四九四年の十二夜に上演された仮装芝居を例にとると、祝宴局長のウォルター・アルウィンは「広間のあちこちで、歩きながら口から火を吐く恐ろしい巨大な赤い竜」の形の見世物を製作した。しかし人びとの目を見張らせるこの竜を演劇的意図に合うようにしたのは、ウィリアム・コーニシュと仲間の礼拝堂のジェントルマンたちだった。実際のところ詩人で、音楽家で、劇作家であったコーニシュならこのショーを書いたとしてもうなずけるだろう。王と王妃と何人もの大使たちが見守る中で国王一座が幕間劇を演じているときに、突然「コーニシュという名の王室礼拝堂の一員が、聖ジョージにならった服装で馬に乗って登場し、そのうしろに王女の装いをした美しい乙女が従った」。その女性は絹の紐で先の竜を引いていた。「バラードロイヤル体で」何か話したあとで、コーニシュは聖ジョージの賛美歌を歌い始めた。その歌は「すぐそばに立った」礼拝堂のジェントルマンたちに引き継がれ続けられた。ジェントルマンたちが「元気いっぱいにその賛美歌を全部」歌い続けている間に、コーニシュは慎重に「竜を遠ざけ、ついで乙女は王妃の所に導かれた」。この時点でジェントルマンが十二人、それぞれ「愛の薄布」で女性を一人ずつ導いて入場し、「小太鼓と繊細なフィドル」の音に合わせて複雑な振り付けのダンスを踊った。[96]また礼拝堂と衣装局がさらに緊密に協力し合ったものとして、一五〇一年の例があげられる。そのときコーニシュの名前が、アーサー王子の結婚を祝うために上演された四つの仮装芝居用のいくつかの山車の製作者として、会計官の帳簿に記載されている。同じおりに、礼拝堂少年聖歌隊のメンバーが選ばれ参加していた。大きな城の形をした山車の上で「少女のような服装の小さな少年」が城の四本の小塔に立ち、「とても美しく声を合わせて」歌を歌い、「広間の奥まで進み王の前に着いた」別の山車では、「礼拝堂の少年」がきらびやかな二層造りの玉座に付けられた四つの人魚の飾り物の中に隠れ、その山車が入場すると彼らはまた「とても美しく声を合わせて」歌った。[97]

以上のすべての例で、礼拝堂と衣装局の共同制作は同じ結果を生み出している。それは美しい衣装を着て踊るダンスのための音楽を伴った大掛かりで目を見張るような視覚的効果を持った装置の誕生である。山車、歌、せりふ、台本は、十六人ないし二十四人の男女の見事な振り付けのダンスとはまったく別に上演される。実際には山車が踊り手を乗せて広間に入場するかもしれないが、芝居仕立ての序幕が完全に終了すると、山車と俳優は退場して踊り手が演技を始める。とはいえそのエンターテインメントの前半と後半には緊密なつながりがある。聖ジョージと絹の紐で竜を引いた王女が入場したあとで、踊り手たちが入場する。その踊り手たちは「愛の薄布」でつながれた男女で、芝居仕立ての序幕が象徴するものを映し出している。「愛の山」の騎士たちが「貴婦人たちの城」を襲撃するという象徴的な求婚が引き起こした不和は、ダンスが表現する結婚による調和で解消される。愛が成就しない誠実な恋人同士は、リドゲイトの『ガラスの城』の寺院と『黒騎士の嘆き』

の背景である東屋を表現する山車に乗って広間に入場する。彼らは山車の退場とともに組んで踊り始め、愛する者としての報酬を見つける。不幸にも、このような見事な視覚的効果を持った演劇的な装置を背景にして演じた踊り手たちが誰であったのかはわからない。[98] しかし、「高位の人たち」についてははっきりわかるように配慮されている詳細な記録でさえ、これらの踊り手の名を記していないので、彼らもまた貴族の芸術愛好家というよりむしろ王室で奉公していた人たちであろうと推測せざるをえない。[99]

したがって幕間劇も仮装芝居もヘンリー七世の時代を通してずっと、宮廷人のために家来たちによって演じられたエンターテインメントであり続けた。どこを見ても、宮廷人とエンターテインメントの芸人たちとを分ける境界線は本来あるべき場所にきちんと存在し続けた。仮装芝居が終了して初めて、宮廷人たち自身が宮廷人と踊ることがあった。「仮装芝居の俳優たちが演じ終え、立ち去り、御前の視界から消え去って」ようやく皇太子とセシル夫人が二曲民衆の踊りを踊り、続いて王女と侍女、そして「三番目すなわち最後にヨーク公が姉のマーガレット王女様の手を取られ二曲民衆の踊りを踊られた。そのあとでヨーク公は衣服で動作が不自由になっているのに気がつかれ、突然ガウンを脱ぎ捨てられて、ジャケット姿でいま申し上げたマーガレット王女様と大層見事に楽しいご様子で踊られたので、国王と王妃両陛下にとってはまことにこのうえない喜びでした」。[100] そして熱意と〈スプレッツァテューラ〉〔生来の品の良いらいらくさ〕をもって示されている未来のヘンリー八世のダンス好きに、境界線が断ち切られるというイングランドの仮面劇がこの先持つことになる特徴の萌芽を見てとれるとも言えるのである。

ヘンリー七世の時代を通してスペクタクルな芝居仕立ての序幕の考案に力が注がれる中で、王室礼拝堂は仮装芝居に関わることによって、宮廷演劇を創造する主力になっていった。その成功の大部分は、大陸で使われていた山車を芝居の上演にとって必要不可欠の手段として取り入れたことで達成された。この山車は長いことフランス系バーガンディの宴会のエンターテインメントで親しまれてきたものだが、イングランドのエンターテインメントに大きな効果をもたらすのはまだこれからであった。一四九三〜九四年のウォルター・アルウィンの火を吐く竜は、当時の衣装局が創作することができた印象的で独創的な仕掛けの好例であったが、それはコーニシュ演じるロマンティックな聖ジョージの敵である竜に扮する一人か二人のために用意された特に手の込んだ衣装程度のものだった。一五〇一年にイングランドの宮廷に記録に残る最初の山車が登場する。それらは船、東屋、燈ろう、城、山、二層造りの玉座など大きなもので、その上に寸劇を演じる数人の俳優だけでなく、八人、十二人、二十四人の踊り手を乗せて運ぶことができた。このような発展を遂げて、並ぶもののないほどスペクタクルなエンターテインメントとしての仮面劇の将来は確実なものになった。この祭事以降、山車はますます仮面芝居の広間で使われ、しかもしばしば同時に複数の山車が使われた。例えば求婚を象徴する城、船、山、また縁組を象徴する城、木、山と言うぐあいである。山車がさらに大きくなり数も多く使われるようになると、ショーの費用はますます膨らんでいき、王の積極的な支援がなければまったく上演できなかっただろう。したがって王の希望がその形式の発展の中核をなしていたことは間違いない。まさにこういう局面が、たとえロンドンとリッチモンド間を船で行き来して運ばなければならなくなっても、まだ建造半ばの「仮装芝居用の装置」を見たいという王の要求となって示されているのである。いずれにしても、ヘンリー七世の治世が終わるまでには、このような洗練された場面の仕掛けが、仮装芝居を踊りと芝居で表現されたエンブレムに変えた。のちにイニゴ・ジョーンズとベン・ジョンソンが受け継いだのはこのようにして形成された伝統であった。この視点から見ると、ジョンソンではなくジョーンズが例の有名な論争において正しかったと言える。[101] さらに、仮面劇の神髄は詩ではなく、視覚で捕らえられるものであると言えばもっと正確な表現となる。この特質は、この分野を積極的に支援したパトロンとしてのヘンリー七世が育てたものである。

王室が仮装芝居をパントマイム風の踊りからスペクタクルな芝居として演じられるエンブレムに変えていたのとまさに同じように、それはまた馬上槍試合を武術の競技からロマンティックな演劇に変えていた。これを行うのにさいしては、十五世紀半ばのバーガンディーのロマンティックな馬上槍試合を手本とした。バーガンディーの大庶子（グランド・バスタード）は一四六八年にマーガレット・オブ・ヨークが弟シャルル豪胆公と結婚するのを祝って『黄金の木への困難な道』という馬上槍試合を考案していた。その中で、山車、背景、人目を引く意匠のコスチュームそして助演の俳優たちを使って、『フロリモンの物語』の中の有名なエピソードを演じ、彼自身はフロリモンという人物を引き受けた。それはセイリー島の貴夫人が主人公に彼女のために大規模な馬上槍試合を催し黄金の木を彼の挑戦に応える有名な騎士の甲冑で飾るようにしてほしいと求める話である。[102]

実際には、この形式におけるイングランド宮廷の最初の試みは、十六世紀初めの十年間にひんぱんに行われたイングランドとバーガンディー間の外交交渉から直接引き出された。一五〇〇年にカレーでヘンリー七世とその宮廷人たちがフィリップ大公とその騎士たち――フロリモン自身すなわちバーガンディーの大庶子も含む――と会見したときに、イングランドの騎士の二つのグループが、ロマンティックな馬上槍試合をしようとバーガンディーの騎士たちに挑戦した。そのような試合はイングランドではまだ知られていなかったが、バーガンディーはそのことで名を馳せるほどになっていた。[103]ついで一五〇六年に今度はフィリップ大公がイングランドにやむをえず数カ月間滞在しなければならなかったときに、ヘンリー七世の騎士たちはさらにロマンティックな馬上槍試合を行ない、その形式を発展させて、演劇の方向へ向かわせることになった。これら二つの事例で、ヘンリー自身のスペクタクルな宮廷祝典に対する好みが、いかなる犠牲を払ってもバーガンディー宮廷のような偉容を獲得したいという願望と結びついて、馬上槍試合の新しい形式の発展に決定的な役割を果たすことになったと思われる。こうして一五〇〇年の二通の馬上槍試合の挑戦状では、試合場に立てられる騎士道を示す木のために念入りな用意がなされることになる。大庶子の有名な『黄金の木』の中にあるように、挑戦に応える騎士たちは、規定された礼式にのっとってうやうやしく木に自分たちの盾をかけることになっていた。これらの木のもとで行われた槍試合では、イングランドの騎士たちは初めて精巧なバーガンディーの山車に乗って入場した。例えばある日ドーセット侯爵は隠者騎士という人物になって、死者の冥福を祈る黒衣の人三十人に引かれた庵の山車に乗って試合場に入った。同じ日に、デヴォンシャー伯爵は巨大な野人に緑と白の皮紐の端をつかんで引かれた赤い竜の山車に乗って出てきた。別の日には、チーム全員の騎士が「あらゆる用具と乗組員の水夫たち」で艤装した船に乗り込んで試合場に「漕ぎ出た」。そして待機している防衛者に向けて大砲をどんと鳴らし一斉射撃をした。[104]この長い馬上槍試合の個々の「行為」の中で、あるときには騎士たちは明らかに武術をロマンティックな筋書の「文学上」の要請に従わせた。例えば、ある日ドーセット侯爵と仲間たちは「美しく若い貴婦人」が乗り込んでいる凱旋戦車に付き従う従者として試合場に入ってきた。試合場を回って貴賓席の前で止まり、貴婦人に挨拶し彼女を助けて宮廷の人びとの間に座らせた。彼らは盾が掛けられた木を背景にその日の試合を戦い、すべての敵対者から貴婦人の美を守り通すと、ふたたび彼女を戦車に乗せ、入ってきたときのように走り去った。『アーケイディア』の読者なら断言できるように、このロマンティックなエピソードはシドニーのこの作品に出てくるアーティージャの馬上槍試合のひじょうによく似た先駆けとなっているので、シドニーがそれを克明に写した「写実主義」者だと非難されても当然と思われるのである。[105]

一五〇六年と一五〇七年の馬上槍試合は、その試合全体を支配するほどの広範囲な寓意性を持たせることで、単なる武術をスペクタクルな演劇に完全に変えてしまった。その年にあったフィリップ大公のイングランド訪問に刺激されて、一五〇六年五月の馬上槍試合はイングランドにおける現存する初めての「文学的」な馬上槍試合の挑戦状を提供することになる。ただしそれは、例のバーガンディーではお馴染みの分野の生彩を欠いた事例となってしまっているのだが。「五月の貴婦人」からメアリー王女宛の手紙という形をとって、その挑戦状は、申し込まれた馬上槍試合に対して寓意的な状況を作り出している。五月の貴婦人は、二月に行われた馬上槍試合が彼女の「大いなる敵対者」である冬に栄誉を与えていたことを耳にして従者を呼び、騎士道精神を働かせて彼女の名誉を守るように命じる。[106]しかし、この貴婦人の挑戦状はグリニッジで花で飾られた船の甲板に立つ俳優によって朗読されたことを除いて、その演劇的効果はごく小さかったにちがいない。騎士たちの側にはまったく芝居を演じるということはなく、山車もなかった。しかし翌年一五〇七年に、一五〇一年の騎馬武者一騎打ちで初めて導入された山車が加えられて、新しい寓意的挑戦状が馬上槍試合から演劇への変化を完遂する。メアリー王女が今回は五月の女王を演じ、挑戦者としての騎士たちは彼女の従者としてさまざまな寓意的な登場人物になって、花で飾られたさんざしの木に盾をかけ、「四月という名前の紋章院の役人」が審判を勤める馬上槍試合を戦う。[107]馬上槍試合のあらゆる要素がいまや、すべてに優先する一つの演劇的な寓話に従属することになる。このときを象徴するかのように、名前のわからない詩人が、『五月の馬上槍試合』という二百行の詩にその出来事を描いた。その詩はこの騎士道精神の芝居が示しているロマンスを、「武勇の歌」風に作り直そうとするものである。[108]このようにして馬上槍試合は事実としてすでに文学になっており、シドニーの『五月の貴婦人』と「即位の日」に行われる馬上槍試合のほんの一歩手前まで進んでいるのである。

こうしたイングランドにおける最初の演劇的な馬上槍試合のために用意される山車や背景の製作は、そのようなショーの上演を担当している王室の機構に重要な変更を生じさせた。費用のかかるスペクタクルを好む王自身がまたもやこの展開に中心的役割を果たしていたことはほとんど疑う余地のないことである。以前は王室の兵器保管局と営繕局が主として馬上槍試合の責任を負っていた。前者は武器と鎧兜を用意し、後者は試合場と足場を建造した。[109] しかし一五〇一年の馬上槍試合では、初めて衣装局が重要な役割を果たした。仮装芝居の山車の製作を統括していた衣装局員のジョン・アトキンソンが馬上槍試合用に山車を担当することになったのである。実際、仮装芝居用の山車が転用され試合場で使われ、二度の勤めを果たした場合もあった。紋章にある動物に扮した一つのチームが仮装芝居の広間に山車を引き入れ、その同じチームが凱旋戦車を試合場に引き入れているのである。大使たちを騎士たちの「愛の山」から「貴婦人の城」へ運んだ船は、多分またドーセット侯爵の騎士たちをバッキンガム公爵と従者たちを攻撃するために試合場に運んだのだろう。[110] ヘンリーの祝宴局長がこのように初めて馬上槍試合と仮装芝居の両方の責任を負わされた。彼が両方の行事に同じ山車を使用したことは、宮廷がその二つの形式とも「祝宴」とみなしていることを示している。将来はこれが正統な慣行になり、イングランドの祝宴局長があらゆる形式の宮廷のエンターテインメントに負っていた責任はますます大きくなる。エンターテインメントには仮面劇、祝宴、仮装芝居、幕間劇がある。したがってヘンリーが一五〇一年に試合場と仮装芝居用広間双方にバーガンディー風の山車を取り入れたことは、スペクタクルな祝宴として二つの形式が平行して発展していくきっかけになっている。仮面劇はダンスを中心とするスペクタクルな演劇となり、他方馬上槍試合は騎馬武者一騎打ちを中心とするスペクタクルな演劇になる。両者を企画するのは同じ仕事場の同じ職人たちである。

このように祝宴局長の責任がどんどん大きくなっていくにつれて、永続的で独立した祝宴局の創設が必要になった。一つには、手掛ける祝宴が種類も頻度も増すにつれて、局長はしだいに特定の季節に限定される地位からもっと永続的なものになったのである。もう一つには、祝宴が文字通り衣装局の能力を超える規模になった。ヘンリーがクリスマスの祝宴局長を衣装局から登用した習わしは、統治期間の早い時期に仮装芝居が山車よりも奇想を凝らしたコスチュームを必要としたときに始まった。しかし試合場においても、舞台でも、また仮装芝居用の広間でも同じく、背景や山車の必要度が増したため、祝宴局はもっと道理にかなう本拠地として天幕局に行き当たった。そこは伝統的にそのような大規模な建造物の製作を任されていた。そこでヘンリー八世の時代に入ると早々に、天幕局のサージェントは加えて祝宴局のヨーマンになった。このような改革はヘンリー七世の死後まもなく完成するのだが、それでもなお祝宴局そのものは、彼の機構上の新しい試みと祝宴に山車を大規模に取り入れようという決意から直接生まれたのである。したがって、祝宴局は、演劇に与えた制度的パトロン活動で見事に示されるヘンリー七世の天賦の才に対する記念碑としての意味を持つのである。以上見てきたような組織間の関連を象徴するかのように、国王一座の設立メンバーでありヘンリー七世のもとで衣装局で働いていたリチャード・ギブソンは、次の八世の時代になってまもなく衣装局から天幕局に移り、一五一八年までには天幕局のサージェントと祝宴局のヨーマンの地位に就いた。[111] このようにさまざまな職名や部局名が出てくるので祝宴に関する組織が変化したように見えるが、ギブソンがこの間に途切れることなく記してきた祝宴についての一連の記録によって、そうでなかったことがはっきりする。[112] ヘンリー七世の祝宴に関わる組織は明らかに変わらないでいたし、その継続性はギブソンがその間続けてこの仕事に従事していたことによって確保されていた。もっと正確に言うと、衣装局から天幕局へ移ることやさまざまな職名は、王の祝宴のためになお一層印象的な山車を供給する祝宴局の力量が増していったことを裏付けるだけであった。一五二〇年までにはギブソン率いる祝宴局は、ウェストミンスター宮で宮廷の祝祭行事を変わらぬ能力を発揮して行ない続けながら、同時に海峡を渡ったカレーでの「錦野の会見」の一切を取り仕切れるほどになっていた。この華やかなお祭りのような外交の場面こそ、ヘンリー七世のパトロン政策が目指し、ついに後継者によって実現された頂点をきわめた姿なのである。

ヘンリー七世の宮廷を中心にしたパトロン行為を理解しようとするなら、それを正しいコンテクストにおかなければならない。ヘンリーは文学、視覚芸術、そして演劇にのめり込んで膨大な散財を惜しまなかったが、彼のそのやり方は、博愛主義的に種類を問わず何でも対象とするものではなく、むしろ制度化されたと言えるものであった。彼に仕えた芸術家たちは王室の従者になった。そして式武官、衛兵、宮内官がお仕着せを着て式典で勤めを果たすことで王の偉容を高めていったと同じく、ヘンリーに仕えた芸術家たちも、彼らの作品の詩、山車、絵画によって王の偉容を高めることが期待されていた。こういうことが理由となって、ヘンリーはパトロンとしての支援をいつも視覚的に壮大さを誇示することと、政治的な賛辞の方向へ向けていた。その支援が最高度に達した状態は政治的な祝祭で遺憾なく示された。その祝祭の実現には王室のすべての部局が貢献し、王家を偉大なものに見せた。ヘンリーは彼が雇った芸術家——例えば、ジョン・スケルトン、バーナード・フラワー、ウィリアム・コーニシュ——に恵まれたしかに幸運であったが、彼は個々の芸術作品に支援を与えるのではなく、目覚ましい活動をする組織を創立して、芸術に多大な貢献をしたのである。このかぎりでは、ヘンリーは革新的で正真正銘気前のよいパトロンとして見られるべきである。彼はバーガンディーの宮廷を思い起こさせる派手で壮麗なものに取り囲まれていたいと、進んで莫大な資金をつぎ込んだ。そうすることによって、彼は王室をイングランドにおける視覚芸術の発展に大きな影響を与える存在にした。同じ手法で、彼は宮廷におけるパトロン活動にある基準を設定し、後継者たちに独特の王室のスタイルを確立した。結局死後言われるようになった貪欲だったという評判は、ミューズを無視したというよりは、ヘンリーの芸術に対する支援の方法から生じたと言える。我々はヘンリーがパトロン政策を実現するために、王室の組織をいかに拡大したか、そして芸術的な事業にいかに膨大な費用をかけたかを見てきた。ところでこうした新しい機構と事業には、何としてでも支払いがされなければならなかった。ヘンリーが行なった費用のかかるパトロン活動が、皮肉にも「モートンの熊手」の考案とエンプソンとダドリーの税金の強制取り立てを引き出し推進する結果になったのである。

*Gordon Kipling　英文学専攻

注

1 *History of the Reign of King Henry the Seventh*, ed. Roger Lockyer (London, 1971), p.230.

2 *The Epistles of Erasmus*, trans. Francis M. Nichols (London, 1901), I, 456.

3 Arthur H. Thomas and Isobel D. Thornley, eds., *The Great Chronicle of London* (London, 1938), p.295; British Library MS. Cott. Vit A xvi, fol. 182^{v}; John Leland, *Cygnea Cantio* (London, 1658), p.5; James Gairdner, ed., *Memorials of King Henry VII* (London, 1858), p.108; Gordon Kipling, *The Triumph of Honour* (Leiden, 1977), pp.3-10.

4 Edward Hall, *The Union of the Two Noble and Illustre Famelies of Lancastre and Yorke* (London, 1550), fol. 12 (Hen. 8); Kipling, *Triumph of Honour*, pp.96-116.

5 G. R. Elton, *England Under the Tudors* (London, 1955), p.43.

6 Alec R. Meyers, *The Household of Edward IV* (Manchester, 1959), pp.3-4, 212.

7 Kipling, *Triumph of Honour*, pp.162-63.

8 Meyers, *Household of Edward IV*, pp.15-16.

9 "Here begynnyth A Ryalle Book off the Crownacion of the Kinge," in Francis Grose and Thomas Astle, eds., *The Antiquarian Repertory* (London, 1808), I, 296-341.

10 Sir John Sloane Museum MS. 1 のフランドルの彩飾された *Josephus* を参照。この中でイングランド王の紋章がブルージュのルイ自身の紋章のある射石砲の上に描かれている。M. Kekewich, "Edward IV, William Caxton, and Literary Patronage in Yorkist England," *Modern Language Review*, 66 (1971), 482-83 も参照。

11 Kipling, *Triumph of Honour*, pp.11-16.

12 Norman F. Blake, *Caxton and His World* (London, 1969), pp.69-72.

13 N. H. Nicolas, ed., *Privy Purse Expenses of Elizabeth of York: Wardrobe Accounts of Edward the Fourth* (London, 1830), pp.125-26, 152.

14 *Calendar of Patent Rolls, Henry VII* (London, n.d.), I, 378, 455-56.

15 C. A. J. Armstrong, "Verse by Jean Miélot on Edward IV and Richard, Earl of Warwick," *Medium Aevum*, 8 (1939), 193-97.

16 British Library MSS. Royal 19 C VIII and Additional 59899, fol. 12^r.

17 Kipling, *Triumph of Honour*, pp.42-49; Erna Auerbach, "Notes on Flemish Miniaturists in England,"

Burlington Magazine, 96 (1954), 51-53 and *Tudor Artists* (London, 1954), pp.23-25.

18 Public Records Office E 36/214, p.65; British Library MS. Additional 46456, fols. 126-27.

19 Vérard's editions of Bonnor's *L'Arbre des batailles* (British Library I. B. 41142) and Suso's *Horologium aeternae sapientiae* (British Library I. B. 41151) を参照。*Le Pêlerinage de l'âme* のヴェレルの版 (British Library I. B. 41186) にプゥレの自筆署名がある。

20 College of Arms, MS. 1st M. 13, fol. 61ᵛ. Public Records Office E 101/414/8, fol. 20; Public Records Office E 101/414/16, 5 January 1498.

21 British Library MS. Royal 19 C VI; George F. Warner and Julius P. Gilson, *Catalogue of Western Manuscripts in the Old Royal and King's Collections in the British Museum* (London, 1921), II, 334-35.

22 プゥレが宮廷の記録に最後に記されたのは一五〇六年六月五日である。この日彼は「王の御用で」カレーへ出かけるのに四十シリング受け取っている (Public Records Office E 36/214, p.65)。「王室図書室管理官」へ一五〇七年四月七日に二十シリング支払われていることは、その時点までにプゥレがすでに王室勤務を辞していることを示している。なぜなら、それまでは図書室管理官に支払いがされるときはいつでも、プゥレの名前が記されていたからである (Public Records Office E 36/214, p.147)。

23 ヘンリー王子付きのデュヴェについては Public Records Office LC 9/50, fol. 73ᵛ; Public Records Office E 101/415/7, fol. 67 を参照。彼のリュートについては Public Records Office E 101/415/3 と British Library Additional 59899 を参照。王室図書室管理官とフランス語の教師としてのデュヴェについては *Letters and Papers, Foreign and Domestic, of the Reign of Henry VIII,* ed. John S. Brewer, James Gairdner and Robert H. Brodie (1862-1910), I, 96, 537; X, 776 および John Stow, *A Survey of London,* ed. Charles Lethbridge Kingsford (London, 1918), I, 282; John Palsgrave, *Lesclarcissement de la langue francoyse* (London,

1530), fol. 23v を参照。彼の作品は Warner and Gilson, *Catalogue*, I, xiii を参照。

24 H. Ormont, "Les Manuscrits français des rois d'angleterre au Chateau de Richmond," *Études romaines dediées à Gaston Paris* (Paris, 1891), pp.1-13.

25 "The Education of the Aristocracy in the Renaissance," *Journal of Modern History* 22 (1950), 1-20.

26 Rosamond J. Mitchell, *John Tiptoft, 1427-1470* (London, 1938), p.100.

27 Arthur B. Ferguson, *The Indian Summer of English Chivalry* (Durham, N. C., 1960), pp.198-99.

28 Johan Huizinga, *The Waning of the Middle Ages*, trans. Frederik J. Hopman (London, 1924), p.71.

29 Blake, *Caxton*, p.81; Kipling, *Triumph of Honour*, pp.38-39.

30 Public Records Office E 101/415/3, 18 June 1502; John Macfarlane, *Antoine Vêrard* (London, 1900), p.70; Kipling, *Triumph of Honour*, pp.38-39.

31 Public Records Office E 36/214, p.325; British Library MS. Additional 59899, fols. 37r, 61r; Henry R. Plomer, "Bibliographical Notes from the Privy Purse Expenses of King Henry VII," *The Library*, 3rd Ser. 4 (1913), 291-305.

32 王室図書管理官としてのファクについては Brewer, Gairdner, and Brodie, eds., *Letters and Papers of ... Henry VIII*, I, 14、王室印刷官としては E. Gordon Duff, *A Century of the English Book Trade* (London, 1905)、書籍商人としてまた書籍の輸入業者としては Public Records Office E 122/80/2 を参照。

33 British Library MSS. Royal 19 C VIII and Royal 16 F II.

34 Kipling, *Triumph of Honour*, p.43, n.10.

35 British Library MS. Royal 19 C VI を参照。

36 Auerbach, *Tudor Artists*, pp.24-25. Fitzwilliam Museum, Cambridge, MS. 57 はヘンリー七世のために改

訂するとき大幅に手が入れられた聖務日課書である。エドワード四世のものであったうちの一冊（British Library MS. Royal 15 D IV）の余白に、チューダー王家の紋章が描き加えられている。

37 K. L. Scott, *The Caxton Master and his Patrons*, Cambridge Bibliographical Society Monograph no. 8 (Cambridge, 1976). British Library MS. Cotton Julius E. IV ("The Beauchamp Pageants"). British Library MSS. Royal 1 E. V and 1 E. III.

38 Auerbach, *Tudor Artists*, pp.187-88. Oxford, Christ Church MS. 101; Oxford, Magdalen College MS. 233.

39 (London, 1530), fol. 21^{v}.

40 ルメールは『バラ物語』の三倍も多く言及されている。

41 チューダー朝の桂冠詩人についてのもっとも優れた研究書は依然として William Nelson, *John Skelton Laureate* (New York, 1939) である。Kipling, *Triumph of Honour*, pp.11-30 も参照。

42 Gairdner, *Memorials*, pp.9-75.

43 Kipling, *Triumph of Honour*, p.20, n.28. フラワーの高額の給与については Howard M. Colvin, ed., *The History of the King's Works* (London, 1977), III, 25 and n.4 を参照。

44 Gairdner, *Memorials*, pp.vi-xiv.

45 Nelson, *Skelton*, pp.11-14, 23-31.

46 例えば "Item to an Italian a poete…xx li" (Public Records Office E 101/414/6, fol. 30^{r})。

47 H. L. R. Edwards, *Skelton: The Life and Times of an Early Tudor Poet* (London, 1949), p.58.

48 Jean Molinet, *Le Trosne d'Honneur*; Octavien de Saint-Gelais, *Le Sejour d'Honneur*; Jean Lemaire de Belges, *Temple d'Honneur et de Vertus*; Gawin Douglas, *Palice of Honour*; Alexander Barclay, *Eclogue IV*.

49　Gordon L. Kipling, "John Skelton and Burgundian Letters," in *Ten Studies in Anglo-Dutch Relations*, ed. Jan A. van Dorsten (Leiden and London, 1974), pp.1-29.

50　Auerbach, *Tudor Artists*, p.185; Public Records Office, LC 9/50, fol. 30^{v}; *Accounts of the Lord High Treasurer of Scotland, 1500-1504* (London, n.d.), II, 438-41. *Calendar of Patent Rolls, Henry VII*, I, 48.

51　G. Gluck, "The Henry VII in the National Portrait Gallery," *Burlington Magazine*, 77 (1933), 105-6; Roy C. Strong, *Tudor and Jacobean Portraits* (London, 1969), p.149; Kipling, *Triumph of Honour*, p.52; Gairdner, *Memorials*, p.236.

52　メイナールはスコットランドの記録では「イングランド人」と呼ばれ（次注）、マーガレット・ボーフォートの遺言執行人には「フランス人」と言われている（R. F. Scott in *Archaeologia*, 66 [1914-15], 371）。しかしながら彼は自分の名前をMeynnart Wewychと署名している（R. F. Scott, Archaeologia, 66 [1914-15], 371）。おそらくスコットランド人は、彼がヘンリー七世に雇われていたのでイングランド人と考え、マーガレットの遺言執行人は彼の母語からフランス人とみなしたのであろう。これらを総合して、彼はワロン人だったようである。

53　J. B. Paul, ed., *Compota thesaurariorum regum Scotorum* (Edinburgh, 1877), II, 341.

54　メイナールの宮廷勤務については次の各会計簿 British Library Additional MS. 59899: 1 February 1504, "Item to hugh denes for the kinges paintor" (fol. 46^{r}); 8 March 1504, "Item to the kinges paynter opon a Rekenyng" (fol. 48^{v}); 15 March 1505, "Item to Maynard the King's Painter" (fol. 80^{v}) で確認できる。ヘンリー七世の治世には、勅許がない多くの職人たちが宮廷で働いていた。Colvin, *History of the King's Works*, III, 25を参照。

55　Kipling, *Triumph of Honour*, p.52, n.20.

56　British Library MS. Egerton 2604, fol. 6.

57 College of Arms, MS. 1st M. 13, fol. 62^{v}, 65^{v}.

58 Kipling, *Triumph of Honour*, pp. 56-58.

59 Strong, *Portraits*, I, 20; Scott, *Archaeologia*, 66 (1914-15), 370-71; P. Tudor-Graig, *Richard III* (exhibition catalogue, National Portrait Gallery, London, 1973), p.91.

60 Strong, *Portraits*, I, 158; II, Plate 302.

61 一五〇〇年のカレーについてはBritish Library MS. Arundel 26, fol. 33^{v}; J. G. Nichols, ed., *Chronicle of Calais* (London, 1846), p.50; Public Records Office E 101/415/3, fol. 24^{r}、マーガレット王女のスコットランド行きについては Public Records Office E 101/415/7, fols. 90, 98, 111; Paul, ed., *Compota...regum Scotorum*, p.441 を参照。

62 Public Records Office E 404/83, 8 February 1503. コルネリウス・ヴァン・ドゥ・ストゥレは一五二九年にアンジェンのジョーン・ムスティングに引き継いだ。ムスティングの後任はジョーン・ブクとニコラス・マランであり、皆ネーデルランド人であった。*Letters of Denization and Acts of Naturalization for Aliens in England 1509-1603*, Huguenot Society of London Publications (London, 1893), p.1を参照。

63 Public Records Office E 101/415/7, fols. 90, 98.

64 Sydney Anglo, *Spectacle, Pageantry, and Early Tudor Policy* (Oxford, 1969), p.143.

65 グルニエについては W. G. Thomson, *History of Tapestry* (London, 1930), pp.110, 146, 151-52, and Madeleine Jarry, *World Tapestry* (New York, 1969), p.58 を参照。

66 William Campbell, ed., *Materials for a History of the Reign of Henry VII* (London, 1873-77), II, 281; Thomson, *History of Tapestry*, p.110. College of Arms, MS. 1st M. 13, fol. 62^{v}. ヘンリーはグルニエ作のタペストリー『トロイ陥落』『エルサレム包囲』『アレクサンダー史』『キリスト受難』そして（多分）『アルバ山包囲』

を所有していた。Kipling, *Triumph of Honour*, p.61 and n.31 を参照。

67 アンジェンとヴァン・オルレイの関連については Thomson, *History of Tapestry*, pp.192-94, 216 を参照。

68 アンジェンについては Public Records Office E 101/415/3, fols. 26^{v}, 37^{r}, 58^{r}; Public Records Office E 404/83, 7 February 1502; Brewer, Gairdner, Brodie, eds., *Letters and Papers, Foreign and Domestic, of the Reign of Henry VIII*, I, 163, n.11 を参照。チューダー朝史をテーマとするものについては Thomson, *History of Tapestry*, pp.149-50 と Horace Walpole, *Anecdotes of Painting* (London, 1849), I, 288 を参照。現在オックスフォード大学モードレン学寮の創設者記念塔に保管されている二枚のパネルは、ウォルポールの『皇太子アーサーの婚約式』についての描写を思い起こさせる。それは「二人用の王座に座って友好的に話し合っている」ヘンリー七世とフェルデナンド王を描いている。ボズワースの場面のタペストリーについては British Library MS. Harley 1419, fol. 217^{r} を参照。

69 Public Records Office E 36/214, p.52; Colvin, *History of the King's Works*, III, 25.

70 Brewer, Gairdner, Brodie, eds., *Letters and Papers, Foreign and Domestic, of the Reign of Henry VIII*, I, 2964, no. 11; Public Records Office 101/414/6, fol. 45^{v}.

71 British Library MS. Egerton 2358, fols. 8^{v}, 18^{v}-19^{r}, 33^{r}, 47^{r}, 51^{r}. 一五〇〇年にいた彼の仲間としてガラス職人 Adrian Andrew, William Asshe, Mathew Arnold, Thomas Shutleworth, John Cole and Gherard Plye が確認されている。

72 British Library MS. 59899, fols. 23^{v}（「リッチモンドのガラス」について）と、48^{r}（半年分の支払い金十二ポンドについて）。

73 British Library MS. Egerton 2341A.

74 British Library MS. Egerton 2358, fol. 51^{r}.

75　Margaret Rickert, *Painting in Britain: The Middle Ages* (London, 1954), pp.210-11.

76　Kenneth Harrison, *The Windows of King's College Chapel, Cambridge* (Cambridge, 1952), p.21.

77　Public Records Office E 36/214, p.72（「ケンブリッジ大学キングズ学寮チャペル内陣のガラス工事の契約による」フラワーへの最初の支払い三十ポンド）。ヴェレルと窓のデザインについては Hilary Wayment, *The Windows of King's College Chapel, Cambridge* (Cambridge, 1972), pp.2, 18-22 を参照。

78　Bacon, *Henry VII*, p.234; *Essays*, XXXVII.

79　Kipling, *Triumph of Honour*, pp.96-115.

80　“histrionibus” という語を “actors” という意味に長年読み違えてきたことが我々の歴史を混乱させてきた。例えば E. K. Chambers は、シュリューズベリー市の記録で “ministralli” が “histriones” に置き換えられていることに特別な意味を読み取っている（*Medieval Stage* [Oxford, 1903], II, 251）。また Wickham はリチャード三世とヘンリー七世の王室にともに六人の俳優からなるグループがいたとしていたのも同じ誤解からである（*Early English Stages* [London, 1959], I, 267）。しかし Giles E. Dawson が指摘したように、一方で “minstrels, *mimi*, *histriones*” は同義語であり、他方 “*players*, *lusores*, *ludatores*, *homines ludentes*” は同じように同義である。ケント州の記録の調査で、彼は、*histriones* はつねに minstrels として見ることができ、俳優集団は間違いなく players とか *ludatores* などと言われたときにその存在が確認できることを示した（*Records of Plays and Players in Kent, 1450-1642*, Malone Society Collections, no. 7 [Oxford, 1965] pp.x-xii）。さらに彼があげた説得力のある言語学的証拠に加えて、カンタベリー市が一四八七～八年に「ピーター・カサノバを通して王室の *histrionibus*」に支払った六シリング八ペンスの人間関係に注目したい。ピーター・カサノバは王室らっぱ手の上位者だったので (Public Records Office E 101/415/7, fol. 110)、彼の *histrionibus* のグループは明らかに楽器演奏者グループであった。そしてほぼ間違いなく、これは Wickham がヘンリー七世初期の players として誤って言及しているグループである。さらにこのケントの記録にある吟遊楽人 *histriones* が、Wickham が引用している記録でヨークシャーに旅をしていると書かれているグループである可能性もある。このように Wickham が一四八〇年代に活動しているとしている六人編成の王室 *histrioni* のグループは、俳優よりは吟遊楽人であった可能性のほうが大きい。ヘンリー七世が支援していた俳優は、初めて登場した一四九三年から五人に拡大した一五〇八年まで、たった四人だった。（エリザベス・オブ・ヨークとヘンリー七世の葬儀の会計簿に記された国王一座のリスト［Public Records Office LC 2/1］と Chambers が *Medieval Stage*, II, 240-58 で引用している資料を参照されたい。）こうした理由から、Chambers がグロスター公爵（リチャード三世）のもとにあったとしている俳優集団の存在はどう考えても疑わしい。Wickham が出版したヨークシャーの記録であろうと、Dawson が注意を喚起したケントの公文書であろうと、すべての現存する記録では、俳優とされた人びとは *histrionibus* か *mimi* か minstrels である。唯一ハワード家の会計簿の中で一度だけ「ご主人グロスターの四人の役者たち（pleyers）」として言及されているが、この例外的な記述ではこの players が「楽器奏者」の意味で使われていないかどうかという論点を証明したことにはならない（*Medieval Stage*, II, 256）。

81　ヨーク家の吟遊楽人のグループについては、Myers, *Household of Edward IV*, pp.131-32, 247 を参照。また皇太子付きのグループについては Sydney Anglo, "The Court Festivals of Henry VII," *Bulletin of the John Rylands Library*, 43 (1960-61), 44 を参照。

82　Chambers, *Medieval Stage*, II, 187; Public Records Office E 36/131; Public Records Office E 101/414/6, 8 January 1496; British Library MS. Additional 59899, fols. 10^r, 75^r; British Library MS. Stowe 146, fol. 5^v.

83　British Library MS. Additional 59899, fol. 75^r および Anglo, "Court Festivals" に転記されている 10 January 1506, 7 January 1507, 7 January 1508, and 7 January 1509 の支払い。

84　Chambers, *Medieval Stage*, II, 187.

85　「エリート」演劇の伝統と対比して見た「大衆」演劇の伝統の特質については David M. Bevington, *From Mankind to Marlowe* (Cambridge, Mass., 1962) を参照。

86　Campbell, *Materials*. Public Records Office LC 9/50, fol. 150^{v}. Public Records Office LC 2/1, fol. 46^{v}; Public Records Office E 101/415/3, 31 August, 8 September, and 3 November 1501.

87　ギブソンの経歴については Chambers, *Elizabethan Stage* (Oxford, 1923), I, 72, and Public Records Office E 36/217 (Revels Accounds) を参照。国王一座が宮廷を離れて上演活動をしているのは、ヘンリー七世時代に四回しか確認できなかった。ドーバーで二回（一五〇二～三年と一五〇三～四年）、サンドウィッチ（一五〇八～九年）とスコットランド宮廷（マーガレット・チューダーの従者として、一五〇三年）でそれぞれ一回である。貴族の支援を得ていた他のグループは、こうした所や宮廷を含めて別の多くの場所に登場している。Dawson, *Records*, Appendix A, and Anglo, "Court Festivals," pp.44-45を参照。

88　College of Arms, MS. 1st M. 13, fols. 114-15.

89　*Compota...regum Scotorum*, II, 13-14 August 1503.

90　国王一座が定期的にケントに現れ始めるのは一五一七年になってからである（Dawson, *Records*, Appendix A)。ギブソンの報酬の受け取りについては British Library MS. Stowe 146, fol. 5^{v} を参照。

91　Chambers, *Medieval Stage*, II, 187-88, n.3.

92　のち十六世紀になってジョン・ホルトはヘンリー七世のころ始まったこの職務のことについて記録した。E. K. Chambers, *Notes on the History of the Revels Office Under the Tudors* (London, 1906) にこれが完全な形で載っている。「季節」が限定された祝宴局長たちがその職名で呼ばれていたというホルトの主張はギブソンの祝宴記録で立証されている。ヘンリー七世の祝宴局長の一人ハリー・ウェントワースがすでに一五〇九年には「祝宴局長」といつも呼ばれていたことがそこに記されている（Public Records Office E 36/217, fols. 5^{r}, 11^{r}, 12^{r}, 25^{r}, 37^{r})。

93　Kipling, *Triumph of Honour*, pp.175-77. Public Records Office LC 9/50, fol. 152^{v}で、ウェントワースは「仮装芝居の資材の発送のためロンドンに滞在している」間の費用として、日に八ペンスの支給を求めている。

94　Public Records Office LC 9/50, fol. 152^{v}.

95　Public Records Office LC 9/50.

96　Thomas and Thornley, eds., *The Great Chronicle of London*, pp.251-52.

97　College of Arms, MS. 1st M. 13, fols. 53^{r}, 64^{v}.

98　Kipling, *Triumph of Honour*, pp.96-115.

99　College of Arms, MS. 1st M. 13はいつも注意深く「高位の人びと」のすべてを特定するようにしているが、仮装芝居に出演する役者や踊り手については、礼拝堂付属の少年劇団を除いては、そのようなことはまったくしていない。ヘンリー七世治世の仮装芝居に出演して名前がわかっているただ一人がウィリアム・コーニシュであった。本文で論じられている一四九四年の芝居に登場していた。

100　College of Arms, MS. 1st M. 13, fol. 53^{v}.

101　Ben Jonson, *Works*, ed. Charles Herford and Percy and E. Simpson (Oxford, 1925-52), VIII, 404.

102　『黄金の木への困難な道』については Olivier de la Marche, *Mémoires*, ed. Henri Baune and Jules d'Arbaumont (Paris, 1883-88), III, 123-33、フロリモンについては C. C. Willard, "A Fifteenth-Century Burgundian Version of the Roman de Florimont," *Medievalia et Humanistica*, N. S. 2 (1971), 21-46 を参照。『黄金の木』の中で『フロリモン』が使われていることについては Kipling, *Triumph of Honour*, pp. 117, 119-22 を参照。

103　一五〇〇年にカレーで渡された二通のイングランド人による挑戦状については British Library MS. Additional 46455, fols. 4-10 を参照。バッキンガム公爵のあとで書かれた英語の挑戦状は College of Arms, MS. M. 3, fols.

2 24^{r}-26^{r} に見ることができる。これの時期についての私の論、したがってそれを根拠にした騎士の木の装置の「変形」に関する議論の大部分（Kipling, *Triumph of Honour*, pp.120-21 and n.11）は、いまでは不正確に見えるにちがいない。なぜなら新しく発見されたバッキンガムの挑戦状のフランス語版は一五〇〇年にドーセットの挑戦とともに、カレーで渡されたものだからである。

104 College of Arms, MS. 1st M. 13, fols. 52, 56^{v}-57^{r}.

105 Kipling, *Triumph of Honour*, pp.129-31. College of Arms, MS. 1st M. 13, fols. 57^{v}-58^{r}.

106 British Library MS. Harley 69, fols. 2^{v}-3^{r}. 時期については Kipling, *Triumph of Honour*, p.132, n.37 を参照。

107 College of Arms, MS. S. M. L. 29, fol. 21; Kipling, *Triumph of Honour*, p.133.

108 (London, 1507). William C. Hazlitt, ed., *Remains of the Early Popular Poetry of England* (London, 1866), II, 109-30 にある。

109 British Library MS. Harley 69, fol. 10^{v}. 「騎馬武者一騎打ち、馬上槍試合そして他の儀式のために、兵器保管局長でもある財産管理官に必要品が申し入れられ、また足場の用意と騎馬武者一騎打ちで使われる物は、財産管理官とワーリーが責任を負う。」ワーリーは営繕局長で、試合場の足場の建設についての彼の記録は British Library MS. Egerton 2358, fol. 12 に見ることができる。

110 College of Arms, MS. 1st M. 13, fols. 52^{v}-53^{r}, 56^{v}-57^{v}.

111 Chambers, *Elizabethan Stage*, II, 72.

112 Public Records Office E 36/217.

六章　スチュアート朝文化を支えるパトロン制度と政治

マルカム・スマッツ*

チャールズ一世は十七世紀初期の美術と文学のパトロンとして中心的な地位を占めていた。[1] 彼はヨーロッパで最大級の二つの絵画コレクションの一つを購入し、海外の芸術家をロンドンに引き寄せ、十八世紀に入ってもなおこの国の建築、詩、音楽、肖像画の発展に決定的な影響を与え続けるような変革をもたらした人びとを支援したのである。[2] ベン・ジョンソン、イニゴ・ジョーンズ、ヴァン・ダイクは宮廷で仕事をし、ルーベンスとベルニーニは王から注文を受けた。彼らの仕事は、国家の公式の活動に華麗な背景を与えながら、またチャールズ一世の統治がもたらしたと言われる恩恵を入念に作り上げたイメージを通して表現しながら、王の威厳を強化していくことだった。[3] しかしスチュアート朝初期の宮廷文化はある一つの重大な点で力を持たなかった。その世界主義とバロック様式という特性は、宗教上の理由からフランスとイタリアの文化を依然として疑いの目で見ていたこの国ではほとんど共感を引き起こすことができず、ルネサンス芸術を愛好する風潮が宮廷の外に浸透することがなかったのである。実際、宮廷文化は影響力のある階層の人びとを敵に回すことさえあった。王室礼拝堂における壮麗な礼拝、王妃がパトロンとなっている宗教美術、イニゴ・ジョーンズの手になるセントポール寺院の修復は、ローマカトリックの偶像崇拝にあたるとみなされ、人びとの激しい怒りを引き起こした。さらに宮廷が芝居や仮面劇を好み王妃がそれに出演するということは、人びとの心の奥にひそむ偏見を公然と無視するものであった。「悪名高い売女の女役者たち」というプリンの有名な言葉は何かにつけてすぐ怒りを表す過激派の反応を代表するものだろうが、老宮廷人のジョン・チェンバレンでさえも「芝居に王妃が出ているというこの異様な光景」[4]に困惑している。それ自体では見事に成功している文化であっても、宮廷は悪徳とローマカトリック勢力の中心なのではないかという国民の多くが感じていた疑惑を強める結果になってしまったのである。

エリザベス女王がインスピレーションとなって忠誠を表す俗謡やソネットやパジェントや説教が数多く書かれたことが、チャールズの宮廷文化に欠けているものをさらに際立たせることになる。処女王崇拝を通して、エリザベスは神に代わって戦う選民の国イングランドの運命の生きた象徴になった。[5]それは象徴としての女王グローリアナを民衆に結びつける政治的忠誠と宗教的熱意という絆を表し、また強めるものでもあった。自国にほとんど基盤を持たない優雅な文化が処女王崇拝に取って代わったとき、君主は権威のかけがえのない支柱を失ったのである。

文化を支えるスチュアート朝のパトロン制度が政治に与えた悪影響についてはこれまでいろいろ論評されてきた。宮廷は「国固有の文化を崩壊させた」とまで評する人もいるし、[6]美術と宮廷仮面劇に惜しげもなく大金をつぎ込んだことを、君主が財政困難に陥り納税者の怒りをかった原因の一つにあげる人びともいる。スティーヴン・オーゲルは、仮面劇が王権および一体化した社会という幻影を生んだことが妨げとなって、チャールズ一世は政治の現実をはっきり見据えることができなくなってしまったと指摘する。[7]しかしいろいろな論評にもかかわらず、スチュアート朝の文化を支えるパトロン制度とその政治の諸問題との関係については、いまだ何も知られていないと言ってよいだろう。宮廷が文化活動を支えるためにどれだけのものを費やしたのか、またその努力を管理する一貫した政策があったのかどうかを解明した人はだれもいない。宮廷文化を管理するための行政上の手続についての関心は散発的にしか見られなかったし、王の権威を洗練された方法で誇示するためのさらに大きな計画に美術と文学がどのようにはめ込まれていくのかという問題に関心が寄せられたことはまったくなかったと言ってよい。

その結果、現在、文化様式やテーマや象徴の変遷についてはある程度くわしく見ていくことはできるのだが、なぜ最初に王権を誇示する文化とパジェントにいちじるしい変化が起こったのかは明らかにされないままなのである。この変化は結局は不幸をもたらすことになったにせよ、国民の王政に対する見方を変えようとしてスチュアート朝の王たちが行なった体系的な試みの一環だったのだろうか。それとも意図的な誘導なしに起こったのだろうか。もし後者が真相だったとすれば、この変化はどんな過程を経て起こったのか。これらの問題の解明は、私たちが宮廷文化を理解しチャールズ一世時代の政治の目的と方法を認識していくうえで、大きな意味があるはずである。

文化が果たすべき政治的な役割についての考え方

チャールズ一世も主要な大臣たちも、パトロンとして画家、音楽家、詩人を保護することによって何を目指そうとしたかについて、はっきりした手がかりを残してはくれなかった。したがってその意図は彼らの行動ともっと身分の低い人びとの言説から推測しなければならない。しかしチャールズの治世が、イタリアとフランドルのバロック文化のルーベンスやグェルチーノやベルニーニやモンテヴェルディの活動を生んだあの最初のすばらしい時期と重なっていることは、手がかりになるだろう。この文化は本質的には美術と大掛かりなスペクタクルという感覚的で演劇的な方法によって啓蒙しようとするカトリック文化で、若くしてこれに接し愛するようになったチャールズは、王になったときこれをイングランドの地に移植しようとした。絵画の収集、仮面劇への出演、ウィリアム・ロードが唱える「神性の美」の支持というチャールズの活動は、壮麗な芸術が宗教界と俗界双方の宣伝の手段として日常的に使われていたヨーロッパを背景に繰り広げられたものだったのである。

自分たちの活動が社会あるいは政治の目的に十分貢献していると信じた宮廷の詩人や画家はたしかに何人かいた。かつてジョンソンは、詩とは人びとに「社会のすべての公務」を喜んで果たしたいと思わせる芸術であり「うっとりするほど楽しく驚くほどやさしく手をとって私たちを行動へ導いてくれる……完全無欠な礼節の女王[8]」であると述べている。イニゴ・ジョーンズも建築の有用性については自信を持っており、例えばローマ人がストーンヘンジを造ったのはその整然として均整のとれた姿で粗野なブリトン人を教化するためだったと主張しているし[9]、仮面劇のデザイン画では古典の建物を社会および政治上の統一のエンブレムとしてよく使っている。

チャールズ一世時代の宮廷仮面劇と公式の場で朗読される賛辞はこの考え方をさらに推し進め、王を文化と政治双方の活動を通して臣民の振舞を洗練しようとしている支配者として描こうとした。『勝利を収めたブリタニア』（一六三七年）では、戦いのためにヨーロッパ大陸を追われたミューズの女神たちがイングランドにたどり着いてチャールズが作り上げた平和な環境に落ち着き、この地を古代ギリシアにも比肩する文化の模範に変えてしまうのである。ここでは王の外交政策および美術と文学を後援するという政策が、高潔で知的な君主の下で高度な文明に向かって発展していくという国家の理想と一体になっている。同じように、チャールズのセントポール寺院修復を讃えるウォラーの詩でも、建築や音楽における調和についての論考はすぐに王の統治の賛美に結びついていく。

たしかにこれら昔の詩人たちはチャールズのような王、
そのリュートは都市、弦は臣民の心である。[10]

巧みな統治も芸術の美も、秩序と均衡を探求する心から生まれるのである。こうした考え方の例はいくらでもあげられるだろう。一六三〇年代のホワイトホール宮に見られた図像学のしきたりでは、文化の発展と優れた統治は、社会に秩序を与え国民の振舞を洗練しようとする王の努力から生まれた一対の結果として扱われている。

王の統治と美術および文学との結びつきに関するこれらの考え方には独創的なところは何もない。基本的には古典、特にアウグストゥス・シーザーがすばらしい文化と社会統一をもたらした黄金時代と言われる時代を讃える詩に由来するものである。十七世紀ころには、白銀時代の詩人たちが抱いた望み、強力な支配者が現われて芸術を完成させてくれるという望みは、詩と美術の発展が社会の風習を洗練し社会を政治の力にとってもっと御しやすいものにするだろうという考えと同様ありふれたものになっていた。[11]だが、ありふれていようがいまいが、こうした考えは国家を強力にするために文学や他の芸術を利用しようとする試みを正当化するには都合のよい手段となった。豪華王ロレンツォが支配するフィレンツェの時代から十八世紀にいたるまで、宮廷に存在するアカデミアと君主のパトロン行為は同じ知的基盤の上に立っており、明らかにチャールズの側近たちも、他の専制君主たちを文化の保護と管理という野心的な計画に駆り立てたのと同じ考えを持っていたのである。

行政上の手続と財政

これまで述べてきたような状況から考えると、スチュアート朝の王たちが宮廷文化をより効果的に管理する方法を確立するために実質的には何の対策もとらなかったのは少しばかり驚きである。鑑賞の一定の規準を開発し広範囲な文化の各領域をすべて体系的に管理しようという試みで創設されたヨーロッパ大陸のアカデミアに類するものは、この国には出現しなかった。実際には王室が一定の手続に基づいて文化を管理する例も見られたが、その手続はいずれの場合も一六〇三年以前に作られたものなのである。例えば宮廷楽士の組織はヘンリー八世の宮廷の方式に従ったもので、オーケストラとアンサンブルに分けられてそれぞれ楽長の下におかれ、役割分担が明示されていた。[12] チャールズ一世の時代には音楽様式に変化があり、ウィリアム・バードやジョン・ダウランドの曲やマドリガルに見られるエリザベス朝風の音楽はすたれ、代わってレチタティーボとバロック様式の音楽でさまざまな試みが行なわれるようになった。しかしこのような変化が起こったのは意図したからではなく、たまたまチャールズが年老いて亡くなっていく楽士のあとをイタリア風の音楽を学んだ人たちで埋めていったからにすぎない。

昔の制度に従うという保守的な態度は、宮廷建築の分野でさらにはっきりと現われている。おそらくイニゴ・ジョーンズほどスチュアート朝の宮廷文化の発展に深く関わった人物はいないだろう。建築の古典様式を発展させ、王や貴族の収集家が絵画を購入するさいに助言し、海外の美術家たちを集める手助けをし、さらにスチュアート朝の仮面劇のほぼ全部の舞台装置を考案した。しかし彼が就いていた唯一主要な官職は営繕局監督という中世以来のものだった。この部局が雇う職人たちは、その数においても名目上の職務についても、チューダー朝から何ら変わっていなかった。[13] ジョーンズはできるかぎりの努力をして、自ら発展させた新しい様式で仕事ができる人びとを集め訓練した。おそらく営繕局の石工と大工は、個人的な注文も受けてジョーンズ風に仕事をすることによって、新様式を広めるのに貢献しただろう。しかし王はジョーンズのスタッフを再編成したり、彼の職務を改めて公式に定めたりはしなかった。

従来の営繕局監督の役割を越える仕事をさせるときには、王はさまざまな一時しのぎの方法でジョーンズの権威を強めた。例えばロンドン市の建設にある程度影響力を行使させようとしたときには、市とその郊外における新しい建築工事をすべて認可する権限を持った委員に任命した。[14] またジョーンズがセントポール寺院の工事に関係したのは、教会に設置された別の委員会のメンバーとしてだった。王妃の礼拝堂を設計するときには、王妃から監督の任命を受けた。[15] 仮面劇の立案については明らかに毎回委任状を受けとるという形をとっていた。このような手続は王に近い一人の人物の行動力によって機能するものであり、新しい制度を作るよりは場あたり的な方法を用いるもので、G・R・エルトンの言う個人的統治の完璧な例なのである。

チューダー朝が官僚による管理体制をとっていなかった宮廷文化の分野では、スチュアート朝の組織はつねに未発達で計画性に欠けていた。例えば仮面劇が発展したため、かなり以前から、名目上宮廷のスペクタクル担当局として古くから存在する宮廷祝宴局では十分監督しきれなくなっていた。ジェイムズ朝のある時期にベン・ジョンソンを祝宴局長にするという話があった。そうすれば仮面劇上演の中で融合する必要のある文学、美術、音楽、社会という要素を彼の手でうまく組織的に管理することができただろう。しかしこの計画は実現されずに終わり、祝宴局は相変わらず観客のために入場や座席の準備をするだけで、実際に仮面劇を企画する仕事にあたっていたのはジョーンズと詩人と作曲家たちだった。それぞれの職務の担当者が固定していなかったので、スペクタクルで使われている主題と象徴を決めたのはだれなのか、ジョーンズ一人なのか、彼と他の人びとから成るチームなのか、それとも王自身だったのかは、我々にいつもはっきりわかるとはかぎらないのである。

同じことが画家、彫刻家、詩人についてさらにはっきり言える。チャールズと王妃がこれら三つの分野の芸術家たちを集め、宮廷に雇われた才能ある人びとの数はチャールズ一世の治世に確実に増えていった。しかし雇用に関して王がとった手続はそれぞれの場合で異なったのである。一六一八年に参内したダニエル・マイテンスは王お抱えの画家という伝統的なポストを占めていたが、十五年後ヴァン・ダイクがロンドンに住むようになるとお抱え画家は二人になり、この状態はマイテンスが辞めてネーデルランドに隠居するまで続く。彼がいつイングランドを離れたかの記録がないことから、引退は王が決定したのでなく偶然の成り行きによるものだったと判断してよいだろう。フィレンツェの画家ジェンティレスキは、一六二五年大使としてフランスに赴いたバッキンガム公爵が帰国するときその随行団と一緒にロンドンにやってきて、数年間、画家と美術顧問を兼ねてチャールズに仕えた。教皇がチャールズに絵を贈るとき、使者はジェンティレスキから王の好みを聞き出そうとした。[16]それにもかかわらず、このフィレンツェの画家は王室内で何のポストも与えられておらず、厳密には王でなくバッキンガム公爵に仕えていたのである。一六三〇年代に公爵が亡くなったあと、公爵未亡人はジェンティレスキに住居と食事を提供するのがいやになったので、王はこの腹心の男のために「歴史と神話を主題とする画家」というポストを新設しなければならなかった。外交官たちが海外にいる間に見いだし、どんな職であれ見つかった所に押し込んだ芸術家たちもいる。例えばウェンチェラウス・ホラーは、アランデル伯爵が大使としてウィーンに滞在中に見いだしロンドンに連れてきたところ、チャールズが王子と王女のために建てたばかりの宮殿に仕える絵の教師に任命したのである。

詩人を抱える宮廷のやり方はもっと場あたり的だった。トマス・ケアリーはチャールズ王の私室つき侍従官、ウィリアム・ダヴェナント卿は王の寵臣エンディミオン・ポーター家に仕えていたが、その後王妃の下で地位を得、さらに一六三七年にはジョンソンの後任として桂冠詩人になった。サクリングは機知に富んだ会話と当意即妙の受け答えで人気を得、宮廷人として成功した。宮廷人の貴族に仕える者もいた。例えば三文詩人トビー・マシューが「カーライル伯爵夫人の忠犬」と呼ばれるようになったのは、宮廷のこの有名な美女にたえず付き添っていたからである。

宮廷文化を中央集権化されたシステムの下で管理しようという試みはまるでなく、それを政府の管理下にある政策の一環として編成しようとする努力も欠けてはいたものの、王と宮廷が文化によって政治上の言説を行なうこともときにはあったのである。チャールズが個人的に王権の象徴学に強い関心を寄せるようになったのは、おそらく美術に造詣が深かったからだろう。王が仮面劇の企画に加わったというオーゲルの説は、[17]トスカーナ大公国大使サルヴェッティの手紙によって裏づけられる。一六三六年にジョーンズはメディチ家で行なわれた幕間狂言を絵にした本を見せて欲しいと大使に頼んでいる。そこから仮面劇の舞台背景の構想を得ようとしたのだった。しかし王もこの本を見たかったのは間違いないとサルヴェッティは述べている。[18]王と仮面劇の監督官が一緒に本を眺め、真似したいと思う場面を選んでいる光景を想像することができるだろう。

チャールズ一世が芸術作品を宮廷の外に向けての宣伝に使おうとした例も二、三ある。王か助言者たちのどちらかが、国中の公の場所に君主の像を建てることにとりわけ熱心だった。ロードはオックスフォードに新設されたセントジョーンズ学寮に王と王妃の像を建てた。ジェイムズ一世とチャールズ一世の彫像はウィンチェスター寺院の仕切りにはめ込まれ、またセントポール寺院のジョーンズの手になるコリント様式の立派な前廊の頭上にも据えられた。現在レスタースクエアにあるチャールズの騎馬像は、もとはホワイトホール宮のいちばん大きな中庭を通る公道にあったものである。一六三九年の請願を見ると、コヴェントガーデンには王の大ブロンズ像があったようだ。[19]少なくともここには美術の世界における君主崇拝が公の場で利用された明白な例が見られるのである。だがこれらの像は一般的というよりは特異な例なので、これを例えばルイ十四世崇拝にあたるものと考えるのは間違いだろう。なぜならルイ十四世崇拝に見られるような物事をしっかり見極めた野心的な計画は、チャールズの政府にはありえないことだからである。

スチュアート朝の君主たちは文化を世論の形成に広範囲かつ組織的に利用することはなかったという印象を我々は受けるのであり、この王朝最初の二人の王の下で公式に行なわれたパジェントの歴史が印象の正しさを証明してくれる。当時ヨーロッパ大陸の主な国々では、君主たちは、花火の打ち上げ、すばらしい騎馬バレエ、凱旋門をくぐり抜けて行く何百人もの騎手による騎馬行列、ワインが吹き上げる噴水などを含む惜しげもなく大金を費やしたぜいたくなスペクタクルに参加していたのである。例えば『メルキュール・フランセ』の記述によれば、パリを発つアンリエッタ・マリアには、弓兵と近衛兵と正装し馬に乗った市の役人たちの三団体と五百人のらっぱ手から成る護衛団が付き添った。[20] 一行がパリ市の外壁門に来たとき、身分の高い宮廷人たちが現われ、その馬車の数のあまりの多さに蟻が巣の上に群がっているようだと感じた人もいたほどである。さらにアミアンを通って進み凱旋門にさしかかると、陣形になった五千人の市民が馬に乗って近づき挨拶し、それに合わせて太鼓とらっぱの音が「町のあらゆる場所から」響き渡った。[21] 別の例をあげれば、スウェーデン王グスタヴ・アドルフが死ぬと、マドリードでは公式の祝賀行事が何日もの間行なわれ、通りでは大きなかがり火が焚かれ、すべての邸宅の窓に明かりが灯されたという。そして大観衆の前でグスタヴの死を祝う喜劇が十二日間にわたって上演された。[22]

スチュアート朝の王たちもこのような公式のスペクタクルを催してはいたものの、たいていの場合不本意ながらそうしたのであり、それもめったにないことで、しかも容認できる最小限の規模のものだったのである。アンリエッタ・マリアがロンドンに到着したときには、四輪馬車に乗った四十数人の宮廷人がドーヴァーで出迎えたが、これはぶざまな失敗だった。フランス人の従者たちは、相応の宿泊設備がなく、宮殿の家具が古色蒼然としており、あらゆるものが壮麗さに欠けていると文句を言った。従者の一人はロンドンについて「すべてが陰気で」この国は豊かだというイングランド大使たちの言葉は嘘だったと手紙に書き送った。[23] ヴェネツィアの大使は「いたる所に、食卓にも四輪馬車にも荷馬車にも馬にも、貧困が顔をのぞかせている」[24] と述べて、この従者の評価を裏づけている。二年後、ガーター勲爵士による恒例の行列にパジェントが欠けているとあるイングランド人が論評した。[25] チャールズ一世は戴冠式のときでさえロンドンを馬に乗って練り歩く伝統の凱旋行進をやめることに決め、すでに凱旋門を造るのに出資したギルドのメンバーたちを失望させたのである。[26] 彼が市の大規模なパジェントに参加したのは在位中ただ一度、一六三三年にエディンバラで戴冠式が行なわれたときで、また一度だけ廷臣全体を引き連れ、このときもエディンバラに向けてエリザベス朝風の大行幸を行なったことがある。王の公式のパジェントはジェイムズ一世とチャールズ一世の治世にいちじるしく衰退したのであり、おそらくこれも君主に対する国民の熱狂的関心が特にロンドンで薄れていく原因の一つになっただろう。そして人気の衰えは一六四〇年に召集された長期議会の初めの数か月で明白になり、大きな痛手となったのである。

要するに我々はちょっとした逆説に直面していると言えるだろう。芸術を愛好し、美術と文学の啓蒙的な役割を重視する初期のバロック文化を理解し愛した王が、文化を使った宣伝と儀式による威厳の誇示を、それもヨーロッパ大陸のいくつかの宮廷にはおよびもつかない程度のものでさえも、計画的に行なうことができなかったのである。この事実をどう説明したらよいのだろうか。

文化とパジェントを利用するチャールズ一世の試みがあまり大規模でなかった理由の一つは、財政状態の逼迫にある。ジョーンズの現存する設計図を見れば、チャールズがヴェルサイユのような規模の宮殿を建てたいと願っていたことは明らかだが[27]、そうするだけの財源がなかった。これではルイ十四世がしようとしたように、自国にいる主要な詩人や作家すべてに年金を与えたり、あるいは大陸ではふつうだった大掛かりな公式のスペクタクルに出資するのはむずかしかったに相違ない。宮廷仮面劇の一本約千五百ポンドという費用は多額の出費であるとこれまで考えられてきたが、ロンドン市当局とギルドが出した補助金をそれに加えても、大陸の公式のスペクタクルの費用にははるかにおよばなかった。チャールズ一世の宮廷文化はどんなにすばらしくても、基本的には宮殿内だけのものであり、また比較的費用のかからないものにかぎられていた。建築計画もどちらかといえば小規模で、王妃の宮殿もセントジェイムズ宮とサマセットハウスの新しい礼拝堂も、祝典場でさえも、規模において、あるいは華麗さにおいて、当時の個人の大邸宅にもおよばないものであり、ましてフェリペ四世のブエンレティロ宮殿のようなヨーロッパの王たちの宮殿とは比べようもなかった。[28] 十七世紀の絵画と骨董品の価格は、現在と比べるとインフレを考慮に入れてもはるかに安かった。ヴァン・ダイクの油絵は一点で五十ポンド程度、ティツィアーノやレオナルド・ダ・ヴィンチの傑作は数百ポンドしただろう。当時ヨーロッパでいちばん金になる画家だったルーベンスは、祝典場の記念碑的な意味を持つ絵九点から成る天井画に三千ポンドを要求した。いずれも端金ではないが、チャールズが何年も支払いを延ばすことがよくあったとはいえ、王の財政に目に見えて負担をかけるほどの額とはとうてい言えないのである。実際、すばらしい美術品が詰まった部屋を一つ買うか、あるいは手の込んだ仮面劇を一本作ることができるくらいの金額が、毎年一人分の年金として支払われていたのである。[29] 一六二〇年代の終わりころにチャールズがマントヴァの絵画コレクションを買うために借りた一万八千ポンドという金額は例外だったようで、この治世の決算報告書にはこれに近い額を美術品に支払ったという記録は他に見当らない。[30] チャールズ一世の宮廷文化には小規模財政の特徴がいくつか見られるが、これについてはいずれもっとくわしく述べたいと思う。この時代についてのどの研究書も王の乱費ぶりを強調しているが、強調しすぎて事実を歪めるきらいがある。

しかしチャールズの資金不足だけでは、パトロンとして保護を与えた詩人と美術家たちをより効果的に管理できなかったことの説明にはならない。なぜそうしなかったのかを説明するには、チャールズとアンリエッタ・マリアにとってパトロン行為はつねに政治活動ではなく趣味であったことをまず認識する必要がある。「絵画には王は優れた審美眼を持っていた」と一六七六年に伝記作者が書いている。「そのため王は絵を見ながらとつぜん線を入れたり消したりして、職人の技術の欠けているところを補ったのである。これは画家が経験を積み上げて得られるようなものではなかった……。またあらゆる種類の画家と楽しく語らい、いとも簡単に彼らの職業に必要な極意を会得したのである。」[31] このような記述から浮かび上がる、絵筆をつかんで宮廷の画家が描いた絵を修正しているチャールズの姿が信用できるかどうかは別として、王が絵画と画家たちから得ていた喜びはうまく描き出されている。王が画家とのつき合いを楽しんだように、王妃のほうはウォラーやダヴェナントやサクリングなど才知あふれる詩人たちとの会話を楽しんだ。仮面劇は政治原理を表現する手段であると同時に、楽しみの一つの形でもあったのである。毎日嬉々として舞台稽古に専念し、大掛かりなスペクタクルの与える楽しみのために重大な職務を放棄している王の姿が、当時の外交官が本国に書き送った公文書にも垣間見られる。[32]

この状況が持つ問題は明白で説明の必要はないように見えるかもしれないが、実はきわめて重大なことなのである。ヨーロッパの宮廷に作られたアカデミアでは、ヴァザーリやロンサールのような必要に合わせて美術や文学や音楽を王に供することで生活していた専門家が采配をふるっていた。彼らは美術家や詩人であると同時に行政官でもあり、君主の栄光に貢献するように配下の人びとの制作活動を管理していたのである。それとは対照的に、チャールズ一世は政治の仕事をするときでも管理運営には熱心でなかった。王には強大な権威があるという自らの信念を政治機構の再編や改善の努力を伴う効果的な計画を通して実現するなどということは、彼にとってはまったく思いもよらないことだったのである。この点はパトロンとして文化を保護する彼の方式にいちばんよく現われている。自分の文化的な楽しみを満たすだけのために何も行政改革など行なわなくてもよかった。彼は画家も詩人も音楽家もよく知っていたので直接彼らを監督した。宮廷の外の文化の傾向に影響を与えようとしてパトロン制度を整備したりはしなかった。このようなことをする場合に必要となる管理の仕事と政治的計算は、彼には無縁のものだったからである。

社会が宮廷文化とパジェントに与えた影響

ここまでは宮廷文化とパジェントを形成するうえでの王と王室の果たす役割に焦点を当てて考察してきた。その過程で宮廷のパトロン制度およびその政治との関係について述べてきたが、それは問題の一面をとらえたにすぎない。なぜならイングランドの宮廷機構の中では、チャールズより勤勉で行政手腕にたけた王であっても、宮廷の文化や儀式を完全に支配することはできなかったはずだからである。この点でホワイトホール宮はヴェルサイユとも、それに習って十七世紀後半に作られた他のどの宮廷とも根本的に違っていた。ルイ十四世が宮廷の儀式と文化活動を再編したのは、政府が反宮廷派のフロンド党を制圧し、税金を徴収し国を治めることのできる有能な官僚機構を確立したあとのことだった。この改革の結果、王室は初めて王に仕えるすべての人びとの生活を支配する富と権力を手にしたのである。これは宮廷関係者すべてが王宮に居住するという方式にはっきり見られる。一六七〇年代以前には、ルーヴル宮に伺候する身分の高い貴族たちは多くの場合パリに居を構えていたが、改革後はヴェルサイユの広大な王宮に住み込むことになる。この地はパリからかなり離れていたので、魅力的な社交や文化の中心が他にあっても、太陽王への務めをおろそかにして出かけるには遠すぎた。宮廷は君主の栄光を反映するように厳格な階層制に編成された彼らだけの世界となったのである。

イングランドではこのようなことはまったく起こらなかった。宮廷は多くの住居の集合体で、王宮を中心にそのまわりに身分の高い人びとの住居が集まっており、これはずっと変わることがなかった。比較的身分の低い人びとでさえ王宮の外に住み、多少なりとも独自の社交生活を営んでいた。例えばヴァン・ダイクはブラックフライアーズの自宅で数人の貴族をもてなし、王が訪問したことさえある。[33] このような個人の住居のいくつかは文化活動の中心として機能していた。バッキンガム公爵は自宅で仮面劇を上演し建築家と画家を雇い入れて王の文化体制を小規模ながら再現していたし、アランデル伯爵は影響力のある美術の収集家でパトロンだった。またエンディミオン・ポーターのような一介のジェントルマンもまわりに詩人たちを集めることができた。身分の高い宮廷人たちの住居の外側には劇場を有する知的活動の盛んなロンドン市があり、宮廷人たちもその文化生活に自由に参加していた。したがって、宮廷文化の発展に影響を与えるパトロン行為の発信地はいくつかあって、王室はそのうちでいちばん大きな所というだけのことだったのである。

実際のところ宮廷人が君主のパトロン行為を補ったのでなければ、ホワイトホール宮の輝かしい文化はありえなかっただろう。王から年金を受けていた美術家と詩人の中で、王だけに仕えていたのはイニゴ・ジョーンズ一人、それも一六二〇年以降のことだった。ヴァン・ダイクの場合はさらに典型的な存在で、イングランドに七年滞在している間に王から得たのは、絵画の代金として千七百ポンドと年額二百ポンドの年金のうち払ってもらえた分の金額である。[34] 散発的にしかも大部分は一六三六年以降に支払われたことを別にすれば、この収入総額はジェントルマンの収入に当たるものだった。同じ時期に何百という肖像画を宮廷人や地方貴族やロンドンを訪れるジェントルマンたちのために描いている。これがどれだけの収入になったかは推定できないが、おそらくチャールズが支払った総額の数倍にのぼっただろう。同じようにジョンソンも桂冠詩人になったあとも劇場上演のため芝居を書き続け、また四代ペンブルック伯爵、ケネルム・ディグビー卿、リチャード・ウェストン、ニューカッスル伯爵、そして多くの宮廷人の貴族から何とか贈物を手に入れようとしていた。

その結果、宮廷の美術と詩は王の要求だけではなく、仕事をするためあるいは仕事を求めてホワイトホールの周辺に集まった人びと全体の要求に合わせて発展していった。ジョンソンの古典主義の詩は、カムデンの古文書研究とジェイムズ時代のロンドンで活躍した劇作家や風刺作家に見られる活気にあふれた文学の伝統との融合から生まれたと言えよう。外国の美術の人気は、まずアランデルとペンブルックとバッキンガムのような宮廷の貴族たちの努力によって確固たるものになる。文化のパトロンとしての役割においては、チャールズ一世は専制君主というより、つねに〈同僚の中で首位に立つ者〉という立場にあった。宮廷文化は多くの個人が率先して投資したことから生まれたのである。そうした人びとの中の何人かが王以上に強い影響を与えたのは確実である。

実際、公式の生活の中で美術と文学と音楽とパジェントからいわば織り上げられていく華麗な衣装一式をすべて管理することができたイングランドの君主は一人もいなかったのである。一見王に厳しく規制されているように見える宮廷の儀式の一側面、王室での振舞を支配する宮廷礼式を例にとってみよう。イングランドではこれは主としてヨーク家と初期のチューダー朝に由来している。近接するバーガンディの影響とエドワード四世およびヘンリー七世の不安定な立場が結びついた結果、礼式は手の込んだ格式ばったものになった。百年を経てチャールズの治世になっても、ホワイトホールはヨーロッパでいちばん礼式を重んじる宮廷としての名声を保持していた。「イングランド人はとても几帳面で」「たぶん世界のどの国民よりも王の名誉を重んじるだろう」[35]とヴェネツィア大使は評している。それでも礼式や作法は、君主それぞれの個性と宮廷の雰囲気の変化に合わせて微妙に変わっていったのである。エリザベスは他の人には真似できない王者としての流儀を通す手段として規則を利用し、ときどきの必要に合わせてそれを厳しく強要したり無視したりした。[36]ジェイムズの下では、宮廷人が愛想のよすぎる王の所に押し寄せ王の野卑なユーモアに応じ、金や勲章や官職の下賜を懇願し王は喜んで与えたため、作法はゆるやかになる。宮廷では性道徳から礼儀作法にいたるまですべてが下卑たものになり、ときにはスキャンダルになることさえあった。[37]

王の威厳に喜びを感じ冷淡で傲慢な態度をとるチャールズ一世は規則を完全に復活させ、それに彼独自のものを加味した。一六二五年にある人物が観察したところによれば「貴族たちがいままでのようにどやどやと王のお住まいに入るようなことはなく」「それぞれ身分に従って決められた席についている……。王はご自分にも規則を定められ、早朝に起床なさり、一日を祈祷、運動、謁見、執務、食事と睡眠に分けられた。謁見日を一日決めたいとお思いで、お召しになった者以外だれにもお会いになりたくないとのことである」[38]。王室の新しい規則には、貴族が王室礼拝堂に入る順番から王がブーツをぬぐのを見守る選ばれた人びとのことにいたるまであらゆることが定められていた。[39]このような細かい規則は真面目で重々しいことで知られている王の流儀を増幅することになった。王のあまりの謹厳ぶりに出席者はじっと黙したまま笑うことも言葉を交わすこともできなくなり、王妃主催の晩餐会が台無しになってしまったという話もあるほどである。[40]この冷ややかで堅苦しい雰囲気はスペインの宮廷を思わせるもので、イングランドの伝統というよりはチャールズの気質から生まれたものだった。

簡単に言ってしまえば、宮廷の作法は昔からあったが王室がときどきに強化したり変えたりした規則を核として発展したものである。しかしそれだけではなく、宮廷生活のスタイルと王の御前での人びとの振舞い方は、支配者とその宮廷人との間に存在する私的な目に見えない不思議な力にも左右される。したがってエリザベスほど抜け目のない君主なら、公式に出す命令と非公式におよぼす影響力を巧みに混ぜ合わせて人びとの宮廷における振舞い方をうまく操縦することぐらいはできたが、礼式がどのようにして変わっていくかは直接関わる人びとにさえ謎であることが多かったのである。例えばジェイムズには彼の治世になってなぜ行儀がそんなにも悪くなったのか理解できず、彼を包囲する品のない嘆願者の群れを見て当惑しきった。「そなたはどうあっても余を一人にしてはくれないのだな」とかつて嘆願者の一人に激怒して叫んだ。「それならまず余の上着を、次に下着をはぎ取ってくれたほうがましだ。裸になったら、そなたは余をそっとしておいてくれるだろうから。」[41]

王権の図像学と文化や儀式を通して権威を誇示する方法もまた、伝統的な要素と王の管理と王に仕える人びとが自主的に率先して行なう活動とが相互に作用し合って発展したのである。宮廷のパジェントは、受け継がれてきた形式や風習、例えばガーター勲章を祝う祭日や、クリスマスを踊りと寓意的なショーで祝うという昔からの習慣を骨組にして発展した。仮面劇はこのクリスマスの習慣から生まれたものである。しかしもっとも古い儀式や文化行事でさえも、大部分は宮廷人の自主的な援助に依存していた。流行や社会習慣の変化はパジェントが成功するかどうかに重大な影響を与えた。その例としてチューダー朝にガーター勲章祝祭日の行事として行なわれた騎馬武者による一騎打ちと行列があげられる。これらが華麗だったのは騎馬で宮廷の貴族たちに付き添う従者団によるところが大きかったのだが、従者団をおく習慣が一六〇〇年以後姿を消してしまったので、パジェントは深刻な痛手を受けることになった。そして間違いなくこの習慣がなくなったために、パジェントと同様美術と文学の世界でも十七世紀の初めに中世主義離れが起こったのである。

文化や儀式を通して君主を称揚するのにいちばん役に立ったものは、賛美し歓待しようとする宮廷人の日々の努力の中から生まれていった。本来宮廷生活では機知と術策が養われ、それが儀式や文学や美術の新しい手法の創造につながることがよくあった。[42] ルネサンス期を通してずっと、君主とは「この世の王座に据えられた下位の神々」として崇拝するにふさわしい存在だという考えを表現する巧妙な方法を宮廷人たちは考案してきたのである。この主題にはかぎりなくヴァリエーションがあり、文学上のしきたりと個人の趣味と宮廷での流行に合わせて変化していった。人びとはエリザベスを賛美するとき手の込んだ比喩を好む女王の趣味に注目し、ダイアナやアストリーアやシンシア崇拝を古典神話の深遠な話から作り上げた。「女王が……ダイアナのように狩りをなさっているのをよくお見かけした」と、かつてローリーはこの種の賛美の典型である一節で述べている。「女王がヴィーナスのように歩まれるとき、そよ風がニンフにも似た真っ白な頬のあたりに美しい髪をそよがせる。ときに天使のように木陰で休息なさり、ときにオルフェウスのように竪琴をかなでられる。」四十年後には賛美の基調となるものはもっと地味になり、王権神授説の影響が見られる。一例をあげれば、ウェントワースはアイルランド政策について王に忠告を求めたとき、「陛下のご命令によって私たちが生き返り、陛下の叡知から射す光によって正しい方向へ導びかれるために、万物に生命を吹き込む陛下の魂が海上を漂って来てくださるようお願いします」という表現をしている。ローリーの一節が持つ戯れのエロティシズムとこの退屈な堅苦しさの違いは、宮廷人と君主の関係に起こった大きな変化を表すものである。キャンピオンのマドリガルとウォラーの賛辞詩を比較しても、同じような相違が見られるだろう。

同様にして、宮廷生活に固有の様式化された遊びの要素――エリートが暇つぶしに行なう手の込んだ恋の戯れや踊りや無言劇や仮装芝居――から作品が生まれていった。[43] エリザベスの美しさを讃えたり彼女の愛を請い願う無数の詩がそのいちじるしい例で、宮廷人は女性としての魅力を讃えられたいという女王の気持を文学に昇華させ、その中でペトラルカ風の割合出来のよい詩が書かれていったのである。言うまでもなく、だれかがこのような創作活動を組織的に操作していたということはありえない。この場合にも、女王と彼女に仕えるローリーやシドニーやドレイトンのような人物との間に存在するある私的で不思議な力が独特の趣を作り出したのである。四十年後、チャールズ一世の王妃アンリエッタ・マリアが創造の源となってエリザベスに匹敵するほど多くの詩を捧げられた。もちろんエリザベスの場合とはまったく違った表現法によるもので、そこには女性は流暢な会話と鋭い機知で楽しませてもらうものだと考えられていたパリの文化の中で育った王妃の個性と文学の好みが反映されている。ラヴレイスやウォラーやその他の王党派詩人の特徴である繊細な美的感覚には、こうしたフランス人の好みがある程度影響しているのだろう。

いままで述べてきたように、君主は自主的かつ多少自然発生的に君主崇拝に寄与する人びとに依存していたのであるが、それは戴冠式と王室関係者の結婚式や葬儀のような大きな儀式にも言えることである。これらの儀式はつねに伝統的で注意深く操作された式典を中心とするが、いくつかの例外を除いては、国民的な祝祭や服喪として、宮廷内だけでなくロンドン市中と地方に広がっていくものである。宮廷の儀式は国民に統一した方式で王族への共感を表現させるのに役立つ。チャールズ王子とアンリエッタ・マリアとの縁談をめぐる交渉のさ中に、ジョン・チェンバレンは「私たちはフランス王室との縁談がうまく進んでいるので意気揚々として喜びに浸っており」「セントポール寺院のオルガンが高らかに鳴り響き、鐘が鳴り、花火が打ち上げられ、ロンドン塔では大砲の音がとどろき渡る。どうかこんなに大騒ぎする甲斐がありますように」[44]と伝えている。国民とギルドもこの喜びに加わって窓辺に明かりを灯し、通りで歓呼の声を上げて踊り、縁談の交渉に敬意を表してアーチや像を建てたのは当然のことと思われるかもしれない。

しかし現実には、国民の反応はその気質と支配者である王への感情によって異なったのである。一六二四年にチャールズが花嫁を連れずにマドリードから戻ったときには、チェンバレンによればこれを祝って見たこともないような花火が打ち上げられ、スペイン人を物笑いにするミドルトンの芝居『チェス遊び』が外交上の圧力で中止になるまで九日間興行された。ヘンリー王子が亡くなったときには多くの人びとが悲しみを表現し、国内のほとんどすべての詩人が挽歌を書いた。しかしロンドン市民、大学人、さまざまな地方都市の住人たちでは、この種の表現方法の好みはそれぞれ異なっていたようだし、どんなときに表現するのが適当であるかについても違った考え方をしていたようである。例えば、ピューリタンの地区ではエリザベスの「即位の日」を断食と祈祷の口実にしていたのに、他の地区では嬉々として花火を打ち上げていたとストロングは記している。[45]一六〇三年にジェイムズ一世の即位を祝ってロンドン市のギルドが建てた凱旋門は、宮廷においてと同様ロンドン市にも同じくらい複雑な象徴的なイメージの伝統があることをうかがわせるものと言えるだろう。

だが王室あるいはその政策の人気が失われれば、大衆は儀式への参加を促す宮廷の合図を尊重することを完全に拒否することによって不満を表明することもできた。儀式を介して王室と国民の間にできる絆が一六二〇年代後半に消滅したことはとりわけ重大な影響を与えた。一六二七年にロンドン市民は王の誕生日を祝わなかったのだが、そのたった二日前にはエリザベス女王の「即位の日」を祝うために鐘を鳴らし花火を打ち上げたのである。[46]この年バッキンガム公はレー島遠征に失敗したのだが、翌年ジョン・ラウスはバーソロミュー市場で一枚の絵に「大勢の人びとが群がっている」のを見た。それは昔からある軍事上の勝利を讃えるエンブレムを残酷にもじったものだった。その絵には「若い裸の女とそのそばか前に醜い老婆の背に乗った者が描かれており、下に『私とともに来る者はすべて不毛の地レー島に連れていこう』という言葉が書かれていた」。[47]バッキンガム公が暗殺されると人びとはひどい興奮状態に陥ったので、騒乱が起こらないように葬儀を真夜中に行なわなければならなかった。一六三〇年に首都ではスペインとの和平条約締結を祝うことができなかった。数ヵ月後チャールズ王に皇太子が誕生したときには、ピューリタンの人びとが王の姉君と夫君でドイツのカルヴァン主義のパラティン選帝侯に神がすでに継承者をお授けになっていると言って祝賀に参加することを拒否したという噂が伝えられた。

宮廷の文化とパジェントはどのようにして変化したか

文化と儀式を使って君主に対する見方を変えようとする王室の努力の限界について、かなり否定的な結論を得ることになってしまった。たしかにチャールズ一世は宮廷仮面劇と絵画に関心を寄せていたし、宮廷の画家と詩人たちは自分たちの仕事が社会的にも政治的にも意義のあることだと信じていた。しかし王室は、ルイ十四世がこの世紀の後半に行なったような効果のある対策をとって文化活動を組織化し政治の目的に使おうとはしなかった。実際のところ当時のイングランドの状況では、王が王権の儀式的、文化的象徴を厳しく管理する方法などなかったのかもしれない。まして高度に進んだ文化についてはなおのことそうである。

それでも宮廷のパジェントと文化には、一六〇三年から一六四二年の間に政治情勢を反映するような本質的な変化が見られるのである。この事実を十分理解し評価するには、ヒリヤードとヴァン・ダイクがそれぞれ描いた王の肖像を比べてみればよいだろう。ヒリヤードの明るい色彩と平面的な描写、ヴァン・ダイクのバロック風な優雅さ、この二つの間に見られる違いは宮廷内の文化の傾向に明白な変化があったことを示すものである。エリザベス朝の文化とパジェントは中世が遺したロマンティックな伝統に熱中し、きらびやかなスペクタクルを愛する本質的には北方特有の中世的な傾向を特徴としていた。それとはまったく異なって、チャールズ一世の宮廷はつねにバロック美術と古典主義の詩および建築を好む世界主義特有の傾向を示し、アウグストゥス帝時代のローマの文学とヨーロッパの専制君主たちの保護の下に出現した国際的な宮廷文化を基盤として君主の文化を発展させていった。表現様式が変化した背後には、イングランド特有の半ば中世的な伝統から離れ、世界主義の傾向にありながら宮廷人と外交官のかぎられた社会環境を前提にした新しい方向に向かおうとする姿勢が見られる。そしてこの変化は、比較的孤立してはいるが国としては一つにまとまっていた一五九〇年代のイングランドがフランス、イタリア、スペインと外交上密接な関係にあっても国王と議会間に対立が見られるスチュアート朝の大英国に発展していったとき政治の分野で起こった変化を映しているのである。この文化上の変化はスチュアート朝の王たちが政治的野心を投影するため組織的に計画したものでないとすれば、なぜ起こったのだろうか。

紙面がかぎられているのでこの疑問に概略的にしか答えられないが、二、三の主要な点は明確である。さきに述べたような宮廷人などによる君主崇拝への自主的な貢献を利用するということについては、エリザベス女王はどの後継者よりも巧みだった。彼女が文化にかけた費用はわずかで、スチュアート朝よりも、また同時代のフランス・ヴァロア朝よりも少なかっただけでなく、父君ヘンリー八世よりも少なかった。宮廷楽士に支払う年金と営繕局の予算はインフレに追いつかず、王室の主な建設計画は完全に中止される。また著名な芸術家を海外から集めようとせず、その代わり多様な種類の儀式と文化を通して表現されるひじょうに多くの献身を従者と国民に強要した、あるいは呼び覚ましたのである。宮廷人が当然いちばん重い負担を担い、莫大な費用をかけて大邸宅を建てたり、パジェントや馬上での一騎打ちや仮面劇の費用を出したり、自分の従者団で宮廷を華やかにしたり、象徴としての女王エリザのために詩を書いたり注文したりした。身分の高い数人の宮廷人は学者と詩人の、そして一五八〇年代からは劇作家のパトロンとしてひろく活動する。レスターが文学者たち──全部で数十人にのぼる──に与えた格別な好意はこれまで注目されてきたことであるが、バーリー、エセックス、ローリーなど、学問がある才気煥発な人物をひろく援助した人びとは他にもいるのである。

この不規則に広がっているネットワークの外でも、地方貴族や都市の自治体がグローリアナを誉めたたえるという仕事に引き込まれた。とりわけ行幸によって多くの貴族と地方都市が女王と宮廷人をもてなすという義務を不本意ながら課されたのである。主人役を務める地方の人びとが催した饗宴には数十あるいは数百もの人びとが参加することもあり、おりおりに女王崇拝に大きく貢献した。[48] おそらくエリザベスの宮廷パジェントの中心である「即位の日」の騎馬武者による一騎打ちは、一五七五年の行幸の途中女王がヘンリー・リー卿の邸宅を訪れたときに始まったものだろう。[49] いまさら言う必要もないが、エリザベスは公の行事では観客の前で非凡な演技力を発揮した。「ある者には同情をお見せになり、ある者には誉め言葉、またある者には感謝の言葉をかけられた」と、大衆の中に姿を見せた女王を観察して記した人がいる。「また別の者たちには楽しげに気のきいた冗談をおっしゃり……巧みにほほ笑みと愛敬をふりまかれ、あちこちに目をお向けになったので、人びとは歓呼を倍にした。[50]」行幸は他のどんなものよりも、女王を一般国民の心の中の生きた存在にするのに役に立ったはずである。

このシステム全体は、ニールとマッカフリーが同じ時期に指摘した政界のパトロン制度のネットワークをき[51]わめて正確に反映するものである。どちらの場合も枢密院のメンバーと寵臣が中心になっている。彼らは官職から、また女王のさまざまな種類の下賜恩賞をうまく手に入れて主な収入を得ていたが、その代わりに女王が利用できる従者団を個人で抱えなければならなかった。基本的にはこの方法で兵士、政治家、詩人が供給された。いずれにせよ、必要な才能を持った人びとを見いだし報酬を払うのは宮廷人であって、エリザベスのほうは宮廷が報酬を出していなくても国民すべては結局は自分の従者であるという原則を実践したのである。このようにパトロン行為を分散した結果、最大限の融通性と意志疎通が生まれ、王室と直接関係のない人びとにも率先して建設的な行動をとらせることができるようになった。エリザベス崇拝に使われた様式やモチーフやジャンルの多くは、大勢の崇拝者たち——毎日彼女のまわりに集まってきた宮廷人、特別な機会にスペクタクルを催して彼女をもてなさなければならなかった地方貴族、市民主催のパジェントの責任を負っていた自治体とギルド——のいずれかに端を発するのである。これは儀式と文化を通じて行なわれた宮廷と国民全体の対話、女王の側近と全国の市町村とがたえず影響し合うことから生まれた王党派の文化であると言ってよいだろう。

一六〇三年以後、少なくとも三つの理由でこのシステム全体が崩壊してしまう。第一の理由は、一五九〇年代および十七世紀初頭の政治、経済問題に加えてスペインの脅威がなくなったために、エリザベス崇拝の発展を可能にしていた国家としてのまとまりが揺るぎ始めたことである。すでに一五九〇年代、セシル親子と女王が講和条約を締結しようとしているとき、エセックスはエリザベス朝の騎士道を利用して国民の軍事本能をかき立てたのだった。十年ほどのちにヘンリー王子がこの騎士道のイメージを復活させて、父王の和平政策への反感をあおった。[52] 一六二〇年までには、フォックスとその後継者たちが展開した神に選ばれた国家であるというプロテスタントの神話が、ジェイムズの親スペイン政策に反対する手段となっていた。きちんとした組織を持たないエリザベス崇拝のような君主崇拝、宮廷人などの努力に依存して成り立っているような崇拝は、必然的に君主が自分を支える柱である文化と儀式を管理できなくなる危険性を伴うのである。一五九〇年代の終わりから危険な事態が生じ始め、スチュアート朝に入ると、王の政治方針に反対する宮廷内の複数のグループと少数の宮廷人が、エリザベス朝君主政治の伝統を支持して王たちに逆らったのである。

第二の理由として、ジェイムズがエリザベスの治世の特質だった広範囲な基盤を持つパジェントを続けていかれなくなったことがあげられる。彼が群衆を嫌ってできるだけ避けようとしたことが不幸な結果を招いた。さらに重大なことには、貴族全体が宮廷のスペクタクルの費用を負担するという原則を維持できなくなったのである。大行幸はすたれてなくなり、「即位の日」を祝う馬上槍試合も衰退した。ジェイムズにルイ十四世ほどの歳入があればこんなことは大した問題ではなかったかもしれないが、かぎりのある財源では儀式による王権の誇示を制限せざるをえなくなった。それにもかかわらず王室の費用を切り詰められなかったことが事態をさらに悪化させてしまったのだろう。宮廷の経費はますます増大し、ジェイムズが年金と食費に支払った額はエリザベスの二倍にものぼっていた。チャールズ一世の下で事態はさらに深刻になったのに、宮廷の派手な生活ぶりは国民にとっていっそう理解したり参加したりできないものになっていった。金は公式の行列、騎馬武者による一騎打ち、行幸にではなく、ほとんどの人びとが締め出される私的な宴会と仮面劇に費やされた。その結果、スチュアートの王たちはぜいたくだと非難される一方で、王の壮麗さを目に見える形で宮廷の外にいる人びとに示す機会はますます少なくなってしまったのである。

エリザベス朝のシステム全体が崩壊した理由として最後にあげられるのは、宮廷社会の中での新しい文化の発展がカトリックのヨーロッパに見られるような美的な価値観に向かっていて、やがて国民との意志疎通にとって深刻な心理的障害の原因となったことである。一六〇三年にスペインとの和平条約が締結され大陸との外交関係が再開すると簡単に海外を旅行できるようになり、イングランドとヨーロッパの宮廷間の文化交流もひんぱんに行なわれるようになる。それまでも国外旅行をする人はいて、外国の考え方や礼儀作法を持ち帰った。しかしスチュアート朝には交流の規模はいちじるしく拡大し、やがて宮廷の物の見方と習慣を大きく変えてしまったのである。例えばマドリードで青春時代を送ったエンディミオン・ポーターや、絵画を求めてたえず海外を旅行しイタリアに代理人を派遣していたアランデル伯爵のような人びとは、イングランドのジェントルマンよりはイタリアやスペインの宮廷人と共通するところを持っていた。[53] チャールズがこのような傾向の影響を受けて成人したことが必然的にある結果を生んだのである。彼は人びとがシェイクスピアとジョンソン、ティツィアーノ、ルーベンス、パラディオに親しんでいる社会で成長した初めての王——ロンドンに住み、これまでのどの王よりも田園の社会から切り離されていた王だった。つつましやかだが注意深く管理された不動産からあがる収益で何とか身分に合った生活をしようと苦労し、州社会の四季裁判や市場や競馬に明け暮れている地方郷士には、王は遠くかけ離れた世界に住んでいるように思われたに相違ない。

私の分析が正しければ、スチュアート朝の君主崇拝はルイ十四世が行なった儀式と文化の改革に匹敵するような専制君主の計画から生まれたものではない。だがその崇拝にはさらに重大なことが反映されているのかもしれない。十七世紀初頭は君主と国政に参加する少数の国民および多くは無学な大衆を一つに結ぶ文化の絆が弱まった時期であったことが、これまで見てきたことからわかる。君主は貴族階級のかぎられたエリート集団と結びつき、都会の高度な文化を発展させていくようになる。この文化は長い目で見ればひじょうに大きな影響を与えたのだが、短期的には政治に不幸な結果をもたらすものだった。政治上の争いがいくつも重なり、さらに本質的な文化上の分裂に発展していったのであるが、それはこの段階ではまだはっきりとした輪郭をとっていない。内戦は、少数ではあるがどちらの側にも存在する中立的な立場の教養人にとっては、二つの社会観、二つの生き方の戦いだった。王は大権を握る政府を支持すると同様に、演劇、世界主義的な趣味、洗練された王党派文化も支持した。中立協定と地方に残る忠誠心、またこの争い全体の特徴でもあるどちらかに味方するのをためらう国民の気持にもかかわらず、国土は相容れない文化思想間の争いに突入していった。そして次の世紀には、この分裂が政治、文化双方の進む方向を左右することになるのである。

*Malcolm Smuts　歴史学専攻

注

1　改訂前のこの論文について同僚の David Sacks 氏に有益なご批評をいただき感謝している。

2　長期的に見て、イニゴ・ジョーンズがイングランドの建築に、ヴァン・ダイクが肖像画に与えた影響を否定する人はいないと思う。それに匹敵する影響を、ジョンソン、ウォラー、ケアリー、サクリングは王政復古期と新古典主義時代の詩に与えた。おそらくチャールズ一世の宮廷つきの作曲家には偉大な業績をあげた人物はだれもいないと言ってよいだろうが、全体としてはイタリアのオペラ風な初期バロック様式を吸収して、Purcell への道を開いた。

3　この点について全般的に扱っているのは Roy Strong, *Splendor at Court: Renaissance Spectacle and the Theatre of Power* (Boston, 1973)。

4　John Chamberlain to Sir Dudley Carleton, 4 December 1624, in *Letters of John Chamberlain*, ed. Norman E. McClure (Philadelphia, 1939), II, 588. プリンの議論とそれに対する宮廷の反応は、Stephen Orgel and Roy Strong, *Inigo Jones: The Theatre of the Stuart Court* (London, 1973), pp.50ff を参照。

5 特に Elkin C. Wilson, *England's Eliza* (Cambridge, Mass., 1939); "Elizabeth I as Astraea" and "Elizabethan Chivalry" in Frances Yates, *Astraea: The Imperial Theme in the Sixteenth Century* (London, 1975) を参照。

6 Peter W. Thomas, "Two Cultures? Court and Country under Charles I," in *The Origins of the English Civil War*, ed. Conrad Russell (London, 1973), p.184.

7 Yates, *Astraea*; Stephen Orgel, *The Illusion of Power: Political Theater in the English Renaissance* (Berkeley and Los Angeles, 1975); Stephen Orgel, *The Jonsonian Masque* (Cambridge, Mass., 1965); Orgel and Strong, *Inigo Jones;* Roy Strong, *Charles I on Horseback* (New York, 1972).

8 C. H. Herford and Percy Simpson, eds., [*Works of*] *Ben Jonson*, vol. VIII (Oxford, 1947), 638.

9 これはジョーンズの覚え書きを助手の John Webb がまとめた *Stonehenge Restored* (London, 1653) における議論の趣旨である。

10 "Upon his Majesty's Repairing St. Paul's" in *Poems* (New York, 1968), p.16.

11 アウグストゥス崇拝がルネサンスの宮廷に与えた影響についての議論は Yates, *Astraea*を参照。

12 この点を全般的に扱っているのは Walter L. Woodfill, *Musicians in English Society from Elizabeth I to Charles I* (Princeton, 1953)。

13 H. M. Colvin, D. R. Ransome, and Sir John Summerson, *History of the King's Works* (London, 1975), III, pt. 1, ch. 7.

14 Sir John Summerson, *Inigo Jones* (Harmondsworth, 1966), pp.83-96.

15 Summerson, *Inigo Jones*, pp.97-106; Colvin et al., *King's Works*, p.139.

16 Panzani dispatch of 1 July 1635, Public Records Office Roman Transcripts.

17 Summerson, *Inigo Jones*, p.52.

18 Salvetti dispatch of 24 March 1634, Public Records Office Roman Transcripts.

19 Public Records Office State Papers, Charles I, Vol. 402, fol. 75.

20 *Mercure François*, XI (Paris, 1626), 367.

21 *Mercure François*, XI (1626), 368ff.

22 *Mercure François*, XIX (1633), 741-43.

23 Tanneguy Leveneur, Comte de Tillieres, *Memoires inédit...sur la cour de Charles Ier* (Paris, 1862), p.92.

24 Contarini (?) report in *Calendar of the State Papers* (Venetian), XIX, 606.

25 Letter to Joseph Mead dated 27 April 1627 in Thomas Birch, *Court and Times of Charles I* (London, 1848), I, 220.

26 Henry Perrinchief, *The Royal Martyr* (London, 1676), p.21.

27 Summerson, *Inigo Jones*, pp.127-34.

28 ロレンス・ストーンは例えばハットフィールドハウスの建設費をだいたい四万ポンドとしている。初期スチュアート朝の最大でおそらくもっともぜいたくな建築計画だった祝典場の建設費のほぼ二倍である。Stone, *Family and Fortune* (Oxford, 1973), p.41.

29 一六三〇年代の終わりころの年金総額は年七万五千ポンドから十万ポンドの間にのぼっていた（Frederich C. Dietz, *Receipts and Issues of the Exchequer* [Northampton, Mass., 1928]）。この著書には個人の年金額がもとの領収書の形で示されている。ハミルトン公爵のような大貴族は年額一千ポンドを受けていた。

30 Public Records Office E 405/281-85.

31 Perrinchief, *The Royal Martyr*, p.253.

32　例えばSalvetti's dispatch of 15 January 1637, Public Records Office Roman Transcriptsを参照。

33　Giovane Bellori, *Le Vite de Pittori, Scrittori et Architetti Moderni* (Rome, 1672), p.259.　Belloriはこの情報をヴァン・ダイクの友人ケネルム・ディグビー卿から得た。

34　これは絵画購入を個別に記載している大蔵局の決算報告書に基づく。Public Records Office E 405/281-85.

35　Pasaro dispatch of 25 May 1625 in CSPV, XIX, 60.

36　特にSir John Neale, *Essays in Elizabethan History* (London, 1938), p.93を参照。

37　これは、例えばデンマーク王がイングランドの宮廷に滞在中催されたエンターテインメントの最中人びとが泥酔したことを伝えるJohn Harington卿の有名な言葉からもわかる。D. H. Willson, *James VI and I* (New York, 1956), pp.193-94を参照。

38　Pasaro dispatch of 25 August 1625, CSPV, XIX, 21.

39　Public Records Office State Papers, Charles I, CLXXXII, fol. 31.

40　Dumoulin dispatch of 2 May 1627, Public Records Office Paris Transcripts.

41　Willson, *James VI and I*, p.195に引用されている。

42　宮廷で用いられる術策が英詩に与えた影響を扱った最近の面白い研究書は、Daniel Javitch, *Poetry and Courtliness in Renaissance England* (Princeton, 1978)。

43　Letter to Charles I of 22 January 1633 in *The Earle of Strafforde's Letters and Dispatches*, ed. William Knowles (London, 1739), I, 183.

44　Chamberlain to Carleton, 4 December 1624, *Letters of Chamberlain*, ed. McClure, p.588.

45　Roy Strong, "The Popular Celebration of the Accession Day of Queen Elizabeth," in *Journal of the Warburg and Courtauld Institutes*, 21 (1958), 86ff.

46　Public Records Office State Papers, Charles I, CCLVIII, fol. 29.

47　*Diary of John Rous*..., ed. Mary A. E. Green (London, 1856), p.22.

48　これについてはJohn Nichols, *Progresses of Queen Elizabeth* (London, 1823) でくわしく述べられている。

49　Yates, "Elizabethan Chivalry," in *Astrea*, pp.94-102.

50　このJohn Haywardの言葉はNeale, *Essays*, p.92から引用。

51　Neale, "The Elizabethan Political Scene," in *Essays*, pp.59-84; Wallace T. MacCaffrey, "Place and Patronage in Elizabethan Politics," in *Elizabethan Government and Society*, ed. S. T. Bindoff et al. (London, 1961), pp.95-126.

52　Roy Strong, "Inigo Jones and the Revival of Chivalry," in *Apollo*, 86 (1967), 102ff.

53　Gervase Huxley, *Endymion Porter, the Life of a Courtier, 1587-1649* (London, 1959); Marie F. S. Hervey, *The Life, Correspondence and Collections of Thomas Howard, Earl of Arundel* (Cambridge, 1921).

文学

七章　文学のパトロン制度――エリザベス朝初期の状況

J・ヴァン・ドーステン*

マルティアーリスが彼の『警句集』(VIII, lvi) で次のように嘆いている。「もしいまマイケナスのような有力な文学のパトロンがいたならば、彼の保護を受けたウェルギリウスのような傑出した文学者が出ていただろうに。」[1] この言葉は、エリザベス朝初期にも当てはまるように思われる。たしかにウェルギリウスに相当する人物はいなかったし、文学の保護活動もそれ以前からひじょうに低下していた、少なくともそう見えるからである。一九〇九年にフィービ・シェヴィンは「エリザベス朝(後期)に大量に文学作品が生み出されたことは、賢明な奨励活動による結果とは言いにくい」[2] と自著で述べたが、一〇一歳になって、その改訂版(一九六七年)の校正刷りを読むことになったときにも、いささかエドワード七世時代風の彼女の考えはまだ大方の文学史家たちによってそっくりそのまま使われていた。[3] しかし、『レスター伯爵――文筆家のパトロン』の著者であるエレノア・ローゼンバーグは、この考えはまったく「誤解」であり、「幻想」「錯誤」であることに気づいた。[4] 実際、もし(彼女がしたように)「文学」と「パトロン制度」の両方の語を広く解釈し、この時代の知的および芸術的必要や目的を定義し直せば、文学のパトロン制度は存在し始める――それでもウェルギリウスのような人物を生み出すことはできないかもしれないが。

文学のパトロンについての明確なイメージを持っていた最初の重要なパトロンは、まぎれもなく、シドニーであった。さらに、少なくとも彼は確実に純粋な文学――エレノア・ローゼンバーグの反論にもかかわらず、マルティアーリスのみならず大部分の人びとがマイケナスのような人物と結び付けて考える種類の書き物――に関心をもっていた。しかし、シドニーでさえ（フルク・グレヴィルの言葉を借りれば）「学問にとっての広い意味でのマイケナスのような人物」と評するのが一番いいのであって、彼を普通の意味での文学のパトロンとして検討することは、ジョン・バクストンが著書『フィリップ・シドニー卿とイギリス・ルネサンス』で説明しているように、誤った方法であり、違うものを求めることになる。[5]

エリザベス朝の最初の三十年間にパトロン制度が関与した主な対象は純文学ではなかった。[6] 文筆家たちが著書を献呈した目的は、ある主張のために援助が得られるようにすることであり、自分の忠誠心や専門的知識に相手の注意を引き付けて、「抜擢」してもらい社会的地位をより良くしようとすることであった。彼らの作品と献辞の頁は、ほとんどいつも女王や国家にとって自分が政治上、宗教上そして教育上いかに役に立つかを強調していた。したがって文筆家たちは、献呈を通して、優れた鑑定家（もしそういう人物が存在したらのことであるが）より、例えばレスター伯爵あるいは女王自身といった政界の実力者に近づこうとつとめていたのだった。著作物は宣伝意図をもつ傾向にあった。いかなる真の人文主義者でもこれに反対はしなかったろう。〈国家〉の利益に奉仕できなければ、〈良き書物〉が何の役に立つだろうか、ということなのである。

しかしこうした多くの役に立つ書物や、冊子、手書きの草稿類の中に、どんな定義の仕方でも文学あるいは文学の試みと呼ばざるをえないものが、エリザベス朝初期においてさえ、ときどき生まれている。当時の書き物はたいてい実際的役に立つものであるが、ときどきは贈られる人びと、この語がもし正しければパトロンたちに、楽しみを与えることを主眼としたものもあった。意図された通りにそれらを鑑賞するためには、通常そうしたものは特定の機会に既知の好みに適うように書かれていることを心に留めておく必要がある。バクストンによれば、エリザベス朝の人びとは、「しばしば数日前に食事を共にした人のために何かを書いた」[7]。その結果こうした文学的副産物は、原稿のままにおかれたり、ときが経ってから印刷されたりした。そうした事例では、詩人とパトロンの関係は、少なくとも詩の言葉の上ではまったく形式張らず、作品の性格はかなりの部分パトロンの好みによって決定された。もしラテン語好みのパトロンであれば、ラテン語の詩になるだろう。保守的であれば――たいていそうなのだが――前衛的なものは必要とされない。このような場合はいつも、我々にはパトロン行為というものがきわめて形式張らず個人的なものに思える。なぜならばそれは大きな繁栄している宮廷や都市（十六世紀のイタリアにみられるように）とはつながらず、ただロンドンかあるいは地方の少数の人や家とのみ関係を持つからである。

結果として、パトロン、クライアント、あるいは献呈というような語を従来の意味で使用するにはしばしば困難が生じる。時と状況にかなり左右される。一例をあげると、ネーデルランドの有力な政治家ヨーンクヘイア・ヤン・ヴァン・ダ・デュースは、オランイェ公ウィレム一世の死後、イングランドがネーデルランドに干渉した件に関する交渉団の主要な代表の一人として、一五八四～五年にイングランドに滞在していた[8]。ネーデルランドのもっとも優れた詩人の一人である彼はイングランド滞在中に、ヤーヌス・デューサとして大量のラテン語詩を書いた。その大部分はイングランドの著名な政治家に宛られ、そのすべてが今日の用語で公的関係と呼ばれる状況に役立つためのものである。彼はそれを『イングランドの歌の書』という一巻にまとめて印刷し、エリザベス女王に献じた。これはひじょうに分かりやすい例である。しかし同じ時期に彼はまた、現在ハットフィールドハウスの図書館に所蔵されている、一五八四年の『弱強調の抒情短詩』第二巻を自筆で念入りな献辞を付けてバーリー男爵ウィリアム・セシルに贈った。これは献呈といえるだろうか。この書には他の人に宛てた印刷された献辞も付けられている。この書がバーリーをデューサのパトロンにするであろうか。デューサによるとそうであった。なぜなら彼は献辞にこう署名している——「貴方を尊敬するクライアント」。しかし本国では、デューサはだれかのクライアントというよりパトロンとみなされていた。たしかに、強力な宗教的政治的な意図が付与された国際間の〈公的な文学〉では、詩人とパトロンの関係はまさに状況次第というものである。パトロン行為という語はもちろん使えるが、しかしそれなりの再調整をしないわけにはいかない。[9]

十六世紀の文学のパトロン制度と絵画のそれとのあいだには著しい違いが存在する。一つには、前者は豊富な資金がなくても存在できたが、後者は金持ちの専有物だったからである。そういう前提にもかかわらず、両者の苦しい状況には共通性がないわけではなかった。エリザベス朝初期のイングランドにおいて絵画そして同類の美術は……生き残りをかけて闘っていた。それらの衰微は、ある確立された宮廷文化が完全に衰退し、それにともなって王室の活発だったパトロン活動が衰退したことによって助長された。ヘンリー八世は、本来の興味から派生したものにせよ、はっきりした美術に対する趣味をもったただ一人のチューダー家の君主であり、彼の統治期間に建築、絵画そして装飾美術の分野で最新の流行に遅れをとらないようにあらゆる努力がなされた。しかし、彼に続いたエドワード、メアリー、エリザベス、ジェイムズはそろって美術保護を活発には行えなかった。一五四七年にヘンリー八世が死去した後には、新しい宮殿はまったく創建されず、既存の宮殿の大掛かりな増築もなされず、外国使節の来訪とか損傷による更新のような必要にせまられた場合以外には、家具、タペストリー、絵画あるいはほかの美術品に対して君主が重要な発注をすることはなかった。[10]

同じことが詩にも言えた。宮廷を舞台にしたパトロン行為や、気前のよい、詩を愛する貴族たちの存在を証明するものは何もない。しかし、文筆家の社会的知的地位は画家のそれより概して高かったので、彼らはまったく援助を受けなかったわけではなかった。

少なくとも彼らは、大陸に存在していたのに比べてもひけを取らない文学的な会合場所に出入りできた。ただし競い合うクライアントたちと彼らに囲まれた金持のパトロンからなる文学サークルの存在を想像してはならない。それよりは十六世紀の北西ヨーロッパの人文主義を特徴付ける、形式張らないパトロン活動の中心となる注目すべき場所を考えるべきである。たとえば大きな印刷所や、ほとんど社会的地位を問題にしないで、文筆家が同僚として考えを交換できる一流の人文主義者たちの食卓などである。残念なことに、エリザベス朝イングランドはフローベンあるいはオポリヌスの系譜の出版者を生み出さなかった。また文筆家や商人やパトロンたちの情報センターの役割を果たしたプランタンあるいはエスティエンヌの印刷工房のような所はイングランドにはなかった。しかし、トマス・モア卿の家庭は次の世代の人文主義の政治家によって記憶され、特にウィリアム・セシルは彼の例に習おうと努力した。[11]

どういうわけか、しばしば宰相セシルは学者であったことを忘れられる。彼は、エリザベス朝初期において印刷に付された書物が献呈されたもっとも顕著な三人のうちの一人であった。あとの二人は、エリザベスとレスターである。少なくともセシルは競争相手とも言うべきこれら二人と違って、積極的に文芸に関心を寄せた。「ひじょうに重要な国事で頭がいっぱいでも、食事の時には、彼はそれらをいつも追い出しているようです。他の楽しいことを話す機会を見つけようとします。学問に関することが一番愉快なのです。そして食卓についている者の中でもっとも身分の低い人の考えを丁重に聞こうとするのです」とアスカムは彼の『教育論』の「序文」に書いた。（この書は一五七〇年に著者の未亡人によってセシルに献呈された。）さらに宰相夫人ミルドレッドは、アンソニー・クック卿の勉学を積んだ娘たちのうちの次女で、ギリシャ語については評判の知識を持っていた。ジョージ・ブカナンは、「私にとって、クックの娘さんたちはミューズの女神たちであったし、彼女たちの父はアポロ神に等しかった」と言っていた。[12] セシル家はもちろん子供たちに最高の教育を受けさせたいと思っていた。そこでは古典、哲学、自然科学そしてある種の詩や音楽の学習、研究が奨励された。コニャーズ・リードはセシルを「正確には、建築以外には美術のパトロンとみなすことはできない」と断言するが、セシル家はモア以後のイングランドで、人文主義者のサロンにもっとも近いものであったし、たぶん初期エリザベス朝イングランドにおいて唯一のものであったろう。[13]

セシルのパトロン活動には二つの面があった。一つは公になっているものであり、もう一つは私的なものである。前者については、次々と大勢のイングランドの文筆家や翻訳家たちが彼に献呈した印刷された書物の数を数えることである程度推し量ることができる。それらの一部は今なおイギリス文学史の脚注に生き続けている。一五八〇年に出た重要で謎の多いスペンサーとハーヴェイの間の『書簡』の中で、トマス・ドラントの古典詩韻律についての法則がひんぱんに言及されているが、そのドラントは一五六六年に、彼の『薬効ある道徳……ホラティウスの風刺』をクック家の「学問と徳の擁護者」である娘たち、すなわちベイコン夫人とセシル夫人に献呈した。ドラントがセシル家の人に宛てた出版物はこれだけであった。[14] しかし二十年後に、デュプレシー・モルネーの『キリスト教の真実』のシドニーの翻訳を完成し、改訂した[15]アーサー・ゴールディングは、本来の意味でのクライアントであったように思える。というのは、いくつかの翻訳作品をセシルに献じた時期に、パトロンの屋敷に居住し、アン・セシルの未来の夫でセシルが後見していたオックスフォード伯爵に仕えていたからである。[16] さほど才能のないバーナビー・グージは著書二冊、そして印刷業者リチャード・グラフトンは一冊をセシルに献じた。グラフトンはまた、セシル自身のラテン語詩二編を含むトマス・ウィルソンの『スフォルキエンスの二人の兄弟の伝記』（一五五一年）を印刷していた。[17] ウィルソンは一五七〇年に、デモステネスの演説三稿の翻訳を宰相に献呈した。しかし、セシルと間もなく国務大臣になる彼との関係は親しい同僚と言えるものであった。一五六八年に病気のセシルに宛てたウィルソンの詩の調子にも明らかである（その中で彼は、偉大な人物が病んでいるときにイングランドに悪がはびこっているのを嘆いている）。[18] 最後にラルフ・ロビンソンをあげよう。彼はモアの『ユートピア』を訳し、一五五一年にセシルに献じた。その時手紙に「貴方と私は幼少のころからの旧知の仲で、学友である」と記し、そのことを思い出させようとしている。ロビンソンは何年もの間その昔の学友に懇願し続けたが、はっきり成功した例は認められない。要するに、こうした事例が、セシルの文学のパトロン活動の公的な面を示している。

さらに重要でありながら、一層明示しにくいのがセシルの私的なパトロン活動である。たぶんそのパトロン活動という言葉を捨てて、代りに客を歓待することとか、近づきやすさという言葉で考えるべきなのであろう。文芸や学問の中心の一つとしてのセシル家の記録は大量に見出せるはずだ。しかし、それらはたやすく手に入る訳ではなく、（意図してそれらを探していないようなときに）我々はさまざまな種類の書物や原稿の中に含まれる記録に出合うのである。公文書に紛れ込んでいる詩や書簡、大陸の学者たちの手紙の中の偶然の言及、長いこと忘れられている近代ラテン語詩集の中の称賛詩、あるいはあるイングランド訪問者の〈友人名簿〉にたまたまあった書き込みなどで、形式張った献呈という形はめったにない。それらを繫ぎ合わせると、十六世紀ヨーロッパの他の多くのものと似たような状況が見えてくる。我々は、一五七〇年代にシドニーがラングに引き合わせてもらった大陸の学者で政治家でもある人たちのことを想い起す。その中のいく人かは、まもなく役割を逆転させて、かつての訪問者シドニーに書物を献呈することになる。セシルが文筆家たちに与えた厚いもてなしは、人文主義者たちの食卓の楽しみというよく知られた形を踏襲した。それは〈優れた文学〉が通常の話題である打ち解けたシンポジウムというものであった。こういう会の出席者や話題をたどることによって、ときにこれらの会合が持っていた好みや関心事を垣間見ることができる。そしていくつかの例では、どのようにしてある書物が執筆されるに至ったかとか、何年かの後にある人たちが、文学活動に由来しない、たいていは政治上の理由で交遊を再開するとき、なぜ親しい旧友のように話したり手紙のやり取りができたのかを説明できるかもしれない。十六世紀を通して、言語学あるいは文学の能力を示すことができた人なら、セシルのような多くの有力者に苦労せずに近づくことができた。このような状況で、ネーデルランドの使節デューサが一五七二年はじめてセシルに会ったとき、セシルの以前のネーデルランド人のクライアントの一人が、彼を名高いラテン語詩人として称賛している手紙を持参した。[19] セシル家（あるいはそれに匹敵する場所）でのこうした会合から生じるものがいかなるものであったにせよ――登用、政治的援助あるいはなにもなしということが考えられるが――それが詩（文筆）をもって始まる、と主張しても多分誇張にはならないであろう。

セシル夫妻の個人的な関心とは別に、夫妻には文筆家を歓待したもう一つの理由があった。子供たち、長女のアン（一五五六年生）、年下のロバート（一五六三年生）とエリザベス（一五六四年生）、そして多数の被後見人をもっとも進んだ世紀半ばのプロテスタントと人文主義に則った方針で教育したいという願いであった。厳格に守られていた宗教上のお勤めに加えて、切れ目の無い語学学習で子供たちは忙しかった。当時のイングランドの優秀な教育者の何人かがセシルのとくに親しい友人であった。十年前を振り返ってみると、エドワード王の教師のうちの二人は、セシルのケンブリッジでの指導教授で、彼の前妻の兄ジョン・チークと、今の妻の父アンソニー・クック卿であった。もう一人は、セシルの時代にはケンブリッジのセントジョン学寮のフェローであり、将来エリザベス女王の教師にもなるロジャー・アスカムであった。さらに人文主義者の知人で教育に関っていた人たちを付け加えることができる。セシルのところには、彼が後見していた何人もの青少年が従者や教師をつれて滞在していたために所帯はますます大きくなり、さらにセシルの子供たちが成長するにつれ、上級の指導を必要としたので、学者たちはこの「壮大で多くの人が集まるホテル」[20]セシル家で一番歓迎された訪問者であった。セシル夫妻は、教育の力を心底信じていて、女性に対する教育も例外ではなかった。このことこそ、夫妻のパトロンとしての活動の特質を示すものであった。

ついでながら、公平に言って、十六世紀半ばのイングランドでの女子教育についてはあまり良くはわかっていないということを付け加えておくべきだろう。ただし教育のあった女性たちについて今日までかなり書かれてきているし、言うまでもなくこれからもそうであろう。男性と同様女性に対してももちろん、トマス・モア卿を筆頭とするさまざまな初期人文主義者によって古典教育が唱導されてきた。そして学問のある女王エリザベスと二人のメアリーの出現という新しい状況は、たしかに女性解放の傾向に悪い影響を与えることはなかった。それではなぜエリザベス朝初期における女子教育の実態がきちんと記録されていないのか。この理由として次のことが考えられる。まず女子教育が男子の教育と注意を引くほどには違わなかったこと。さらに重要なことは、それがまだ職業経歴に向けて女子を準備するということとまったく関係がなかった点である。女子教育は、せいぜい女性が「夫の客との対話を対等に行なえる能力」[21]を獲得できるようにするものであった。三つ目の理由として、必ずしも貴族とは限らないが、少数の知的エリートと言えるわずかな女性しか教育を受けられなかったという事情があげられる。ミルドレッド・セシルと彼女の十分な教育を受けた娘たちが人文主義の文筆家たちによってしばしば取り上げられ論じられた事実は、いかに彼女たちが例外的な存在であったかを示している。

以上のように、セシル夫妻は学者たちに訪ねてくるように勧める理由を十分に持っていたのである。そして学者たちも夫妻の歓迎が足らないなどと嘆く必要はなかった。宰相はひじょうに影響力のある人物になっていたのである。もし彼自身が夕食の時にしか現れなくても、日中は大所帯をきわめて手際よく監督している彼の妻が、被後見人、教師そして滞在中の学者たちの活動をとりしきっていた。彼女の屋敷は、この国のおもな紳士の多くが息子たちを教育のために送り込む、いわば人文主義者の学舎のような様相をますます強めていった。エリザベス朝初期イングランドには学者の集会所として、そこと並ぶところはなかった。

いろいろな点で、セシル家は同時期のもう一つの家によく似ていた。それはパリのジャン・モレルの家庭で、彼の妻は言語学者としてミルドレッドと肩を並べることができ、娘たちは同じように教育を受ける年頃であった。[22]大枠は同じであったと言える。五十年代後半と六十年代において、モレル家は学者や詩人たちの主要な国際的集会所になっていた。しかし、モレル夫妻がカトリック信者であったこととジャン・モレルがセシルのような有力な政治家にならなかったこと以外に、これら二つの学問の中心地の間に決定的な違いが二点認められる。その一つは質に関してである。一五六〇年代のイングランドはパリとは比較にならなかった。当時のパリは、北西ヨーロッパでもっとも進んだ芸術と学問両方の中心地であった。モレル家の常連客の中にその時代を代表する著名人の名前を見出すことができる。第二点は、モレル家の「聖なるミューズの神々の神殿」では純文学が重要な役割を果たしていたことである。さまざまな人物が訪れる中にプレイヤード派の詩人たちがいた。一五五九年に出版されたデュ・ベレの『サヴォイ公爵フィリベルテ・エマニュエルとフランスのマルガリーテの結婚に寄せる祝歌』の中の読者への挨拶文には、モレル夫人と三人の娘たちが実際にその祝婚歌を歌ったことが記されている。

さらに三つの重要な事柄を指摘しなければならない。第一点は、モレル家についても、パトロン活動という語を伝統的な意味で使えないことである。第二に、セシル夫妻は海の向こうの自分の所より格段に優れた集会所で起こっていることをよく知っていた。なぜなら、相当数の〈知識人たち〉が両方の家を訪れていたからである。そのように両家の間を行き来していたことが詳しく記録されている二人の人物がいた。ダニエル・ロジャーズとネーデルランド人のハレス・ウーテンホーヴェで、いずれも学者であり政治家であり、かつ文学史に残した貢献は（この場合が示すように）彼らが築いた人脈の重要性にあるという程度の〈二流の詩人〉であった。[23] 第三のもっとも重要な点は、宰相セシルは少なからぬ機会を手にしていたにもかかわらず、モレルと同じ方向を目指すことができなかったことである。外国人を拒否していたわけではないが、彼はただひたすら保守的なイングランドの人文主義の伝統に従っていたのである。彼は決して新しい文学の流れを奨励することはなかった。

もう一つ示唆に富む事項を付け加えなければならない。セシル家は、若いフィリップ・シドニーが初めて出会った私的な学術センターである。[24] シドニーはしばしばセシル家に逗留していた。そして、セシルの言う「我が敬愛するシドニー」がそこで休暇を過ごした一五六八〜九年のクリスマスの後で、セシルのまな娘のアンとフィリップの間の、婚姻継承に関わる不動産処分が両者の父ヘンリー・シドニー卿とセシルによって取り決められた。その縁組は実現しなかったが、多感な年ごろのシドニーがセシル家で得た経験は彼に影響を与えたにちがいなく、それは彼自身が十年後にパトロンになったときの手本、ときには警告にもなったであろう。

セシル家あるいは他の手厚くもてなしてくれる場所での滞在が記録に残っているこうしたすべての文筆家や学者、とりわけ外国のクライアントの活動を列挙していくのは心をそそるものである。しかしそれは、この論文の主題にとってたいして意味のあることではない。英文学の発展とはなやかな新しい文学の出現という観点から言えば、これは周辺的な作業である。それでは中心にあるのは何であろうか。文学研究者は当然のこととして、エリザベス朝の非演劇詩の最初の隆盛期「白銀の時代」を生み出すことになる、謎に満ちたエリザベス朝初期に興味を持つであろう。だがその研究者は、セシルや彼の同時代人が純文学をパトロンとして保護することに関心を示さなかったにもかかわらず、その隆盛期が生じたと言うつもりなのだろうか。その時代の最高のパトロンはレスター伯爵であり、彼のクライアントの中に二人の著名な文学者が見出せる —— スペンサーと少し程度は下がるが、ゲイブリエル・ハーヴェイである。しかしひいき目に見た推論でさえ、彼らの主人の側に活発なパトロン活動があったことを明確に示すことはできない。[25]

どんなに一生懸命に探しても、新しい詩のパトロンとしてはただ一人シドニーしか見つけられない。大変な困難にもかかわらず、ほとんど単独で、彼はヨーロッパ文学史上もっともすばらしいと言われる時代が誕生するきっかけとなった環境とインスピレーションを供給した。ところが彼自身はその結実を見るまで生きられなかった。（実際のところ、彼が長生きをしたら、マーローやシェイクスピアとその後継者たちを認めたかどうかは疑問である。というのは、彼らは彼の新古典主義の法則に背くことになるからである。ただし他のことはなんでも、例えば〈ミメーシス〉、〈エネルゲイア〉その他すべてのことは評価したであろうと考えたい。）一五八六年に死ぬ前に、彼が実際に目撃したのはずっと実験的で排他的なものであった。しかしこうした形成期に彼が果たした役割の重要性は同時代人も認めるところであったし、今日の学者たちにも追認されている。

学問のパトロンであるマイケナスとしてのシドニーの活動は、かなり詳細に調べられ、書かれてきたが[26]、純粋な文学のパトロンとしての個人的な関わりについてはさほど知られていない。もちろん、スペンサー学者はシドニーの貢献範囲を見極めようと努力してきたが、今なお解けない最大の謎は、『羊飼の暦』（一五七九年）が「気高く有徳の紳士、学問、騎士道においてあらゆる称号に値するフィリップ・シドニー様」へ献呈されるようになる前の年月に関するものである。明らかに、今ある証拠は決定的なものではなく、したがっていささか当惑させられるものである。しかし、それを無視することはできない。シドニーの存在は至るところに感じとられ、そしてほかにそういう人物はいなかったからである。

国内的な視点からは、若いフィリップ・シドニーは、ある程度力のあるパトロンとなるには権力も財力もなかった。女王が彼の政治的影響力を小さくしようと努めたことが、彼をさらにそれに相応しくない存在にした。しかし、国際的な願望とか期待という視点から見ると、彼はイングランドのもっとも将来が期待されたパトロンであった。その結果、彼の役割は大部分大陸の（あるいは大陸指向の）力のある人びとによって形成されたのであり、その観点で考察されるべきなのである。わかっている事実は多い。大陸での教育は一五七二年に始まった。ヨーロッパ大旅行の当初の目的は、「外国語の知識」を獲得することであったが、彼はそれ以上のものを持って帰国した。[27] 彼のカリスマ性――今日そう呼ぶ人がいるが――は、彼が継承するだろうと考えられた財力と政治力と相まって、学者や政治家、とりわけ強力なプロテスタント勢力であるイングランドを引き込もうと躍起になっていたプロテスタント同盟の組織者の注意を引き付けた。ウォリックとレスター両伯（そしておそらくまたサセックス伯とハンティングドン伯の）継承者と考えられ、さらに「アイルランド総督の子」と称されたシドニーの七十年代後半における海外での名声は実に驚くほどのものであった。彼の師ユベール・ラングとイングランド移動公使ダニエル・ロジャーズを含む同盟の支持者たちは、あらゆる努力を惜しまず、徳と完璧の具現者としてこの若きイングランド人を育てようとした。シドニー自身確実に、与えられたイメージに従って行動するように努めていた。彼の政治的活動を停止させようとした女王の決意が、かえってシドニーにその役割を絶対に捨てないようにさせたのではないかと考える人もいる。

何人かの著名な同時代人とは違って、シドニーの学問や文学に寄せる関心は本物であった。そのため、当時の優れたプロテスタント人文主義者の中には勇気づけられ〈クライアント〉になった者もいて、彼が最新の人文主義の学問を広く身につけることができた説明になると考えてよいだろう。[28] ところがそのプロテスタント同盟の集団には、それぞれの自国語を使う詩人はそれほどおらず、彼の大陸の知人たちはせいぜいフランス語やイタリア語で書かれた文学作品を手に入れる橋渡しの役を果たしただけだった。しかし、おそらく彼が世紀半ばのパリ文学界の影響を受けた者が多い北部の人文主義者たちから学んだことは、詩もまた対立の時代において人を導く手段とされるべきだということであった。[29] 私的なものかもしれないが、シドニーの文学上の遺稿には、宮廷から締め出された時間を持て余して、詩――彼自身のものと他の詩人、特にスペンサーの詩に没頭していたとき、彼がこのことをじっくり考えていたのを十分示すものがある。

今日スペンサーは『妖精の女王』『賛歌』『結婚前祝歌』『祝婚歌』の作者として知られている。シドニーはこれらの作品が書かれる前に、スペンサーには秘められた豊かな源泉があることを認め、書くように勧めたにちがいないと考えられる。おそらくそれは真実であろう。彼ら二人はしばらくの間交流があった。『羊飼の暦』を献呈されたシドニーが、彼のクライアント、スペンサーを一層頑張るように激励したことを示す証拠が認められる。しかしこの詩人は一五七九年か多分もっと以前にシドニーと出会ったのであるが、シドニー自身が興味を持つようになったばかりの考え方と実際の事柄や作品には、それより何年か前からインスピレーションを受けていたことを付け加えておかなければならない。[30]

彼ら二人が初めて出会ったときの状況についてはわかっていない。もしイングランドのプロテスタント同盟への関わりを支持したことでよく知られたシドニーの叔父レスター伯が、スペンサーに仕事を与えたことがきっかけだったとすれば、シドニーのパトロン行為の型によくあてはまると言える。しかし何も確かなことはわかっていない。スペンサーの初期の作品の大部分――『夢』『死にゆくペリカン』『テムズ川の祝婚歌』――は失われてしまっており、今日知られている限り、だれも彼の文学上の大望に関心を持たなかったのだ。『羊飼の暦』が出版されたとき、イングランドの読者はそれまで慣れ親しんできたものといかに違うかに気づいたにちがいない。スペンサーの唯一現存する〈少年時代の作品集〉である一五六九年の詩集『俗人のための劇場』についても同じことが言える。それは典型的なフランス風の世紀半ばの作品で、七十年代後半の自国語による人文主義的な試みと、詩が果たす役割に対してスペンサーが後にとった姿勢の両方を予見させる。[31] シドニーは『詩の弁護』で『羊飼の暦』に言及しているが、スペンサーの『劇場』を知っていた証拠はない。しかし『劇場』と

（その題から推測すると）『夢』の両方の詩は、大陸にいるシドニーの友人や先生たちが繰り返し話し、書いてきてくれたあのフランスの文学界に直接由来する。したがって、若いパトロンのシドニーは、自分とはかなり違っていても、クライアントであるスペンサーが何をしようとしていたかは理解したと考えられる。シドニーは決してスペンサーと同じようには書かなかったし、逆のことも言える。しかし彼らの文学理論は同じであった。スペンサーの『英詩人』は現存していないので、それが『暦』の十月の田園詩あるいはローリー宛の手紙のある部分のように『詩の弁護』に似ているかどうかはわからない。しかし『妖精の女王』でスペンサーが実践したことは『弁護』であらましが述べられている原理と確実に一致している。[32]なぜなら、調子や様式また個人的な名声そして才能までも含めて、彼らの間に認められる相違にもかかわらず、二人は文学のイデオロギーを共有していたのである。それはそれぞれが独自に海外から獲得したものと思われ、どちらがどちらに教えたのかなどと考えることは意味がない。

一五七八年頃、彼らが初めて会ったとき、スペンサーはすでに「新しい詩人」として九年間の実践を積んでいた。シドニーもまたいくらかの経験を持っていたにちがいない。『五月の貴夫人』は一五七八年に書かれ、[33]『アーケイディア』は一五七七年の八月から十月の間に書き始められたと推定される。[34]シドニーの音量詩（これについて彼は一五七九年には「すでに十分な経験」を積んでいた）[35]に関する初期の試みは、一五七八年四月以前に始められたにちがいないが、[36]今日知られているどんなテクストも、それを証明する正当な根拠を持たない。[37]もちろんこのことは彼がそれ以前にいかなる詩も書かなかったことを意味するものではない。[38]彼のように批評力があり自意識の強い人は、力がつくにつれて〈少年期の作品〉を破棄してしまったであろう。七十年代前半の大陸遊学旅行中に、彼はいつも「戯れるミューズの神々と一緒に」いたと従者のロドウィク・ブリスケットが述べている――むろんそうであろう。[39] 同じように、シドニーの友人パウルス・メリッススが一五七七年五月に「よく知られ、敬愛されたミューズ神シドニー」と呼びかけたとき、このドイツ人の詩人が少なくともそれなりの文筆の経験を持つ人を指していることは明らかである。[40] 一五七九年一月十四日付けの長いラテン語詩はシドニーの語学と文学の才能と技術を称賛している。[41] だがその詩の作者ダニエル・ロジャーズは（何事にも正確なのだが）、これらは必ずしもすべて新しいものではないと受け取れるような表現をしている。彼はそうしたものがシドニーの法学、神学そして道徳哲学にたいする興味とつながりがあることをはっきり示し、加えて、（後にシドニーの蔵書を受け継ぐことになる）ダイヤーとグレヴィルもまた関係していた事実を示している。ここに到って我々は、長いこと論じられてきたスペンサーとハーヴェイ間の『書簡集』にある主題、アレオパゴス評議会に擬せられたシドニーのシンポジウムについて再考しなければならない。[42]

シドニーの会合がアレオパゴスかどうかは別として、大陸のプロテスタントの指導者たちを訪問するという重要なことを行った一五七七年から一五七九年までの二年間、彼が政治的な活動をしていない時期に、少なくともシドニーは〈人間社会の諸事〉の新しいとらえ方に基づく新しい詩を確立しようとしていた知識人たち――スペンサー、ハーヴェイ、ダイヤー、グレヴィル、ロジャーズ――のグループのパトロンであり指導者と見なされていたのは明らかである。この時期もまた失われた年月なのである。どのくらいの頻度で若いパトロンと彼のグループの人たちが会っていたか、そして彼らが何をして、何を読んで、何について話していたかを正確に知ることはできない。我々が手にしているものは、一五八〇年に印刷された五通の〈書簡〉と、ロジャーズの詩そしてあちこちに散在するわずかな言葉だけである。詩に関する限りもっとも雄弁な文献は、『アーケイディア』の最終版と「詩を楽しむ人々は……自分たちが何をし、如何にするかを知ろうとする」と書かれた

『詩の弁護』と言える。この二つの作品は初期の締めくくりにシドニーが出した結論の要約と読みとるしかないだろう。[43] 総合するとこれらの証拠は、文学を志したアレオパゴスの会の構成員たちはたまたま皆プロテスタント同盟関係者で、「よく知っているというだけでなくよく行動するという目的を持った、倫理的政治的見地からの人間自身についての知識」を体系的に「表現するのにもっとも役に立つ能力」を得るために会合に参加していたということを示している。[44] こうした折りの議論を奨励し、先導しようとするシドニーのインスピレーションは、おそらく大陸の友人や先生の例に刺激され湧き出たのであろう。彼の私的で小規模な研究会は、当然六十年代にパリにあった学者や政治家たちによる格段に有名なサークルの理想主義に燃えた会合を思い起こさせる。シドニーの集まりの一員であるロジャーズは、(メリッススのように) 直接このパリのサークルに参加していたのだった。[45] イングランドの会の音量詩にたいする関心でさえ――正確に記録されている唯一の話題であった――それより以前になされたフランスのサークルの会員たちの努力の成果を思い出させる。[46]

そういうコンテクストの中では、純粋な文学は単に副産物でしかなかったが、同時にそれはしだいに実用的なことを伝える楽しい手段として重要なものになっていった。『弁護』は〈楽しい dulce〉ということと〈実用的 utile〉ということのつながりについて非常に明快である。不幸にも、このグループがその新しい手段でごく初期に行った試みは現存していない。わずかに『書簡』に見られるいくつかのヒントと早い時期と考えられる『アーケイディア』の一部分があるだけである。シドニーは、自分を範例として教えることの効果を心から信じていた。ダニエルの言葉を借りれば「他の者を大胆にも独創的にした」[47] のは、詩的手段を向上させることに彼がかたむけた努力だったのはごく自然なことと思われる。それはどういうふうだったのか。シドニーの洗練された韻文はよく知られているが、(サリー以外に) イングランドには前例はなかった。だが、すべてのことには始めがある。

スペンサーの『嘆きの歌』にその失われた始めを垣間見ることができるように思われる。それはシドニーの死の五年後に出版され、初めの部分『時の廃墟』で「若いミューズたち……のパトロン」が称賛されている。記念の詩文ではいつでも過去が呼び出される。スペンサーの場合もそうで、その結果彼の詩は一五九一年においてさえはっきりと古風な響を奏でたはずである。[48] 明らかに彼は少数の人たちのために、特に『廃墟』を献じたシドニーの妹のために遠い過去を取り戻そうとし、最初の手段として、チョーサー風スタンザを採用したのだった。シドニーのこの詩型によるたった一つ現存する詩は一五七九年ころの作で、もっとも自伝的ないわゆるイスター・バンク詩である。[49] その中で彼は複数の方法で、一五七三年から七九年の年月を追想している。このように、シドニーもまた回想のためにチョーサー風スタンザを使い、その折りたった一度だけ『弁護』で強く拒否した「古い素朴な言葉」で「スペンサー流の」詩を書いたことは単なる偶然の一致ではない。『時の廃墟』の終わりのほうで、スペンサーは十四行の単位を構成するために、二行連句の弱強五歩格からなるスタンザを作った。我々にとって、そしておそらく一五九一年当時のイングランドの読者にとっても、それは風変わりなアングロ - サクソンの原ソネットのように見える。(『旧アーケイディア』もそんな一編の詩を含む。)それらの十四行スタンザは全体として(デュ・ベレ風に)二群の黙示録的な未来像を構成していて、「不死のフィリサイドの霊」に寄せた追連で終えている。この連詩は韻を踏んでいるが、調子と様式において、スペンサーの一五六九年作『劇場』の無韻の十四行詩と一致する。こうしたことからただ一つの結論が導きだされる。すなわち一五九一年の『廃墟』は、イングランドの伝統の中で新しい予言的な詩を展開しようとするもっとも早い試みを再構築したのである。だが、一五九一年の時点でいったい何人の人たちが、最初のアレオパゴスを目指した実験について秘密めいた私的な記録を再構築しようとするスペンサーの試みを認めることができたであろうか。

以上が「近代」英詩が本格的に始まった地点である。パトロン制度という観点からは、ある個人がしたこと、多分一人の大家の業績というものであったろうが、ウェルギリウスやマイケナスにあたる人物がいないので、華やかさはない。初期の段階はほとんど痕跡を残していない。予言者的に、スペンサーは彼の幻影に現れるフラッシュバックを「時の廃墟」と称したのだった。

*Jan van Dorsten　英文学専攻

注

1 "Sint Maecenates, non derunt, Flacce, Marones."
2 *The Literary Profession in the Elizabethan Age* (Manchester, 1909), p.7.
3 *The Literary Profession in the Elizabethan Age*, rev. John Whiteside Saunders (Manchester, 1967).
4 *Leicester, Patron of Letters* (New York, 1955), pp.12-13.
5 *Sir Philip Sidney and the English Renaissance* (London, 1954), ch. 1.
6 Rosenberg, *Leicester*, pp.15-17.
7 Buxton, *Sidney*, p.22.
8 Roy C. Strong and Jan A. van Dorsten, *Leicester's Triumph* (Leiden and London, 1964), chs. 1-2; Van Dorsten, *Poets, Patrons, and Professors* (Leiden and London, 1962), pt.2, ch.1.

9　Hatfield House Library, Shelfmark Br. 11972.0.1.

10　Roy Strong, *The English Icon* (London and New York, 1969), p.1.

11　Jan A. van Dorsten, "Mr. Secretary Cecil, Patron of Letters," *English Studies*, 50 (1969), 1-9; *The Radical Arts*, 2nd ed. (Leiden and London, 1973), pp.62-3 and *passim*. この後に続く数段落で、必要上私がすでに以前述べたことを繰り返す。

12　*Opera Omnia* (Leiden, 1725), II, 95.

13　*Mr. Secretary Cecil and Queen Elizabeth*, Bedford Historical Series, no. XVII (London, 1962), p.11.

14　多重パトロン制の興味深い例として彼の大英図書館蔵の *Praesul* (1576) がある。この書はトマス・グリンダルに献呈されたものであるが、その中でレスターがドラントのパトロンとして言及されている。さらにこの書は著者が女王に贈ったもので、彼は十八行の詩「女王、そして貴女のイングランドの命……」で彼女に献呈することを表明している。

15　*Miscellaneous Prose of Sir Philip Sidney*, ed. Katherine Duncan-Jones and Jan van Dorsten (Oxford, 1973), preface.

16　*Short Title Catalogue*, 3933, 4335.

17　Read, *Cecil*, pp.353-4 にある娘アンに宛てた新年の詩「彼のペンから生まれた唯一現存する詩について」を参照。もう一つ（トマス・チャラナー記念の）詩がチャラナーの *De rep. Anglorum instauranda libri decem* (London, 1579), sig. **ij. A 1571 *Carmen in adventu reginae* にある。筆者はこれを見たことがないが、セシルの作とされてきた。The Cambridge MS. I.i.5.37 (Bartholo Silva, *Hortus* のレスターへの贈与本でローゼンバーグの中ではない)に、ミルドレッド・セシルのギリシャ語の詩がいくらか含まれている。

18　State Papers foreign, 12/47, f.52.

19　Van Dorsten, *Poets*, p.25.

20 Pearl Hogrefe, *Women of Action in Tudor England* (Ames, Iowa, 1977), p.15.

21 Hogrefe, *Women of Action*, p. xx.（傍点は筆者。）

22 Van Dorsten, *Radical Arts*, app. II を参照。

23 Van Dorsten, *Radical Arts*; van Dorsten, *Poets*, pt. I.

24 *Van Dorsten*, "Cecil, Patron of Letters," p.9; James M. Osborn, *Young Philip Sidney 1572-1577* (New Haven and London, 1972), p.16.

25 Rosenberg, *Leicester*, ch. ix.

26 特に B. Siebeck, *Das Bild Sir Philip Sidneys in der Englischen Renaissance*(Weimar, 1939); Buxton, *Sidney*; Van Dorsten, *Poets*; Osborn, *Young Sidney*.

27 Arthur Collins, *Sidney Papers* (London, 1784), I, 98.

28 Jan A. van Dorsten, "Sidney and Franciscus Junius the Elder," *Huntington Library Quarterly*, 41 (1978), 1-13.

29 Van Dorsten, *Poets*, pt. I; A. C. Hamilton, *Sir Philip Sidney* (Cambridge, 1977), pp.13-15.

30 *terminus post quem* は一五七九年秋である（しかし Duncan-Jones and van Dorsten, eds., *Miscellaneous Prose*, p.60 を参照)。内部証拠（以下を参照）はそれより前に何かが起こったにちがいないことを示している。

31 もっとも新しい研究は次ぎのものである。Carl J. Rasmussen, "'The Bonds of Mans Nature': Spenser's Vision Poems," Ph.D. dissertation, University of Wisconsin-Madison, 1978. Van Dorsten, *Radical Arts*, pp. 75-85 も参照。

32 この論文ではシドニーの詩論は *A Defence of Poetry* として言及される。なぜこの題が好まれるかについては Duncan-Jones and van Dorsten, eds., *Miscellaneous Prose*, pp.69-70 で説明している。

33 Duncan-Jones and van Dorsten, eds., *Miscellaneous Prose*, p.13.

34 Sidney, *The Countess of Pembroke's Arcadia*, ed. Jean Robertson (Oxford, 1973), pp.xv-xvi.

35 Spenser to Harvey, 5 October 1579, in *Two Other Very Commendable Letters* (Londod, 1580). *Prose Works*, ed. Rudolf Gottfried (Baltimore, 1949), p.6.

36 Sidney, *The Poems*, ed. William A. Ringler, Jr. (Oxford, 1962), p.xxxiv.

37 Ringler, ed., *The Poems*, pp. 517-19を参照。

38 私の経験では十六世紀の文学に関する現象の多くは、考えられているよりもっと早い起源を持つ。

39 *A Pastrorall Aeglogue*, quoted in Ringler, ed., *The Poems*, p. xxiii.

40 Van Dorsten, "Sidney and Junius," pp. 6-7; van Dorsten, *Poets*, pp.50-51, 173-74.

41 Van Dorsten, *Poets*, pp.61-67, 175-79.

42 James E. Phillips, "Daniel Rogers: A Neo-Latin Link Between the Pléiade and Sidney's 'Areopagus,'" in *Neo-Latin Poetry of the Sixteenth and Seventeenth Centuries* (Los Angeles, 1965), pp.5-28 を参照。

43 Duncan-Jones and van Dorsten, eds., *Miscellaneous Prose*, p.111.

44 Duncan-Jones and van Dorsten, eds., *Miscellaneous Prose*, pp.82-83.

45 Phillips, "Daniel Rogers," *passim*; van Dorsten, *Poets*, pt.1; Anne Lake Prescott, *French Poets and the English Renaissance* (New Haven and London, 1978), chs.2-3 を参照。

46 Frances A. Yates, *The French Academies of the Sixteenth Century* (London, 1947); Phillips, "Daniel Rogers."

47 Hamilton, *Sidney*, p.9で引用されている。

48 年号や創作状況についての問題は、数多くの学者たちに仮説の提出を促してきた。(*The Works of Spenser*, ed.

Edwin Greenlaw et al.[Baltimore, 1947]のappendixes I and IIを参照。VIIIはこの場では必要ないと考えられる。)

49 Jan A. van Dorsten, *Terug naar de Toekomst* (Leiden, 1971).

八章　ジョン・ダン――パトロン制度から受けたもの[1]

アーサー・F・マロッティ*

チューダー朝と初期スチュアート朝において、パトロン制度はイングランドの社会、経済、政治活動のあらゆる面に影響を与えており、当然その影響は文筆活動にも及んだ。しかしながら、ほとんどの文筆家にとって、パトロン制度は審美的で知的な仕事に専念させてくれる金銭的な支援とか社会的な保護という通常のものよりもずっと大きな意味を持っていた。ローレンス・ストーンが述べているように、パトロン制度は、しばしば「文人たちを教会や大学や宮廷行政機関の楽な仕事に押し込むきっかけ」の役を果たしていたのである。[2] 文芸を支援するパトロン制度は社会的政治的パトロン制度ときわめて密接に結び付いていた。文筆家は文筆活動に専念していようと、趣味の域内にいようと、また宮廷内にいようとその外にいようと、自らもその一員である社会のパトロン制度に組み込まれていった。そうした中で彼らは恩恵を与えてくれそうな人たちに向かって呼びかけ、また社会的に同等の読者に自作を伝えようとしていたのであった。彼らの作品はパトロン行為がもたらす報酬を求める共通の願いを表明すると同時に、時には間接的に、そうした報酬を手に入れる道具として使われた。「パトロン制度内の文学」という表現は、金銭的そして社会的恩恵を得ようとして企てられた贈呈本あるいは相手を称賛する献呈の辞が付けられた作品に限るべきではない。なぜなら英国ルネサンス文学はほとんどすべてが「パトロン制度内の文学」なのである。ダニエル、ドレイトン、シェイクスピアの詩、そしてオックスフォード、ダイヤー、ローリーといった宮廷人の詩、またハリントンのアリオストの翻訳とかスペンサーの『妖精の女王』のような精緻な作品、さらに当時の数多くの歴史書、科学書、信仰書などあらゆる形式とジャンルの作品が、印刷されることを意図していたものも、原稿の形で流布されることを意図していたものも、ともに社会のパトロン制度の組織とつながっていた。[3]

ジョン・ダンの生涯は、パトロン制度が英国ルネサンス期の文筆家に与えたいく通りかの影響の中で、興味深く示唆に富んだ事例となっている。今日では、ダンはまず詩を書き、次に説教を書いた文学者と考えられているが、実際には彼は文学を職業としてより余技として扱っていた。つまり、文学は彼にとって、パトロン制度を利用することで得られる社会的名声や抜擢を最終目的とする生き方とか経歴のための一つの手段であった。彼は真剣に学問に取り組んでいたが、スペンサーのような出版活動をする詩人が思っていた程度にさえも、文筆活動を生活の中心にすえようとは考えていなかった。詩を出版するよりむしろ、友人知人で形成された読者集団と社会的につながるための媒体としてそれを使いたいと思っていた。執筆者としては素人紳士の位置を保とうとしており、その間芸術面の保護より、社会的政治的保護をひたすら求めた。特に、通常筆力を頼みとしている人が追い求める以上の大きな野心を満足させてくれるような地位に用いられることを望んでいた。したがって、彼をドレイトンやダニエルやジョンソンと同じ文筆家の範疇に入れてはならない。なぜならばダンは自らの人生を、友人のヘンリー・ウォトン卿のような役人の経歴をモデルに設計していたからである。ウォトンは、エセックス伯の秘書官からロバート・セシルついでジェイムズ王のもとで、責任のある地位へと出世していった。[4] ダンは一方でひどく困窮していた時期に、ベッドフォード伯爵夫人のような貴族の女性のパトロンたちに称賛詩を贈っていたのは事実だが、クライアントとしての芸術家にみられる依存性を蔑んでいる。例えば彼は二番目の風刺詩で次のように言っている。「報酬を得ようとして貴族たちに書いたものを贈る人たちは／食べ物を求めて門口で歌う人たちのようではないか」(二一〜二二)。[5] 一五九〇年代初期から一六一五年の聖職位拝受までの人生は、彼のほとんどすべての詩が書かれた時期であり、競争、野心そして成功、言い換えるとパトロン制度の現実と慣習に一貫して関心を持っていた時期である。詩の中でダンは、個人的、文化的にコード化された文学上の成句を使っているが、それは伝記的および社会的コンテクストで解釈すると、パトロン制度がひじょうに重要であった社会への彼の反応を明らかに示している。

ルネサンス期イングランドの社会的政治的そして経済的階層組織はパトロン制度が機能するシステムが存在することを意味している。贈り物とか報酬はただ君主からのみ与えられるものではない。野心を持った人物が求める有形無形の恩恵を提供したり、売ったり、それをめぐって取引したりするのにいささかでも有利な立場に位置した人物なら事実上誰からでも、そうしたものは与えられた。例えば大小の貴族、その下のジェントリー、王の寵臣、文官そして軍人などである。パトロン制度の中で与えられる恩恵には現金、爵位、領土、借地借家、下付金、免許、独占権、年金、教育および聖職の分野での地位、議席、そして貴族や役人および君主の雇用による仕事が含まれる。十六世紀後半と十七世紀前半に大学や法学院を終えた記録的数の若者たちは、才能を発揮でき、受けた教育を役立て、社会的経済的な運を切り開ける経歴や地位を求めて猛烈な競争をしていた。財産の多くないジェントルマンや、次男以下で財産継承をあまり望めない人たちは、死に物狂いとまではいかないまでも、特に熱心に成功を求めた。

君主制内でのチューダー朝の中央集権化がもたらした効果の一つは、宮廷を以前にも増して人びとの希望と野心の中心とし、王家のパトロン制度を、貴族社会のパトロン制度を利用することによってより強固なものにしたことである。これこそエリザベス女王が断固として推し進めた過程であった。ウォーレス・マッカフリーは次のように述べている。「エリザベス政権の際立って安定した状態は多くの条件に依っていたが、その中で、たえずパトロンとして与えられるものを効果的に分配し続けたことをあげなければならない。当時大部分のイングランドの重要な紳士たちは、女王からの恩恵の受領者であり、人びとが喜んで受けそしてさらに手に入れたいと望む恩恵がもたらす利益によって女王と結ばれていた。[6]」マッカフリーの見積もるところによると、エリザベス統治の後半では、約二千五百人もの人びとが女王が自由にできる千二百の地位をめぐってたえず競い合っていた。「この当時の政治社会ではその大部分の構成員が直接間接に互いを知っていて、かつ大部分が個人的に主要な閣僚たちに知られていた。[7]」ロンドンという小さな競争社会では、教育があり政治的社会的に活躍している紳士たちはみな知り合いで、流行を追い、噂話をし、大小の国事に参加し、自分たちの野心を追求し、そして折々詩を書いた。そのような人たちにとって、宮廷こそが王国の誰でもが認める中心であり、他は、例えば法学院、大学、ロンドンの商業界や専門家集団、地方、さらにネーデルランドの英国占領地域やアイルランドでさえ、女王と廷臣たちの決定に左右される宮廷の衛星であった。

ゲイブリエル・ハーヴェイは大学人であったが、成功を得るためのより大きな社会の慣習とパトロン制度に関する社会の取り決めに関心があった。彼は備忘録の中で、宮廷の外にいる人たちが社会で出世するための通常の方法を熟知していたことを証明するように、「昇進についての三つの根拠」についてこう述べている——

一　技術
二　技術を伴わない活動。あらゆる運を試すこと。立派な結婚。何らかの卓抜した行為。
三　戦時、平時の働き[8]。

一は技、発明の才、あるいは器用さと解釈できるだろう。二は雑多なもので、地道な決断や冒険的な行動、有利な結婚や時機を得た目に見える業績を含む。三は女王、大臣、その代理人そして著名な貴族たちへの貢献を通してその文化特有のさまざまなパトロン‐クライアント関係に入って行くことである。助力を求めて強力な人物に近づくことは特に重要であった。『人の一生の良き処方のための教え』で、バーリー男爵は息子に忠告している――「必ず優れた人を友人にするように。ささいな事で彼を困らせたりせず、しばしば褒め、ひんぱんにしかし費用のかからない贈り物をし、もし立派な贈り物をしなければならないときは、日々目にするような物にしなさい。そうしないとこのように野心に満ちた時代に、お前は支柱のないつる草のようになり、人の目につかず、無礼な人たちにフットボールのように蹴飛ばされてしまうからである[9]」。この時代には、とりわけ法律に関する職業では、優れた資質や才能によって成功することができた。しかし、たいていは社会で階段を上っていくには、パトロンの保護が必須要件であった――それには親族間のつながりと、人々が積極的に築くことができた社会的な親交の両方が機能する。

ジョン・ダンがロンドンそして法学院を目指して大学を去ったとき、彼は学問と洗練された娯楽が得られる環境に入ったと同時に、野心を満足させるのに好都合な機会が得られる環境に入ったことになる。そこにいる間に築かれる社会的政治的縁故が助けになって、若者が法学院から政府か貴族のもとでの経歴に踏み出すことができるようになる。当然のこととして、法学院の生活は度を超した競争が支配していた。そのことは院生の学問的な活動とともに、余暇にする活動にも確認できる。具体的に言うと、本来なすべき法学演習、それは大学の場合と同じように闘争的なものだったが、そういう本業に始まり、年中行われる信仰に関する論争や詩を作って回覧するというような知的で文化的な活動にまでおよんでいた。[10]

法学院の住人は当然、就職先となる社会的に重要な諸機関のことをひたすら考えたり、それに心を奪われたりしていた。マーストン、デイヴィス、ダンのような人たちの風刺詩、警句、偶像破壊的なオヴィド風の恋愛詩は、文化が宮廷に集中している状況を実際に証明している。そして反実利主義に立つにしろ、あるいは社会への反抗という姿勢からにしろ、確立した社会構造から離反しようとするよりはむしろそうした社会構造への強い関心を表明している。追従者、にやけた色男、そして社交界を泳ぎ回る虚栄心の強い男女をしばしば風刺しているにもかかわらず、ダンと彼の仲間たちは明らかに宮廷に引き付けられていて、体制社会の一員になりたいと願い、「正直な人を上昇させてくれる風を見つける」ことを目指した（「唄――流星をつかまえろ」七～九）。ダンの第一、第二そして第四風刺詩[11]はすべて、学問と信仰に専心している道徳的な語り手が有利な立場から宮廷生活を容赦なく批判しているのだが、実際には、ダンは自分が批判した風習をまねているのである。彼は後に『説教』の中で次のように認めている。「我々は諷刺詩を作る。そして世間にそれをウィットだと思わせる。だがそれが大方やましいことであり、実は自分たちがしたことを詩の中で非難しているのだということを神に知られてしまうと、今度は時代の悪さを声高にののしり、その時代を悪者にしてしまう。[12]」彼の仲間たちと同じように、ダンは「礼儀と上品さ」（「遺言」二一～二二）の技を磨いた。そしてその結果、宮廷中心の文化が支配する世界でうまく役割を果たすのに必要な教養と洗練を獲得した。こういう状況では、野心は拒絶されるとかえって痛切に感じられるようになるものである。

トルバドゥールの時代からの恋愛詩におけると同様に、ダンの詩でも愛の隠喩は、昇進をパトロン制度に結び付けている社会に特有の請願、奉職、報酬の力学を反映している。愛のエレジーの一つで、ダンは愛における奉仕と政治の世界での奉職とを対比してその関係を示している。

あゝ、私が貴女に奉仕するなら、名誉の煙りが一度は太らせ、
その後飢え死にさせるような人たちや、お偉い人たちの言葉や表情に
あやつられ、貧しくなってしまうような人たちの務め方とは違うやり方にしたい。
また貴女の愛の本に私の名前を書いてくれるなら、
王の追従者たちのようにはしないでほしい。
彼らは王に称号を与えるたくさんの国名を加え一杯にするが、
そこから何の貢ぎ物ももらえず、そこに力を及ぼすこともできない。
私はちゃんと割に合う奉仕をしたい。
中身のない名前は嫌いである。あゝ私を
常任の恋人にしてほしい、さもなければお断りだ。

（『エレジー』第六、一～一〇）

エリザベス朝のイングランドでは、求愛（courtship）と宮廷人たること（courtiership）は、社会的環境を共有していた。このことがダンの仲間である読者にとって、この詩のウィットの基礎となっているのである。「愛の食餌療法」で、ダンは愛を「分別」（六）と合せる必要があると指摘し、伝統的な愛の症状に滑稽な調子で愛とは無縁の病因を当てている。「私は……（愛に）一日に溜め息を一回以上は許さない、／その中に私の不運と失敗の分も含めて」（七〜八）。「愛の取引」は、愛が「宮廷」（三）での他の活動と結び付いていることを表している。奔放な愛を描いたオヴィド風のエレジーや抒情詩でさえ、愛と性を社会的、経済的な競い合いという環境の中に置いている。例えば、「夜明け」の中の女性の話し手は、「仕事……愛の最悪の病」（一三〜四）が彼女から恋人を引き離すと嘆いている。性愛的なものであれ賛美的なものであれ、ダンの恋愛抒情詩は明らかに功名を追求するほうが恋を追求するより重視される社会の一面を写している。たとえ文学においてその反対のことを主張することが流行していても、ダンの場合はそうなのである。ハムレットの「このままでいいのか、いけないのか」の独白のなかで、功名心のある宮廷人が苦しむことになる社会的な冷遇の典型的な例が列挙されている。そこでは明らかに挫折した野心は失恋より重大事なのである。

権力者の誤った行為、傲れる者の侮辱、
さげすまれた恋の苦しみ、裁判の遅れ、
役人たちの傲慢、すぐれて、
辛抱強い人が劣った奴から受ける屈辱。

（三幕一場　七一〜四）[13]

好機と昇進を求めてダンが法学院のリンカーンズインを去ったとき、彼はまず友人たちとお決まりの軍務上の遠征に加わった。今回は一五九六年と一五九七年に自負心の強いエセックス伯爵に同行しての海軍遠征であった。愛のエレジー「肖像画」は多分この折りの出発を記していて、クリストファー・ブルックへの書簡詩(「嵐」と「凪」)はこの冒険への幻滅を記録したものである。[14] このうちの「凪」において、ダンはジェントルマンが志願兵になるとき考えられるいやしい動機をいくつか告白している。

腐った状態故か、一儲けしたいという心故か
あるいは愛され、愛する、吐き気のするような苦しみから
解放されたくて、または名誉を求め、
きれいな死を望んで乗り出したのか、
私はもう目標を見失っている。

(「凪」三九～四三)

以前のネーデルランドへの遠征であるいは後のアイルランド遠征でエセックスに仕えた人たちがそうであったようには、ダンは分捕り品で私服を肥やしたりささやかな騎士の位を手に入れたりはしなかったが、友人のトマス・エジャトンの助けを得て、女王の国璽尚書の秘書の地位を得ることができた。この友人の父であった国璽尚書トマス・エジャトンに仕えることで、彼はエセックスのクライアントであり女王の重臣である人物のクライアントになれた。世間の常識から見ると、その時彼は早くも価値の高い報酬をパトロンから得ることに成

功した。そういう場合のいくつもの事例が示すように、主要な官職につながったかもしれない行政職に就くという、将来有望な人生を始めたことになる。[15]

ダンの一五九八年に書かれた五番目の風刺詩と、それ以前の、体制の外にいる人間の作品としての特徴を良く示している反宮廷感情が表現された四つの風刺詩との間の違いは注目に価する。エリザベス女王がエジャトンに調査を命じた法制度の悪習について述べた後で、ダンは女王とその臣下に向かって、政治組織の中での自分の位置を注意深く宣伝しながら呼びかけている。

偉大な美しい女王よ、このことをご存じないのですか。
あゝ、テムズ河の静かな源流が、その枝葉のような下流が
誰の牧場に水をあふれさせ、あるいは誰の穀物を水浸しにしているかを
　知らないのと同じようなものである。
閣下、女王がその正義を愛していらっしゃる方よ、
お仕えするお許しを得てから私はその仕事に対して過分に
報いて頂いております。閣下は今、私に権限を与えられて、
この巨大な悪習を根絶しようと調査を始められました。

（二八〜三四）

一つ前の風刺詩でしていたように、政府や宮廷を悪夢のような、腐った世界と見ることはやめた。そしてダン

は、それらを、役人と請願者たちの搾取する者とされる者という関係を典型的に示しながら、効果のある改革に関心を寄せる慈悲深い君主が支配する世界として描いている。日々の仕事を通して接触している宮廷を鋭い眼で観察できる者として、ダンは多くを知る立場にいた。しかし、エジャトンに仕えていて安泰な状態にいられたお陰で、人びとが社会的政治的階段をよじ登ろうとする様を落ち着いて、自信を持って眺めることができた。

役人として仕えた時期を通して、ダンは宮廷とは批判的な距離を保ち続けると同時に、そこに関係していることを表明し、自慢もしていた。一五九八年のヘンリー・ウォトン宛の書簡詩で、「私は宮廷や都会に出入りしている」(「ここには何もニュースはない」六八)と書き、政治的にも道徳的にも決して警戒を怠ってはいない、噂話好きな観察者の役割を演じていると伝えている。

ここでは大胆に人を疑い警戒を怠らず、
そしてすべての人びとのおしゃべりな舌の数だけ耳を持ち、
敏感に人の悪行に気づき、自分のは認めないことである。
(一六～八)

その書簡の結びの言葉も反宮廷の姿勢を保っている――「宮廷にて。宮廷を離れて、の方がずっといい言葉なのだが」(二七)。彼は同じウォトン宛てと考えられている散文書簡においても同じ態度をとっている。

私は宮廷人ではない、なぜなら喜んでそこに住んできたわけではないのだから、その堕落した名に価するほど罪を犯すことはできないでいる。私は時々ここへ来るが、宮廷人とはいえない、それは時々教会へ行く人たちが本当のキリスト教徒と言えないと同じようである。ところで私は今罪を犯しそうなところにいるので、貴方が田舎にいるのが羨ましい。ここでは人びとがひどい悪を犯して暮らしているので、いまに悪が見栄えよくなるだろうということがいやなのではない。それより、自分がまったく流行から取り残され社交生活なしというわけにはいかないからである。私はお偉い人たち（彼らの納屋は満杯である）がばらまく悪行を拾い集める。しかし私にはもっとも悪に通じている人たちが惨めな思いをするのがわかっている。なぜならば彼らは長いことお世辞浸けになったり何か誤ったことを与えられてきたのに、さらにこれからもいまだ未経験の新しい悪が必要とされて現れるのだから。[16]

ダンは宮廷に対して気取った風刺的な態度をとっているが、それでも女王がみなの前でモントジョイ卿に愛想のよさを示されたとか、エセックスを無視されたというような宮廷のニュースを伝えているのである。彼は田舎を（好きではなかったのだが）褒めたり、宮廷に中心を置く社会政治制度の影響を受けていないと主張したりして、かなり不誠実といえる。ウォトンへの別の書簡詩で宮廷、都会そして田舎を扱って、ダンはそれらが互いに密接に関わりあっていることを認めている。

……高慢、情欲、強欲はそれぞれ
これらの三つの場所にあるものだが、すべてがすべての中にあって混ざり合って、近親相姦のような子孫を産み出した。
（「友よ、キスよりも」三一〜三二）[17]

彼自身が「宮廷の激しい野心」（六〇）と呼んだものを持っており、法学院時代の友人たちと同じように、良心の呵責を押さえて野心に満ちた宮廷人の生活をおくった。R・C・ボールドは次のように述べている。「エジャトンに仕えていた年月はいろいろな点でダンにとってきわめて重要であった。まず第一に、その間宮廷の習わしに慣れることができ、どのようにして愛顧が勝ち取られたり分与されたりするかを学べた。次に、自分が、中央の公職に生涯の働き場所を見出そうとしている数少ないジェントルマンの一人であるという自己確認をした。[18]」

ダンは、亡くなったエジャトン夫人の十七歳の姪であるアン・モアとの思慮に欠けた結婚が原因で、秘書の職を失い、将来の世俗的出世の機会をすべてふいにしてしまった。ジョージ・モア卿は腹立し、後にこのようにしたことを後悔するのだが、エジャトンにダンを解雇するように懇請し、エジャトンはそれに応えた。この事件は法学院ミドルテンプルの日記係ジョン・マニンガムによって記録されている。「ダンは暗澹としている。彼は近年国璽尚書の秘書であったが、彼が国璽尚書の意向にさからってある御婦人と結婚しようとして縁を切られた。[19]」単なる経済的理由以上に、パトロン制度と親族関係の間の緊密なつながりを考えると、宮廷内あるいはもっと大きな社会で成功するために、結婚に注意深く対処することは何よりも重要であった。バーリー卿が息子に与えたもっとも思慮深く慣習的な忠告は、配偶者の戦略的な選び方に関することである。「ありがたくもお前が成人に達したときには、妻を選ぶのに先見の明と慎重さを使うように。なぜならばそこからお前の将来のすべての良い悪いが生じるのだから。そしてそれは戦場での戦略に似た行為である。なぜならばそこでは人はたった一度しか誤りを犯すことはできない。そのたった一度の誤りが命とりとなるからである。[20]」秘密裏の結婚について義父に宛てた有名な手紙のなかで、ダンは自分の行動を正当化しようとしながらも、社会の規範を破ったことは自覚しているのがわかる。自分がモアの娘の夫としてふさわしくないことを認めながら、それにもかかわらず、結婚を決意したことを正当なこと（その決定には彼と妻両人が責任を負うものである）と言っている。「現在の私が彼女にふさわしくないことは承知しています、そして、（なぜかはわかりませんが）貴方に好意を持たれていないことも私にはわかります。」ここで彼は注意深く、モアに関係者は誰も秘密裏に行われた結婚式には関わりを持ってはいないことを伝えている。さらに「私のこの後の出世や命より大事に思っている彼女に対する」自分の強い愛情を誓いながら、義父に自分の経済的、社会的そして政治的な将来の見通しはさらによくなると確約しようとしている。「ご援助あれば、わたしの今後の勤勉努力はすぐに私を彼女にふさわしい人物にしてくれるでしょう。[21]」つまりダンは、自分の努力と彼が怒らせてしまっている当の人物の影響力とによって成功を手に入れたいと願い、社会の約束を破ったことを弁解しているのである。

短気なモアは、ダンを助けることはせずその結婚を無効にしようとしたが失敗し、ただ娘婿をエジャトンの秘書役から解任する結果だけを得た。ダンは復職を頼んだ雇い主宛の手紙の中で、まず自分の今までの経歴を振り返り、ついで国璽尚書の保護から断ち切られてしまうなら、今後はまったく絶望的であると断言している。

ほんの短時間で私の経歴は語り終えられます。私は注意深くまた誠実に育てられ、平凡な運を享受していました。私は自由と独立が与えてくれる快さと安全を手にしていました（それを評価するに十分な理解力を持っています）。しかし希望に合うような有利な職はありませんでした。私は閣下の許で仕えたいと思っていたところ、貴方のご子息のおかげでかなえられ、四年間正直に私欲をださず、閣下の秘書を勤めて参りました。ここで閣下以外の方に引き立てていただくなんて気違い沙汰です。もし私がそのようなお願いをすると、そのお偉い方は誰でもそれについて心の中で考え、こう言うでしょう。もし彼が他に大きな誤りを犯していないとすれば（そういうことを我々は何も聞いていないが）、国璽尚書が不名誉にも彼を監獄に入れ、彼を見捨てるようなことをするだろうか。このことは私の弱さという荷に本当に不利な疑いを加えることになるでしょう。その疑念とは、私が閣下に評価していただきたい、あるいは世間が当然評価すべきと思う私より、私がずっと劣るのではということです。そうなれば私にはこの先がないのですから、私は閣下の所に戻るよりほかの道はありません。閣下は修復が創造より劣る仕事ではないのをご存じです。私は自分が何を必要としているかわかっています。そういうことで、私は心からお願いいたします。お目にかかれるお許しをいただけますように。苦痛、悲惨そして破滅はそちらにはありません。私がそちら以外の所で今仕方なくいる所にあるのです。[22]

ダンは我が身をパトロンの情けにまかせたがその甲斐はなかった。気持ちの和らいだ義父が彼のために嘆願してくれたときも、エジャトンは決定をくつがえすことを拒否し、パトロンとクライアントの関係を表す言葉を使ってモアにこう説明した。「熱心に頼む者がいるからといって、解雇した使用人を再雇用したりすれば、それはパトロンの地位や信用と矛盾する行為になる。[23]」その後の十数年の間、ダンは繰り返し自分の結婚が彼の経歴にとって破滅的だったことを思い知らされる。例えば後の手紙で、ジェイムズ王が彼が何回か繰り返した登用の請願の一つを拒絶したとき、その理由についてダンは次のように記している。「国王陛下は、七年前すなわち私の未熟な時の乱暴な振る舞いと言える私の過去の最悪の部分で、私のことを記憶しておられる。」そして彼は駆け落ちと秘密裏の結婚を「私の節度を欠いた性急な振る舞い[24]」と呼び、失意の十年の後に書いた別の手紙で「私は十年前に死んだ[25]」と言っている。社会の結婚とパトロン制度を結び付ける規範を侮辱したために、ダンは文字通り自分をそこから弾き出してしまったのである。

ジェイムズ一世の時代の初期、宮廷で昇進の機会がかつて無いほど数多く生じた時期に、ダンは田舎に追放のような状態で暮らしていて、自分や人数が増えてきている家族のために仕方なく友人のフランシス・ウリー卿の情けを受け、パーフォードの彼の家に住まわせてもらっていた。収入もなく、決まった見通しもなく、ただ親友たちが新しい政府の誕生と新王の神経症的大盤振る舞いという好機を利用しているのを、羨ましく思いつつ見ているだけだった。友人たちのうちヘンリー・ウォトンはヴェネツィア大使に任命され、ジョン・エジャトン、エドワード・ハーバート卿、トマス・ロウ、リチャード・ベイカーそしてウォルター・チュートはさまざまな重要な職を得、さらにもっとも親しいヘンリー・グディヤーは侍従になり、その上ジェイムズの休日の狩猟の供をするわずかな従者の一人になれた。ダンはこれらの政治活動の中心に近い所にいる人たちと交信を続ける。しかし彼自身の社会的汚名、無一文そして家族への責任などで、宮廷人としての活動を無鉄砲には再開できなかった。一六〇四年に、彼は大志の実現のためにロンドンに戻るように勧める友人の手紙を受け取る。

君が宮廷に来なくなっているのを残念に思っている。でも君はきっと出て来るべき時を承知しているのだと思う。しかしもし宮廷に対して何か計画があれば、これ以上時間を無駄にするのをやめるがいいよ。なぜならば君にふさわしい近侍の職が日々貴重になっていき、それも今にもきわめて乏しくなりそうな状況で、経験のある人たちと才能のある若い人たちは反目しあっている。それにもかかわらず、これまでのようには王の手はいっぱいになってもいないし、気前よくもしていない。君には君の幸運を喜ばないようなひどい友はいない。そういう心から、私はこの手紙を書かせてもらっているのだ。[26]

明らかにダンの不運は好機を捕らえられなかったという思いで増加された。特に王が最初の行幸でパーフォードと、モアのロスリーの屋敷を訪問された折りを利用できなかったことがあげられる。

ワイアットに始まりギャスコインとシドニーに至るまでの英国ルネサンス期の宮廷詩人たちは、社会政治的な失敗と挫折を経験したときにいつも詩を書いていた。ダンはこの系譜に属している。アン・モアとの関係を連想させる恋愛詩は執拗に志が妨げられたことを表現している。それらの詩は、競争と立身出世を第一とするような環境にはっきりと嫌悪感を表明しつつ、そういう環境に引き付けられていることを痛々しくも明らかにしている。そしてまた、愛のために世界を喜んで捨てることがあると詭弁的に主張しながら、同時に正反対のメッセージを伝えている。R・C・ボールドが示しているように、先に引用した手紙と「聖列加入」のような抒情詩すなわち、社会からの追放を自意識過剰気味に虚構化した詩との間には関係がある。[27]第一スタンザで、意見をしてくれる友人の非難と忠告に怒って答えながら、その抒情詩の中の話し手は昇進の手段を数えあげているが、これはダンが自分では実際に利用することができなかったのを悔しがっているものだった。

頼むから、黙って私に恋をさせてくれ、

私の中風、あるいは痛風を責めたり、
五本の白髪、あるいは破産を軽蔑したり、
財力で地位を買い、学問で精神を高め、
出世の道を選び、職を得て、
お偉い人たちに敬意を払い、ご機嫌をとり、
そして王の本当のお姿や、刻印されたお顔を
拝し、望むことを君はしたまえ、
そうして私には恋をさせてくれ。

（一〜九）

大部分の現代の読者は、この詩を実利主義社会の途方もない要求に対する勇気のある愛の擁護と解釈しているが、グディヤーのような人やダンの友人の何人かはこのウイットに富んだ抒情詩を斜に構えたパーフォーマンスと読み取った。こうした当時の仲間の読者たちは、ダンが詩の中で蔑んでいる振りをしている世俗的な出世を熱心に求めていたことを知っていた。それはちょうどシドニーの同時代の読者たちが、『アストロフィルとステラ』の十三番目のソネットで述べられている、国内そして国外の出来事に対する関心を彼が心にもなく否定しているのを、どのように解釈すべきか知っていたのと同じである。

ダンが妻を愛していたのは疑いない。しかし、いくつかの詩に認められる大胆な誇張法にもかかわらず、彼ら夫婦だけの世界は、彼にとっては明らかにあまりに小さい活動範囲であった。お互いに相手に抱く愛を歌っ

た詩の中でも、夫婦の私的生活に絶えず世間が立ち入っている。例えば「記念日」は、公的世界を軸にした時間の体系によって愛の関係の長さを計算している。

すべての王様、そして彼らの寵臣たち、
　名誉、美、才知に輝く人たちすべて、
過ぎゆく時をつくる太陽自身も、
君とわたしが初めて出会ってから
今では一年歳を取ってしまった。

（一〜五）

愛する人たちが「お互いにとって王様である」（一四）ということを合理的に説明しても、それで十分というわけにはいかない。同じように「日の出」の中で話し手が、自分と愛する人が十分満ち足りていると言っているが、これも説得力に欠ける。

彼女はすべての王国、そしてわたしはすべての王様、
　ほかに何も存在しない。
王様たちはわたしたちをただ演じているだけ、これに比べると、
すべての名誉は真似、そしてすべての富は偽物。

（二一〜四）

この詩の中で、「宮廷の狩人たちに王様のお出ましだと言いに行きたまえ」（七）の行に、ジェイムズ王が狩りがしたくてロンドンを逃れるたびに移動した宮廷での、王の愛顧を求めるゲームに似た行動が簡潔に表現されているのに仲間の読者たちは気づいていたろう。このような抒情詩がダンと妻との関係に果たした役割がどのようなものであれ、それらは詩的に輝いてはいるが、結婚を正当化することには失敗した。それでも、ウィットに富み、本来社交的なこの詩は、職もなく、希望もない状態で感じていたダンの痛みを和らげる気晴らしにはなっている。

結婚して初めの十二年間に書いた散文および韻文の手紙は、ダンが自分の不運にすっかり心を奪われていることを示している。「ヘンリー・ウォトン卿へ、ヴェネツィア大使に赴任されるに当って」という書簡詩は、友人が格の高い大使職に就こうとしていたときに、ダンが感じた好意と羨望をともに明らかにしている。大使職はダン自身後に得ようとして成功しなかった地位である。彼はここで、自分の境涯とこの手紙の名宛人とを比較することを避けられなかった。

私について言えば（私なんていうものがあればだが）
　運命の女神は（そういうものがいればだが）
私が彼女の虐待にどれほど耐えられるかを見ようと、
　不幸以外のものを私に与えるのはふさわしくないと考える。

そして財産を増やすために」(「ヘンリー・グディヤー卿へ――過去を……人は」八)。
（三三―六八）

「運命」という言葉はパーフォードとミッチャムに住んでいた時期の韻文と散文書簡両方に繰り返し使われていて、最終的にはパトロン制度からの報酬を得ることにある程度成功したか失敗したかに言及している。「衰えた運」の男、ダンはまた登用の機会を追い求めることを始めなければならなかった。「上に昇ろうと努め、

ダンは、ウォルター・チュート卿に同行して大陸への一年間の旅行に出ることを決意して、不本意な隠棲から姿を現した。このことは多分別れの唄のいくつかを産み出させることになったと考えられる。[28] そしてまた約三年間離れて暮らしていた社会に復帰する間接的な方法にもなった。一六〇六年に帰国すると、家族をロンドンの近くのミッチャムに移し、彼自身は一六〇七年の早い時期にストランドに部屋を借りた。その結果、良く知っている宮廷と、衛星のようにその外側に存在する宮廷の影響の色濃い環境との接触を取り戻した。[29] この時期(一六〇七―一六一一年)と、ロバート・ドルアリとの大陸滞在から帰国した一六一二年以後、彼は職を得ようと不断の努力を続けた。例えばアン王妃付の地位、またアイルランドでの役人、バージニア会社の秘書、枢密院の書記官そしてヴェネツィア大使の職を希望し願い出た。記録長官のエドワード・フェリプス卿を通して、彼は一六一四年に国会議員になれたが、全体から見て出世したとは言えなかった。一方で彼は出版によって王の愛顧を獲得したいと願った。例えば宗教論争の類いの『偽殉教者』があり、ジェイムズ王は評価してくれたが、王がダンに聖職に就くことを望んだときすべての努力は裏目に出てしまった。[30] 一六〇七年と聖職位拝

受の一六一五年の間になされた俗世で登用されるための努力は最終的に無に帰したのである。

その間グディヤーを通して、アン王妃の影響力を持った側近で、当時の女性の第一級の文学のパトロンの一人であったベッドフォード伯爵夫人ルーシーの知己を得ることができた。夫人には金銭的な支援よりは社会的、政治的な支援を求め、彼女を通じて上流社会のジェイムズ王に近い人びとの何人かに近づくことができたが、最終的にはそれらの人びととの関係に満足できなかった。ベッドフォード伯夫人は、ダンが自分より劣るとみていたはずの文筆家ジョン・フロリオとサミュエル・ダニエルのためにアン王妃の私室付き宮内官の職を得ることができたが、ダンのためには重要なものであろうとなかろうといかなる官職も得られなかった。[31] それで彼は、宮廷風の文筆による嘆願者の役を演じて、伯爵夫人に称賛詩や手紙を贈ったが、この種のパトロン行為に含まれる関係に憤慨することになった。なぜならば、それは彼にとって社会的地位の下落を示したからである。彼はグディヤーに自分を「詩人よりもっと重要な地位」を求める人物に見てほしいと、手紙に書いた。[32] 明らかに彼は芸術に対するパトロン行為よりも政治的なそれに希望を託していたのである。

しかし、ベッドフォード伯夫人に出版した著書を献じ、称賛詩を書いたドレイトンとダニエルのような詩作を職業のように考えていた詩人たちとは違い、ダンは伯爵夫人との詩の交換という社会的にもっと尊敬される活動を行った。彼女宛の現存する手紙の一つで、ダンは夫人が王室から貸与されていたトウィックナムの屋敷の庭で見せられたいくつかの詩の写しを一部いただきたいと懇願し、彼が知っている彼女の作品に言及している。

最高にお幸せな奥方様、

私の知る限り今までに詩で書かれた請願を見たことがありません。私はそのようなことをする異例な人物になろうとは思いませんし、貴女様のお手元の書類にそうしたものを付け加えるつもりもありません。しかしながら、私は詩をいただきたいというほとんど無謀なお願いをしようとしています。それは「トゥイックナム」のお庭で、恐れ多くも私に見せて下さいました御作で、もしそれをお作りになったことを後悔していらっしゃらなければです。たとえ作り直そうとなさっていても、その主題をよくないとお考えになること自体が正しいことなのですから、よりよくお考えになったということです。それらはきっと貴女様の才知が見事に発揮されたものに違いなく、それ自体劣るものをもみごとに表現なさっておられます。他の御作について申し上げれば恐れ多いことになるでしょうけれど、つつしんで今お話しした御作を下されたくお願い申し上げます。これにあたって、二つのことをお約束致します。まず私はそういうものを人に見せることはいたしませんし、書かれていることが事実であるとは思いません。貴女様の知能と心から産み出されるものをそのように扱うことなど決してありません。もし万一私が大胆にもお願いさせていただくことが間違いであったり、長い手紙でお願いしたことがあやまりを犯しているとすれば、どうぞ宮廷での言葉づかいや伝統的な習いに従ってお叱り下さい。その上で許しをお与え下さい。ここに、心からの口づけを美しいお手に捧げ、ご好意と速やかなるご下賜を衷心よりお願い致します。

貴女様のしもべ　J・ダン[33]

ダンがベッドフォード伯夫人の友人であり従姉妹のシシリア・ブルストロウドの死去に際して、エレジー「死を取り消そう」を贈ったのに応えて、夫人がエレジー「死よ奢ることなかれ、そなたは大きな打撃にはならず」

を書いたことは知られている。この他にも、二人がお互いの詩に応えて書き贈るという宮廷社会のゲームを行ったことは明らかである。このような事例は、オックスフォード伯爵とアン・ヴァヴァサーそしてエリザベス女王とウォルター・ローリー卿にも見られる。社会的に規定された礼儀作法を中心に展開するペトラルカ風詩体の枠内では、そのように作られたものは恋愛抒情詩になったのであろう。ダンが伯爵夫人の詩を「知能」と同時に「心」が産み出すものと言い、彼が「それらを事実とは思わない」と約束していることがはっきりとこのことを示している。ベッドフォード伯夫人が「宮廷での言葉づかいや伝統的な習い」を使用するという行為は、彼女がダンと同様に宮廷風恋愛の言葉で創作することも含んでいたと考えられる。[34]

ダンの「トウィックナムの庭園」と「葬儀」は、伯爵夫人とのそのような文学上の関係に属するものと思われる。[35] これらの抒情詩は、社会的な作法と、詩人と女性パトロンが位置する階級組織上の異なる場所を、洗練されたペトラルカ風の精妙な構造の中に移しかえたものである。「愛は……崇拝という名前を持つ」（「秋の美しさ」六八）世界である。しかし、この詩人と女性のパトロンとの関係に対するダンの心の底にある嫌悪感は、これらの詩の中に見られる称賛の調子そのものを壊さないまでも、こうした詩の伝統を破壊する恐れのあるいくつかの興味ある異物の存在を説明することになるだろう。たとえば、こういう詩の前提条件の一つに、性的なことと卑猥なことは入れてはならないということがある。カスティリオーネのジュリアン卿が、宮廷の洗練された貴夫人は少しはきわどい話を聞いてもいいはずだと言っているが、[36] 称賛のために書かれた恋愛詩は伝統的に愛は肉体を超越したものであるとし、そして欲望を霊的とまではいかなくとも精神的で高尚なものにまで高めていた。しかし、ペトラルカの優美な「西風が戻り」をモデルにした「トウィックナムの庭園」では、ダンは悩める恋人に性的欲求不満を付与するという滑稽な描き方をして、伝統を彼のやり方で破壊している。十七歳のハンティングトン伯爵夫人宛の韻文書簡に書いているように、彼は気質的にネオプラトニックあるいはペトラルカ風の愛に関する語彙を受け入れることができなかった。なぜならば、そうした語彙を使ったら彼は奴属的な位置に置かれたであろうからと説明されている。「葬式」には、称賛と攻撃的な調子が混ざり合っていて、その混在は巧みではあるがやはり気になる。恋人は一方で、自分がつけている腕輪は彼よりも「優れた頭脳」（一三）から得た髪の毛でできていると言ってその女性の知性を称賛し、他方で「私を受け入れようとしなかったので、貴女の一部を私と一緒に埋葬するのだ」（一四）と意地悪く傲慢な調子でこの詩を結んでいる。こうした詩の中で、ベッドフォード伯爵夫人との関係の上で守られるべき礼儀作法を、どこまで試し、犯そうとしたかを確定することは難しい。しかし、第四風刺詩で「お世辞と呼ばれる言葉」に対して彼が表明している嫌悪感は、明らかに彼の成熟期まで続き、愛が主題であってもなくても称賛詩の慣例や伝統に無条件で従うことを躊躇させ続けたことが見て取れる。

ベッドフォード伯夫人宛の韻文書簡には、筆者の感情的な葛藤の兆候があきらかに示されている。[37] それらの芸術上の致命的欠点は、多分書簡の社会的文学的コンテクストに対してダンが示した抵抗から生まれたものと言える。こうした書簡詩が、一番人びとの関心を引き付けるのは称賛という目的から転じて、ブルック、ウォトン、グディヤー、エドワード・ハーバートに宛てた書簡に見られるような哲学的風刺的な韻文になったときである。そういう韻文は二部からなる『記念日の歌』で最高の表現を示している。その二部作では、称賛する対象と作者の間の距離がダンに余裕のある、しかしまたあますところなく知性に満ちた詩的な思考の機会を与えているのである。しかしベッドフォード伯夫人宛の書簡は、それらが持っている依存性そのものにダンが感じた不安を露呈している。多分その感情が彼に独自の哲学的風刺的な労作を書かせ、社会における地位が劣るのを知性で補おうとさせた。だがその結果は、偉そうな様子と追従とが無様に混ざり合ったものとなった。例えば「すぐにご返事をさし上げたのでは」で始まる詩で、ダンは三十行ばかり書き進んでからあからさまな称賛を突然やめて、「あなたにとって、ご自分を褒めることは不協和音ですから、身をかがめ私といっしょに他の人の罪について考えてください」（三一〜二）という説明をしつつ、彼とベッドフォード伯夫人がともに住む世界に風刺的な注意を向ける。『記念日の歌』の第一部である『一周忌の歌』では、もっと念入りな思索をした後で女性のパトロンをあらためて褒める前に、彼はこの五十行から成る部分を「しかしこれらは謎である」（八一）といういらいらした言葉で締めくくっている。そのとき彼は、極度に知的にすることは抑制されなければならないことを認めていたのである。なぜならば、詩の中に含まれている称賛するという目的（あるいはそう装ったもの）を駄目にする恐れがあるからである。さらにダンは、ジェイムズ王の宮廷の腐敗した世界からベッドフォード伯夫人を道徳的に遠ざけたい様子を示していたが、彼女はそこに深く関わっているのを十分知っていたので、風刺的な脱線にははっきりと抑制を働かせた。とは言っても、ベッドフォード伯夫人のような著名な貴族階級の女性パトロンの好意を勝ち取り、そしてそれを持ち続けたいと努力していたときでも、ダンは宮廷回遊術を嫌う自分の気持ちを隠す力を十分発揮したとは言えなかった。

聖職位拝受の前に書いた宗教詩をダンは社会生活の中で有効に利用した。彼は巻頭に献呈詩をつけた『冠』連作を含めた『聖歌』と『ソネット』をマグダレン・ハーバートに贈ったがこれは、浪費家の新しいドーセット伯爵に『聖ソネット』のうち六作を贈ったときの称賛の行為と同じものである。[38]『嘆願の連祷』では、ダンは自身の世俗的な野心を認めるだけでなく——「大きな宮廷には、／全ての幸せがあるともまったくないとも考えることから……我々を救って下さい」（一三〇〜三一、一三五）——また祈りの言葉の中で決して真の信仰心からとは言えない動機を自認していたように思われる――「才知を示すためだけに、敬虔を装うという気になるとき、主よ我々を救って下さい」(一八八～九)――。「聖金曜日、一六一三年。馬に乗って西へ」で、ダンは「快楽」と「仕事」(七)が信仰心と混ざり合っていることを認めている。『聖ソネット』の宗教的な物思いは、世俗的成功が欠けていることに対する意気消沈振りを反映し、グディヤーとの散文書簡の中では、宗教的思いと挫けた抱負についての感想を繰り返し書き記している。『神性試論』では、不運の中にも宗教的恩恵を見出そうと懸命に努めた。そのとき彼は自らの人生に対する計画といったものを考えており、後にアイザク・ウォルトンがダンの伝記の中でそれを聖人の言行録を記すように詳述している。「おゝ神よ、あなたは私の運命の邪魔をし、望みを妨害して、私を厚かましさと自惚れのエジプトから救い出してくださった。それからあなたの豊かな宝とその中の私の分け前を思うことで絶望のエジプトからも。[39]」

称賛の詩と敬虔な詩の哲学的宗教的な主題は、ダンの真に知的な興味を表明しているだけでなく、同時に彼の挫折した野心を示す信号ともなっている。ヘンリー八世の時代そして文集『優美な意匠の天国』の中に示されている世紀半ばの著者たちの時代からエリザベス朝後期まで、文筆家たちは伝統的に哲学と宗教(同様にパストラル)から得た題材を、政治的社会的な敗北に対処するために用いた。宮廷人あるいはジェントルマンがうまくやっていけなくなったとき、その人は「私の心は私にとって王国である」といつも平静に断言できたし、[40]あるいは「暗がりにいる貧しい隠者のように、私は終わり無き疑念の日々を過ごしていこう[41]」と競争世界の外へ踏み出すことを誇示できた。この俗世界とその利己的な習いに対する道徳的批判あるいはキリスト教の〈俗世蔑視〉的な態度は、多分鋭い倫理的宗教的感受性の問題というより、感情面の強い要求の問題であった。リアの「さあ、牢屋へ」のセリフとロウランド・ホワイトのエセックス伯爵の不名誉についての「これは私がこれまでに見たもっとも大きな没落で、この世の空しさを私にわからせてくれる」[42]という言葉に聞き馴れた深い響きがある。

二つの『記念日の歌』におけるこの世の空しさについてのダン自身の黙想は、彼の社会的、経済的そして政治的失敗と関係がある。これらの詩が一級の地位を求める努力が徒労に終わった経験を持つパトロンのために書かれたことは重要な意味がある。彼は子に先立たれた父親としてだけでなく、失意の宮廷人としてその詩に応えてくれたのであろう。[43]これらの詩はダンにとっては大きな喪失感を表現していたように思われる。そしてそれは宗教的なあこがれや面識のない少女の死との関係よりも、彼が追い求めた世界から弾き出されてきたことのほうにより深い関係を持つ。この時期のグディヤー宛に書かれた書簡はこの主題を多く含んでいて、韻文の書簡と宗教的社会的なジャンルの作品に繰り返し現れる言葉で表現されている。彼は、自分の「惨めな運命」[44]に深く意気消沈して、一六〇八年にすでにグディヤーへ書いていた。

私は喜んで何かをしましょう。……何かの一部分にならないことは、無ということです。もっとも地位の高い人たちは、せいぜいただの大きな腫れ物で無用の長物にすぎない。才知があり楽しい会話ができる人たちは、ただ飾りになるほくろのようなものです。ただしこの世界の組織の中に組み込まれれば、彼らはその世界の支えに何がしか寄与できる……私は職が必要でした。思いますに、わずかですが私が持っている能力を使えるようなそんな職務に就いたときに、上手く入っていけると思えた仕事が必要でした。そこで私はつまずいてしまいました。しかし私は再度挑戦します。なぜなら今私は無に近い存在ですので、一通の手紙の十分な主題にもならないのです。[45]

地位が与えてくれる名声もそして主体性もなく、ダンは自分のことを社会的に取るに足らない人物と考えた。この状態は奇妙にも一六一〇年にジーン・ビューリがウィリアム・トランベル宛に書いた書簡で確証された。それは、離れてもう七年になる地位でしかダンを表現できず、『偽殉教者』の作者を「我が閣下の秘書、ダン氏」[46]と記している。

政治的パトロンを再び得ようとして空しい努力をした後、ダンは『一周忌の歌』で「世界の均衡が損なわれている」なぜならば「その世界が立っている二本の足である／報酬と罰が曲げられているから」(三〇二～四)と訴えることができた――それは一般論としてだけではなく、特に彼自身のためになされた。もう一つの称賛詩におけると同様に、ここで際立って徳の高い女性が彼の願望の目標を象徴している。そしてその女性がいないと、世界が死んだも同然になるか彼が世界に対して死んだも同然になる。[47]『記念日の歌』の中の、世界を忌避する気持ちは、世界によって忌避された経験と関係がある。「王が与えられる以上のものを懇請しなければならない人もいれば、そうすることをやめる人もいる」(四二一～二)社会で、ダンと彼の裕福なパトロンであるドルアリはパトロン制度がもたらす報酬を必死に求めた人たちであった。

彼らはフランスから戻った後もそうであった。とくにドルアリは愚かにもエリザベス王女が間もなく結婚する相手のパラティン選帝侯を批判したため、おそらくその過ちをダンが祝婚歌を作って償おうとしたのかもしれない。[48]ダンはドルアリ家に家族と一緒に居を定め、新たに職探しを始めた。一六一二年の二つの出来事が宮廷での地位を求めての競い合いに重要な影響を与えた。それはヘンリー王子と宰相ソールズベリー伯爵ロバート・セシルの死去であった。王子の死は、若い王子のパトロン行為を受けていた数多くのジェントルマンを路頭に迷わせた。彼らの中にはダンの友人が何人か含まれていて、一緒に彼らが受けることになった政治的損失を悼むエレジーを作った。[49] 第二の死で、セシルの後任の地位とそれがもたらす利益と権力を得る手段を求めて、宮廷では内部抗争が大規模なものになった。[50] ジェイムズは二年間宰相のポストは空位とし、大蔵大臣の任務は委員会を構成し対処した。しかしセシルの死後直ちに、ヘンリー・ウォトン卿が重要な後任候補者の一人であるという噂が広まった。それが実現していたら明らかにダンには大きな利益をもたらしていたであろう。その間、ダンはロチェスター子爵（間もなくサマセット伯爵になる）ロバート・カーに近づき、「私は聖職に就く」という「野心」を表明した。ところが「自分の仕事が教会と国家に役に立つかもしれないのは、こうした仕事であろう」と決意したにもかかわらず、ダンは聖職に入ろうとする計画をやめてしまう。なぜならそのとき彼が「好意のある助力」を得たいと願っていた、王のお気に入りで権力のある人物カーが彼にサー・トマス・オーヴァベリの代わりとして秘書の地位を提供してくれたのである。[51] 明らかにまだ世俗の立派な職を求めて彼はこの悪名高い男のクライアントになったのである。

「俗人としての最後十八ヶ月間のダンの生活は、特別に人の心を高潔にするような光景を見せてはいない」とボールドは言っている。[52] たしかに、カーへの勤めは早いころのエジャトンに対しての勤めよりは道徳的に低いものだった。サマセットとエセックス夫人のスキャンダルとも言える結婚を祝うためにダンが書いた時期遅れの祝婚歌は、恥ずかし気もなく、堕落したジェイムズ朝の宮廷を公正で寛大な王によって統治された理想的な機関として描いている。そこでは「欲望」と「ねたみ」（三五）というありふれた宮廷に巣くう悪は、「熱意」と「愛」（三七）に変えられている。おそらくジェイムズの下の宮廷人たちは「野心は持たず、ただ服従するのみ」（七九）であるが、それは君主は「徳」に報いる人物で（八四）、善良で、忠実な人たちは愛顧を得ようとして企みを考える必要がないからというわけである。登場人物（「イディオス」）を通して、ダンは「婚礼の歌」（九九）を捧げているが、それは彼が言うところによると、「私の名声を高めるだろう」（一〇二）ということになる。このようにしてダンは、サマセットとこのパトロン自身の主人である君主からの助力が何としても必要であることをさらけ出している。[53]この作品の結びで、「アロファニーズ」（多分ダンの友人サー・ロバート・カーを表わす創作上の人物）は、この祝婚歌をそれが詩人のために有利に働く所へ移す許可を求める。

……私を行かせてください、
宮廷へ戻って、それを置いてきましょう
祭壇へ、そこではあなたの捧げ物を評価してくれるでしょう。
（二三三～五）

この愛顧を求めるあからさまな訴えは実を結ばなかった。なぜならばカーがジェイムズにダンの抜擢を願い出たときに、王はダンには官吏よりは聖職が向いていると言って、その願いを拒絶したからである。

聖職授与の前に、ダンは借財を清算するために金を集めようとした。そこでその関係がいささか冷えてきていた女性のパトロンから再び援助を得ようとして、「ベッドフォード伯爵夫人の弟君ハリントン卿の葬儀に捧げる歌」を作った。神に仕える世界に入るには多少道徳的に心穏やかではなかったので、この詩のなかでダンは今までの世俗での経歴に含まれている悪や恥ずべき動機をいくつかあげている。

……我々は……若くても

どのように生き、どのように死ぬかを学べるでしょう、
しかし……我々は歳をとっていかなければならず
宮廷という灼熱地帯に耐え、そして燃えるような
野心の日射病や、不信心の氷や、
狂信のおこりや、強欲の水腫を避けなければならない。
これらは情欲や若いときの無知と同じように
真実という物差しで直す必要のある病気なのである。

（一二一～八）

経済的な援助を得るために詩を用いるのはこれが最後の機会と期待して、ダンはそれ以降はもう書かないという誓いをたてる。「わたしのミューズは……彼女の最後の言葉を……話した」（二五六、二五八）。伯爵夫人はいったんは借財の支払いを約束したが、彼女自身の経済的な問題でその約束が破られたとき、詩人は腹を立てひどく失望した。[54] それから彼はサマセットに献じた詩を集めて出版しようと決めた。もし実現していたらこれは彼が強く後悔することになった『記念日の歌』の印刷より、彼にとってははるかに不名誉な社会的転落を示すことになっていたであろう。彼はグディヤーにその計画を知らせ、貸してあった詩の原稿を返してくれるように頼む手紙を書いたが、そこには羞恥心と当惑がうかがえる。

借金を返そうとしているのですが、火急を要するお願いがぜひともありまして……。まずひとつ……話さなけ

ればなりません。しかし声をひそめて。もしあの善良な［ベッドフォード］夫人がその部屋にこの手紙を持ったあなたと一緒にいらっしゃれば、彼女に聞かれないように。用事とは、私は自分の詩を印刷しなければならない羽目に陥り、それらを宮内大臣に献呈しなければならないことです。直ちにそうするつもりでいます。これは多数の読者を想定したものではなく、私の負担で、わずかな部数のつもりです。この決意にはいささか不適当なことがあることはわかっています。しかし熟慮の末のことなのです。そしていろいろな解釈、批評を受けなければならないことも承知しています。しかし熟慮の末のことなのです。そしてもし私が、かってそんなことがありましたが、この種のことでびっくりさせているようでしたら、今回のことについては、私が避けられない切羽詰まった状況にいるということなのです。お会いしたときに話せばわかっていただけるでしょう。現在までに私は断片のような作品を作ってきた吟遊詩人ということになっています。そしてその自分の作品を今探しているのですが、これはそれらを作ったときよりもっと努力がいります。そこであなたの手元にある古い原稿を貸してほしいというわけなのです。お会いするときでは、その用向きのためには遅すぎるのです。なぜならば、聖職に就く前に、現世に対してのお別れとしてこのことをしなければならないからなのです。[55]

彼よりも前のジェントルマンや宮廷人たち、たとえばウィリアム・ハニスやジョージ・ギャスコインなどは、すでに金のために自分たちの詩を印刷しなければならなくなっていたのだが、ダンは出版に対する彼特有の強い嫌悪感をためらわず表明した。彼はごく限られた部数にすることでいくらか状況をコントロールしようとした。本質的に、今回の冒険ともいえる企てを、本を買って読む一般大衆読者に作品を提供するというよりは、男女を問わずパトロンたちに献呈する部数を作るというようにとらえていた。そのためそれらを贈る人たちからの祝儀を期待して、称賛詩を含めようとしていた。しかし実際には本は作られず、とにかく彼は「恥ずべき出版行為」をしたという汚名を受けずにすんだ。それは多分必要な経済的支援を与えてくれた友人たちのお陰と考えられる。実際の出版は、彼の死後二年たった一六三三年まで待たなければならなかった。それまでは彼の作品は、当初のサークル的な友人知人という読者の範囲を越えて、手書き原稿の形で流布していた。

一六一五年のダンの聖職位拝受は、直ちに彼にジェイムズ王からのさまざまな恩恵をもたらした。それまでの十二年間俗人として拒絶されてきたパトロンの援助を教会人として勝ちとることができた。宮廷司祭になれたし、何らかの王の圧力によって、ケンブリッジ大学から神学名誉博士号を授与された。ボールドが記しているように、「彼はついに宮廷回遊術を会得できた人物たちの仲間に入れたようだし、最後に教会に転じたときでさえ、この術を捨て去ろうてはせず、むしろそれを使って昇進しようとした」[56]。聖職位拝受の数年後そしてセントポール寺院の格式高い司祭長の職に就く前に書かれた「聖職に就かれたティルマン氏に宛てて」は、ダンが相変わらず高い地位や身分に囚われていることを明らかにしている[57]。聖職に就く決意を正当化するような自己説得に似たことをしながら、彼はこう尋ねる。

なぜ、愚かな世の人びとは、言葉で言い表せないような喜びを与えてくれる
職業を馬鹿にするのですか。なぜ彼らは
ジェントリーが家族を聖職に就けることを適当でないと考えるのですか。
まるで、彼らは日々、着飾ったり、恋愛に耽ったり、お世辞を言ったり

していなければならないと考えているようである。

（二六〜三〇）

まさに最後の部分で述べられている活動にかつて従事していた野心家の宮廷人として、ダンは聖職はジェントリーの前途に希望が持てない若い子弟にとっての港、社会的に尊敬される職業であるといささか強調しすぎるような口調で語っている。

それでは世間があなたの天職を軽蔑するのならば、
そうさせてあなたは進み、彼らの愚かさを哀れむように。
神と運命の大使になることほど気高い職業が
一体あるでしょうか。

（三五〜八）

ダンは旧友のジェイムズ・ヘイ（ドンカスター子爵）が一六一九年にドイツに赴いたとき同行し、もちろん神のではなくジェイムズ王の大使を勤めて王への奉仕を続けたことは、疑う余地なく司祭長の職を勝ちとらせる助けになった。[58] 彼の宗教への関わり方がいかなるものであれ、パトロンの好意はいまだに彼にとっては重要であったし、いったんそれを手に入れると、それは輝かしい聖職者としての人生を育んでくれた。宮廷との接触を維持しながら、ダンは社会的に評価され、物質的報酬をもたらしてくれる宗教界での勤めを大いに楽しんだ。

評判の芳しくなかったバッキンガム公爵によってもたらされたと言っても過言ではない職、セントポール寺院の司祭長になってからは特にそうだった。[59] ダンの若い同時代人のジョージ・ハーバートは地方の教区牧師となったのだが、その生き方はエリザベス期の宮廷から退くことを意味する比喩の一種とされていた。ところがダンは宮廷人であることをやめることはなかった。詩を書くよりも説教と信仰を内容とする散文を書くことが文筆活動の中心となった人生で活躍し、ついにパトロン制度がもたらしうる実のある報酬を獲得することに成功したのであった。

*Arthur F. Marotti　英文学専攻

注

1 この論文のための研究は、ジョン・サイモン・グゲンハイム記念基金からの一九七五～六年度奨学金によって完成することができた。

2 *The Crisis of the Aristocracy, 1558-1641* (Oxford, 1965), p.703.

3 私のこの問題との取り組み方は、これまでの研究者たちの取り組み方とはいささか違っている。これまでは、芸術分野のパトロン制度を概して一般社会のパトロン行為のシステムから切り離す傾向にあった。しかし、次の研究に負うところは大変大きかった。M. C. Bradbrook, "No Room at the Top: Spenser's Pursuit of Fame," in *Elizabethan Poetry*, ed. John R. Brown, Stratford-upon-Avon Studies, No.2 (London, 1960), pp.91-109; John Buxton, *Sir Philip Sidney and the English Renaissance*, 2nd ed. (London and New York, 1964); John Danby, *Poets on Fortune's Hill: Studies in Sidney, Shakespeare, Beaumont and Fletcher* (London, 1952); J. W.

Saunders, “The Social Situation of Seventeenth-Century Poetry,” in *Metaphysical Poetry*, ed. Malcom Bradbury and David Palmer, Stratford-upon-Avon Studies, No. 11 (London, 1970), pp.237-59, and “The Stigma of Print: A Note on the Social Bases of Tudor Poetry,” *Essays in Criticism*, 1 (1951), 139-64; Patricia Thomson, “The Literature of Patronage, 1580-1630,” *Essays in Criticism*, 2 (1952), 267-84, and “The Patronage of Letters under Elizabeth and James I,” *English*, 7 (1949), 278-82.

4　J. W. Saunders, “Donne and Daniel,” *Essays in Criticism*, 3 (1953), 109-14 を参照。Saunders はダンについて「宮廷の従者で、詩作は彼の個人生活や思考にとって欠くことができないものであったが、目指す道は文学ではなく、詩を公にすることを正当なこととはしなかった」(“Social Situation of Seventeenth-Century Poetry,” p.250) と述べている。Patricia Thomson はダンは「素人紳士としてヘンリー・ウォトン卿、ヘンリー・グディヤー卿、トマス・ロウ卿そしてその他の宮廷の友人たちと同じであり、文学におけるパトロン制度ではなくむしろ社会的なパトロン制度体系の中に位置していた」(“Donne and the Poetry of Patronage: *The Verse Letters*,” in *John Donne: Essays in Celebration*, ed. A. J. Smith [London, 1972], p.310) と論じている。私の以前の論文“Donne and ‘The Extasie,’” in *The Rhetoric of Renaissance Poetry: From Wyatt to Milton*, ed. Thomas O. Sloan and Raymond Waddington (Berkeley and Los Angeles, 1974), pp.140-73 を参照されたい。

5　ダンの詩のテクストとして以下のものを使用した。*The Divine Poems*, ed. Helen Gardner, 2nd ed. (Oxford, 1978); *The Elegies and The Songs and Sonnets*, ed. Helen Gardner (Oxford, 1965); *The Epithalamions, Anniversaries and Epicedes*, ed. W. Milgate (Oxford, 1978); *The Satires, Epigrams, and Verse Letters*, ed. W. Milgate (Oxford, 1967).

6　“Place and Patronage in Elizabethan Politics,” in *Elizabethan Government and Society: Essays Presented to Sir John Neale*, ed. S. T. Bindoff, J. Hurstfield, and C. H. Williams (London, 1961), pp.124-25. この

示唆に富む論文は十分に研究に値する。 G. R. Elton によると、「チューダー政権は、関わっている機構を動かしていた中央や地方の統治者たちの活動だけでなく、容易に見てとれる政治が隅々まで行き渡っていた地域のよく知られた政治世界の中心となる人びとの回りに構築された、パトロン制度の組織とそこでの競い合いに依存していた」("Tudor Government: The Points of Contact. I. Parliament," *Trans. of the Royal Historical Soc.*, 5th Ser., 24 [London, 1974], 184). Lawrence Stone (*Crisis*, pp.250-70) は、有力貴族の力を殺ぎ、王室のパトロン制度がより広範囲に及ぶようにしようとしたエリザベス女王の断固たる姿勢について論じている。パトロン制度を深く掘り下げている彼の著書の、特に五章と八章"Power," "Office and the Court" を参照。

7 MacCaffrey, "Place and Patronage in Elizabethan Politics," p.99.

8 *Gabriel Harvey's Marginalia*, ed. G. C. Moore Smith (Stratford-upon-Avon, 1913), p.190.

9 *Advice to a Son: Precepts of Lord Burghley, Sir Walter Raleigh, and Francis Osborne*, ed. Louis B. Wright (Ithaca, N. Y., 1962), p.12.

10 法学校としてまた当時の社会環境の一つとしての法学院については Philip Finkelpearl, *John Marston of the Middle Temple: An Elizabethan Dramatist in his Social Setting* (Cambridge, Mass., 1969), pp.3-80 and Wilfred R. Prest, *The Inns of Court under Elizabeth I and the Early Stuarts* (London, 1972) を参照。リンカーン法学院時代のダンについては R. C. Bald, *John Donne: A Life* (New York and Oxford, 1970), pp.53-79 を参照。Bald のこのひじょうに優れた伝記に負うところ大である。

11 これらの詩は Milgate, *Epithalamions* (pp.117, 128, 148) によって、それぞれ一五九三年、一五九四年そして一五九七年作と特定された。前の二作はダンのリンカーン法学院時代のもので、最後のはそこを去った後になる。

12 *The Sermons of John Donne*, ed. George R. Potter and Evelyn Simpson (Berkeley and Los Angeles, 1953-62), VII, 408.

13 使用テクストは *The Complete Plays and Poems of William Shakespeare*, ed. William Neilson and Charles Hill (Cambridge, Mass., 1942) である。

14 Bald, *John Donne*, p.81.

15 Baldは「エジャトンの秘書は、宮廷か法曹界での出世を期待できる地位だった」(*John Donne*, pp.97-98) と書いている。バーリー卿とその息子に仕えた秘書たちの後の栄達についての研究 A. G. R. Smith, "The Secretaries of the Cecils, circa 1580-1612," *English Historical Review*, 83 (1968), 481-504 を参照。

16 Evelyn M. Simpson, *A Study of the Prose Works of John Donne*, 2nd ed. (Oxford, 1948), p.310. ダンはこの手紙をウォトンに当てて書いたと考えられる。ウォトンは情緒的に不安定なエセックス（女王によってエジャトン家に留め置かれていた）に仕えることをやめていた。反宮廷的幻滅を漂わせているのは多分にこのエセックスの劇的な失墜劇と関係があると言える。Simpson, *Prose Works*, pp.308-9, 311-14 に収録されている手紙類を参照。Bald はこの時代に書かれた *Metempsychosis* は「宮廷と公的生活に向けられた痛烈な風刺」ととらえている (*John Donne*, p.124)。

17 この詩は明らかに宮廷、都会、田舎の生活の利点について文学的に論じたものの一部分であった。(Milgate, *Epithalamions*, pp.225-26 と H. J. C. Grierson, "Bacon's Poem 'The World': Its Date and Relation to Certain Other Poems," *Modern Language Review*, 6 [1911], 145-56 を参照。)

18 *John Donne*, p.125.

19 *The Diary of John Manningham of the Middle Temple, 1602-1603*, ed. Robert Parker Sorlien (Hanover, N. H., 1976), p.150.

20 *Advice to a Son*, ed. Wright, p.9 に収録。子供たちの結婚話を調える際に、セシルは抜け目なく親類関係においても、政治的にもまた社会的にも有利な縁組をするよう行動した。

21 *John Donne: Selected Prose*, chosen by Evelyn Simpson, edited by Helen Gardner and Timothy Healy (Oxford, 1967) p.113 に収録。

22 Simpson, Gardner, and Healy, *Selected Prose*, pp.119-20, 115〜6 の手紙を参照。

23 Bald, *John Donne*, pp.138-39 に引用されている。

24 Bald, *John Donne*, p.161 に引用されている。

25 John Donne, *Letters to Severall Persons of Honour*, intro. by M. Thomas Hester (1651; facsimile rpt. Delmar, N. Y., 1977), pp.122 に収録のグディヤー宛の手紙。

26 Bald, *John Donne*, p.144 に引用されている。しばらく後にダンはグディヤーに「宮廷の友人たちが私のために何をしてくれようとも、私は貴方に恩義を感じています……私が自分のために何をしようとも、なぜならば貴方は私の目を覚まさせ宮廷に立ち向かわせるように仕向けてくれるので」と書いている（Bald, *John Donne*, p.170 に引用）。

27 Bald, *John Donne*, pp.146-47. Edmund Gosse, *The Life and Letters of John Donne* (1899; rpt. Gloucester, Mass., 1959), I, 117 を参照。

28 有名な「別れ——嘆くのを禁じて」は従来一六一一年にドルアリと行った大陸への旅行と関連づけられてきたが、結婚初期に夫婦間でかわされた愛の詩の創作年は、別れを主題とする抒情詩の一部は妻との初めてのつらい別れと関係があったことを示している。妊娠、涙、愛するがゆえの別れへの抗議が一体になっている「別れ——涙に寄せて」のような作品は一六一一年作より一六〇五年作とするほうが適当である。

29 Bald, *John Donne*, pp.155-99 と I. A. Shapiro, "The 'Mermaid Club,'" *Modern Language Review*, 45 (1950), 6-17 を参照。

30 Bald, *John Donne*, pp.226-27 を参照。『偽殉教者』に付けられた書簡の献辞は、暗示的にダンを論争における紳士の志願兵という役を担わせている。その論争でジェイムズが「自ら自身の著書を使って王国から出ていらっしゃる」。

王の愛顧を求めるあからさまな嘆願の中で、ダンはこう言っている。「この大胆なお願いについて、伏して言い訳をお認めくださるようにお願いいたします。陛下がなんともったいなくも従者の所まで降りてきてくださり、本のなかで彼らとお話しくださることは、わかっておりまして、一方私は大願を持っております。私も同じようにして陛下の御前に登って、そうして幸福の分け前に与からせていただきたいのです。このことについては〈シバの女王〉のお言葉を使わせていただけるでしょう。貴方のお国の人びとは幸せです、貴方の従者たちは幸せです。彼らは常に貴方の御前に立ち、貴方の優れたお考え、知恵をお聞きすることができるのです」(*Pseudo-Martyr* [1610; facsimile rpt. New York, 1974], pp. A2^{v}, A3^{r}-A3^{v})。Bald によると(*John Donne*, p.222)、このときダンはヘンリー王子にも称賛の添え状をつけてこの本を贈っている。

31 もちろんダンはダニエルやフロリオが得た閑職よりよいものを望んでいた。経済的な観点からも、彼は伯爵夫人に裏切られた。Patricia Thomson が指摘しているように、夫人は経済的に苦しんでいたので、支援していた人たちに気前よくしていくことが困難なことがわかっていた("John Donne and the Countess of Bedford," *Modern Language Review*, 44 [1949], 335-40)。

32 Simpson, Gardner, and Healy, *Selected Prose*, p.148.

33 Simpson, Gardner, and Healy, *Selected Proae*, p.135.

34 Gardner (*Elegies and Songs and Sonnets*, pp.248-58) はダンのハーバート夫人と同じくベッドフォード伯夫人との文学上のつながりを論じている。ベッドフォード伯夫人と友人のシシリア・ブルストロウドを囲む社交界での文学の楽しみについての優れた研究業績として *The "Conceited News" of Sir Thomas Overbury and his Friends: A Facsimile Reproduction of the Ninth Impression of 1616 of Sir Thomas Overbury His Wife*, ed. James E. Savage (Gainesville, Fla., 1969), pp.xiii-lxii があげられる。

35 Bald (*John Donne*, p.175-6) と Gardner (*Elegies and Songs and Sonnets*, p.250) はともに「トウィックナ

ム庭園」について論じている。「葬儀」とベッドフォード伯夫人とのつながりについては、C. M. Armitage, "Donne's Poems in Huntington Manuscript 198: New Light on 'The Funerall,'" *Studies in Philology*, 63 (1966), 697-707を参照。

36 「それゆえ婦人は（善良で純真だと思われたくて）あまりに気難しくなり、自分がその話に加わっていたのなら、そこにいる人びとやその場の話（たとえ少々度が過ぎていても）を嫌い逃げ出そうとしてはいけません。なぜなら人が自分の本当のところに気づくのではないかと恐れて、それを隠そうとお堅いふりをしていることはすぐに見抜かれてしまうからです。そのような無愛想な振るまいはいつも好ましいものではありません」(Baldassare Castiglione, *Il Cortegiano*, trans. Sir Thomas Hoby, in *Three Renaissance Classics*, ed. Burton Millingan [New York, 1953], pp.456-57)。ノーサンバランド伯爵は「ほどほどにくだけた話をすることは、女性の身を飾ってくれるもので、どこでも評価される」(Henry Percy, Ninth Earl of Northumberland, *Advice to his Son* [1609], ed. G. B. Harrison [London, 1930], p.103) と述べている。シシリア・ブルストロウドのサークルで行われた「かわったおもしろい話」をするゲーム（ジョンソンの「宮廷女性についての警句」の中でも行われた）で取りあげられた三つの話題は、「国事」「宗教」「艶話」である。

37 Patricia Thomson は、主として女性のパトロンに宛てた書簡詩に言及して「ダンの精神に与えたパトロン制度の影響は全体として悪かった。彼は絶えず上位者に愛顧を求めていた。精神神経症的で品位に欠け、もっとも優れた詩でさえ心の平安が欠けているところから生じる不安定さと挫折の兆候を示している」("The Literature of Patronage, 1580-1630," p.232) と述べている。

38 伯爵自身の作品への返答と考えられているダンの詩 "To E. of D. with six holy Sonnets" (Gardner, *Divine Poems*, pp.5-6 に収録）を参照。リチャード・サクヴィルは一六〇九年にドーセット伯爵位を父から引き継いだ。この浪費家の貴族（Stone, *Crisis*, pp.582-83)は、エドワード・ハーバート卿とダンの友人であるアン・クリフォード夫人の夫の友人であった。

39 *Essays in Divinity*, ed. Evelyn Simpson (Oxford, 1952), p.75.

40 この有名な抒情詩はオックスフォード伯爵の作であろう。Steven W. May, "The Authorship of 'My Mind to Me a Kingdom Is,'" *Review of English Studies*, 26 (1975), 385-94を参照。

41 *The Poems of Sir Walter Ralegh*, ed. Agnes M. C. Latham (1951; Cambridge, Mass., 1962), p.11に収録。

42 Historical Manuscripts Commission, DeLisle and Dudley, II, 420.

43 ロバート・ドルアリ卿はかなりな資産家だったが挫折した貴族だった。ネーデルランドで十七歳の時にエセックスによってナイトに叙せられ、ニコラス・ベイコン卿の娘と結婚し、宮廷での昇進を求めた。ダンとフランスへ行ったとき、彼は役人になりたくて必死だった。一六一〇年六月にサムュエル・カルヴァートはウィリアム・トランバルへの手紙で次のように書いている。ドルアリは「大騒ぎにもかかわらず、ほかの職を手に入れる望みがないので、時間を費すために」外国に行こうとしている（*Hist. MSS Comm. Downshire*, II, 328). R. C. Bald, *Donne and the Drurys* (Cambridge, 1959) を参照。

44 *Letters to Severall Persons*, p.137.

45 *Letters to Severall Persons*, pp.50-51.

46 *Hist. MMS Comm. Downshire*, II, 227.

47 ダンとベッドフォード伯夫人とのつながりが指摘されてきた詩"A Nocturnall upon S. Lucies Day"を参照。

48 Bald, *Donne and his Drurys*, pp.102-3. ドルアリは、助けを求めてスペイン国王に近づく前にフランスとイタリアへの大使の職を求めたが失敗した（Bald, *Donne and the Drurys*, pp.126, 131, 134）。彼は望んでいた職に就く前に亡くなった。

49 Bald, *John Donne*, pp.268-69を参照。ヘンリー王子の死去が持つ社会的政治的な意味については、この書に収録されているローリーに関する Leonard Tennenhouse の論文を参照。

50 John Chamberlain's letters of 12 May 1612 and 17 June 1612 to Dudlley Carleton (*The Letters of John Chamberlain*, ed. Norman E. McClure [Philadelphia, 1939], I, 350-56) を参照。後者には "Sir H. Nevil, Sir Thomas Lakes, Sir Charles Cornwallis, Sir George Carie, Sir Thomas Edmonds, Sir Rafe Winwod, Sir Henry Wotton, Sir John Hollis, Sir William Waade" を含む「多くの競争者」が指摘されている (I, 355)。

51 この手紙は Bald, *John Donne*, pp.272-73 からの引用。ダンはこの有力なパトロンへ同じ名前のいとこロバート・カー卿を通じて近づいた。二人の友情は長く続いた。

52 Bald, *John Donne*, p.300.

53 Bald, *John Donne*, p.274 を参照。この頃ダンは義弟ロバート・モアに書いている。「私以上の忍耐をもって宮廷運を待つ人は誰ひとりいません」(Gosse, II, 46)。Margaret McGowan, "'As Through a Looking Glass': Donne's Epithalamia and their Courtly Context," in *John Donne: Essays in Celebration*, ed. A. J. Smith (London, 1972), pp.175-218.

54 Bald, *John Donne*, pp.195-96, と p.297 で引用されている手紙を参照。

55 Simpson, Gardner, and Healy, *Selected Prose*, pp.144-45.

56 Bald, *John Donne*, p.301.

57 Bald, *John Donne*, pp.302-4 と Allen Barry Cameron, "Donne's Deliberative Verse Epistles," *English Literary Renaissance*, 6 (1976), 398-402 を参照。

58 Paul Sellin, "John Donne: The Poet as Diplomat and Divine," *Huntington Library Quarterly*, 39 (1976), 267-75 を参照。同じく Bald, *John Donne*, pp.338-65 を参照。

59 Bald, *John Donne*, p.375 を参照。ダンが大聖堂主任司祭の地位に就く前に、チェンバレンは政界で出世しようとする人びとを話題にするように彼の噂をしていた。一六二一年三月二十日と一六二一年十月十三日の手紙を参照（*Letters*, II, 296, 399)。一六二〇年にコンスタンティン・ホイヘンスは任命とともに得たダンの社会的名声を確認している。「ダン師はロンドンのセントポール寺院の主任司祭になり、その利益をもたらしてくれるポストのお陰で（イングランドの習わしなのだが）高く評価されている」（*John Donne: The Critical Heritage*, ed. A. J. Smith [London and Boston, 1975], p.80)。

九章　ウォルター・ローリー卿――クライアントの文学

レナード・テネンハウス*

ローリーの詩と散文の歴史的な意味を理解するには、宮廷人がパトロン‐クライアント関係にたえず関心を持ち続けていた社会状況という広いコンテクストから作品を見る必要がある。ローリーもまたすべての宮廷人と同じく、昇進、抜擢、地位、利益に関しては全面的にパトロン制度というシステムに依存していたので、その文学活動が彼の運命の浮き沈みを映し出すものであっても何ら不思議はない。彼ほどエリザベス女王の寵愛を受けた宮廷人はほとんどいなかったし、その寵愛から利益を得た者はさらに少なかった。当時の文化内の神話では、女王のパトロンとしての恩恵は、手の込んだ詩の虚構の中で彼女を讃えることによって得られ維持されるものだった。しかし、せいぜい遊びとしかみなされなかった宮廷人の文学活動には、運命を上向かせたり社会的過ちを償ったりすることなどできなかったというのが、パトロン制度の経済的、政治的現実だったのである。ローリーにおいてクライアントの文学が成功したのは、女王が彼に好意を寄せていることを彼自身よく知っていたからである。その好意を失ったとき宮廷での地位を回復させてくれたのは、詩の虚構ではなく、政治的な貢献をし経済的な制裁を受けたことだった。のちになってジェイムズ王に投獄されたときには、クライアントとして彼が必要としたものは、社会的な地位を維持することではなく、自由そのものを確保することだった。彼は『世界史』を書くことによってヘンリー王子の保護を受けようと決意したのだが、この事実は、パトロンの保護を得ようとして宮廷人が用いる言葉と文学様式に、エリザベス朝とジェイムズ朝とでは変化があったことを示している。結局のところ、宮廷は文学様式を決定したばかりか、そのような文学をどう解釈したらよいのかも決定したのである。『世界史』は、パトロンと目したヘンリーが亡くなり、王に偏見をもって読まれることになったため、クライアントの行為としては失敗だった。したがって、ウォルター・ローリー卿の文学活動は、宮廷人がテクストを書く行為とそれを読む行為を左右するパトロン制度の複雑な法則とそこから得られる相当の報酬が社会を動かす権力機構と政治の現実に基づいていることを、何にもまして我々に理解させてくれるだろう。

クライアントとしてのローリーの成功は、一五八〇年代に受けた財政上の恩賞と行政の分野での昇進にいちばんよく表れている。一五八一年の十二月にアイルランドから宮廷に戻ると、アイルランド戦役での功績に対して二十ポンドの報奨金を与えられた。それから一年半の間に女王はローリーにダーラム邸の一部使用を認め、一五八三年四月にはオックスフォード大学オールソウルズ学寮に属する二つの地所の借地権を、さらに五月にはワインの専売特許権を与えた。一五八四年には毛織物の輸出を許可され、その年にナイト爵を授けられる。[1]一五八五年の七月には錫鉱山管理官、九月にはコーンウォール州総監およびデヴォンとコーンウォール両州の艦隊副司令官に任命された。一五八七年には反逆者バビントンの地所、動産、家具を与えられ、クリストファー・ハットン卿の大法官就任にともなって、その後任として近衛隊長になる。その後も主としてアイルランドで財産を手に入れていったが、もっとも大きなものは、一五九二年一月に授与されたシャーボーン城とその周辺のいくつかの荘園の借地権だった。エリザベスからこのような恩賞を受けることは多くの宮廷人には夢であったが、ローリーは現実にそれを手に入れたのである。

ローリーの急速な出世は大衆の夢物語がそのまま現実になったものであり、同時に社会規範を破るものだった。一方でこれは、ジェントリー階級の子弟でも女王と枢密院のメンバーたちの後ろ盾が得られれば、宮廷でこのように高い地位と大きな利益を手に入れる可能性があることを示すものだったが[2]、他方、有力な家族も富も貴族階級の出という特権もないのにこれほど出世することは、当時の社会としては考えられないことでもあったのである。ローリーの出世は女王の直接的なパトロン行為だけによるものだったため、彼は身分が上の人びとよりも有利な立場に立つことさえあった。レスター伯爵に宛てた一五八一年と八六年の手紙を見ると、女王のパトロン行為を受ける機会を得るため有力な宮廷人に全面的に依存していたローリーが、女王と伯爵の間を取り持つことができるほど女王に近い地位に登ったのにともなって、手紙が哀願の調子から丁重な調子へと変化したことがわかる。例えば一五八一年に書かれたアイルランドからの手紙は、後ろ盾を与えるか与えないかでクライアントが成功するかどうかを決定できるパトロンとしてのレスターに書いたものである。「閣下が私を配下の者と考えてくださるなら（事実そうなのですが）、閣下がお命じになるどんな人にも負けず、喜んで勇敢にお仕えするつもりです。」[3]宮廷での地位がはるかに高くなっていた五年後、今度はネーデルランドからレスターに手紙を書いた。ちょうどレスターと女王との関係が険悪になった時期で、それはローリーが女王に中傷したからだと伯爵がほのめかしたあとのことである。

この前の手紙で閣下は先発工兵を派遣する案をお示しになられました。私は女王陛下に働きかけ、陛下もその気におなりでした……。

また閣下のお望み通り、ジュークスなる人物にパン焼き室の仕事を下さるようお願いしたところ、うまくいきました。閣下への愛と敬意と奉仕の気持から他のどんなことでも全力で行なうつもりでおります。それなのに、最近当地（ネーデルランド）では、私が閣下の管轄の下にある活動を進めるのでなく、かえって足を引っ張っていると非難されております……。閣下にお願いいたしますことは、これからは私に何か裏切りの疑いがありましたら、すべて直接私にお話しくださって、そのうえで私が信用がおけるかどうかを判断していただきたいのです。[4]

この手紙でわかるように、ローリーは明らかに女王の寵愛を受けており、宮廷でレスターの仲介役を果たすことができていたし、そのうえ「裏切りの疑い」のあることについては直接自分に言ってくれと要求できるほど、女王と個人的な強い結びつきを持っていた。寵臣レスターは一時的にせよ女王の不興をこうむっていたにもかかわらず、ローリーがうやうやしい態度をとらなければならないほどその地位は高く権力は強かったが、ローリーは出世するのに彼に頼る必要はもはやなく、女王の直接のクライアントになっていたのである。

現存するローリーの詩のほとんどは、おそらく宮廷に出仕するようになった一五七〇年代の終わりころから、一五九〇年代の初めの不興をかっていた時期までに書かれたものだろう。[5]『鋼鉄の鏡』と『妖精の女王』のための献呈用ソネット以外の詩はすべて宮廷で個人的に回し読みされたものである。女王が行幸中に贈られた賛辞に見られる手の込んだ象徴や彼女への贈物につけられる意味深長な言葉と同じく、宮廷人が彼女のために作った詩には明らかに政治的な意味がこめられていた。あらゆる場合において、詩作上どんな戦略を使うのがふさわしいかは、その人物の社会的地位と女王の寵愛の程度で決まった。宮廷で使われている文学用語を用いる必要があったし、詩にこめた意味を宮廷人に理解してもらうためには特定のしきたりに従わなければならなかったので、戦略の選択範囲はかぎられた。究極的には女王があらゆるパトロン行為の源なので、女性の君主の好意に依存する社会的取引に対する態度を間接的に表現するには、恋愛詩の用語が特にふさわしかった。愛の表現に使う言葉、特にペトラルカ風のものが用いられた。パトロン制度に関して使われる社会的、経済的用語と共通するところがあったからである。〈service 奉仕〉〈suit 求愛、嘆願〉〈suitor 求愛者、嘆願者〉〈love 愛〉〈favor 好意〉〈envy 嫉妬〉〈scorn 無視〉〈hope 希望〉〈despair 絶望〉という単語は、ロマンティックな愛の虚構を作ると同時に、現実のクライアント－パトロン関係を動かすさまざまな要因を描きだすのに使うことができた。したがって詩人は、仕えたいという願い、支持を受ける必要性、政治的野心の挫折を伝え、また賛美し貞節を誓うという形で女王への忠誠を保証するため、恋愛関係というドラマティックな状況を巧みに操った。

ローリーの多くの詩のように、女王に読んでもらうために書かれた詩では、恋する男と相手の女性との関係は、宮廷人とパトロンの関係を暗に指すものであった。しかしながら恋愛関係という虚構は、簡単に政治的な意味に読み替えられるものではなかった。ふつう詩に関係する当時の出来事についての詳細やその詩がどんなときに書かれたのかを知っているのは女王と作者である詩人の仲間だけで、彼らだけがその詩の虚構を読み解き、例えば嘆きと賛辞を、あるいは保証の要求と激しい絶望の表現を区別する手段を持っていたのである。いまとなっては、ローリーの抒情詩のコンテクストを再現するのは、多くの場合不可能である。しかし彼の詩が女王に対して説得力を持ったのは、二人のパトロンとクライアントとしての良好な関係が何らそこなわれておらず、揺るぎないものである場合だけだったことは明白である。

「さらば、偽りの愛よ」のような詩は嘆きの歌で、年老いたローリーが無為に過ごした青春時代を懐古しているという設定になっている。この詩は宮内大臣代理トマス・ヘニィッジの詩の手書き原稿コレクションの中にあったもので、ヘニィッジの「愛よようこそ、偽りには宿敵である者よ」[6]と対になっている。原稿には「ローリー氏」と記されているので、彼がナイト爵を授与された一五八五年より前に回し読みされていたのは間違いない。この二つの詩は形から見ると、二人のうち地位が高いほうのヘニィッジが愛は美徳であるという命題を取り上げ、ローリーのほうは偽りの愛を攻撃するという、一種の宮廷の遊びなのである。ローリーの詩は、特定の恋の痛手や冷たい仕打ちを歌っているというよりは、愛の弱さを数えあげたものである。この原稿であとに書かれているヘニィッジの別の詩は宮廷生活を歌い女王を讃えるものであるから、おそらくこれら二つの詩に描かれた愛は暗に女王の好意を表すものなのだろう。そうだとすれば、この二つの宮廷人による詩は当時の人びとにはとても面白かったはずである。なぜなら作者はどちらも宮廷の地位に恵まれており、人生を誤ったことを後悔して嘆く詩人は現実には二人のうち若いほうで、しかも彼は出世して有力な宮廷人になっていたからである。

読み手に返歌を促す詩である「甘美な思い」では、愛する女性の好意を受けて希望がかなえられ要求が認められて運命の女神も屈伏させられるだろうとローリーは明言している。ヘニィッジへの返歌と対照的に、この詩で使われている言葉は愛の用語ともクライアントの用語ともとることができる。例えば「恐れ」「希望」「運命」「仕える」という言葉は恋する者の願いにもクライアントの懇願にも読める。しかし最後の行はこの詩が昇進のための戦いを扱っていることを明確にしている。「どうしても私は自分の力で昇進し、／あなたの好意を期待して、生涯あなたにお仕えしなければならないのです。」この抒情詩は、愛する女性に仕えたら好意をもって応えてほしいと懇願する詩「女王に贈るウォルター・ローリー卿の歌」と意図は同じである（調子は違うが）。語り手は「黙して語らないのは愛しているから」と主張することによって、女王に対する真の思いを打ち明けられないのは「愛がない」のではなく「自分の本分を自覚しすぎて」いるためなのだと抗議している。そして女王に仕えたがっていることを偶然知られてしまうよりは、この競争から身を引くほうがよいと思っているといささか不誠実に告げるのだが、実はそこに彼が期待している反応が暗示されているのである。

私が仕えたいと乞い願っているお方は
完璧な聖人でいらっしゃる。
あのお方の愛情に場所を占めることを
すべての人びとが望んでいるが、その愛にふさわしい者はだれもいない。
だから私は苦しみが続くほうがよいと思う、
私の気持を打ち明けるよりは……。

（一五〜二〇）

明らかにこの詩は、求愛者が愛を打ち明けないまま愛の戦場を去ってしまうのを止めてほしいという、相手の貴婦人への訴えなのである。

ローリーの「運命の女神が愛する人を連れ去ってしまった」という詩と一緒に原稿のまま回覧されていたエリザベス女王の詩が見つかったので、ローリーが書いたような詩に実際どんな返歌が贈られたのかが明らかになった。[7] ローリーの詩の恋する男は、運命が「私の女王であるあなたを」（三）連れ去ってしまうことによって彼からすべてを奪ってしまったと嘆き、最後に、運命は相手の女性の愛情を征服してしまったが「私を変えることは決してできないだろう」（二四）と歌っている。この詩の虚構の世界では、恋する男は出自や身分という偶然の犠牲になったのであって、彼の側の間違いや過ちのせいで恋を失ったのでないことに注目する必要がある。女王の返歌は親密さと好意を表すものになっていて、ローリーの形式ばったペトラルカ風の恋愛詩とは対照的に、くだけた調子で書かれている。「そんなにこわがっているなんてお馬鹿さんね。／悲しまないで（私のワット）そしてそんなに気を落とさないで。」さらに彼の不安には根拠がないと言って彼女の貞節を保証し、疑う心をたしなめ、彼の不安でなく彼女の好意を信じるなら成功すると約束する。「また元気を出して恐れをすべて捨てて生きなさいね、／恐れが小さければ小さいほど成功するでしょう。」ここではそれまで愛の用語として使われていたものが、今度はパトロン制度に関する用語として用いられている。〈success〉の代りに使われている〈spede〉という言葉は、ふつう繁栄、利益、あるいは出世を意味する経済用語なのである。女王の返歌が示している親密さと彼女が与えている保証は、女王の寵愛が揺るぎないものであることを想定できたからこそローリーは彼女の貞節を疑ってみることができたのだということを示している。

パトロンとクライアント間の愛の絆を前提にしたこれらの詩とは違って、「宮廷よさらば」「貧しい隠者のように」「身体は牢に閉じこめられて」『海の羊飼からシンシアへ』という詩は、ローリーが不興をかっていたときに書かれたもののようである。[8] これらの詩には過ちや弱さを後悔する気持がある程度見られ、どの詩でも、与えられた好意の形に安らぎを感じていた過去が思い起こされる。例えば「貧しい隠者のように」では、語り手は罪をあがなう行為をあげ、その行為を通して失われた愛を取り戻せるのではないかと期待している。最後の六行には、クライアントの使う記号としてよく知られている言葉が何度も出てくる。

私は灰色の衣をまとい、
折れた望みの杖に身体を預け、
長い間抱き続けた願いと結ばれた
真新しい後悔でできた長椅子に横たわる。
門口にはいつも絶望が待っている、
愛の神と運命の女神が望むときに死を迎え入れようと。

彼が苦しんでいるのは「意地の悪い嫉妬」のせいではなく、女王に近づくことを拒否されて安らぎを失ったためであることが、「身体は牢に閉じこめられて」からうかがうことができる。「愛の炎と美の光をあのころ私は十分持っていたが、／いまはとらわれ人のつねで閉じこめられているので、／あの食物、あの熱さ、あの光をもう見つけることはできないのだ」（一〇〜一二）。『海の羊飼からシンシアへ』では、ローリーは何箇所かで「初め気まぐれから過ちをおかした」（三）ときのことに触れ、「私の過ちは深慮の結果ではなく、また愛の感情から生まれたものでもない」（三三八〜九）と言っている。このような過ちの告白は、この種の詩では重要な合図なのである。なぜなら嘆きの詩は、過ちを自分のせいにするか社会のせいにするかで、二つに分類されるからである。自分が悪かったことを認める詩は、前にあげた詩「運命の女神が愛する人を連れ去ってしまった」と違って、揺るぎないパトロン‐クライアント関係を前提として歌われたものではない。このような詩ではたいてい嘆きが激しさを増し、哀れみを求める声も一段と切実になっている。したがって詩を読み解くには、単に宮廷からの追放について言及されているかどうかだけでなく、不興をかった理由として何を詩人があげているかに注目する必要がある。例えば女性が愛を拒絶したのは恋する男が悪いのではなく社会やその女性の気まぐれのせいだと言っているなら、この詩は許しを乞う詩ではなく引立ててほしいと懇願する詩である可能性のほうが大きい。拒絶された恋人という設定からつねに政治的な不遇という意味が引き出せるとはかぎらないのである。

　パトロン行為を受ける機会を得るには女王の近くにいることがもっとも大事だったので、宮廷からの追放は、特に女王が命令したとなれば、つねに将来の展望には大きな痛手となった。ルネサンスの詩で盛んに歌われた宮廷蔑視の主題は、成功したクライアントがふけるぜいたくか、優遇されないクライアントの挫折した大望を表すかのどちらかだった。パトロンである女王との関係がたしかなものであるかぎり、クライアントは挫折や失望やさらには追放への怒りを詩に書き表すことができ、そのような詩でさえ寵愛の保証を得るのに役立ったのである。スペンサーの『コリン・クラウト故郷に帰る』によると、彼は「何のとがもないのに海の羊飼を締め出してしまった」シンシアの「冷たい態度とひどい仕打ち」を嘆くローリーの「悲しい歌」を聞いた（一六四～八）[9]。一五八九年のローリーとの出会いを語る中に出てくるスペンサーの「何のとがもないのに海の羊飼を締め出してしまった」という表現は、彼がローリーの詩を、ペトラルカ的恋愛詩の記号を使って恋する男の無実と相手の女性の気まぐれを強調する種類の詩とみなしたことを示している。ローリーは女王の不興の事実を認めているようだが、この詩はスペンサーが描く通り、パトロン制度を支配する社会的決まりを破るという深刻な事態を前提にしてはいない。この恋の状況を単純に解釈すれば、ローリーは宮廷からの退出を命じられたのだが、スペンサーはローリーの嘆きを、恋愛詩の言葉を使って暗に不満を示すことにより寵愛の保証を得ようとする類いの詩であると受け取っているのである。「とてもうまく彼は嘆きを歌った、／これをお聞きになれば気高いシンシアのお怒りもおさまるだろう」（一七四〜五）。

短期間でも宮廷から閉め出すことは、宮廷人の喧嘩や不道徳な行状や出すぎた野心を罰するエリザベスの典型的な方法だった。例えばこの年のもっと早い時期に、エセックス伯爵が思い止まってほしいという女王の頼みを無視してリスボン遠征に参加し怒りをかったとき、宮廷から追放されるだろうと人びとは予想した。実際には、この遠征から戻ったときエセックスは宮廷から追放されなかったが、従者たちは最悪の事態を予想して不安のうちに数週間を送った。女王の怒りがおさまるとすぐ、フランシス・アレンはアンソニー・ベイコン宛ての手紙に、エセックスが「ローリー氏を宮廷から追い出し、アイルランドに引きこもらせた」[10]と書いている。女王がエセックスを罰せずふたたび目をかけるようになったことは、ローリーにしてみれば、自分に何の落度もないのに寵臣としての第一の地位を失ってしまったように思われただろう。[11]ローリーの不満を示す証拠が十分あるので、アイルランドに引きこもったのは戦略だったと考えることもできるが、スペンサーがローリーの作だと言うこの詩は、宮廷人とパトロンの比較的健全な関係を背景に書かれたものであることをうかがわせている。そしてこの考え方を裏づける実際の証拠もある。一五八九年の十二月にローリーはロンドンから従兄のジョージ・ケアリー卿に、表向きはアイルランドで係争中の訴訟について相談する手紙を書き、その中でこの年のもっと早い時期にアイルランドを訪れた本当の理由について触れ、彼が不興をこうむっていると噂する人びとに怒りを示した。

宮廷から退出したのは、自分の利益のために決めたことなのです。私は尊敬を受けるに値しないと思う人がアイルランドにいたら、大間違いです。私はどんな人にも劣らないとみなされ、身分の高い人びとを喜ばせることも怒らせることもできるのです。私の意見は、こうした人びとの中でも最高の地位にある方を怒らせることもできるほど、認められ信頼されているのです。[12]

アイルランド総督ウィリアム・フィッツウィリアム卿がローリーのリズモアの借地権を不当だと訴えていたスタンリー卿夫人を支持していることにローリーはかくべつな苛立ちを感じており、女王とはよい関係にあると従兄に言明することがこのさい大事だと考えたのである。「私は名誉ある仕事についており、そのうえいまも女王陛下とはこれ以上は考えられないほど親密な関係にあるのだから、ウィリアム・フィッツウィリアム卿がこのイングランドに戻ってしまえば、私のほうが彼よりもはるかに上なのです。[13]」たしかに女王の側近としての地位をいまも享受しているという主張が強すぎ、また宮廷からの追放を取り沙汰する噂の内容をあまりにも強硬に否定しているため、逆に女王とはうまくいっていなかったのだと推察することもできるだろう。しかしながら実際には、ローリーが宮廷に戻ってこの手紙を書いてからほどなく、女王はフィッツウィリアムにローリーに対するスタンリー卿夫人の訴訟を却下するよう命じているのである。

スペンサーが聞いた「悲しい歌」と異なって、エリザベス・スロックモートンとのひそかな結婚のため投獄されてから書かれた詩は、パトロン制度の社会的、経済的現実とそれを表現する虚構との違いを際立たせる。クライアントは女王に恋の感情から仕えるという形をとるのがこの時代の文化内の神話であった。エリザベスの下でのパトロン制度というシステムを個人の忠誠心を維持する手段として有効に機能させていたのは人びとの持つ経済的、社会的欲求だったが、女王に求愛し賛美するのに使われる言葉はこれらの欲求を否定するものだった。ローリーは詩の中で自分を女王を恋する求愛者として描いているが、現実には彼はエリザベスに作られたものであり続けたのである。宮廷での出世はひとえに彼女が目をかけてくれたおかげであり、彼が受けた社会的、経済的な恩賞は、彼女の寵愛の目に見える印だった。自分の無分別な行為のために投獄され宮廷から追放され、そのために社会的にも経済的にも完全に破滅する恐れがあったので、ローリーにはどうすれば痛手を修復しその地位を回復するかが大問題になった。彼はロバート・セシルへの手紙と『海の羊飼からシンシアへ』という二つの異なった形態の文学を使って、女王に慈悲を乞い願った。二つとも同じ愛の修辞を用いたことに意味がある。どちらもエリザベスをペトラルカ風の愛する女性、貞節の女神とする当時の神話を巧みに利用し、またどちらも地位を失うのではないかという不安を明らかにしている。女王に読んでもらうために書かれたのにまったく効果がなかったという点でも二つは同じだった。女王に政治的懇願をするのに好まれた方法の一つが恋愛詩の言葉を用いることであったというまさにその理由で、ひそかな結婚は、ペトラルカ風の架空の愛の架空の裏切りではすまされないものだったのである。エリザベスのパトロン制度は本質的には経済的、社会的現実であり、ローリーの結婚は宮廷での振舞を規制する社会の決まりを破るものだった。この決まりは求愛〔courtship〕という手の込んだ虚構が成立する基礎になっていた。ローリーは社会的、政治的な過ちを犯したのであるから、文学的方法ではなく、社会的、経済的方法でしか償うことができなかったのである。

愛の用語は、相手を喜ばせる言葉や賛辞として、女王のパトロン行為が経済的基盤に立っていることを隠すものではあるが、しかしまたそれをあからさまにもした。セシルへの手紙と『海の羊飼からシンシアへ』で、ローリーは過去に行なった働きと変わることのない忠誠心について繰り返し述べるとともに、彼の罪の意味を最小限にしようと、あるいは正当化しようとしている。手紙でも詩でも、失脚を描くときには同じ虚構を呼び起こすという方法をとっており、これは女王との関係を表すこの神話にまだいくらか効力が残っていたことを物語るものである。手紙はことに興味深い。詩で使うのと同じ言葉が使われ、通常宮廷でやりとりされる手紙の言葉とはまったく違うので、ローリーは不誠実だとか芝居がかっていると考える歴史家たちもいる。[14] 彼はこう記している。「今日初めて私の心は打ちひしがれました。女王陛下が遠くに行かれると聞いたからです。長い間大きな愛と希望をもっていくたびも女王の旅のお供をしてまいりましたのに、いまは暗い牢に一人とり残されているのです。[15]」ロンドン塔に幽閉されて女王の行幸に加わることができず、以前の行幸のときの女王の姿をヴィーナスやダイアナとして回想する。過ちを犯した結果、彼は人間の堕落した状態を道徳の観点から考察することができるようになった。「この世の悲しみを見てご覧なさい。たった一度の過ちが私からすべてを奪ってしまうのです。」このような教訓的な言葉は、女王に仕えた過去の話になると、すぐに愛の言葉に戻ってしまう。「過去にあったすべてのこと――愛の喜びとため息と悲しみと願い、それらがたった一度のか弱い不運を押しつぶすことはできないのか。たった一滴の苦さをあのあふれるほどの甘美さの中に隠してしまうことはできないのか。」主として感情の面での喪失という観点から書かれてはいるが、彼の悲しみの肝腎な点は〈spes et Fortuna, valete 希望と幸運よさらば〉という有名なラテン語の決まり文句と、終わりに書かれた「どんな名前にも称号にも値しない者、あなたのW・R」という言葉で表されている。ここで彼は過ちを、その社会的な結果という点から簡潔な言葉で認めているのである。

断片詩『海の羊飼からシンシアへ』を見てわかるように、過ちを認めることがローリーの修辞上の戦略としては主要なものになっている。この方法によって過ちが故意ではないと断言でき（「私の過ちは深慮の結果ではなく」)、同時に自分の社会的地位と経済面での安泰を奪った相手を喜ばせることもできる(「また愛の感情から生まれたものでもない」)。そもそも自分がわるかったのだとすることで、自分の責任を認めているのである。そして手紙と詩でいちばんつらい罰は女王に会えないことだと嘆くことによって、自分のどうしようもない政治的苦境を否定し、その一方で制裁を受けた事実を受け入れている。

ローリーは五週間でロンドン塔から釈放されたが、恋する男の「愛の喜びとため息」や「悲しみ」に女王が応えたからでなく、女王と枢密院にとって、武装商船マドレデディオス号を略奪者たちから奪い取るという企てに、この近衛隊長の働きが必要だったからである。[16] この企てから得られた利益が分配されたとき、ローリーの罪の償いが基本的には経済的なものであることがはっきりした。主な投資者として受け取ったのは、投資額三万四千ポンドに対してたったの二千ポンドだけだったと彼は嘆いている。実際、最大の利益配分を受けたのは、この企てにわずかな利権しか持たないエリザベスだった。彼女が受け取った八万ポンドは、彼女の投資した分に、ふつうの状態であればローリーが報酬として受け取ったはずの額に相当するものを足したものだったと考えるのが妥当である。だれもそうだとは言っていないが、彼女の利益は明らかに彼の犠牲において増やされたのであり、これは罰金を取ったようなものだった。近衛隊長の地位は奪われなかったものの、このあと五年にわたって宮廷への出入りを差し止められたことで、さらに制裁を受けることになる。社会的地位と政治上の権力と経済の安泰を支える社会の決まりを破ったため、事実上重い罰金刑に相当するものと宮廷からの追放と政治的な立場のはなはだしい弱体化という制裁を受けたのである。

ローリーが恋愛詩の言葉で表現した欲望や喪失や満足は、実際には恋する男の感情ではなかった。だがその反面、この文学的な神話は単なる虚構でもなかった。エリザベスは、宮廷人たちが恋愛詩の言葉で彼女に懇願するように仕向けることによって、彼女の支配を表す私的な隠喩を慣習として確立したのである。したがってペトラルカ風の恋愛詩は、パトロン制度内の経済的な取引を表す用語になっただけでなく、女性の君主と交渉するための戦略上もっとも有効に見える用語になり、エリザベスもこれを好んだのは間違いない。この記号化された用語のおかげで、ローリーと当時の人びとは、問題を切り出し、ふつうの会話では率直にあるいはあからさまに言えないような感情を表現できたのである。さらに、宮廷の競争という特質と気まぐれに見えるパトロンの愛顧の分配の仕方を考えれば、求愛の手の込んだ隠喩は、分配のシステムを説明し辻褄を合わせてくれる社会的神話を表現するものになっている。宮廷愛の隠喩は、政治上の貢献を愛に、報酬を好意に言いかえる。そしてどうしてある人だけが理由もないのに利益と昇進を与えられるのかは、愛の論理ではじめて説明が可能になる。そのような論理はいちじるしく不合理ではあるが、それでもパトロン行為についてかなり一貫した説明を与えてくれるのである。

しかしながら、君主が代わると、パトロン制度と恋愛詩の密接な関係をそれまでと同じように使うことはできなくなった。あらゆるパトロン行為の源は王つまり男性になったのである。ペトラルカ風の恋愛詩は、宮廷の貴婦人たちに近づくときには使うことができたし、宮廷の仲間たちの間でクライアントとしての成功や失敗をあれこれ言い合うには役に立った。しかし新しい君主の登場で、パトロン‐クライアント関係の表現には、王が書いたり奨励したりするテクストの表現様式が好んで用いられるようになったのである。

ふつうエリザベスの宮廷では、大志をもった青年たちが政治の世界でパトロンを求めて道徳や哲学に関する書物を書くことはなかったし、恋愛詩を書いても出版はしなかった。パトロンとの関係について論評する恋愛詩は私的すぎるし、仲間たち以外の人びとに読まれるにははかなすぎると思われたからである。[17] しかしながら、知的な散文と詩の伝統は、ジェイムズ王の関心のおかげでそれまでより重視されるようになった。そのためジョン・デイヴィスのような人は、長い哲学詩を王に贈ったことによって早くから王に目をかけられたし、後年、落伍した宮廷人ジョン・ダンは『偽殉教者』を書くことで、過去の軽率な行為がもたらした汚点をぬぐう望みを抱くことができた。[18] エリザベスは宮廷人が詩的な比喩や恋愛関係の虚構を使って彼女を讃えるように仕向けたが、彼女も宮廷もそのような「遊びごと」[19]の出版は認めなかった。対照的に、ジェイムズは自分が学問に造詣が深いと思いたがっていて、その知的な能力に与えられる惜しみない称賛には恩恵を与えることによって応えた。王は自分の関心に訴えるような書物の出版に褒美を与え、書き手が宮廷人でない場合でもそうだった。真面目な本を書いて出版さえすれば、それだけで有益な働きとみなされたのである。これは恋愛詩ではありえないことだった。

　ローリーは『世界史』の執筆によってこのような有益な働きを目指していた。しかし構成と表現様式の点から見て、これは神の摂理としての歴史を書くという彼の当初の目的を成就するものにはなっていない。この書物を問題の多いものにしている要因は、ローリーがクライアントとしておかれていた状況にある。執筆を思い立ったとき、彼は宮廷の寵臣でもなければ大志をもった部外者でもなく、王の囚人だった。カトリック信者によるバイ陰謀に加担したとしてロンドン塔に入れられ、死刑の執行猶予判決を受けたのである。捏造された状況証拠しかなかったが、王なら再度彼を強制的に裁判にかけることができるのは、ローリーには明白だったにちがいない。[20] したがって彼にはパトロンがどうしても必要で、ヘンリー王子のとりなしで王の敵意を和らげたいと願い、王子のために『世界史』の執筆に取りかかったのである。ローリーが従った社会的、文学的慣習という観点から、またこの慣習に必然的に伴う修辞上の戦略という観点から、この著作はきわめて興味深いものであり、加えて、執筆活動がクライアントとしての行為である場合、パトロンの死がその著作に与える影響を検討するのにまたとない機会を与えてくれる。なぜならヘンリーの死後に書かれた部分は、叙述の仕方とそこに内在する歴史哲学において当初の計画とは矛盾するところがあり、表現様式と構成上のこのような混乱を引き起こす変更は、パトロン関係が終わったことに関係していると考えられるからである。

ローリーがいつヘンリー王子を知るようになったかははっきりしないが、一六〇八年にヘンリーが〈アークロイヤル号〉の建造について彼に相談したことはわかっている。さらに、ジェイムズがローリーのシャーボーン荘園を没収して寵臣ロバート・カーに与えようとしたとき、王子はこの牢にいる宮廷人のため仲介の労をとり、自分がシャーボーンを要求し、それをローリーの釈放まで押さえておくと約束した。この年ローリーはヘンリーのために声明書を書くようになり、王子が死ぬまでこの役割を果たし続けた。「海軍と海上勤務に関する所見と覚書」（一六〇九年？）、「エリザベス嬢とピエモンテ公との……縁談」（一六一一年）、「ヘンリー皇太子とサヴォイ家令嬢との結婚について」（一六一一年）などは、王子の相談役の間で回覧されていたらしい。ローリーはエリザベスの下で公式に果たしていたのと同じような役割を非公式に果たしていたのである。[21]王子とこの囚人との間の絆が実際はどんなものであったにせよ、宮廷の噂では親密なものと言われていた。ヘンリーが亡くなって六日後にジョン・チェンバレンがダドリー・カールトンに書いた手紙によれば、「［ローリーは］最大の望みを失いました。［なぜなら彼は］ヘンリー王子と特別親しい関係にあり、王子のたびたびの働きかけで、ついに王はローリーをクリスマスまでに釈放することに同意していたからです」[22]。ヘンリーがシャーボーンを要求して王がカーに与えるのを阻止してからほどなくローリーが『世界史』を書き始めたのは、単なる偶然ではなかったのである。[23]

『世界史』は、聖書に書かれた年代記に基づく筋書、聖書に出てくる出来事と古代伝説の融合、キリスト教倫理学の用語、そして歴史は神の摂理であるという見解の繰り返しという、万国史の特質をそなえている。[24] ローリーの仕事は歴史編纂上特に独創的だったわけでないことは、当時の大部分の読者は気づいていなかったが、我々には明らかである。かぎられた資料しかなく、それが歴史記述の材料となっただけでなく、関連する古典からの引用も教父たちの意見もカトリックやプロテスタントの聖書解釈者のさまざまな主張も、すべてそこから引かれている。[25] 彼はこれらの資料に頼ることで、学識があり勤勉だというイメージを作ることができたのであり、そのようなイメージはこの計画をうまく活用するうえでどうしても必要だった。王になる若者に知識と助言を熱心に与えようとする分別と経験のある助言者として自分を見せることが、彼の目指すところであり、歴史という題材は多くの閑話や余談とともにそれを可能にしてくれた。天地創造からエルサレムの滅亡までを扱っている一、二巻では、話題は広く神学的論争にまでおよび、聖書の地理的な問題を解決するのに、彼は探検家としての経験さえ動員した。アッシリアの滅亡からギリシアの興隆までを扱っている三、四巻では、軍事的、政治的関心に焦点を当て、余談として宮廷での振舞と政治外交術についてくわしく語っている。王子への助言として計画された『世界史』は、明らかにパトロンの興味に合わせて書かれたものなのである。しかし同時に、クライアントに役に立つよう意図された面も持っていた。

豊かな学識に裏打ちされた余談ほどひんぱんではないがそれでも目につくのはあちこちに見られる一連の論評で、間接的にではあるが読者の目を語り手に向けさせる。自分に関連するこれらの論評は、全体として〈彼の人生の弁護〉のように読める。例えば、アレクサンダー大王時代に宮廷の陰謀のため権力の座を追われた将軍たちについて語る中で、「立派な人物を陥れるためにだれかが意図的に謀ったことを、その人物自身の傲慢な態度や制裁を受けるに値する悪業のせいにするのは、間違いなくはなはだ不当なことである」[26]と述べ、さらに、このような人の苦しみはヨブの苦しみにも匹敵するもので、犠牲になった立派な人はその不屈な精神のためにもっと評価されてよいのではないかと言っている。彼は、二十年以上にわたって敵にイングランドでいちばん傲慢な男だと評されていたことを、とりわけ気にしていた。裁判のあとで回し読みされていたバラードや詩をたしかに知っていたのである。その大部分は彼の不幸を傲慢な男が受ける当然の報いとしてはやしたてるものだった。ローリーは、立派な将軍で君主の信頼ある助言者だった誇り高い男の例を引き、その破滅はヨブの破滅に並ぶものだと暗に言っている。そうすることによって、読者には彼の破滅を暗示しかつ倫理上彼を正当化する歴史的状況を使って、自分に対するさまざまな中傷に反論しているのである。作者自身の状況と似ていると思われるところが何箇所かあるが、もちろん、読者が『世界史』を語り手自身と一致するところがあるという観点から類推しながら読めばそう読めるということであり、その点彼は読者が類似点を探してくれることを期待できた。しかしながら、読者が類似点の存在しないところにまでそれを見いだすことも阻止できなかったのである。

宮廷人が書いた歴史書は哲学や宗教に関する論文と異なり、疑いの目で見られることは避けられなかった。一般的に言って、歴史書を書く宮廷人には二種類あった。失脚したか出世をあきらめた宮廷人と、官職を切望し王に取り入ろうと思っている宮廷人である。ベイコンは後者のよい例である。彼は一六一〇年、ジェイムズ王の治世の歴史を書くことを王に申し出た。意図が誤解されないように、いくつかの制約を自分に課すと言った。そのうち二つは「まず陛下がお気に召さないとお思いになることがございますれば、御意のままに修正いたします……。そして陛下がお読みになるために書くのです」[27]というものだった。ベイコンが法務長官の地位を得ようとしているときのことで、歴史書を書くというもっともらしい理由で王に取り入れば、希望の実現に役立つだろうと彼は明らかに信じていた。しかし面白いことに、大志を抱く政治家であった間はこの計画を実行せず、失脚して初めてヘンリー七世についてのあの有名な歴史書を書くことになった。自分に自主的に制約を課したのは、歴史書を書く宮廷人にもっともよくふりかかる二つの疑念を避けるためだった。真剣に官職を得ようとしていないのではないかという疑念と、さらにひどいのは、過去の例を引き合いに出して現政府とそれが支える社会秩序に不利な比較をすることによってその弱体化を謀ろうとしている不満分子ではないかという疑念である。

フルク・グレヴィルがエリザベス朝の歴史を書くことについて相談したとき、宮廷人の振舞についてのある大家が、これはロバート・セシルに他ならないのだが、同じような疑念を表明した。グレヴィルは、セシルがその計画について質問したときのことを次のように記している。「だれにも劣らず出世の可能性があるこの時期に、なぜ歴史書を書こうなどと思うのだね〔と彼は言った〕。それからもっと真面目な様子で私に尋ねた。あの時代に起こったことをどうやって明確に伝えることができるのだね。いまの時代の偏見から誤って解釈するかもしれないのに。」[28]ジョン・ダンは明らかにローリーの動機に対してこれと同じ不信感を抱いたので、ローリーの『世界史』に関してあの有名な疑問を提起したのである。

なぜウォルター・ローリー卿はこれらの時代の歴史を書くのに最適な人だと見なされたのだろう。それは――罪状認否のときに、彼を告発している証人には二人分の力があると聞かされて、自分が生きてきた時代の悪を書いて自分を信用させようと思ったのだろうか。さもなければ、これらの時代について瞑想することで、ふたたびその時代を経験できるからだろうか。あるいはもっと昔のことを扱っても、世界の初めにはそれ以上近づけないと思うからなのか。それとも彼は籠の鳥のように、自分のそばを口笛を吹いて行く者がいれば、どんな歌でも最近聞いたものはすべて真似るからなのか。あるいは聞こえた言葉をほとんどそのまま繰り返すのでなく、ほんの一部をよりはっきり繰り返すのが最高の木霊だと思っているからなのか。[29]

これは、過去を使って現在を批判するという歴史の類推的な記述法を、セシルと同様ダンも知っていたことを示している。現在を批判するのは自分自身の状況の弁護に関係することだけにかぎり、王や政府を暗に攻撃するようなことはしないという意図がローリーにあったとしても、読者が可能なかぎりどこにでも類似点を見つけようとするのは避けられないことだった。[30]

『世界史』はそれ自体きわめて正統的なものである。人間の場合も王国の場合も滅亡の原因は野心、傲慢、嫉妬、無知にあるというのがその主旨である。[31]ローリーに同情する読者はこれを誠実な歴史書として読み、皇太子に助言を与え自分を〈弁護〉しようとしている男のクライアント行為と受け取った。それに対して、敵意のある読者は不満分子の不平として読み、自分の失脚の復讐を計り不遜にも不当に罰せられたのだとほのめかそうとする男の、その時代への反撃とみなした。ヘンリーが亡くなって二年後の一六一四年に『世界史』が出版されると、ジェイムズはそれを個人攻撃と考え、検閲官に回収させた。もともと歴史書を書こうと決意すること自体が動機について疑惑を引き起こす運命にあったので、ローリーはその究極の目的を人びとがいろいろ憶測するのを押さえることができなかったのである。彼にできたのは、パトロンのために執筆を計画し、ヘンリーが公式に認めてくれれば敵意を抱く読者の疑いを静められるだろうと期待することだけだった。そうであれば、意図した読み手のヘンリーを失ったことで、『世界史』の計画が影響をこうむることは避けられなかったにちがいない。ヘンリーが一六一二年の十一月に亡くなったとき、おそらくローリーは四巻を終えて、最後の五巻にとりかかったところだろう。注目すべきことは、五巻が紀元前一六八〜七年の出来事で唐突に終わってしまうことで、それが長い間学者たちを悩ませることになったのである。しかもローマの勃興で終わっていて、そのあとに死についてのローリーの有名な黙想が続くが、キリストの誕生と死と復活に関してはいっさい何も触れられていない。歴史は神に支配されているという肝腎な点を明示するために神の顕現という出来事を使っていないのは、神の摂理としての歴史を提唱する人としてはきわめて異例である。[32] 記述がなぜ中心からそれてしまったのか——なぜ目的として掲げていたことからそれて、予測を裏切る終わり方をしたのか——を理解するためには、ヘンリーの死がパトロンを得ようとするローリーに与えた衝撃の強さを知らなければならない。

　ヘンリー王子の宮廷だけでも、王子のパトロン行為に期待をかけている人たちを五百人以上も抱えていた。ローリーよりは有利な立場にいたクライアントにとっても、その死は大きな痛手だった。なぜなら、たいていはある特別の政治的、社会的、宗教的関心からヘンリーと結ばれていて、ジェイムズの宮廷で地位を得る見込みがほとんどない人たちだったからである。王子の死後数日の間に、ヘンリーの財務係だったジョン・ホールズ卿は、奉公したいとカンタベリー大主教とレノックス公爵に宛てて手紙を書き、そこで自分が失ったものについて嘆いた。大主教へ宛てた手紙は、二十年前ローリーが宮廷での失脚を嘆いてロンドン塔からセシルに書き送った手紙とよく似ている。ローリーの場合は相応の罰を受けてからその地位を回復したが、ホールズは文字通り新しいパトロンを見つけなければならなかった。そのため大主教に宛てて「〈希望と幸運よさらば〉と いまにも私は叫ぶかもしれません。私の希望と幸運は王子とともに葬られてしまったのですから」[33]と記したのである。ホールズの手紙には、財政的には豊かであっても、社会的地位と政治権力と経済的にさらに向上する機会を与えてくれたパトロンを失って、痛手を身にしみて感じている人の絶望が見られる。ダドリー・カールトンに宛てたジョン・チェンバレンの手紙は、おそらくヘンリー王子のクライアントたちの悲しみをもっともよく書き表したものだろう。「彼の従者たちの間に心細い思いが広がり、多くの者がひどく落胆しました。[34]」心細い思いと落胆という言葉は、まさしくパトロンを失ってローリーが抱いた感情を表現するのにふさわしいものなのである。

王子の死はローリーの拘留が続くことを意味するだけでなく、彼が息子に残すはずの社会的、財政的な遺産が間違いなく永遠に失われたということでもあり、どちらも同じくらい大きな痛手だった。ひそかな結婚が発覚して不興をかう数か月前に与えられたシャーボーンの荘園は、エリザベスの下でのローリーの権力と社会的地位の絶頂を示すものであり、彼にとっては時間と多額の金をつぎ込んで大切に管理してきたいちばん大事な財産であった。この荘園を息子の手に委ねるため、一六〇二年彼に譲渡するという遺書を作成したが、代書人のミスで結局無効となった。そしてローリーが牢にいる間に、王がこの荘園を寵臣ロバート・カーに与えようとしたのである。四年にわたる裁判で負けたあと、ローリーは一六〇九年カーに手紙を書き、シャーボーンを与えるという王の申し出を断ってほしいと頼んだ。

大切なものをたくさん失い、何年も大きな悲しみを味わったあげくに（それがどのような形で終わるかについて、私の予想は間違っていたのではないかと思います）知ることになりました。書類が不備のため私の子どもたちと親族が裁判で負けて失ってしまった相続財産を、あなたが陛下からお受けになるよう説得されたということを。それはあなたご自身が……私と家族に最後の致命的な打撃をお与えになることなのです……。……あなたの一日はいま始まったばかりなのに、私の一日はもう暮れようとしているのですから……あなたの初めての邸宅を無実の者たちの破滅の上に建てることのないようお願いいたします。そしてそのような者たちの悲しみや嘆きがあなたの最初のお屋敷につきまとうことのないようになさってください。[35]

ヘンリー王子が仲に入って、ローリーが釈放されるまでシャーボーンを押さえておくように取り計らったので、王子の死はまさにシャーボーンを失うことであり、したがって事実上、ローリーが社会的に抹殺されることをも意味したのである。

著者の個人的事情から見たときに特別の意味を帯びてくるような独特の余談の一つで五巻の初めで語られるものでは、ローリーは領主のぜいをこらした邸宅を造るという習慣を激しく非難している。

いまの巨人は悪徳と不正ゆえに、力持ちだったあの頃［巨人のいた時代］の巨人よりも巨大になったのである。私たちは小屋や土と木でできた家ではなく、石造りの宮殿を建てた。そこに装飾を彫り、色を塗り、金で飾り立てた。その結果、住んでいる人を見てだれの家かわかるのでなく、家を見て住んでいる人がだれかわかるということになってしまった。食事は昔は二皿だったのに二百皿も喰らうようになり、水ではなくワインを飲み……獣の皮で身を包んでいたのに、絹と金ばかりか、人間からはぎ取った皮膚で身を包むようになってしまった。[36]

この箇所の詳細な記述とそこからの連想でシャーボーンが思い起され、それを失った著者の怒りが見えてくる。法外な悪が、家から宮殿への変化を通して、そして他人の皮膚をまとった人間、究極の貪欲の驚くべき姿への変化の中に示されていくとき、そこに飽くことのない欲望を満たすためあらゆるものを貪る放らつな欲望の姿が浮かんでくるように思われる。また人間の肉体の象徴である皮膚をはがれた恐ろしいイメージは、人間の社会的な象徴である荘園を奪われることと結びつき、カーがシャーボーンを手に入れることがローリーにはどんなことだったのかを物語るものになっている。

　五巻は四巻までと同じように始まる。つまりさまざまな資料を一つにまとめ、そこに余談や論評をふんだんにちりばめるのである。ローリーの時代の出来事への言及が随所に見られる。例えばディオニュシオス二世のシラキュース征服を論じる中で、その海戦の話がいつのまにかレパント海戦の論評になっている。ディオニュシオスがカルタゴ人を裏切ったことから、ローリーは七〇年代のフランス戦線で目撃した同様の裏切りを思い出し、最初の戦争体験で見たことを話し始めるのである。それからもとの時代に戻るが、ふたたび中断して、一五八八年のスペイン艦隊アルマダとの戦いで彼が立案に一役買った作戦について長々と話し始める。この余談の最後を「海戦の技術について、私はヘンリー皇太子のために小冊子を書いたが……彼が亡くなったので、最後まで書かずにすんだ」という言葉で締めくくっている。[37] ヘンリーの死に触れたのはこれが初めてで、このあと『世界史』は数百ページ書き続けられるが、初めに意図した読み手を失ったため、内容は大きく変わってしまう。

　実のところ、ローリーは記述をコントロールする力を失っていくのである。まず自分をこの論述の主題として前面に押し出し、個人的な思い出や延々と続く閑話をはさみ、熟練した書き手という幻想を捨ててしまう。

さらにこの最後の巻の半ばでは、何とか全体をうまく治めようとする努力さえも放棄してしまう。話し手の一人称の声はまったく聞かれなくなる。

五巻の後半はポリビウス、プルターク、リヴィウスから取られたもののようだ。しかしローリーのテクストをこれらの資料と突き合わせてみてわかるのだが、自分で資料をまとめて記述したのでなく、主としてリヴィウスに基づく（他の二人からも取っているが）あるテクストを翻訳し言いかえているにすぎない。[38]『世界史』が紀元前一六八〜七年の出来事で終わっていても何の不思議もない。なぜならローリーの種本であるこのテクストはリヴィウスの年代記を使っており、リヴィウスの現存する最後の本がまさにこの年代で終わっているからである。したがって、『世界史』が担うはずだった特別の役割がヘンリーの死とともに終わってしまったので、複雑な史的記述をやめて種本を言いかえたり翻訳したりするだけになり、ついにはその種もつきたのだと断定してよいだろう。最後の二ページで著者はふたたび自分の声で語り、四つの帝国のうち三つの興亡を書き綴ったと説明している。彼は繁栄するローマで執筆を終わるが、やがて「野望の嵐のためにローマという大木の枝々がたがいにぶつかり合って葉が落ち、幹や大枝は枯れ、野蛮な国の暴徒がなだれ込んでローマを切り倒してしまうだろう」、その他のものはと言えば、際限ない野望が世界を動かし、最後は死あるのみで、それだけしか人間に己れを悟らせる方法はないのだと言う。

『世界史』は死の賛歌で終わるが、キリストと復活については何も語られていない。

雄弁で正しく力強い死よ、だれも教えることができなかった者をお前は説得したのだ。だれもやろうとしなかったことをお前はやったのだ。世界が讃えた者をお前はこの世から葬り去り見下げたのだ。人間のどこまでも広がる大きな権力も誇りも残酷さも野望もすべて引き寄せ、〈ここに永眠す〉という短い言葉で覆ってしまったのだ。

最後に申し上げるのだが、この書物は題から見てわかるように、世界の歴史の第一部にあたるのであり、当然第二、第三も続くはずで、私もそのつもりで構想を練っていた。しかし、落胆させられるような多くのことが起こって私を沈黙させ、そのうえこれを捧げるはずだったあのすばらしい王子が、神の思召しで亡くなられてしまった。この死を前にして悲しみの言葉もなく、悲しみがつきることもない。私はただヨブとともにこう言うだけである。〈私の琴は悲しみの音となり、私の笛は泣く者の声となった〉。

すべての人間の差別をなくす偉大な存在として死を讃えることで、ローリーは自分の個人としての悲劇を普遍的な悲劇に変えてしまった。本当の犠牲者が自分であることを押し隠してこの世を犠牲者とし、そうすることで歴史全体を悲劇に変えたのである。この死の賛歌を書いたあとで有名な序文を書き、そこでヨーロッパの君主たちの興亡を概説する。この巻の最後では、歴史は悲劇であるという見解を確認するだけでなく、歴史は神の摂理によるものだと、この著書の他のどの箇所よりもはっきり断言している。またここでは悲劇の犠牲者として率直に語っていて、最後の節で読者に向かって言う。「私の本は主人を持たずにこの世に残されることになりました……。寛大な方々は寛大に評価してくださることはわかっておりますし、私が逆境の中にあるため〈悪を誇る者〉に対して戦う武器を持たないことも承知しています。いま私は戦場にあるのですから、間もなく力つきて倒れるでしょう。[39]」ローリーはこの最後の言葉で、敵に対して哀れなほど身を守るすべのない弱い者として自分を示し、パトロンのいないクライアントの悲劇的な例として同情を求めている。

自分の著作がパトロンを持たずに世に送り出されたという嘆きにはそれなりの理由があったことは、これが出版されるとジェイムズができるかぎり押収するよう命じたときあらためてはっきりした。[40] 著者の名前はタイトルページに印刷されていなかったが、書籍出版業組合には一六一一年にローリーの名前で登録されているし、著者自身の経験が数多く言及されているので、だれが書いたかは明らかだった。一六一七年に王のためにエルドラド発見の航海に出るということでロンドン塔から釈放されるとすぐ、『世界史』はローリーの名前をタイトルページに載せて再版された。この版は販売を許可されたばかりか、ジェイムズは数年前に没収したものを売って、利益を懐に入れさえした。

ローリーの『世界史』は多くの宮廷人のテクストに共通した特徴を示している。一方では、彼の詩と同じく、パトロン制度という社会制度をコンテクストとして書かれたものであり、同じく望んでいた関係をつくることもできなかった。ただ執筆にとりかかる前に存在していた関係を反映しているだけである。他方で、クライアントの境遇の変化のため、この場合にはパトロンが死んだために、用いられる文学上の戦略が変わった。そして『世界史』の読まれ方は、これも彼の詩と同じく、著者と読者の社会的関係を映し出すものだった。出版されたとき、彼は亡くなった王子の絶望したクライアントでありジェイムズ王の囚人でもあったので、王は当然ローリーの動機を疑い、この著書を危険なものとみなした。しかし王に仕えるために、[41] 言いかえれば王のクライアントになるためにロンドン塔から釈放されるやいなや、『世界史』は何事もなく出版され、著者の真意をまったく疑われずに読まれた。一六一四年版と一六一七年版ではテクストで用いられた言葉には何の変化もなかったのだが、そのコンテクストに変化があったのである。したがって、ローリーの文学作品の制作と受け入れを支配したのは、著者の言語ではなく、パトロン制度というシステムの中で彼が直面しなければならなかった社会的現実だったと言える。

*Leonard Tennenhouse　英文学専攻

注

1 エリザベス女王の宮廷で得られるさまざまな実利的な機会についての検討は Wallace T. MacCaffrey, "Place and Patronage in Elizabethan Politics," in *Elizabethan Government and Society: Essays Presented to Sir John Neale*, eds. S. T. Bindoff, J. Hurstfield, C. H. Williams (London, 1961), pp.95-126 を参照。パトロン制度をさらに論じるものとしては H. R. Trevor-Roper, "The Gentry, 1520-1620," in *Economic History Review*, Supplement I (1953); Lawrence Stone, "The Fruits of Office: The Case of Robert Cecil, First Earl of Salisbury, 1596-1612," in *Essays in the Economic and Social History of Tudor and Stuart England in Honour of R. H. Tawney*, ed. F. J. Fisher (Cambridge, 1961), pp.89-116; Lawrence Stone, *The Crisis of the Aristocracy, 1558-1641* (Oxford, 1965), pp.209-11, 257-68, 290-92, 445-99; Arthur Joseph Slavin, *Politics and Profit: A Study of Sir Ralph Sadler, 1507-1547* (Cambridge, 1966), pp.158-211; Alan G. R. Smith, *Servant of the Cecils: The Life of Sir Michael Hickes* (Totowa, N. J., 1977), pp.51-80 を参照。

2 Edward Thompson, *Sir Walter Ralegh* (New Haven, 1936), p.33 の引用によれば、Anthony Bagot卿はローリーを「イングランド一の嫌われ者」と評した。それほど嫌われていた理由の一つはそれまで例のなかったような出世ぶりであったことは間違いない。他の理由は Stephen J. Greenblatt, *Sir Walter Ralegh: The Renaissance Man and his Roles* (New Haven, 1973), p.55 で簡単に検討されている。

3 Edward Edwards, *The Life of Sir Walter Ralegh...Together with his Letters* (London, 1868), II, 17.

4 Edwards, *Ralegh*, II, 33.

5 詩の創作年代は Agnes M. Latham に従った。詩の引用には、注をつけたもの以外は *The Poems of Sir Walter Ralegh*, ed. Agnes M. Latham (1951; rpt. Cambridge, Mass., 1962) を使用した。

6 Bertram Dobell, “Poems by Sir Thomas Heneage and Sir Walter Raleigh,” in *The Athenaeum*, 14 September 1901, 349. 手書き原稿は Houghton Library に収められている。

7 L. G. Black, “A Lost Poem of Queen Elizabeth I,” in *Times Literary Supplement*, 23 May 1968, 535. ローリーのこの詩は、Walter Oakeshott が全体の写しを見つけて *The Queen and the Poet* (London, 1960), pl. VIII に再録するまで、Puttenham の *Arte of English Poesie* に引用された第三スタンザしか知られていなかった。

8 おそらくこれらの詩が言及している出来事は同じではないだろう。「貧しい隠者のように」は一五九一年に出版された *Britton's Bowre of Delights* に載っていたもので、「身体は牢に閉じこめられて」と『海の羊飼からシンシアへ』は早くても一五九二年ころに書かれた Hatfield House Manuscript の中から見つかったものである。

9 *The Poetical Works of Edmund Spenser*, eds. J. C. Smith and E. De Selincourt (London, 1966).

10 Thomas Birch, *Memoirs of the Reign of Queen Elizabeth* (1754; rpt. New York, 1970), I, 56 から引用。

11 エリザベスの気まぐれに見えるこの態度は、エセックスを昇進させようと決めたからだと考えれば理解できるだろう。彼女は寵臣一人一人に異なった原則に従って対していて、そのため予期以上に激しい嫉妬、羨望、中傷を引き起こした。一五八七年エセックスは女王と口論し怒っていた。伯爵の嫉妬からくる怒りの原因は明らかにローリーが女王の寵愛を受けていることだった。ダイアーへの手紙で、エセックスは「愛の競争」で味わった失望について訴えている。Godfrey Goodman, *The Court of James the First* (London, 1839), II, 1-4 を参照。

12 Edwards, *Ralegh*, II, 41-42.

13 面白いことにローリーは、女王のそば近くにいることが彼の占めている職務と同じくらい——たぶんそれ以上に——重要だと考えていた。

14　例えば A. L. Rowse, *Ralegh and the Throckmortons* (London, 1962), p.163; Willard M. Wallace, *Sir Walter Raleigh* (Princeton, 1959), p.96を参照。

15　Edwards, *Ralegh*, II, 51-52.

16　John Hawkins 卿はバーリー宛てに次のように書き送っている。「彼［ローリー］が当分ロンドンに近いどこか他の場所にいられるよう閣下から陛下にお願いしていただけますなら、陛下のお役に立ち、陛下のお取りになる分が増えることになるでしょう。彼ほど陛下の利益をいかに増やすかを考えたいと思っている者はいないでしょうから。」Edwards, *Ralegh*, I, 151-52から引用。

17　J. W. Saunders, "The Stigma of Print: A Note on the Social Bases of Tudor Poetry," in *Essays in Criticism*, I (1951), 139-64を参照。この種の詩は公には宮廷人によってはかないものとみなされたが、明らかに芸術的楽しみと宮廷のゲーム以上の、ひじょうに重要な文化上の慣習になったのである。

18　ディヴィスの*Nosce Teipsum*と、この作品によって彼がジェイムズに用いられるようになったことについての考察は、*The Poems of Sir John Davies*, ed. Robert Krueger with introduction and commentary by the editor and Ruby Nemser (Oxford, 1975), pp.xxxiv-xxxvii, xliv を参照。ダンの『偽殉教者』に関しては R. C. Bald, *John Donne: A Life* (Oxford, 1970), pp.226-27と本書のアーサー・マロッティの論文を参照。

19　「遊びごと（toys）」という言葉は、エリザベスが自分の詩 "The doubt of future foes" のことを言うのに使ったものとされている。この言葉は Black, "A Lost Poem" で引用されている。

20　Edwards, *Ralegh*, I, 339-439では、罪状、証拠、裁判が広範に論じられている。Wallace は「彼［ローリー］をジェイムズは恐れ、［ヘンリー］ハワード［伯］は憎み、セシルは信じていなかった」と述べている（Willard M. Wallace, *Raleigh*, p.195）。ジェイムズの強い支持がなかったら、セシルもハワードもローリーを有罪にはできなかっただろう。

21 散文の創作年代は Pierre Lefranc, *Sir Walter Ralegh Écrivain* (Paris, 1968), pp.50-55 に従った。

22 *The Letters of John Chamberlain*, ed. Norman E. McClure (Philadelphia, 1939), I, 389.

23 ローリーはシャーボーンを一六〇九年一月九日（グレゴリオ暦）に失った。Lefranc は一六〇九年一月に『世界史』を書き始めたのではないかと言っている (Lefranc, *Ralegh Écrivain*, pp.638-42)。

24 この種の歴史書については C. A. Patrides, *The Grand Design of God: The Literary Form of the Christian View of History* (Toronto, 1972); Herschel Baker, *The Race of Time: Three Lectures on Renaissance Historiography* (Toronto, 1967), pp.15-41; Philip Edwards, *Sir Walter Ralegh* (London, 1953), pp.150-54 を参照。イングランドのルネサンスに書かれた歴史書についての概論は F. Smith Fussner, *The Historical Revolution: English Historical Writing and Thought, 1580-1640* (New York, 1962); F. J. Levy, *Tudor Historical Thought* (San Marino, Calif., 1967) を参照。

25 Arnold Williams, "Commentaries on Genesis as a Basis for Hexameral Material in the Literature of the Late Renaissance," in *Studies in Philology*, 34 (1937), 191-208; Arnold Williams, *The Common Expositor: An Account of the Commentaries on Genesis, 1527-1633* (Chapel Hill, N. C., 1948), pp.34-36.

26 *The Works of Sir Walter Ralegh* (Oxford, 1829), V, 420.

27 *The Works of Francis Bacon*, eds. James Spedding, Robert Ellis, and Douglas Heath (1857-78; rpt. Stutgartt-Bad Cannstatt, 1962), XI, 218-19.

28 *The Works...of Fulke Greville, Lord Brooke*, ed. Alexander B. Grosart (1870; rpt. New York, 1966), IV, 217.

29 Edmund Gosse, *The Life and Letters of John Donne* (1899; rpt. Gloucester, Mass., 1959), II, 52-53.

30 ローリーは類似点を見つけて読まれるだろうと予期して、王や政府を批判する意図はまるでないと、序文の終わりで読者に向かって断言している。「私には昔のことを書くだけで十分なのです（私はこのような境遇におかれているので）。だから過去のことを語ることによって実は現在のことを語っており、とうの昔に亡くなった人を通していま生きている人の悪を糾弾しているのだと言って非難されませんように。でもそう言われても私にはどうしようもありません。そんなつもりはまるでないのですが」（*Works*, II, lxiii）。

31 『世界史』の正統性を論じているものとしては Ernest A. Strathmann, *Sir Walter Ralegh: A Study in Elizabethan Skepticism*（New York, 1951）があげられる。

32 John Racin, *Sir Walter Ralegh as Historian: An Analysis of "The History of the World"*（Salzburg, 1974）, pp.139-44; Greenblatt, *Ralegh*, pp. 149-50. C. A. Patrides はこのような問題があることを認めているが、『世界史』はキリストではなく神を中心とするものであると主張している（*The History of the World*, ed. C. A. Patrides [Philadelphia, 1971], pp. 20-22）。

33 Historical Manuscripts Commissions, Portland, IX, 33. これらの手紙は J. W. Williamson, *The Myth of the Conquerer: Prince Henry Stuart, a Study in 17th Century Personation*（New York, 1978）, pp.174-75 で論評されている。

34 *Letters*, I. 389.

35 Edwards, *Ralegh*, II, 326-27.

36 *Works*, VI, 30.

37 *Works*, VI, 82.

38 ギリシア語とラテン語のテクストを照合するさい Kenneth Walters 教授に手伝っていただき感謝します。ローリーの蔵書にはリヴィウスはなかったが、J. Bonutus, *Historia Antiqua*（Heidelberg, 1599）を含む古代の歴史家についての概説書は何冊かあった。Walter Oakeshott, "Sir Walter Ralegh's Library," in *The Library*, 5th Ser., 23

(1968), 285-327を参照。ローリーが彼の教戒師 Robert Burhill のような人物が書いた要約を使ったとも考えられるが、実際にはそんなことはなかっただろう。Racin はローリーがだれかに手伝ってもらったかもしれないという問題を検討している。Racin, *Ralegh as Historian*, pp.18-27.

39 *Works*, II, lxiv.

40 この著作の出版史を扱っているのは John Racin, "The Editions of Sir Walter Ralegh's *History of the World*," in *Studies in Bibliography*, 17 (1964), 199-209.

41 ローリーの南米ギアナへの航海をもっとも広範囲に記述しているものとして V. T. Harlow, *Ralegh's Last Voyage* (London, 1932) があげられる。

演劇

十章　王の劇場と王の演じる役

スティーヴン・オーゲル*

この論文の究極の関心はスチュアート朝イングランドの演劇のパトロンとして王が果たす役割であるが、さらに広いコンテクストから、関連事項ではあっても最初に扱われるべきだと思われるものをまず検討しようと思う。この主題は王という観客に関わるが、それと同じくらい王という役者にも関係しているのである。そこで初めに、ルネサンスの君主たちは自分たちのためにどんな役と虚構の世界を創らせたのか、そしてその役を演じるためにどんな劇場を必要としたのかを考察したい。王の演じる役から始めよう。これは王たる者はどうあるべきかを教えるジェイムズ一世の手引書『バジリコン・ドロン』につけられた序詩の最初の数行でうまく言い表されている。「神は王に神々という称号をみだりにお与えになるのではない、／王は神の玉座にあって神の笏をふるう者であるからだ。」ルネサンスの君主たちは王権が一人の真実の神に由来するものと想定していたが、そのような自分をいかに表現するか、言いかえれば、どのようにその役を演じ、どのような形で権威を主張し権力を実証するかを考えたとき、大勢の下位の神々――まさに古代パンテオンの神々全体――と演劇的な道具立てを数多く必要としたのである。

ルネサンスの君主を神話の登場人物に見立てるという方法は普遍的と言ってもよく、神話作家にひろく共通する方法だった。実際、紀元前三世紀にシチリアの作家エウエメロスが提唱したもっとも古い神話解釈の一つは、王と神々の関係を直接的で明解なものにした。彼の説では、神々はもともと王や英雄がその社会によって理想化されたものである。合理的で本質的には神々の正体をあばくエウエメロス説は、古代後期にはもっとも好まれた神話解釈の方法だった。やがてこれに代わってさまざまな寓意的解釈や神秘主義的解釈が中心となっていくが、エウエメロス説はなくならず、他のもっと神秘的な解釈上の戦術とともにルネサンスの神話集にふたたび登場するのである。とはいえ現代の神話注釈者たちには軽視されている。エウエメロスの方法は意味をはなはだしく卑小化すると彼らは言う。むかしワインの作り方を考案した王がいたとか、とくべつ好色な王がいたとか、多くの家畜を所有する王がいたことを説明するのに、いったいどうして文化が神話のような複雑なものを生み出す必要があったのかというのである。

エウエメロス説がこの疑問を解決したと納得することはできなくても、この説の正当性を認めることはできるのである。たしかに歴史上の王たちの現実の姿は単純だが、彼らについてそれぞれの時代の文化が示す感情は決してそうではない。古代神話の多くが王の身分や王権の行使についての複雑な思いを表していることは、説明する必要もないほどはっきりしている。神は王に神々という称号をみだりにお与えになるのではないのだ。エウエメロス説が妥当であることは、王たち自身が十分実証している。彼らにとって異教の神話は、豊かでまったく自然な表現方法をつねに与えてくれるものだった。事実、古代ギリシア、ローマ後の神話の発展は、詩人の想像力と学者の勤勉さのおかげだが、それと同じくらい王がパトロンとなって保護を与えたおかげでもあるのだ。キプロスとエルサレムの王ヒュー四世はボッカッチョに古代の神々の系譜の復元を命じたが、何も彼が特別というわけではなく、この神秘的な異教を研究するのが自分のおかれた状況にふさわしいことだと最初に気づいた王だったにすぎない。その後多くの支配者がこれに気づいたのである。

　ボッカッチョの場合には、執筆する物語の主題だけでなく、構成――系譜にそった構成――も王から指示された。興味が古代の物語の意味にあったのなら、系譜にそった構成など指示しなかっただろう。それが決してわかりやすいものでも特に有用なものでもないことは、初めから明らかなことだからである。それなのになぜ王はあえて系譜を求めたのか。そもそも神話を記述するのに時間による構成は必要だろうか。ルネサンス神話作者の主要な典拠であるオヴィドの『変身物語』は、家族集団に基づいてゆるやかに構成され、歴史を真似てはいるが明確な目的を持っている。それは、世界の創造から神々と英雄の時代を経て、ローマ帝国の樹立とやがて起こるジュリアス・シーザーとアウグストゥスの神格化にいたるまでをたどりながら、ローマ帝国の起源を描くことだった。オヴィドが歴史を扱わなかったのは、書きたかったことがローマの発展ではなく、その起源が神にあり、たえず神と関わりを持ち続けてきたことだったからである。ここに書かれている神との関わり方には特に霊的なところも、精神を高めるようなところもない。彼は全体として下降しながら進んでいくローマを描いている。それにもかかわらず、オヴィドにとって神話の世界は、ウェルギリウスとは違った意味で、ローマ帝国とそれを支配する王朝の正統性を立証するものだったのである。

　神話そのものが持つ意味は、このように文化の正統性を立証することだとボッカッチョは考えた。神話とは、古代の人びとがたとえ作り話でも神に由来するという話によって自分たちとその存在に威厳を与えようとして考え出したものであると『神々の系譜』の序文に記している。しかし彼自身は、自分たちを神々の子孫だと考えたがる異教徒の気持を嘲笑した。[1]これは明らかに唯一の神への忠誠心を主張しようとしたからであるが、いずれにせよ嘲笑する気持はすぐに消え、神話を書くことは彼にとってひじょうに真剣な仕事になるのである。『系譜』の執筆に人生後半の三十年をかけ、やっと完成を見たのは、キプロスとエルサレム王であったパトロンの死後だいぶたってからだった。しかし王の命令はたえず心に留めていた。したがってこれは王の本だと言ってもよい。神々の権力と栄光は彼らの神性ではなくその家系に由来していると考えるのは、まさに彼らを王として見ることで、こうして権力は正統なものとされる。その後神話記述は、王が関係しない場合でも、系譜という形を取ることが多くなる。ルネサンス人は、イデオロギーにおいても貴族政体についても、正統かどうかの問題に極端なまでにこだわった。アルベルティが十五世紀半ばに新しく造ったルネサンスという言葉自体が、芸術様式（この場合は建築様式）の斬新な概念を古典に由来することを強調するという方法で正統化しようとした言葉なのである。自著の書出しで異教の伝説がいかに盲目的で愚かで虚しいかを力説している人たちが、先にいって古典神話をキリスト教の真理と融合させようと苦心しているのはよく見られることだ。オヴィドを十七世紀に翻訳したジョージ・サンズはヘラクレスの話について「これは作り話ではないだろう」と述べ、聖書のサムソンの話がヘラクレスの偉業の一つに似ていると指摘している。[2] この種の主張で証明されるのは、真の信仰が正統な起源を持つということであり、エラスムスやミルトンのようなルネサンスの人文主義者には、キリスト教の正統性を証明するのに、心情的には啓示という事実より古典を伝承していることのほうが重大なのである。

ルネサンスにおいて神話の系譜を重視することは特殊な事例ではあるが、その時代の理想や望みは古典文化にもっとも巧妙かつ見事に表現されているという、当時一般に広まっていた確信から生れたものである。だが、なぜその古典文化が異教の作家の作り話であって、真理を啓示する宗教でないのか。この種の疑問に関してつねに言えるのだが、こうした形での問題提起でさえ事態を誤って伝えることになる。なぜなら、この時代キリスト教と人文主義は緊張関係にあっても、こうした単純な対立の形をとることはほとんどなかったからである。オヴィドを十六世紀に翻訳したピューリタンのアーサー・ゴールディングにとって、『変身物語』は避けるべきものの例を示し、激情と飽くことのない欲望がいかに破壊的かを教えるものであった。また逆説的ではあるが、彼はこの不道徳な神々が我々の人間性をいかによく具現しているかを強調し、これを聖書を読むのと同じように読むことを勧めている。万物は永遠だという古典神話の確信、宇宙全体が好色で神々が激情に駆られているという想像が、たしかにルネサンス人には大きな魅力の一つになっていた。しかしそれ以上に、古典的でありたいという衝動、言いかえれば、聖人と天使ではなく神々と英雄たちの世界を再現し真似したいという衝動が、この時代の激しい欲求をある程度示していたのは明らかだった。聖人は結局ひじょうに受動的な理想像で、キリスト教神話の中心は苦しみたえることを通して得られる勝利を讃えることである。しかし、どれほど立派なキリスト教徒の王でもキリストのようには戦えないとしても、キリストのために戦うことだけはできる。そのため奇妙ではあるが、ルネサンス後期になって、設立されたばかりのイエズス会も神話を扱い始めることになる。異教神話を十七世紀に集大成し解釈した人びとが主として戦う教会の代表者たちだったのは、決して偶然ではない。たしかに彼らの膨大な手引書は異教の誤りを暴露している。しかし異教の神々と英雄たちを保存し広めるのに貢献もしたのである。

　この問題を研究する現代の歴史学者たちが一様に主張するのは、ルネサンスの神話作家たちが神話に霊的な意味を与え内面化したという点である。だが実際にはその逆だと私には思われる。この時代が強く求めたのは、肉体的なものに霊的な意味を与えることではなく、道徳や抽象を具現化することだった。神話を絵で表しそれを図像学——体系化されたイメージ——として扱う傾向がルネサンスにはますます強くなったことが、それをはっきり示している。このような傾向は抽象化とは何の関係もない。それどころかこれは分析的な態度、意味を解明する態度とは本質的に正反対のものである。この時代の人びとは神話を語り直したいという強い欲求を持ちながら、一方では神話を信じてはいない、ほんとうは近寄りたくないのだ、神話の本質を見抜こうとしているだけなのだと言い続けている。同時にこの傲慢と嫉妬と怒りと怠惰と好色と強欲と大食の物語は——とりわけ傲慢と好色の物語は——正しく読めば不道徳でなく、むしろ道徳的なのだと主張しようとしている。この時代の人びとのこのような屈折した欲求に注目することはきわめて当を得たことであると思う。

十七世紀になってさえ、またピューリタンやイエズス会派の人びとにとってさえも、古典時代という過去と異教の神話の世界に触れることは、ともかくも自己の文化に対するひじょうに深い思いを知り理解することだったのである。すでに述べたように、古典神話に対する明快な見解はほとんど見られなかった。たしかに、キリスト教徒の詩人が異教の題材を使うべきかどうかについて、十六世紀の理論家たちの間で、特にイタリアで、広範囲な議論が精力的に行なわれていたが、明確な答えなどなかった。ただ言えるのは、このような議論になるほどルネサンスの文学と美術には古典神話を題材にしたものが多かったということである。イングランドで最初に神話を書いたのは国教会の聖職者スティーヴン・バットマンで、異教思想に対する警告を意図したものだった。彼の偽の神々には再洗礼主義者とカトリックの神学者が多く含まれている。しかし彼の『鉛の神々の黄金の書』という題には、独特の両意性が感じられる。ここでは、ルネサンス社会の指導者たちに演じる役と道徳的な物語を与えているのは鉛の神々なのである。エリザベス女王は処女マリアでなくアストリーアとしてたびたび登場している。ジェイムズ一世はたしかにソロモン王と言われているが（主として議会の演説や説教で――そしてもちろんイニゴ・ジョーンズ設計のホワイトホール宮の祝典の間の天井画にも、ルーベンスは王をソロモンとして描いている）、牧神パン、海神ネプチューン、宵の明星ヘスペラス、英雄イニーアスとして描かれることのほうが多く、そのほうがある意味ではわかりやすい。そして彼にこれらの役を当てている物語では、復讐と和解と回復というルネサンスのごくかぎられたいつもの主題が執拗に繰り返されている。『宮廷の錬金術師から解放されたマーキュリー』『汚名を晴らし名誉を回復した時の神』『徳と和解した悦楽』『復活した愛』『無知と愚かさから解放された愛』『復活した黄金時代』が例としてあげられる。これらの題が暗に示しているのは修正される必要のある過去であり、正統性を立証される必要のある現在なのである。

しかしながらこれらの役を実際に行なう、あるいは演じるには、特殊な劇場が必要だった。そしてルネサンスに特有の文化的、社会的、とりわけ政治的な現象の一つは、こうした劇場の発展に関連している。例えば図10・1は、一五八一年にアンリ三世とカテリーナ・デ・メディチの御前で上演された有名な『王妃のバレエコミック』の模様を描いたものである。これは劇場ではなく宮殿の祝典の間で行なわれ、その床全体が舞台になっている。王家の人びとの席は最前面にあって、この図では我々に背を向けて座っており、バレエのしぐさは君主と演技者の間の取引という形をとっている。他の観客はすべて両側の桟敷席に座っていて、彼らが見ているのはバレエではなく、それを見ている君主たちなのである。

五十年後、枢機卿リシュリューは自分の館に〈劇場の間〉を造った。これは非常に精巧な劇場で、最新の舞台構想と装置を考慮に入れた設計になっている。それなのに枢機卿が王をもてなしたときには、そのような画期的な劇場も伝統に従った造りに変えられたのである[3]（図10・2）。

スペクタクルが遠近法を使った装置を取り入れるようになると、さらに君主の中心的な位置が強調されることになった。イングランドでは特にこれが宮廷劇場の特徴となる。国王席が遠近法の焦点となる所におかれたので、国王は最上の席を占めることになり、宮廷の観客全体が、遠近法に基づいて決められた座席の上下順に従って王のまわりに配置された。王に近いほど身分の高い人物の座る席であり、王の席だけが完全な場所なのである。このような劇場をイニゴ・ジョーンズは一六〇五年から計画的に発展させていった。[4]図10・3は、一六三五年パストラル劇『フロリメナ』上演のためにジョーンズが考案したホワイトホール宮大広間の平面図である。観客は広間の三方にある桝席と階段状の座席に座った。王の桝席は舞台と広間後部の壁のちょうど中間にあり、観客の中心点に座ることになる。観客の前の場所は空いている。この図にはもう四つ桝席の位置が示されており、王の席のすぐうしろの左右にある最上席は、王の美術収集の手助けをした有名な収集家の妻アランデル伯爵夫人と名前が記されていないある侯爵夫人の席、舞台に近い桝席はトマス・エドマンズ卿用である。卿はパリとブリュッセルの前大使を務めた著名な外交官で上院議員でもあったが貴族ではなかったので、その席は王からずっと離れていた。そしてジョーンズは王の右側の上段の観客席の中に自分用の桝席を設け、「主席監督用」と表示している。

この図では舞台が二つに分かれている。前面には額縁となるアーチがあり、両側に四角形の袖がある。うしろには移動可能なシャッターとレリーフ作りの背景（一つ一つ分離した装置を奥行感を作り出すような形で舞台の後部まで層状に配列する）があり、これらすべてが観客――あるいは少なくとも王室用桝席にいる一人の人物――に与える効果は、ジョーンズの舞台デザイン画で優雅に表現されている。[5]図10・4、10・5はそれぞれパストラル劇『フロリメナ』とオーリーリアン・タウンゼンドの仮面劇『アルビオンの勝利』のものである。

10.1　B・ド・ボジョアイユ『王妃のバレエコミック』（パリ、1581）の口絵

10.2 『館の劇場で王と王妃を歓待するリシュリュー枢機卿』(作者不詳) グリザイユ画

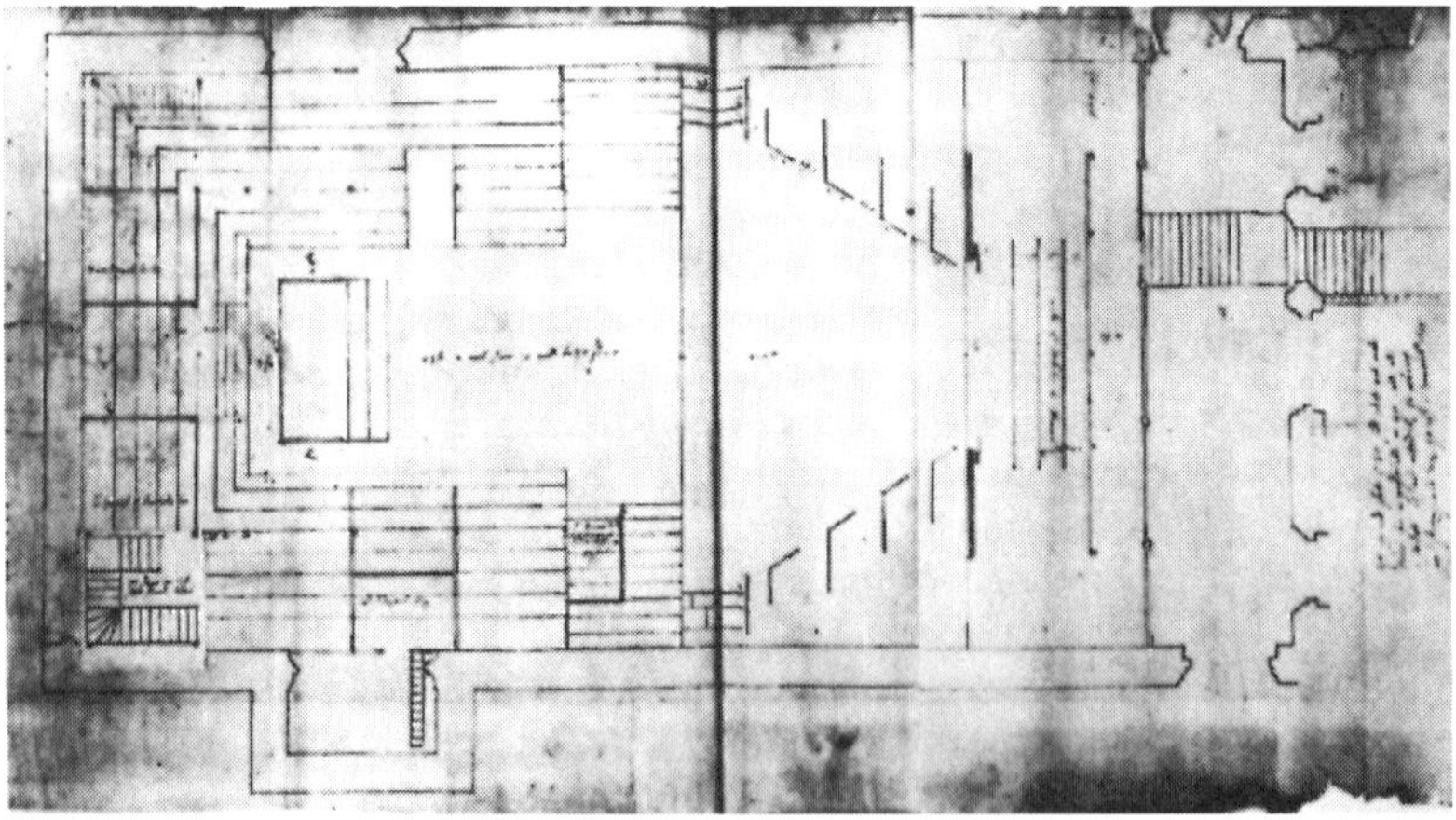

10.3 イニゴ・ジョーンズ『フロリメナ』のための平面図

10.4　イニゴ・ジョーンズ『フロリメナ』のための舞台装置

10.5　イニゴ・ジョーンズ『アルビオンの勝利』のための舞台装置

どちらの図でも中心線がひじょうに強調されており、大広間の座席の配置の仕方を反映している。ヨーロッパ大陸では遠近法による舞台装置は公衆劇場でもひろく使われており、宮廷においてと同様、壮大な雰囲気を作り出すのに一役買っていた。対照的にイングランドでは、このような舞台装置を使うことは王の特権で、その特権は厳しく守られていたのである。現実と見まがうような舞台装置は、宮廷または王が臨席する所だけでしか見られなかった。公衆劇場で使用されることは決してなく、大学でも王が訪問するというまれな場合だけしか許可されなかった。遠近法を用いた舞台は、王政復古以前のイングランドでは君主だけが保有できるものだったのである。

しかしながら、ジェイムズ一世とチャールズ一世が必要としたのは劇場だけではなかった。役者も必要としたのである。一六〇三年にジェイムズが即位したあと、おもだった劇団はすべて王室がパトロンとなってその保護の下におくようになった。これまでこの事実は重視されすぎたり、逆に軽く見られすぎたりしてきた。王室の保護下におかれたことで、役者という職業の地位は明らかに高くなったが（国王一座の役者はジェントルマンと称する資格が与えられた）、舞台の仕事を毎日果たすうえでは何の変化もなかった。彼らは依然として収入の大部分を大衆の前で演じることから得ていた。国王一座が主として時局に関連した寓意的な芝居を宮廷で上演し始めたことを実証しようという試みが近年見られるが、これは誤った研究に基づくものである。たしかなことは、国王一座の役者たちが特別の行事を祝う手伝いをするためホワイトホールで芝居を上演するときは、その行事にふさわしい作品を選んだ（あるいはそう指示された）ということで、おそらく王の御臨席という事態に合わせて作品に少し手を入れただろう。（その結果、例えばヘカテは、マクベスには特別苦痛を与えるがジェイムズにはとりわけ喜ばしい亡霊を呼び出したあとで、「我々の仕事がこの偉大な王の歓待に応えるものだと／おっしゃっていただけるよう」魔女たちの先頭に立って「おどけた様子で円を描いて」［四幕一場一三〇］敬意の表明の締めくくりをするようになったのだと思う。）シェイクスピアが後期の作品に哲学者の王や魔法使いを登場させるようになったのは、彼の頭の中ではジェイムズ王と何か関係があったのかもしれないが、王のパトロン行為とはおそらくあまり関係はなかっただろう――仮に関係があったとしたら、この劇団は一六二五年まですべての座つき作者に魔法使いの芝居を書かせ続けたはずだからである。チャールズ一世とアンリエッタ・マリア王妃の下では、状況は大きく変わった。実際に宮廷での公演をとりしきったのは王と王妃で、彼らが芝居も注文したし、必要な場合には検閲に口を出した。しかしジェイムズが亡くなるまでは、国王一座が特に王のためにしたのは、宮廷仮面劇でプロの役者を必要とする役を演じることだった。王のパトロン行為の下で作られた劇場は宮廷仮面劇のもので、これほどパトロンの意向を敏感に反映するものは他にはなかったのである。

　しかしながら、この論文の主題をこうした観点だけから見ると、一面的な見方をすることになってしまう。大事なのは、スチュアート朝の君主たちが演劇を必要とし、そのために支援したということだけでなく、演劇界そのものが新しい種類のパトロン行為をますます必要とするようになったことである。中世のイングランドでは、役者は放浪する無宿者だった。それでも有力な領主や政府役人をパトロンとしてその保護下にあれば、ある程度の安定を得ることができた。エリザベスの時代には、ストレンジ卿や海軍司令官や宮内大臣をパトロンとして、もっと大きな基本的なものを与えられるようになっていた。それは正統性、つまり社会秩序の中で受け入れられ認められる地位であった。

演劇の正統性という観念は考えてみる価値のある問題である。〈legitimate drama〉〈legitimate stage〉という即座に理解できよく耳にする表現が示すように、これはいまだによく議論される問題である。『オックスフォード英語辞典』によれば、〈legitimate drama〉とは文学的価値が認められているシェイクスピアや他の作家の芝居であり、使用例としてあげられているのは一八八四年のものである。ヴィクトリア朝が始まるころには、芝居は演劇になることによって、言いかえれば大仕掛けな見せ物でなく文学になることによって、正統とみなされるようになっていた。〈legitimate stage〉という言葉はアメリカ英語のようで（『オックスフォード英語辞典』には載っていない）、もともと本格的な芝居を茶番劇や寄席演芸と区別するために作られ、のちには映画と区別する言葉になった。ここでも明らかに問題とされているのは、芝居の大衆を魅きつける力、その娯楽性なのである。「正統な」という言葉を使って言い表される芸術は他にないことに注目する必要があると思う。我々はセザンヌの絵画と『ニューヨーカー』に掲載される漫画の違いをはっきり表す言葉があればよいと思うかもしれないが、そうするのに正統性という観念を持ち出したりするだろうか。我々はまたある種の音楽を、「ポピュラー音楽」と正反対であるという意味で、古典とか「堅い」という言葉を使って区別する。ここには疑いなく俗物的な態度と物事を道徳的に考えようとする傾向がうかがわれるが、それでもある種の音楽が非合法であるとか、庶出である——正統でない——という観念はまったく見られない。しかし芝居はローマ時代から、合法と非合法の境目あたりに存在していた。一五九六年に役者シェイクスピアが家紋を請願することによってジェントルマンの身分を主張し、そのモットーとして〈権利なしではなく〉というまさに彼の要求の正統性を主張する言葉を選んだのは、単なる偶然だろうか。

演劇がつねに受けていた正統でないという非難に対抗しようととった最初の方策は、まず貴族と、のちに君主と手を結ぶことだった。十七世紀に入ると、劇場は次第に小規模でよりエリート主義的になっていくが、これは理にかなったことである。しかしルネサンスの演劇は別の種類のパトロン行為も求めたのであり、長い目で見ればそのほうが効果があった。私が言っているのは芝居を出版し、さらにそれらをまとめて大型の高価な二折本にするということの時代の風潮――芝居を「正統な演劇」という表現が意味するものにしようとする風潮――である。エリザベス朝では、たいてい芝居は劇団の許可を得ずに出版されるか、その芝居を舞台にのせる価値がまったくなくなったと劇団が判断してから出版されるかのどちらかだった。出版されたテクストを買ったのはその芝居を見て気に入った人で、おそらく〈備忘録〉として買ったのだろう。一方役者が心配したのは、安い四折本はそれを買うか劇場に行くかの選択肢を与えるのではないか、人びとは実際の公演を見る代わりに本を読んですませるようになるのではないか、出版は料金を払って見にくる人の数を減らしてしまうのではないかということだった。しかし出版にはこれだけでなく別の面もあった。出版は劇団のためにならなかったとしても、芝居作者の利益にはなったのである（もちろんいちばん儲けたのは書籍出版業組合だった）。十七世紀が進むにつれて演劇の出版で顕著になるのは、作者の権威が次第に強調されていったことだと思う。ヘンズロウやシェイクスピアの劇団のような所では、芝居作者は身分が低かった。役者から注文を受け、自分のテクストを最終的にどうするかについては何の権限も持たず、そのうえ出版することも法律で禁じられていた。（シェイクスピアは、自分が座つき作者を務める劇団の所有者の一人だったので、まったくの例外で、文字通り自分自身の雇い主だったのである。）しかし十七世紀の初めまでには、作者自身が役者が上演したものより正確あるいは完全だと主張するテクスト――こちらが本物だとか自分が書いた通りだと主張するテクスト――を出版するようになっていた。このようにして単に劇場での見せ物にすぎなかったものが、演劇すなわち一種の詩となり、属するジャンルの地位があがるにつれて、社会的な地位もまたあがっていったのである。

芝居が文学になるということは、演じる者だけが本当に所有できるただいっときの経験ではなくなることなのである。四折本になった芝居を所有するには、文字が読め、六ペンス――熟練労働者の半日分の賃金――を払うだけの余裕がありさえすればよかった。当時のロンドンとウェストミンスターの社会では、おそらくこのぐらいの要求を満たすのは比較的楽なことだっただろう。そしてグローブ座のパトロンたちのうちかなりの数の人びとが、少なくとも芝居本を買うぐらいの余裕はあったはずだ。しかし芝居が二折版で出版され一ポンドで売られたらどうだろう。こうなると演劇は新しい種類のパトロンを持つことになる。金持、貴族の収集家、自宅に図書室をそなえている人たちである。そして出版者が顧客として想定したのは、真面目で学問と鑑賞力のある人びとだった。こうしてジョンソンの芝居は『作品集』として、シェイクスピアの芝居は『喜劇、史劇、悲劇集』――二つは古典のジャンルで、もう一つは間違いなく厳粛な新しいジャンル――として出版された。このような出版の仕方がいかに新しいことだったかは、オックスフォード大学のトマス・ボドリー卿の図書館が、一六一一年の創立にさいして明らかに芝居本を排除したことを考えれば理解できるだろう。しかしジョンソンとシェイクスピアの二折本も、ボーモントとフレッチャー合作の芝居の二折本も、彼らが真似た著作集――人文主義者たちの手で出版された古典劇作家たちの立派な著作集――と同様芝居本ではない。それらは自らを古典として提示しているのである。

この種の出版は裕福で有力な人びとをパトロンにしようとする新しい試みを表すものであり、演劇が一世代前のイングランドでは認められなかったような立派な社会的地位にあるという前提に立つものである。エリザベス朝とスチュアート朝の演劇は、全体としてはきわめて大衆的なメディアだった（次第にそうではなくなっていったが）。しかし重大なことに、ウィリアム・プリンがホワイトホール宮での演劇公演を非難したため反逆罪に問われた一六三三年には、明らかに演劇界と宮廷は手を結ぶようになっていたのである。国民の多くがこの結びつきを秩序の破壊だと考えた。[6] そしてこれは、チャールズ一世が真に彼自身の劇場を作り出すのに成功したということでもあるのだ。

*Stephen Orgel 英文学専攻

注

1 序文と十四、十五巻は Charles G. Osgood, *Boccaccio on Poetry* (Princeton, 1930) で翻訳されている。

2 *Ovid's Metamorphosis Englished* (1632), p.336.

3 このことをもっともよく説明している論文は Timothy C. Murray, "Richelieu's Theater: The Mirror of a Prince," in *Renaissance Drama*, 8 (1977), 275-98 である。

4 これは Stephen Orgel and Roy Strong, *Inigo Jones* (London and Berkeley, 1973) におけるジョーンズの劇場についての私自身の研究、特に一、二、四章を概括したものである。

5 『フロリメナ』については Stephen Orgel, *The Illusion of Power* (Berkeley, 1975), pp.27-36 でもっとくわしく検討されている。

6 この背景とこれが与えた顕著な影響は *Inigo Jones*, I, 51, 63ff で扱われている。

十一章　女性のパトロンたち[1]

デイヴィド・M・バージェロン*

チューダー朝後期とスチュアート朝初期のイングランド社会における女性の地位を再評価するときに、私の知る限り、これまで女性ともっとも通俗的な試みである演劇との関係を注意深く調べてみた者はだれもいなかったようである。もちろん、女性は通常の舞台役者として認められていなかったのであるが、別の演劇的なエンターテインメント、主として宮廷仮面劇にはしばしば登場していた。エリザベス女王が崩御し、反フェミニズム的なジェイムズ朝になってから女性の地位が下降したと感じてそのように書いている者もいるが、問題はそれほど単純だとは思えない。[2] 事実、最近発表された二つの論文は当時の文献に「現代的な意味のフェミニズム」があった証拠と「女権拡張運動」という新しい出来事を見出しているのである。[3]

真実はこれら両極端の議論の間のどこかにある。ジェイムズ王が女性を重視しなかったのは明白なことだが、それにもかかわらず、女性は宮廷でも芸術の世界でも高い地位を維持していた。さらに奇妙なことに、当事すでに出現していたと考えられているフェミニズムに貢献した運動の一つが、こともあろうにピューリタニズムであった——というのがジュリエット・デュサンベールが確信をもって進めている議論である。[4] デュサンベールの言うように「一五九〇年から一六二五年までの芝居は、心情的には、フェミニズム的である」（五頁）。そしてこれはシェイクスピアばかりでなくほとんどすべてのその時代の劇作家についても言えることである。エリザベス女王の死で、女性の地位が目に付くほど下降したこともない。要するに私が言いたいのは、演劇にとっての女性の重要性、芝居の登場人物としてではなく――これは別の主題である――演劇活動の後援者、パトロンとしての重要性を示す有効な指標があるということである。[5]

女性はルネサンスのイギリス演劇に多くの方法で影響を与えている。彼女らは、公衆劇場であれ私的な公演であれ、明らかにその観客の大きな部分を構成しており、そしてそこから劇場の出来事について目撃者としての話が聞けるのである。カンバーランド伯爵家令嬢アン・クリフォードは日記を付けていて、そこには彼女の知的生活――モンテーニュ、チョーサー、スペンサー、『アーケイディア』、オヴィド、アウグスティヌスを読んだこと――および社会生活について多くのことが明らかにされている。この中には芝居の公演を見たことも含まれており、[6] それによれば、仮面劇の公演には数回列席したことがあり、一六一七年にはフレッチャーの『狂える恋人』を見たことが書き留められている。また、一六一九年一月に起こったホワイトホール宮祝典場の火災についても記録していた。

女性たちはまた演劇的な行事の主催者となることもできた。一五九二年、エリザベス女王の行幸があったとき、第二代ベッドフォード伯爵フランシス・ラッセルの未亡人は、八月にエリザベスがビシャムに立ち寄った際、女主人として女王を接待した。彼女は行幸の際によく行われる余興である、演劇的な構成を持った歓迎のエンターテインメントを用意した。[7] パストラル劇の登場人物として常連のパンやケレースなどが中心となって、女王を歓迎し賛美する短いパジェントを演じた。ある学者の記述によれば、「ラッセル夫人は、集められる限りの機知に富む者、才能のある者、有名な者をすべてを招いて、女王のためのエンターテインメントを企画した。このため女王はビシャムでの滞在を数日延期したほどであった」[8]。

女性の劇作家でさえ存在した。と言っても、彼女たちの芝居が上演された、あるいは上演を意図されたという証拠はないのだが。フィリップ・シドニーの妹で、才能豊かな翻訳家であり作家であるメアリー・ハーバートの作品には、短いパストラル風の対話『アストリアを礼讃するテノットとピアス』（一五九二年）、『アントニー』（一五九二年）、またロベール・ガルニエのフランス劇の翻訳がある。さらに、エリザベス・ケアリー（フォークランド子爵ヘンリー・ケアリーの妻）による『メイリアム、美しきユダヤの女王』（一六一三年に校訂本、書かれたのは一六〇二～五年）は、その当時女性によって、翻訳ではなく、書き下ろされた現存する唯一のものである。エリザベス・ケアリーは数カ国語に堪能だったので、多くの翻訳もした。主として宗教的な文献であったが、セネカの書簡集も含まれていた[9]。

女性たちは公衆劇場の舞台に登場することは決してなかったが、私的な仮面劇の公演にはいつも現れて、最後の踊りに加わるだけではなく、仮面劇そのものの中で、象徴的な人物や神話の人物に扮して演じることもあった。仮面劇の「女優」のリストは長いばかりでなくなかなか迫力のあるものだった――ジョンソンの仮面劇だけでも四十六名あまりおり、アン王妃および後の王妃アンリエッタ・マリアを筆頭に、アン・クリフォードその他が名を連ねていた[10]。ジョンソンの『対話集』にある次の一見どう取って良いのかわからない言葉は、多分ある種のパストラル劇の中で女性を使おうと計画していたことを暗示していると思われる。

……彼には「五月の王」という表題のパストラル劇がある。

王の名はオールキン。イースラを演じるのはベッドフォード伯夫人、
モジベルはオーヴァベリーに。老サフォーク伯夫人は女魔法使い。
サマセット伯夫人、ペンブルック伯、ラットランド伯夫人、
ロース卿夫人には他の役をして頂く。[11]

アンリエッタ・マリア王妃は演劇活動をしたため、論争を引き起こした。彼女は宮廷で芝居や仮面劇を上演することを奨励し、自らもしばしば仮面劇に出演していた。一六二六年、王妃は従う貴婦人たちとともに、宮廷で行われたフランスのパストラル劇に出演したが、これについて「いかがなものかという不満がささやかれた」[12]。そのパストラル劇はラカンの『アルテニス』で、「人々が眉をひそめたのは、王妃が演技の最初の部分でまるで役者のような品のない喋り方をしたこと。また、貴夫人たちの何人かが男装していた」ことであった。[13]一六三三年一月には、何ヵ月かの準備とリハーサルをした後、王妃はウォルター・モンタギューのパストラル劇『羊飼の楽園』に出演した。[14]この振舞いはウィリアム・プリンを逆上させ、ペンを取って『役者の天罰』を書かせ、そのため自ら罰を受ける羽目に陥らせたのであった。このように、伝統に反しピューリタンの反対があったにもかかわらず、女性たちが演劇の上演に出演者という形で関わっていたことが明らかになっている。

エリザベスの即位から劇場閉鎖までの期間、演劇のパトロン制度には数種類の形があり、その第一に宮廷自身が行うきわめて重要な援助システムがあった。宮廷は演劇を援助する唯一のもっとも大事な機関であり続けた。官僚として宮廷祝宴局長を置き、最終的には、ジェイムズ王の治世に主な劇団をすべて王室のパトロン制度の下に置いた。ロンドン市議会やギルドもまた演劇的な活動には熱心で、王族の首都入場とか市長就任披露

行列のような市民のためのパジェントを行いその費用を負担していた。法学院も特別な機会に芝居の後援をしたり、仮面劇を準備したりして演劇のために貢献した。十六世紀後半になって公衆劇場が進出してくると、新しい型のパトロンが現れた。入場料を払って劇場に来る観客である。このことが演劇の興隆に持つ意味は計り知れない。劇場での活動から得るものだけで生活している職業としての劇作家、役者という集団を生んだのである。演劇のパトロンとして最後の大きなグループは、多様で広範におよぶ貴族と宮廷人で、ここには女性も含まれる。彼らは、例えばレスター伯爵や宮内大臣のように、劇団の後援者となったり、演劇公演を行ったりしていた。このような貴族たちは、ジェイムズ王が劇団を自ら引き継いで抱えてから多少目立たなくはなったが、それにもかかわらず引き続き演劇のパトロンとして、直接的にも間接的にも、重要な立場にいたのであった。

演劇研究は、長いことかかってやっと最近、初期のイギリス演劇の役割を理解するところにまで来た。かつて「当時は、金銭目当てに書かれたものはすべて創作の過程で汚されたと見られ、パトロン制度の対象となるにはふさわしくないと考えられていた」[15]と主張したW・J・ロレンスのような、誤解を招きやすく、背景的知識の裏打ちに欠けた考えは退けられるようになった。このような単純な研究法を半世紀以上も前に無効にしたのは、ヴィルジル・ヘルツェルの論文「チューダー朝およびスチュアート朝劇の献辞」である。[16]しかし、ヘルツェルにも彼なりの行き過ぎがあった。彼は「エリザベス女王の治世を通して、またその後数年間は、通常の舞台劇はパトロン行為の対象に相応しくなかったし、献呈されたものは一つもなかった」（七四頁）と述べているからである。ヘルツェルは一六一三年が一種の転機になった年であるとし、その後、一般の劇の献呈が増加したと考えたのである。だがそれ以前にも、ジョンソンは『ヴォルポーネ』（一六〇七年）を両大学に、『キャティライン』（一六一二年）をウィリアム・ハーバートに、『錬金術師』（一六一二年）をメアリー・ロースに、そして『月の女神の饗宴』の特別版をカムデンとベッドフォード伯爵夫人に献呈していた。また、チャップマンも『バイロンの悲劇』（一六〇八年）をウォルシンガムに、『未亡人の涙』（一六一二年）をジョン・リードに献呈していた。これらはもっとも顕著な例に過ぎない。そして、ロレンスもヘルツェルも劇作品を献呈された女性の数には注意を向けなかった。しかしながら、我々がパトロンとしての女性の持つ意味の本質をいくらかでも理解できるとしたら、それは女性への献呈の研究を通してである。[17]

なぜ女性に自作を献呈する劇作家がいたのだろうかという問いに、正確に答えることはほとんどできない。もし彼らが自作を感謝を込めて特定の女性に献呈する動機になった何らかの行為なり恩恵なりを事例ごとに指摘しようと思ったら、この試みはうまくいかず失望することになるだろう。しかしながら、はっきりしていることが一つある。それは、直接金銭的な褒賞を受けることを目的に女性のパトロンのために芝居を書き献呈するというのは、献呈の目的をあげたリストではそれほど上位に位置することはなかったようだという点である。献呈に一貫して流れるテーマは、このほかにもいくつかある。劇作家が、何らかの恩恵を施してもらえることを内々期待して、特定の女性の知遇を得たいと願っている場合もあった。だが、多くの劇作家の場合は、自分たちの存在を認めてくれた上で、献呈の対象になってもらいたがっていただけなのである。ある貴婦人の名前をパトロンとして戴ければ、それが彼らの努力の結晶に一種の輝きを与えてくれるだろうと思っていたからである。女性のパトロンから以前に恩賞にあずかったことを序文に記し感謝する者もあり、劇のテクストを用いて、ある出来事を祝ったり、その女性を称賛し敬うための機会を作る者もあった。女性が自らものを書くような場合には、献呈の辞は同じミューズ女神に仕える仲間に対する賛辞の手段になった。また献辞の中には、その書き手、つまり劇作家か出版者のどちらかに、特定のあるいは抽象的な方法で、芝居を擁護する機会を与えるために存在するように思われるものもある。我々が女性をパトロンとして取り出して研究するようになれば、こうした考えや目的は明らかになってくることであろう。

私が演劇のパトロン——つまり、劇作品の献呈を受けた者——とした十四人の女性は、高名な人からあまり知られていない人までいろいろである。もっともやっかいな問題は、献呈に至った状況あるいはその背景をつきとめることである。十四人のうち四人が誰か他の女性と同じ献呈の言葉を受けている。例えば、ロバート・ウィルモットは『タンクレッドとギスムンド』の一五九一年の改訂版で、ピーター卿夫人メアリー（ピーター男爵、ジョンの妻）とグレイ卿夫人アン（グロウビーのグレイ男爵の妻）の二人に対して、多くの人が認める類い希な美徳を称賛している（「エセックスでは少なからぬ人がそう言って賛えている[18]」）。ウィルモットの意向は彼女たちに自分を知ってもらいたいということで、「貴方さまがたの知遇を得るために……この献呈という方法を考えました」と述べている。さらに「このいささかの努力に対して、御好意ある励ましを頂けますようお願い申し上げます。それをもってこの作品に名誉をお与え下されば、お二人の御恩は決してこれから以後忘れることはございません」と献辞を結んでいる。他方ミドルトンは、『テニスボールのように世界を投げ上げよう』（一六二〇年）をメアリー・ハワードと夫のエフィンガム男爵チャールズに、「尊敬するご夫妻」と呼びかけて、献呈している。ミドルトンがこの二人の友人であることは広く知られており、この芝居は彼らの結婚を祝うために贈ったのである——「お二人の結婚式のための……最高の余興として[19]」。ジョン・フォードの場合は、メアリーとジョンのヴァーリー夫妻が『人妻の試練』（一六三九年）を好意を持って見てくれることを願って、この作品を「あなたがたのご判断にお任せ致します。もし、ご好意を持ってお取り上げ頂ければ……

それを非常に高く評価して下さったことになります」[20]と述べた。これらの少い例からも、献呈には三種類の異なる動機があることが分かる。それは、女性のパトロンの知遇を得るため、特別の行事を祝うため、そして劇作品を好意を持って受け入れてもらうための三つである。

サセックス伯爵夫人ブリジェット・ラドクリフは、トマス・キッドからガルニエの『コルネリア』の翻訳（一五九四年）を献呈された時、追従の言葉を受けたが、それはかなりあけすけに褒賞を求めているように思えるものであった。キッドは、はじめは控えめに自分の作品を「粗削りで、十分洗練されていない」ものと言っていたが、次第に我を忘れ、とうとう「パトロンとなってくださる方には、どこにも見いだせないような……最適の贈り物」であると宣言したのだった。[21]彼は伯爵夫人の「高貴で気高いご気性」と「（必要ない注釈を付けたり、作品を損なうほどの偽善的な修飾もしなかった私に対する）これまでのありがたいご好意」に気付いており、さらに「このいささかの努力の結果である作品を真に評価し、楽しんで下さると推察致します。そうすれば、私が貴方様のことを世間に記憶させることができ、さらに私の作品を不滅にすることができるでしょう」と書いている。伯爵夫人がキッドに褒賞を与えたかどうかは確かではないが、彼女はグリーンの『フィロメラ』を含む他の文学作品を献呈されていた人でもあったのである。[22]

フィリップ・マッシンジャーは自作の芝居『ミラノ公爵』（一六二三年）をキャサリン・スタンホープ（スタンホープ卿、後のチェスターフィールド伯爵夫人）に贈るのを正当化するために、イタリアの先例を引き（なにも、海外にまで目をやる必要はないのだが）、彼の地では女性が文筆家のパトロンとなり彼らを擁護していると言った。彼は「力不足で不完全な作品を、貴方様のご好意という祭壇の前に置かせて頂きます」、なぜなら「私がつねに貴方様の御加護のもとにある者だということを」世に知らせる「方法しか私には残されていないのです（不運が私をこの道に追い込んでしまったので）」と述べている。[23] スタンホープ夫人はこの他に一、三の本来宗教的な作品を献呈されているが、すべてマッシンジャーが必死で援助を求めた後のことである。

『貞淑なるオクタビア』（一五九八年）の作者、サミュエル・ブランドンについてはほとんど知られていないが、初代カッスルヘイヴン伯爵ジョージ・オードリー夫人ルーシーと面識があったようで、この作品を彼女に献呈した。彼は夫人を「類い希なる不死鳥」でありまた「天の最上の財宝の管理人」であると称賛している。[24] そして終わりに「これらの詩行はそこに何の非難すべき点もないとすれば／それは、あなたの貴い〈才能〉が私のペンにそのように書くことを教えて下さったためであります」と結んでいる。

　ベン・ジョンソンがメアリー・ロースと知り合いだったのは確かなことである。彼は、『エピグラム集』一〇三と一〇五、それに『下草』三〇の三編の詩と芝居『錬金術師』（一六一二年）でメアリーに呼びかけている。メアリー・ロースはフィリップ・シドニーの姪でロバート・ロース卿の夫人であるが、ジョンソンはドラモンドとの会話で「嫉妬深い夫とふさわしくない結婚をした」女性であるというふうに描写していた。[25] チャップマンが『イリアッド』の翻訳の中で彼女を賛えたのを含めて、多くの文筆家に称賛されたメアリーは、ジョンソンの『黒のマスク』では演技者としても登場した。したがってジョンソンが自分の最上の芝居の一つを献呈し、彼女の美徳を「当代には」見られないようなものと褒めたたえたのも驚くには当たらない。[26] ここでジョンソンは、比較的短い言葉ではあるが、追従の賛辞をもてあそぶ者たちについて述べる機会を持った。「貴方のことを言う分には大丈夫なのですが（なにしろ「シドニー家」のお一人なのですから）。しかし、これ以上言うことは禁じられているのです。あまり喋らないようにしないと、当代一の野心的な顔を持った一人のように見られてしまいます。飾り立てれば立てるほど、自分らしくなくなってしまうのですから。」意識的にかそうではないのか分からないが、ジョンソンはこの献呈の辞と芝居自体の間に繋がりを持たせている。芝居の登場人物フェース〔＝顔〕は、錬金術という大信用詐欺には欠かせない重要な役で、いろいろな変装をするが、その一つ一つがますます彼を本当の彼らしくないものにしている。この芝居全体を支配するジョンソンの皮肉な態度は、パトロンの夫人に対する献呈の言葉にも表れている。また、『エピグラム集』一〇三がメアリー・ロースのシドニー家との関係を強調していること、一〇五では彼女に「前の時代に失われたあらゆる美徳」を見出していること、そして『錬金術師』にはその両方があることを考え合わせると、これらが大体同じときに書かれたことを暗示している点に注目するのも興味深い。

ベントレーによればジョンソン晩年の弟子になったジョゼフ・ラッターは、劇場が閉鎖される前の最後の十年に、『シド』第二部の翻訳（一六四〇年）で、クック夫人シオフィリアの徳を讃えている。ある会話を取り出して、この作品のフランス人の原作者（コルネイユ）に彼女のような知恵があったらよかったのにと述べているのである。彼はこの芝居を差し出して、彼女にパトロンになってほしいと願う。そうすれば「私がどこかよそに持って行ったため、配慮に欠ける人であるとか、また私が貴方にお世話になっているのを忘れているとか言われないですみます。もちろんこの作品は貴方に対するお返しの何万分の一にもならないでしょうけれど」[27]。一六三五年には、この他に三つの作品がシオフィリアに献呈された。ウィリアム・サンプソンはウィロビー家との明らかに長い付き合いの経験から、自作の『誓約を破棄する者』（一六三六年）のパトロンとして令嬢アンを選んでいる。彼は「この作品は貴方様にパトロンになって戴けますよう伏してお願い申し上げております」[28]と述べ、さらに彼女が「率直で、美しく、善良そして貞淑であり、また純潔の女神さながらの無漂白の木綿のような無垢、貞潔、真心にけちを付けて口汚く悪口を言いふらす者たちに立ち向かう」のを称賛している。ある部分ではサンプソンは彼を批判する者たちに「無知な悪口屋（皮肉な誹謗の言葉しか持たないあのばかものの批評家ども）」と応戦してもいる。しかし、最後にアン・ウィロビーのために「気高い家系の美徳が永遠に続きますように、……どうぞ天が貴方を媚びへつらうおべっか使いや口さがないうわさ好きの連中からお守り下さいますように。そして良い夫をお遣わしになりますように」と祈って献辞を終わっている。（彼女は後にトマス・アストンと結婚した。）

ここまでに述べたケースでは、まず個人的な関係があって、それが自然に女性をパトロンに選ばせている。だが、劇作家ジェイムズ・シャーリーは他の人々よりは明確に、男性の代わりに女性をパトロンに選ぶという問題に直面している。『移り気、あるいは恋の迷路』（一六三一年）をドロシー・シャーリー（同姓だが無関係）に献呈する言葉の中で、彼は「このような詩は男性に献呈するのが通常のやり方である」ことを認めている。「だが、私の筆は女性をウイットの継承者にするのを禁じる詩のサリカ法典を推し進めようとはしていないし、それが行き過ぎるのを許さない。[29]」しかし、事実が示すとおり、一六三一年頃には、芝居の献呈者として女性を選ぶことは、常識ではないとしても、それほど非常識なことでもなかったのである。

エリザベス・ケアリーについては劇作家としてすでに言及したが、『ジョン・マーストン氏作品集』（一六三三年）を献呈された人でもあった。彼女の名前を引いてその承認を示したのはこの書物の出版者であるウィリアム・シアーズで、この献呈を使って芝居を擁護し、全集に含まれている芝居の長所を宣伝する手段としたのである。彼にはなぜ芝居が「そんなに邪悪で忌まわしいものに見え、激しい言葉で猛烈に攻撃されなければならないのか」理解できない。[30]それはたぶん「芝居（plays）＝遊び」であるからではないか。「いくらかは名前が災いしているようだ。もし作品（works）という呼び方にすれば、芝居も認めてもらえるかもしれない」

(sig. A3^{v})。「あの厳格な宗派をなだめようとして」、シアーズは全集に『ジョン・マーストン氏作品集』という名を付けた。次いで彼はマーストンを「我々の世代の最高の詩人たちに引けを取らない」と賛え、その作品には「淫らな台詞は全くなく」、彼こそ「場面を卑猥な言葉で埋め、下品な嘲りや冗談で台詞に色を付ける者たちすべてを敵にまわしている」(sigs. A3^{v}, A4) と述べている。この弁護を聞く者は、シアーズがはたして芝居を注意深く読んだのか、そして、例えば『オランダ人娼婦』の言葉をよく調べたのだろうかと疑ってしまう。エリザベス・ケアリーは自身「ミューズ女神たちと親しい」作家であるから、シアーズは「あえてこの作品を貴方様のご高覧に供した」(sig.A4) のである。実際、彼女は「女性の鏡であり、その類い希な美徳と才能に接した者は、この国ばかりでなく、すべての近隣の国々領土でも称賛の的とする方」(sig. A4^{v}) であると言われている。シアーズはこの女性について個人的な知識から述べているのではないらしい。それに、彼女がカトリック信者になったのを知っていたのだろうか。そのような人がどうやって「厳格な宗派」を黙らせるのか疑問だが、ともかくも、シアーズは彼女の名声は彼の野心的な出版の価値を高めてくれると思ったのは明らかである。結局その後も、彼女はドレイトンの『イングランドの英雄書簡』(一五九七年) をはじめとする数編の他の作品の献呈を受けたのであった。

芝居のパトロンとしての女性たちの最後に登場する二人は、もっとも高名なベッドフォード伯爵夫人とペンブルック伯爵夫人である。第三代ベッドフォード伯爵エドワードの妻ルーシー・ラッセルは、芝居に関係したどの女性よりも多くの献呈を受けていた。ダニエル、デイヴィス、ドレイトン、フロリオ、チャップマン、ジョンソンといった作家たちからのこのような献呈は、一五八三年から一六二七年の四十四年間にわたっており、彼らにとって彼女が卓越した重要な人物であり続けたことを示している。ジョン・ダンの運命もこの伯爵夫人と深くかかわっていた。[31] このようにルーシー・ラッセルは、明らかに多くの作家たちに恩恵と支持を与えたパトロンであった。芝居に関しては、彼女は特にジョンソンとダニエルにとって大事な存在であった。
ベッドフォード伯爵夫人は宮廷できわめて高い地位を占めており、アン王妃に対してかなりな影響力を持っていたので、ジョンソンのために仮面劇を上演する道を開いてやったのは疑う余地がない。自らも『黒のマスク』『美のマスク』『ハイメナイイ』それに『王妃たちのマスク』に出演したし、「一六一七年には、ヘイ卿のために『人間に戻った恋人たち』の上演を計画した」[32]。ジョンソンは『月の女神の饗宴』の特別版（一六〇一年）で、伯爵夫人を讃えた謝辞を述べている。これは短く、まためったに複写されることが無いものなので、「作者より」と題された献辞の全文を引用する。ロサンジェルスのウィリアム・アンドリュース・クラーク図書館にある特別版で見つけたものである。

いとしい書物よ、いとしい物語よ
輝かしく、美しいベッドフォードのルーシー様のもとに行け。
彼女はあの恵み深い心を
いまだにかの伯爵の独り占めにさせている。
彼女に伝えてくれ、おまえを生んだ男の詩神は
おまえをニンフの中でもっとも美しいシンシアのもとに送ったこと、
そしてもし彼女がとにかくおまえにその白い手に接吻することをお許しになったら
（おまえにそれができればだが）

その男はおまえをきっぱり放棄すると誓ったことを。
もっとも彼女はお許しにならないかもしれないが。

ジョンソンがこの芝居の台本に、たった一度の接吻以上のものを望み、実際に受け取っていたことは当然確かなことである。また、『エピグラム集』七六、八四、九四にもルーシー・ラッセルの賛美が見られる。

ジョンソンは『東行きだぞ！』の彼の分担した部分のために投獄されたとき、伯爵夫人に手紙を書いたと思われる。あるいは少なくとも彼の作品の現代の編集者であるハーフォードとシンプソンはそう推測している。彼は助けを求めて「もしも監獄の汚れた紙で貴方のお手を穢すのが罪でなければ、私の無実を擁護して戴けますように、いささかでもお力をお借りしたく存じます」と書いている。[33] ジョンソンは自分が牢獄にいることが納得できず「私たちの罪は芝居なのですが、それはひどく誤解され、曲解され、誤用されております。彼らの無知か無礼か、どちらが一番ひどいとしても、それが私たちの敵ではないだろうかと思います」と述べている。そして、力添えを求める意味を込めて「私たちの裁判がどんなものか、貴女様の美徳を弁護し、賛美するにふさわしい者が、もっともよくお伝えできるのです」（一巻、一九八頁）と結んでいる。この手紙の宛て先がベッドフォード伯爵夫人かどうか、その可能性がもっとも高いが、我々にはわからないし、彼女が力を貸したかどうかもわからない。だがジョンソンは牢獄から釈放された。そして夫人のような影響力のある友人だけが、彼の状況を救うことができたのは確かなことである。事実、我々はここに通常を超えた影響力を持つパトロンを見る。女性のパトロンが劇作家を牢から釈放させたことで、芝居の主張を助けたのである。そのときパトロンとして彼女がしたことは、芝居の擁護者の仕事でもあったのだった。

ベッドフォード伯爵夫人はサミュエル・ダニエルにとっても大きな助けであった。彼女は「新しい治世の初めてのクリスマスのための仮面劇を任されており、ダニエルを王妃に推薦したのである」[34]。そこから生まれたのが『十二人の女神の幻』で、一六〇四年一月八日ハンプトンコートで上演され、伯爵夫人に献呈されている。パストラル劇『王妃のアーケイディア』は一六〇五年八月にオックスフォードのクライストチャーチで、王妃と伯爵夫人の御前で上演された。「彼はベッドフォード伯爵夫人が王妃に引き合わせてくれたことで長い間利益を受けていた。王妃が彼をジョン・フロリオと一緒に私室付き侍従に指名してくれたからである。」[35]

ダニエルは、認可された仮面劇のテクストで、二百十行にも及ぶ献呈の辞を述べているが、これは芝居のテクストのケースとしては確実に最長のものである。彼は「この計画の意図と展望」を長々と語り、すべての神話からの登場人物と、図像学的意味、そして彼らの果たす機能を説明することでこの仮面劇の理解を大いに高めた。複雑で時には矛盾する図像学的人物解釈にとらわれず、「我々にとってもっとも良くもっとも容易である最適な表現方法を取った」[36]とダニエルは言っている。彼がこのように長々と述べた理由は、忘れられてしまうという経験をしたくなかったからである。なぜならこの仮面劇は「(これを見たあらゆる人々、外国人やその他の人も含めた公平な意見によれば)キリスト教世界で今まで上演された最高のものにも劣らない」からである(三十頁)。そしてこれと同じくらい重要な理由は、この献辞がダニエルにとって「王妃様に対するこのお役目に私のような者をお選びいただいたことで、貴方様(伯爵夫人)の判断に何か非難が降りかかるとすればそれを払拭できる」(三十頁)手段となるからというものである。伯爵夫人はダニエルに仮面劇を書く機会を与えてくれたばかりか、自らこのエンターテインメントでウェスタの役を演じたのである。

ダニエルの文学と芝居に関する幸運は、文筆家たちを支えたことで知られるペンブルック伯爵夫人メアリー・

ハーバートのパトロンとしての活動とも深く関わっている。パール・ホグリーフはメアリー・ハーバートの文学に対する貢献を次のように要約している。「彼女はペンブルック伯爵夫人となりウィルトンハウスに住まうようになると、多くの文筆家たちに実際的な援助や励ましを与えた。兄のフィリップにも、その短い生涯の間、文筆活動に影響を与え、彼の死後は、すべての散文や詩を編纂して出版した。彼女自身のフランス語やイタリア語からの翻訳も出版し、また『詩編』をエリザベス朝の抒情詩に置き換えたことでは中心的な役割を演じた。」[37] 周知のように、彼女はダニエル、スペンサー、デイヴィス、ブレトン、モーレー、フローンスなどの文筆家から多くの作品を献呈されている。

劇作品の献辞では、メアリーをパトロンとして謝意を表したものが数編ある。エイブラム・フローンスは『パストラル劇アミンタス』（一五九一年）を伯爵夫人に捧げ、「もし『アミンタス』が貴方様の寛大なおめがねにかないましたなら、『アミンタス』のために『フィリス』を受け入れてやって下さい」[38] と述べている。フローンスは献辞の大部分で、詩という形について語り、それを擁護している。もし少し拡大解釈して、シドニーの『アーケイディア』（一五九八年版）を一五七八年の女王行幸の際のエンターテインメントである『五月の貴夫人』を含んでいるのだからという理由で、これもある意味では劇作品であるとすると、シドニーがこの物語を妹に捧げた時の献辞も含まれるかもしれない。彼は感動的な言葉で、メアリーが作品のインスピレーションの源であると述べている。「私の方はこの子供を忘却の彼方に追いやりたいという気持ちがあります。この子の父親になるのはいやなのです。しかし、貴方は私に書くように望まれました。貴方の願いは、私の心にとって絶対的な命令です。ですから、これは貴方の願いのために貴方に捧げるためだけに書いたものです。」[39] シドニーによれば、その大部分は彼女のいるウィルトンで書いたものである。また、作品を護る主なものは「貴方の名前というお仕着せ」(sig. ¶3ᵛ) であろうとも書いている。そして、ここで検証した献辞の中でもっとも私的な言葉で、「ですから……貴方をこの上なく愛する文人を愛し続けて下さいますように。心からなる称賛を持って貴方が長生きなさり、シドニー家に大きな名誉を与える方になられますように」と結んでいる。事実、メアリー・ハーバートはまさにその通りのことをしたのであった。彼女は兄の作品のパトロンとして、通常当たり前以上のことをした。それを書く動機付けをし、編纂し出版することで世に出したのである。

ウィリアム・ゲージャーが『帰還したユリシーズ』(一五九二年) でペンブルック伯爵夫人に呼びかけた言葉は、これまで引いたものよりさらに典型的である。彼は個人的には夫人を知らない。(「この上なく輝かしい貴夫人よ、恐らく私の行動は大胆なのかもしれません。私のことなどご存じないでしょうが、もしかすると名前ぐらいはお耳に達しているかもしれません。そうとなれば、私の書いたものもぜひお目にかけたいと存じます[40]」)。ところが、彼は大胆に振る舞ってかまわぬと励まされたので、夫人のことをいろいろ聞いて調べた上で、彼女の兄と一族を称賛した。夫人は並々ならぬ気高さと率直さの持ち主なので、彼はなんとかして彼女の知遇を得る手段を探し求め、それには文学、ことに詩ほどふさわしいものはないと思い至った。ゲージャーはまた多くの詩人たちが彼女の恩を受けていることに言及し、パトロン制度について、それを受ける者ばかりでなく与える者にとっても名誉となるものだという重要な発言をしている。献辞を終わるにあたって、伯爵夫人が好意を持って彼の『ユリシーズ』を受け取って下さるよう願い、それを彼は確信していると述べている。(「ですから、伯爵夫人、私は貴方にペネロペーになっていただき、イタカではなく、初めて舞台の上に戻って来たユリシーズに、少なくとも御手を差し出して口づけさせてくださるようお願い申し上げます。貴方様がきっとそうして下さるのを確信しております。」[Sigs. A2ᵛ-A3]) 彼女が期待されている行為をゲージャーは「人道主義的」なものと表現している。[41]

ゲージャーがアカデミックな芝居を書いていた時に、ペンブルック伯爵夫人はキッドやダニエルなどの文筆家たちを総動員して、ガルニエの悲劇を翻訳させていた。なぜメアリー・ハーバートがこのようなフランス古典劇を英語で読めるようにしたがっていたのかはっきりしないが、一つにはこの翻訳計画とこうした芝居自体がフィリップ・シドニーの『詩の弁護』で説かれた考え方に合っているからだというもっともな推測がある。[42]いずれにしても、英国の芝居の本筋はこうしたものの脇を通り過ぎていった。後に明らかになったように、彼らのは過去の上演種目であって、マーローやシェイクスピアが描いた未来の図とは異なるものであった。

すでに『デーリア』と『ロザモンド』を伯爵夫人に献呈しているダニエルは、イギリスのガルニエという旗を掲げ、演劇の古典的原則を守る人びとの先頭に立っていると思われた。一五九四年までには、ダニエルは「ウィルトンの雰囲気にどっぷり浸かっていた。『クレオパトラ』は『デーリア』や『ロザモンド』よりも遙かに深い意味でペンブルック家的な作品である。ダニエルはこの詩劇が彼の文学者としての経歴において新たな、そしておそらく決定的な舞台になるだろうということを強く感じていた」[43]。この芝居は「ペンブルック派」が目指していたもの、「形のよい完璧な作品で、一つ一つペン先から生み出され、その技巧と完成度を称賛される」[44]ものの優れた例である。この時代、自意識を前面に押し出して、明白な原則のあるシステムを持った演劇形態の指針を作ろうとしていた文人が、彼を除いて一体何人いただろうか。そして、ペンブルック伯爵夫人は、たとえ演劇史上で振り返ってみるとその努力は失敗であったと考えられても、並外れた資質を持ったパトロンであることに違いはない。

『クレオパトラ』に付けられた序文の献呈の言葉で、ダニエルは感謝と賛美を伯爵夫人に向けて述べるとき、いくつかの問題に触れている。献辞はまず夫人が翻訳に関わってくれたこと――そして、霊感を与えてくれたこと――に対する感謝から始まる。

これがあの方がお命じになった作品です。
あの方だけが私のミューズを支配なさっているのです。
あの方はまさに驚異の星、それを導きのしるしとして
私はずっと努力を重ねてきました。
あの方の明晰な輝きだけが
私の思考に力を吹き込んで、今ある私にしてくれる。
沈滞した私の精神を呼び起こし、
悲しげな調子で、国のことを歌わせる。[45]

ダニエルは、この詩劇は夫人自身の〈ガルニエの翻訳〉『アントニー』に直接応えたものであることを認め、「貴方の大変優美な『アントニー』は／……『クレオパトラ』が側にいるのを望んだので」（一四、一六）と述べて、彼女の助力を暗示し感謝する。「もったいないことですが、貴方はご親切にも／私の歌を応援して下さって、私を大切にして下さいました」（二九、三〇）。この肩入れに対して、彼としてもそれにふさわしいものを書くよう努力する覚悟で、「後世の人が、私が貴方を賛えるものを書こうとどの位努力したかわかるようにしなければならない」（三一～二）と記している。献辞の終わりにダニエルは、パトロン制度の中に経済的な恩

恵はないにしても、少なくとも自分を認めてもらうことを求めている者たちにとって、ごく一般的な思いだったに違いない言葉を記している。

しかし、〈奥方様〉、この国の貴人方にお目をかけて戴いて、
私が書いた詩行が喜ばれれば、
それは私の心をどんなに勇気付けてくれることでしょう。
それは私を成長させ、
やがてはもっと優れた作品を手にすることができるかもしれません。
（一〇九〜一一）

このような控えめな態度を示していたダニエルだが、一方ではペンブルック家の審美的、道徳的両方の立場に立つ真剣な試みを弁護する文を書くこともしていた。彼らの主張は他ならぬ「この北方の暴君、／〈無定見な外国語の濫用〉を追い出すことである」（三四〜五）。これは最初フィリップ・シドニーが出会い、戦ったもので、それによって他の者たちを勇気付け「このように侵入してくる恐ろしげな猛獣」（四〇）と取り組ませたのだった。「闇」「敵」そして「怪物」への言及は、詩作という仕事にとって耳障りな道徳的調子を帯びることになる。これは、例えばウィリアム・シアーズがマーストンの作品集に付けたコメントに見られるような、通常の芝居の擁護ではない。国家主義者的な調子で、ダニエルはペンブルック派の文体を擁護して「テムズの水音が斜陽のイタリアの調をどのくらい凌駕しているか分かるだろう」（七七〜八）と述べ、彼らがヨーロッ

パのものを無視することに対する非難を撥ねつけた。彼はシドニーやスペンサーの作品がもっとよく知られるようになり、世界を「このような心地よい喜びで」（九一）魅了し、「偉大なエリザベスの治世が生んだもの／彼女の平和な王国の調べ」（九三～四）を広く知らしめることができるよう願っている。

ダニエルが伯爵夫人をパトロンとする必要は、もちろん夫人が彼を必要としている以上であることは、「私のこの作品ができますよりはずっと多く、貴方ご自身が貴方に栄光を与えていらしゃるのではありますが」（五一～二）というダニエル自身の言葉でも明らかである。彼は夫人の『詩編』の翻訳を「この中で貴方の御名が永遠に尊敬される」（六〇）ものと称賛している。このような芸術的な試みと、一般的に考えられているように、パトロンとしての行為によって、伯爵夫人は「ウィルトン〔の主〕がその亡骸を地表に低く横たえるとき」（六六）という言葉で知られるようになる名声に到達したのである。シェイクスピアの墓碑銘を思わせるような言い方で、ダニエルは「この墓碑が動かされることがないように／ここには、真鍮の銘板が貴方の名前を永遠に刻んでいる」（七一～二）と述べている。

『クレオパトラ』の後年の版は、彼が受けたパトロンからの保護の満ち干を洞察できる興味ある資料である。ジョーン・リーズが指摘しているように、一六〇五年と一六〇七年版には韻文の献辞は省かれている。だが一六一一年のテクストまでには、献辞は、少し改定されているが、また現れており、伯爵夫人が再びダニエルのパトロンとなったことを暗示している。[46] 彼は大体いつも同じ言い方をしているが、いく分かの変化は見られる。二十年近く後に書かれた言葉の中にそれを期待できるものがある。彼は夫人との再開された関係を「再び貴方へ誓いを／新たにすることができたのをうれしく思います。もっともそこからは貴方にとって何の栄光も生まれないかもしれませんが[47]」と感謝している。献呈の辞は、伯爵夫人が女性であるという明らかな事実に注意を喚起しているが、この点は一五九四年の韻文では強調されていなかった。

かつて貴方が課されたこの作品をご覧下さい。
貴方はミューズの神々の妹、女性の美徳を具えた輝く星、
女性の心にいかなる高貴な力があるのかを
最初に我々の時代に教えてくれた人、
そして、他の人々を目覚めさせて、
学究的な思索を好む先例となって下さった人です……。

(sig. E3)

なぜダニエルが一六一一年にこの点を強調したのか、確かなことは分からない。おそらく男性が宮廷を支配した時代に、女性の目立つほどの教養、特に伯爵夫人のそれに注目するのは意味があることだったのだろう。芝居のパトロンとしての女性についての研究は、結局ダニエルの言葉の検証をするということであるのかもしれない。つまり、女性の心には高貴な力があること、そしてその力は演劇の創造と積極的な支援を導き出したこと、劇作家たちの中にはその力によって創作意欲を鼓舞された者もいること、経済的な支援を与えたこと、また、好意を持って認めるという、強く望まれていたが時としては頼りにならない性質のものを与えもしたということである。ルネサンス期の演劇の隆盛に対して女性がどれだけの貢献をしたか計ってみることは、使ったお金を数えるといった単純なことではなく、守られた名声、獲得された可能性、開かれたドア、そして指導

し、支援する精神というもっと形にならない性質のものである。もしパトロンとしての女性の役割を理解していなければ、我々は黄金時代の演劇活動について、部分的で不完全な絵を残されたままで終ってしまうのである。

*David M. Bergeron 英文学専攻

注

1 この研究のために米国学術会議の助成金とカンザス大学一般研究基金からの援助を受けた。

2 Jean Gagen, *The New Woman: Her Emergence in English Drama 1600-1730* (New York, 1954), p.16 および Pearl Hogrefe, *Tudor Women: Commoners and Queens* (Ames, Iowa, 1975), p.142 の主張。

3 Catherine M. Dunn, "The Changing Image of Woman in Renaissance Society and Literature," in *What Manner of Woman: Essays on English and American Life and Literature*, ed. Marline Springer (New York, 1977), pp.15-38; David J. Latt, "Praising Virtuous Ladies:The Literary Image and Historical Reality of Women in Seventeenth-Century England," in *What Manner of Woman*, ed. Springer, pp.39-64. 二人とも Hogrefe の著書を参照する機会がなかったのは明らかである。

4 *Shakespeare and the Nature of Women* (London, 1975), p.5.

5 他に興味ある研究としては以下のものがある。
Gamaliel Bradford, *Elizabethan Women* (Cambridge, Mass.,1936); Caroll Camden, *The Elizabethan Woman* (Houston, 1952); Ruth Kelso, *Doctrine for the Lady of the Renaissance* (Urbana, Ill., 1956);

Mary R. Mahl and Helene Koon, eds., *The Female Spectator:English Women Writers before 1800* (Bloomington, Ind., and London, 1977); M. Philips and W. S. Tomkinson, *English Women in Life and Letters* (Oxford, 1926); Roger Thompson, *Women in Stuart England and America: A Comparative Study* (London and Boston, 1974).

6 V. Sackville-West, *The Diary of the Lady Anne Clifford* (London, 1932). アンの演劇に関する言及について、全部ではないが、もっとも多く言及しているのは G. E. Bentley, *Jacobean and Caroline Stage* (Oxford, 1956). George C. Williamson, *Lady Anne Clifford...Her Life, Letters, and Work* (Kendal, 1922) も参照。

7 要約した議論については David M. Bergeron, *English Civic Pageantry 1558-1642* (London and Columbia, S.C., 1971), p.62を参照。エンターテインメントのテクストに関しては John Niochls, *Progresses of Elizabeth* (London, 1823), III, 130-36を参照。

8 J. H. Wiffin, *Historical Memoirs of the House of Russell* (London, 1833), II, 14.

9 Hogrefe, *Tudor Women,* pp.133-4.

10 リストは Herford and Simpson, *Ben Jonson,* X (Oxford, 1950), 440-45を参照。

11 Herford and Simpson, *Ben Jonson,* I (Oxford, 1925), 143. この芝居が*The Sad Shepherd*だという推測は確かなものではない。

12 Bentley, *Jacobean and Caroline Stage,* III, 453.

13 Bentley, *Jacobean and Caroline Stage,* IV, 549.

14 Bentley, *Jacobean and Caroline Stage,* IV, 917-20.

15 "The Dedication of Early English Plays," *Life and Letters,* 3 (1929), 31.

16 *Studies in English Language and Literature Presented to Professor Dr. Karl Brunner,* ed. Siegfried

Korninger, *Wiener Beiträge zur Englischen Phililogie*, 65（1957）, 74-86 に含まれている。

17 Franklin B. Williams は、短い注釈で、あらゆる形の著作のパトロンとして女性が目立っていることに注意を喚起している。彼によればスチュワート・カロライン両朝期に七三三人の女性が作品の献呈を受けている。（"The Literary Patronesses of Renaissance England," *Notes and Queries*, 207[1962] 365）.

18 Robert Wilmot, *Tancred and Gismund*（London, 1591）, sig.★2ᵛ.

19 *The Works of Thomas Middleton*, ed. A.H.Bullen（London, 1886）, VII, 141.

20 *The Lady's Trial*（London, 1639）, sig.A3ᵛ.

21 Kyd, *Cornelia* in *The Works of Thomas Kyd*, ed. F. S. Boas（Oxford, 1955）, p.102.

22 この点に関しては Flanklin B. Williams, *Index of Dedications and Commendatory Verses in English Books before 1641*(London, 1962）を参照した。Arthur Freeman はキッドのラドクリフ家との関係を探り、第四代サセックス伯爵ヘンリーがパトロンだったことを示唆している。*Thomas Kyd: Facts and Problems*（Oxford, 1967）, pp.34-37 参照。

23 *The Duke of Milan*（London, 1923）, sig.A3. マシンジャーの作品の最近の編者たちが指摘しているように、キャサリン・スタンホープは「フレッチャーのパトロンであるハンティンドン伯爵の姉〔または妹〕であり、この関係でおそらくマシンジャーは彼女に近づけたのだろう」。（*The Plays and Poems of Philip Massinger*, ed. Philip Edwards and Colin Gibson [Oxford, 1976], I, xxxiii）

24 Brandon, *The Virtuous Octavia*（London, 1598）, sig.A2.

25 Herford and Simpson, *Jonson*, X, 50.

26 *The Alchemist*（London, 1612）, sig.A2ᵛ.

27 *The Cid*,（London, 1640）, sig.A4.

28　*The Vow Breaker* (London, 1636), sig.A3.

29　*The Dramtic Works and Poems of James Shirley*, ed. Alexander Dyce (1833; rpt. New York, 1966), II, 272.

30　*The Workes of Mr. Iohn Marston* (London, 1633), sig.A3. エリザベスの夫ヘンリー・ケアリーはジョンソンの *Epigramme* lxvi で風刺の対象になった人物である。

31　Patricia Thomson, "The Patronage of Letters under Elizabeth and James I," *English*, 7 (1949), 278-82 を参照。また、彼女の "The Literature of Patronage, 1580-1630," *Essays in Criticism*, 2 (1952), 267-84 も参照のこと。

32　Herford and Simpson, *Jonson*, X, 440.

33　Herford and Simpson, *Jonson*, I, 197.

34　Joan Rees, *Samuel Daniel: A Critical and Biographical Study* (Liverpool, 1964), p.90.

35　John Buxton, *Sir Philip Sidney and the English Renaissance* (London, 1954), p.229.

36　"The Vision of the Twelve Goddesses," ed. Joan Rees in *A Book of Masques in Honour of Allardyce Nicoll* (Cambridge, 1967), p.26.

37　Hogrefe, *Tudor Women*, p.124. Mary Ellen Lamb は博士号取得のための論文で伯爵夫人のパトロンとしての行為は、その重要性においても規模においても誇大に言われ過ぎていると述べている。「夫の財産、兄の名声、そして彼女自身の寛大さの評判があったから、おそらく彼女とは面識もなかった作家たちから多くのそれぞれの作品を献呈されたのであろう」("The Countess of Pembroke's Patornage," Ph. D. Dissertation, Columbia University, 1976, p.255.) 事実は、約三十のテクストが彼女に献呈されたのだが、これは王族を除くと二番目に多い数字である（第一位は三十八作を献呈されたベッドフォード伯爵夫人である）。この点については Williams, "The Literary

Patronesses of Renaissance England," p.366 を参照。Lamb 女史はさらに「作品を献呈した作家一人一人について、パトロンの影響は考えられない。それは献呈以外の別な方法か、文学のモデルに使うというようなことに示される」(p.241)。しかし、このような考え方は問題を解決すると言うよりも、もっと問題を生んでしまう。テクストを献呈するという単純な行為自体が影響を示しているので、その影響はどんなものであろうと、まさしくパトロンの行為についてのものである。

38 *Countess of Pembrokes Ivychurch* (London, 1591), sig.A2.

39 *The Countess of Pembrokes Arcadia* (London, 1598), sig.¶3.

40 Gager, *Ulysses Redux* (Oxford, 1592), sig.A2.

41 伯爵夫人に献辞を書いた劇作家の中にクリストファー・マーロウを含めることもできるかもしれない。ただし、マーロウの言葉は *Amintae Gaudia Authore Thoma Watsono* (1592) に付けた前置きである。「C.M.」というサインがあり、ラテン語で書かれた献辞は幾つかの良く知られた主題を伝えている。マーロウは「個々の詩の第一ページで」、「貴方様に、私を助けてくれる〝ミューズ女神を司る方として呼びかける」ことを誓う。(Mark Eccles' translation in *The Complete Works of Christopher Marlowe*, ed. Fredson Bowers[Cambridge, 1973], II, 539.) マーロウの伯爵夫人との正確な関係ははっきりしていない。

42 例えば、Alexander M. Witherspoon, *The Influence of Robert Garnier on Elizabethan Drama*, Yale Studies in English, 65 (New Haven, 1924), p.67 その他諸所を参照。

43 Rees, *Samuel Daniel*, p.43.

44 Rees, *Samuel Daniel*, p.48.

45 Daniel, *Cleopatra*, (London, 1594), sig.H5, lines 1-8.

46 Rees, *Samuel Daniel*, p.149.

47 Daniel, *Certaine Small Workes* (London, 1611), sig.E4.

美術

十二章　画家とパトロンと助言者――イタリア・ルネサンスの絵画[1]

チャールズ・ホープ*

一五〇三年、イザベッラ・デステは彼女の〈小部屋 studiolo〉のコレクションに加えるための絵、現在ルーブル美術館にある『愛と貞節の戦い』（図12・1）についてペルジーノに計画書を与えたが、これはルネサンスのパトロン制度に関するもっとも有名な文献の一つである。この計画書は広い文学的、知的興味を持つマントヴァの人、パリーデ・ダ・チェレサーラの案によったのはほとんど確実と思われ、ペルジーノの構図について詳しく内容を規定しているものである。

我々の考えた詩的な案をぜひともあなたに絵にして頂きたいのです。それは情欲に対する貞節の戦い、つまりパラスとダイアナ対ヴィーナスとキューピッドの熾烈な格闘です。パラスはもう少しでキューピッドを負かすところで、彼の金の弓は折れ、銀の矢は足元に投げ捨てられています。彼女の一方の手は、盲目のキューピッドが目を覆った布帯をつかみ、もう一方の手で槍を高々と掲げ今まさに彼を突き殺そうとしています。これに対してダイアナの方はヴィーナスと勝利を懸けた接戦の最中です。ヴィーナスはダイアナの矢を受けてはいま

12.1 ピエトロ・ペルジーノ『愛と貞節の戦い』

すが、身体をかすった程度、冠と花輪あるいは身にまとっているヴェールに当たっているにすぎません。一方ダイアナの衣の一部はヴィーナスの持つ松明で焦げそうになっていますが、二人ともそれ以外のところはまだ傷ついていません。この四人の神々の他にも、ダイアナとパラスの従者である純潔を誇るニンフたちは、フォーン、サティロスそれに数千の小キューピッドという好色な連中と奮戦しなければなりません。これらのキューピッドは最初に言ったものより小さくて、金の弓、銀の矢ではなく、木か鉄、または何でもあなたに任せますが、ともかくもっと劣ったものでできた弓矢を持っています。この絵にさらに表現と装飾を加えるために、パラスの側に彼女の聖木であるオリーブを描き、そこにメデューサの頭が付いた盾を立て掛け、これもパラスの聖鳥であるフクロウを枝にとまらせて下さい。ヴィーナスの側には彼女に捧げられた天人花の木を置きます。しかし、この絵をさらに美しくするためには、川か海のような水のあるところを描き、フォーンやサティロスやもっとたくさんの小キューピッドたちが、恋の神キューピッドを救うためにあるものは川を泳ぎ、あるものは空を飛び、あるものは白鳥に跨がって、この愛の戦に馳せ参じるのが見て取れるようにしなければいけません。先の川か海の岸には他の神々を従えたジュピターが、雄牛に変身して美しいエウロパを誘拐した者として、貞節の女神の敵となって立ってます。また、餌の頭上を旋回する鷲になったマーキュリーが、パラス女神の聖なる印を彫った小箱を持つグロウセラと呼ばれるニンフのまわりを飛びまわっています。一つ目のサイクロプスの首長ポリフェーマスはガラテイアを追いかけ、フィーバスはもうすでに月桂樹に変身しているダフィネーを追いかける。プルートーはプロセルピナを捕まえ、彼の暗黒の王国へつれ去ろうとしており、ネプチューンは一人のニンフの身体に手を掛けているが、彼女はもうほとんどオオガラスに変身してしまっています。

こうした詳しいことをみな小さな絵に描いて送ります。文章で書いたのと絵に描いたもの両方があれば、この件についての私の望みがお考え頂けると思います。しかし、もし一枚の絵に描くには人物が多すぎるのではないかとお考えでしたら、パラス、ダイアナ、ヴィーナス、キューピッドの四人からなる基本の構図を動かさないという条件で、他の人物は適当に減らしても結構です。もしこれで不都合がないのでしたら、私といたしましても満足に思います。減らしてもかまわないのですが、この他のものは何一つ加えてはなりません。指示通りにして頂ければ幸いです。[2]

この依頼に反映されている美術家とパトロンと助言者の関係は、しばしばルネサンスのパトロン制度の一つの範例として見られている。とくに、宗教以外の主題を持つ作品の場合はそうである。実際、このような関係の存在は、表立って言われていなくても、この時代の図像学的問題についての議論では前提条件になっている。それによれば、画家は単なる描き手であり、文学や哲学に関する多くの難解な言及のある詳細な計画書に従って仕事をするだけである。彼がそのような文化を十分に共有できるなどということはめったにないのだから。だが、画家のパトロンでさえも完全にこの文化に精通していたわけではないようである。と言うのも、絵画のための計画書を作るのは学識豊かな「人文主義者である助言者」に任されていたと信じられているからである。このように、多くのルネサンスの芸術作品は、本来絵画や彫刻にではなく学問的なテクストに興味がある知的エリートのアイディアをそのまま表現したものであると考えられるようになった。こうした考えが広がると、古い神話のよく知られたエピソードのような、明らかに単純な主題でさえ非常に複雑なやり方で解釈されるようになった。なぜなら、その主題が助言者によって何らかの仮想の「第二段階の意味」を持つために選ばれ、作品のあらゆる細部は図像学的に意味があるとされていたからである。だがしかし、なぜパトロンたちはこのように行動したのか、なぜ芸術作品の内容がつねに彼らにとってこのような重要性を持っていたのか、そしてなぜ彼らは人文主義者をこのことについて相談するのにもっともふさわしいと考えたのかは、ほとんど論じられていない問題である。

この論文の目的は、助言者の役割とパトロンの実際の行動について、きわめて一般的な方法しか取れないかもしれないが、参照できる限りの証拠を調査することである。なぜなら、今行われている図像学的解釈が有効かどうかを知るには、美術家に与えられていた指示がどんなものかを研究し、こうした指示を出すのに関わっていたのは誰か、またそれはどんな状況においてかを立証するのが唯一の方法であるからだ。最上の結果を得るために必要な類いの文献がめったにないので、これは決して簡単な仕事ではない。事実、一五〇〇年頃のこの種のもので現存するのは、本当のところペルジーノに送られたこの計画書ただ一つなのである。歴史家がこの資料を重要なものと考えるのは、こうした事情もあるからである。しかし、十六世紀半ば以降は、同じような念入りな計画書がかなりな数保存されている。イタリアのいろいろな地方のいろいろなタイプの注文があり、その中にはアンニーバレ・カーロがカプラローラの館〔パラッツォ・ファルネーゼ〕を装飾するタッデオ・ツッカーロにあてた提案やフォッソムブローネ司教のメダルの表面のためのヒント、パラッツォ・ヴェッキオにあるヴァザーリのフレスコ画に関するコジモ・バルトーリとヴィチェンツォ・ボルギーニの推薦状、ブレーシャ市庁舎の天井画についてティツィアーノに送られた指示書などが含まれる。それに、多くの凱旋式や宮廷の祭りのためのプランもあるが、そのうちでもっとも完全に文書として残っているのは、一五六五年のフランチェスコ・デ・メディチの結婚のためにボルギーニが考えた準備の手はずを記録したものである。[3]

しかしながら、この時代の美術品の注文がつねに詳細な計画書を用意していたということにはならない。この慣例が守られているのは、図像学的な内容が最優先する計画に関してだけであることが分かっている。いま述べた例の大部分の場合は明らかにこうしたものである。この点に関しては、パトロンの行為は初期においても後期においても変わらなかった。公共建築物、君主家の結婚、あるいはメダルの装飾に用いる図像はほとんどいつも関心を持って注意深くプランを立てるべき対象である。しかし、半ば私的な建物であるカプラローラの館のためのカーロの計画書は、一見してこのような基準ではそれほど簡単に説明できない。それは明らかにその時代の趣味の特徴を反映している。つまり、予期しなかったがいかにも適切と言える主題を選ぶような学識を誇示して、人目を引く喜びを反映しているのである。[4] カプラローラのアレッサンドロ・ファルネーゼの書斎のために工夫されたすべての主題は、デコーラムの法則によって、孤独と関連付けられ、ドルイド教の祭司、古代インドの裸行者やエッセネ派の信徒のような奇妙な人物が取り入れられている。ここでの要点は、カーロの計画書が学識を示すものであったことばかりでなく、そういうものとして見られていたということである。図像の意味を読み解くことは、盾の紋章を説明するのに似て、明らかに一種の知的ゲームであった。それにしてもこのケースでは、カーロはできるだけ難しくしようとして、やり過ぎてしまったようである。

この種の案を作る際の、こうした半ばもったいぶった、遊び半分の態度を示すには、チェリーニの有名な塩入れ（図12・2）ができた時の話がよい例となる。[5] この計画は最初、イッポリート・デステ枢機卿が工房を訪ねてきたとき、チェリーニに提案された。その時枢機卿は文学者のルイジ・アラマンニとガブリエーレ・セザーノの二人の友人を伴っていたが、二人はそれぞれ図像学に基づいたプランを提案した。アラマンニは「ヴィーナスとキューピッド、それにすべて主題にふさわしいたくさんの細部」、他方セザーノは「ネプチューンの妻アンフィトリテ、それにネプチューンの子供たちのトリトンを何人かとその他多くのもの」を表現するように

12.2 ベンベヌート・チェリーニ『塩入れ』

チェリーニに望んだ。[6] しかし、チェリーニはこれらの提案を「多くのものは言葉で表現すると大変美しいのですが、実際に作ってみるとうまくいかないのです」[7] という理由で拒絶した。彼自身が示した解決案は、塩入れには何かに寄りかかるように身を反らせている海を表す男性と、胡椒入れには陸地を表す女性を配したもので、図像学的にもアラマンニやセザーノのものと同様に大変凝ったものであった。その上、その視覚的効果ははるかに勝っていて、彼の主要な人物の扱いは、あのようなすばらしく優美な〈コントラポスト〔単調なシンメトリーを避け、適切な調和を生む構成〕〉を示すのを可能にしたのである。[8]

この話のもっとも興味ある点は、チェリーニの側とアラマンニとセザーノの側との間のアプローチの違いである。彫刻家のほうは、満足のいく構成を考えるところから出発し、その後でようやくそれに合う主題を選んだ。実際、男性像の方がネプチューンで女性像の方がテルスであることを記録することさえしなかったのである。枢機卿の学識豊かな友人たちは「言葉で描写すればとてもよいが、実際作ってみるとよくない」[9] ものを提案することぐらいしかできなかった。たしかに助言者たちはつねに誇示すべき学識を豊富に持っていた。そのことがつまり最初に相談を受けた理由であったが、彼らの才気あふれるアイデアを視覚化することは、不運なことに美術家にとってしばしば悩みの種であった。結果として、この時代のもので学者による計画書に基づくとされている芸術作品は、ほとんどすべてすぐにそれと分かるのである。主題が特別なものか、明らかに何らかの意味を持った細部がたくさん詰め込まれているからである（図12・3と12・4）。その証拠には、オヴィドから取ったエピソードのような定評あるテーマについては、細部にわたる計画書が存在した例はない。一五三四年、フェデリーコ・ゴンザーガが弟のフェッランテに代わってティツィアーノに二枚の絵を注文したときこう書いている。「そのうち一枚にはプロセルピナの略奪を書いてほしい。その主題についてはこれ以上言うまい。君は博識だからどんな人物が必要かわかっているだろう。」[10]

現在多くの歴史学者が、フェデリーコの態度がパトロンとして典型的なものであると信じるのは難しいと考えているようである。なぜなら彼らは単純明解な主題にも複数のもっと深いレベルの意味があると信じこんでいるからである。歴史学者たちの見解を正当化しているのはパトロン行為の過程を示す現存する書類ではなく、主としてカルタリや他の者たちの書いたマニュアル本である。これは、神話を基本的には好古家的な立場から扱っており、古典の神々の伝説を説明するためのさまざまな解釈──歴史、自然現象、道徳を柱とした解釈を、系統的ではないがきわめて自由に要約したものである。[11]ただ、こうした解釈が十六世紀のパトロンたちが古典の神話について持っていたさまざまな連想を反映しているという確証はなく、また美術作品が表現するものとして適切だと考えられていたという証明もまだされていない。事実、パトロンたちが神話的な主題の表象を自分自身のためだけに楽しみ、何らかのコンテクストにおいてそうした主題に付随するもっと深い意義を考えるといった煩わしいことはしなかったのを示す一つの特に有効な証拠がある。それは外ならぬアンニーバレ・カーロその人からのヴァザーリに宛てた有名な手紙である。

私の望みは、あなたの手による衆目を引き付ける作品を所有したいということです。これはあなたの名声のためであり、また私の満足のためであります。なぜなら、私はその作品をあなたを優れた画家であるというよりは、仕事の早い画家と考えている人たちに見せてやれたらと思っているからです……。この仕事を早くするかゆっくりするかはあなたに任せます。描いている最中にある熱狂があなたを捕らえる時には、早くしかもよい仕事をするということもありうることだ思います。他のすべての点と同じくこの点でも、それは詩にとても

12.3 ジョルジョ・ヴァザーリ『ウラノスを去勢するサトゥルヌス』

12.4 ルーベンス（？）（ティツァーノに倣って）『ブレーシャのアレゴリー』

よく似ているのです……。

絵の主題については、これもあなたにお任せします。絵と詩が持つもう一つの似ている点を思い出しましたので。それに、あなたは詩人であり画家でもあるのですからいっそうのことです。と言うのも、これら二つのことに携わるときには、自分自身のアイデアや構想であればそれだけ強い感情と熱意で表現しようとするものですから。一人の男と女の裸像（あなたの芸術にとってはもっともふさわしい主題です）があれば、あとはあなたの好きなように物語を作り、人物のポーズを決めて結構です。二人の中心となる人物とは別に、他の人物をたくさん配してもかまいません。ただし、小さく遠景にあることが条件です。背景が書き込まれていれば優美さが増し、深い感情を生み出せるように思えますので。以前にもたしかに取り上げたことはありましたが、ヴィーナスとアドニスならば、あなたは二つの美しい裸体をもっともよく構成できるのではないでしょうか。これに関しては、テオクリタスの描写にできるだけ忠実にすれば良いでしょう。しかし、彼が言及している人物をすべて描けば、あまりに入り組みすぎた群になってしまいます（前に言いましたように、私はこういうのは好きではありません）。それで、最愛の人の死を見つめるあの感情を持って、アドニスがヴィーナスに抱擁され見つめられている図だけにしておきたいのです。彼は深紅色の衣の上に横たえられ、太ももの傷からは幾筋かの血が身体に流れている。あたりには狩りの道具が散乱し、一、二頭の立派な犬がいる。ただし、これがあまり多くの空間を占めることがないように。テオクリタスではニンフ、運命の女神たち、それに芸術の女神たちが、アドニスの死を悼んで泣いているのですが、私は省くことにしたい。また、彼に仕え、洗い清め、翼で日陰を作っている愛の神たちもいらない。ただ遠景に、森から野猪を引き出してくる別の愛の神たち、弓で打ちすえ、矢で突き、綱をかけてヴィーナスのところへ引いてくる小キューピッドたちの像は入れたいのです。

そしてもしできれば、その血からバラ、涙からはケシが咲き出ているのを表示したいと思います。私はこのような新しい工夫を考えているのですが、それは絵は美しさの他に感情が必要だからで、それがなければ人物を生き生きと描くことはできないからです。

あなたが一人以上の人物を描きたくないと言うなら、ミケランジェロが創造したような、あのレダが最高です。またかつて別の優れた人物が、海から生まれ出てくるのを描いたあのヴィーナスは、見るも美しいものになるだろうと想像されます。そうではありますが、（先にも言ったように）選択はあなたがして下さればそれで満足です。[12]

カーロのおもな関心は彼の好みを満足させる構図であり、それはチェリーニと彼の作品の『塩入れ』を念頭に置いた一人の男と女からなる二つの裸像だった。たしかに望んでいることをかなり詳しく示唆してはいるが、彼の姿勢はイザベッラ・デステとはひじょうに異なるものだった。ヴィーナスとアドニスの主題は何らかの本質的な意味があって選んだのではなく、画家に適していると考えたからである。それに、詩のテクストの意訳は、ヴァザーリが自分でそれを見つけ出して翻訳する手間を省くために入れておいたに違いない。テクストはたしかに存在したが、それは単に絵の下地として役立っただけ、ということも重要である。カーロはヴァザーリがそれをただ正確になぞって従うのを期待してはいなかったのである。

この点は強調する価値がある。現代の歴史学者たちが、このようにテクストから離れて仕事する画家も存在するのに驚く、ということも時としてあるのだから。ティツァーノがフェリペ二世のために描いた連作『ポエジー』（図12・5）がよい例になるであろう。これは幾つかの点ではっきりと『転身物語』とは違っている。

12.5 ティツァーノ『エウロパ略奪』

ある学者たちのように、これらの違いを図像学的な根拠に基づいて説明しようとする必要はまったくない。まして、この連作が全体として複雑で一貫した計画を持っていたと考える必要がないのは言うまでもないことである。[13] 資料を注意深く読むと、ティツァーノは自ら主題を選び、それを数回パトロンにも言わずに変更したことが示唆されている。[14] カーロと同様、フェリペ二世も美しい詩的な絵を欲したのであって、その中に深い意味を求めるのはきわめて見当外れのことである。事実、画家たちはテクストとか精密にあらかじめ決められたテーマを全部省くことさえ可能だった。ジャンボローニャの『サビニ人の略奪』が一つの例であるが、このタイトルは絵が完成してからはじめて付いたものである。[15]

カーロやフェリペ二世のようなパトロンとイザベッラ・デステの態度を区別するもっとも重要な違いは、おそらく彼らが美術家に与えた地位にあるのだろう。ペルジーノは実際にまったく主導権を与えられていなかったが、一方ティツァーノは、フェリペ二世との交友の全期間を通じて、絵について宗教的なものであろうが世俗的なものであろうがほとんど何の指示も受けてはいなかった。[16] 彼の時代になると、美術家は従属のみの地位を受け入れることはなくなっていたし、そうするように期待されてもいなかった。したがって、カーロはカプラローラにあるアレッサンドロ・ファルネーゼの館の書斎装飾のための提言をするとき、序文で次のように述べている。

高名なファルネーゼ閣下の書斎に描かれる絵のテーマは画家の気質に合わせなければなりません。さもないと画家がその気質をあなたのテーマに合わせなければならなくなる。彼はあなたに合わせたくないのは明らかなことなので、ごたごたや混乱を避けるためには我々が彼に合わせるしかないのです。[17]

また、フランチェスコ・デ・メディチの花嫁がフィレンツェに入る際のプランを提出するにあたって、ヴィチェンツォ・ボルギーニはあまり細部にわたるのを故意に避けた。その理由を彼は次のように言っている。

付け加えておきたい考え方がある。つまり、それぞれ違った多様な美術家を雇わなくてはならないのだから、彼ら一人一人が（自分に与えられた新しい案から離れることはないだろうが）熱心に自分の才能を披瀝し、少しは力を自慢したり能力を示す試作品を用意したりするだろう。こういうことは許されるべきだし、むしろ奨励されるべきである。そうすれば美術家はそれぞれ努力し、優れたものを作るであろう。[18]

ティツァーノがブレーシャ市庁舎のために絵を描いたときには、きわめて詳細な計画書に従わねばならなかったのは事実である。しかし、そのための文書がまとめられたのは、彼がその計画についての仕事を始めてしまって数カ月後、彼独自で出したアイディアがパトロンを満足させることに失敗した後のことであった。[19]ヴァザーリに関して言えば、パラッツォ・ヴェッキオのための計画は助言者たちと相談して決定したが、彼らの提言には修正のための道も開けてあった。[20]フレスコ画の細かい内容、例えば芸術のパトロン制度を強調したヴェッキオ宮のサラ・コジモにある壁画の内容も、ヴァザーリ自身の責任において決めたものであることがはっきりしている。[21]これは驚くに当たらない。彼の図像学における専門的知識はかなりなもので、例えば現存しないがスフォルツァ・アルメニ宮殿の正面フレスコ画のプランなどに見られる通りである。[22]しかし、美術家の中でこのように複雑さを嗜好するだけでなく、図像学についての能力をも持ち合わせていたのはヴァザーリ一人ではなかった。フェデリコ・ツッカーロもヤコポ・ズッキも共に最高に手の込んだ図像学的プランを作っていたのである。[23]

その後、十六世紀中頃までには、学識ある助言者に相談するという習慣がすっかり確立したのだが、決して不変の規則ということではなかった。きわめて複雑な比喩的表現を用いるのは趣味の問題もあるが、注文の内容にもよる。芸術作品に付与される解釈は、それが適切であれば、一般的には作品の外観と同様そのコンテクストからも明らかなので、もしその中に豊かな学識が含まれているとすれば、観賞者はそれを見つけ出さなければならないことを十分承知している。しかしだからと言って、学識はあるが美術には素人の助言者が、ただ柔順で無学な美術家に理解できないような指示を押し付けているというパターンを想像するのは間違いであろう。図像学の用い方を支配する慣習を熟知していたのは助言者の側だけでなく、美術家側も同様だったのだし、事実、この時代のものですべて美術家だけによって創案された作品が、含まれる意味が単純なものも複雑なものもともに、現在までたくさん残っているのである。

この状態をイザベッラとペルジーノの場合と照らし合わせてみると、明らかに同様の状況がある。ことに『愛と貞節の戦い』の実際の外観は、描かれた計画書とも言うべき特徴を非常に良く表している。背景の古風に並列されたおなじみの神話のエピソード群が、前景の戦う女性たち、小キューピッド、サティロスとともに歴然と露呈しているのは、ここにあるのは限りのある想像力しか持ち合わせていないのに、力以上の学識を示そうとしている者の創案による苦心の寓意的な創造物であるということである。それは絶対にペルジーノが通常するような構成ではない。しかし同時に、後の創作とは異なる重要な点もある。すでに述べたがその一つは、イザベッラは画家が主導権をとることをまったく期待していなかったことである。第二の点は、計画書の実際の性格とペルジーノの絵の意図されたコンテクストに関わるものであるが、これについてはこの後すぐに述べる。

イザベッラ自身の態度に関しては、ペルジーノの創造性が拘束された程度からして、なぜ最初にペルジーノをこの仕事に起用するのにそんなに熱心だったのかという疑問が起こる。彼女は当時最高だった彼の名声をきっと良く知っており（一五〇〇年に、アゴスティーノ・キージは彼をイタリア一の画家と呼んだ[24]）おそらくそのために彼を選んで雇おうとしたのだろう。だが、彼女はそのとき彼に才能を発揮する機会を与えなかった。フィレンツェの代理人に宛てた次の手紙が、そのあたりのことを目に見えるように伝えている。

ドメニコ・ストロッツィが伝えてきたところによると、ペルジーノは素描で規定した私たちの絵のプランに従っていないということです。裸のヴィーナスらしいものを描いていて、それに衣装を着せ何か別のことをやらせるつもりらしいのです。自分の腕前をひけらかすためだけにこんなことをしていると言うのです。しかし、私たちはドメニコの書いてきたことがよく分かりませんし、それにその素描がどんなだったか正確には覚えておりません。それで、あなたにそれをペルジーノと一緒によく調べて戴きたいのです。それから彼に書き送った指示書も同じように。そして、ペルジーノがそれから逸脱しないように最善を尽くして下さい。一人の人物を変更することで物語全体の情緒をねじ曲げることになるかもしれないのですから。[25]

この状況からすれば、ペルジーノが著しく熱意のない態度でこの注文を仕上げたのもほとんど驚くに当たらない。

私の考えでは、ここに含まれる意味は、一五〇〇年当時でさえ一流の美術家はパトロンのこのような振る舞いを望まなかったということである。これは別の例でさらに確かなものになる。例えば、イザベッラの代理人が計画書全体をわざわざ法律的な契約として書き記したということは多分意味のあることである。私が知る限り、この時代のもので宗教画ではなく、壁画でも天井画でもない、画架にのせて描く絵に対しての契約書などというものはこれを除いて皆無である。この例では、ペルジーノが確実に指示書に従うように異例の手段が取られた。もちろん、多くのこれに勝るとも劣らない厳格な宗教画に関わる契約書が存在し、それが美術家は厳密な計画書に従って仕事をするのに慣れていたことを示唆すると言う者もいるだろう。しかし、そのような議論はここでは実際に当てはまらない。一枚の絵に費やされた労働と、したがってその経費が一般的にはその絵に描かれた人物の数と等しいと考えられていた時代、パトロンは絵に示されるものについて詳細に特定せざるを得なかった。だが、イザベッラの動機は違っていた。彼女はペルジーノに幾人かの人物を省くことをはっきりと許しているのだから。彼がしてはならないことはそれ以上の人物を加えることだけだった。ペルジーノが宗教以外の主題をよく知らないから徹底した計画書が与えられたのだ、というのも同様に十分とは言えない推論である。彼がパラス、ダイアナ、プルートー、プロセルピナそれに絵の中の他のすべての神話上の人物の表現方法に通じていると思われていたことが、テクストによって明白に証明されている。

ペルジーノがイザベッラの態度を歓迎し難く、常軌を逸していると思ったとしても、それは彼だけではなかった。一五〇一年とさらに一五〇五年に、侯妃は〈小部屋〉のためにもう一枚の絵を、今回はジョヴァンニ・ベッリーニから手に入れようとしていた。しかしそのどちらの場合にも、ベッリーニは彼女の指示を受けるのをあっさり辞退した。[26] このことについて、一五〇六年にベンボが以下のように彼女に説明している。

彼の絵のために私に考えるようご下命のあった新しい案は、画家の想像力に合ったものでなければなりません。彼は自分のスタイルを拘束するようなものをたくさん詳細に書いて渡されるのを好みません。彼が申しますには、自分の仕事の仕方は、いつも絵の中を意のままに動き回ることだそうです。そうすればその絵は見る人はもちろん自分自身を満足させることができると言うのです。[27]

画家のこの態度に直面して、イザベッラはある段階でこう述べた。「主題に関しては彼の判断に任せます。ただし古い物語か寓話を描くか、あるいは立派な意味を持った古代の主題を表現する新しい案を自分で考えて示すかにして下さい。[28]」ここまで譲歩しても画家の熱意を起こさせなかったので、次に彼女は『キリストの降誕』を描いてくれるように頼んだ。条件は「聖母マリアと主キリスト、聖ヨセフ、洗礼者ヨハネと動物たち」を描くこと。[29]これに対してベッリーニは、この主題では洗礼者を入れるのは不適当でしょう、というきわめてもっともな反応をしたのだった。[30]

この挿話ではっきり示されている通り、図像を使う表現法についてのイザベッラのアイディアは混乱していることが特徴である。ペルジーノへの注文でさえ、すでに論じた後の時代のものと表面的には似ているが、よくよく調べて見ると違っているし、常軌を逸したものである。絵それ自体は、同一の形式による連作の一部となるはずのもので、全体として一つの装飾的効果を成すものである。この形は少なくとも後の時代では、統一的な計画がある通常のコンテクストである。だが、イザベッラの〈小部屋〉にある絵は明らかにテーマがすべて密接に関係しているということはない。装飾の様式は何年にもわたって広がっており、注文ごとに違う助言者が相談を受けていた。ベッリーニの場合は、すでに見てきたように、イザベッラは主題の選択を美術家にゆだねるつもりでいた。「なにか立派な意味を持った古代の物語か寓話」であれば何でもよいというところで手を打つつもりであった。『愛と貞節の戦い』は彼女の考えていることをあまりにも明白に説明する例となっている。彼女の心にあることは、学識をひけらかし、手の込んだやり方で陳腐なアレゴリーを描くこと。それも絵と文章の違いなどはほとんど何も考えずに思いついたものである。この態度はすべて典型的にイザベッラの少々もったいぶった性格を示していると思われるが、それが当時のパトロンのふつうの見解を反映したものであるかどうかはこれから見て行かなければならない。

イザベッラ自身いつも変わらぬ態度を貫いていたわけではない。どうしても獲得したいという衝動が十分強く働いたときには、もっともらしい立派な意味などは忘れてしまうこともできた。一五〇一年にあったレオナルド・ダ・ヴィンチとの一件はその一例である。その時彼女は〈小部屋〉に入れるための絵の見本を描いてもらおうとレオナルドを説得していたのだが、何とか彼の絵を手に入れたいという気持ちから、主題の選択を彼に許していた。[31] もう一つの例は一五一〇年、ジョルジョーネの死後に起こった。その時彼女はヴェネツィアの知人タッデオ・アルバーノに手紙を書き、画家の仕事場で発見されたと言われていた「大変美しく独創的な、夜を描いた絵」を買いたいと頼んだ。[32] イザベッラがここで言及していたのはキリスト降誕の場面を画いた絵(*presepio*)のことであると示唆されたこともあるが、「夜を描いた絵」が、この時代あるいは他のどんな時代でも、このような主題を指すのに使われたという証拠はない。絵の獲得についての手紙では、イザベッラは自分の希望に関して可能な限り明白であったと思われる。したがって、おそらく彼女は夜を描いたジョルジョーネの絵を望んでいて、表向きのテーマについてはあまり関心がなかったのであろう。返書でアルバーノは、侯妃の情報は間違っており、ジョルジョーネは「夜を描いた絵」をタッデオ・コンタリーニのために、もう一枚をヴェットーレ・ベッカーロのために描いたので、どちらも売り物ではないと報告した。[33] 十五年後にマルカントニオ・ミキエルは、コンタリーニはジョルジョーネの作品を三点持っていると書き記している。現在ウィーンにある『東方の三博士』、『パリスの誕生』そして『地獄のアエネースとアンキーセース』の三作で、最後のものがおそらく問題の夜の場面の絵だったのだろう。[34]

付随的にではあるが、このエピソードはジョルジョーネという、人文主義的な概念と豊かな学識を示す絵をもっとも多く描いていたヴェネツィアの画家に対する同時代の見方に何らかの光を当てるものでもある。それによれば、どうも当時彼は現代とほとんど同じ理由で称賛されていたらしい。つまり、それまでは絵画ではなじみのなかった類いの、自然の生む効果というものを描く技が名声のもとであったようだ。彼のこうした面の評判が、明らかに『画人伝』の第一版でスクオラ・ディ・サンマルコにある『海上の嵐』についてなされている議論の下敷きになっている。ただし、ここでヴァザーリは作者の同定を誤っているのだが。[35] したがって、『テンペスタ（嵐）』（図12・6）が寓意的あるいは挿話的な主題を持っていたとしても（この点は確かではない）、この絵が選ばれたのは中に込められた重要さ、その「立派な意味」のためではなく、おそらくそれがジョルジョーネに自分の特殊な才能にことに良く合ったもの、つまり嵐を描くための口実を与えたためであったろう。だからといって、注文に「人文主義的」なものが何もなかったということではない。それどころか、パトロンはアペレスのこと、それにプリニウスの有名な「彼は描きえないもの――雷鳴、稲妻、雷電を描いた」[36] という言葉を十分心に留めていたと考えてよい。

この時代のパトロンで、その美術家の扱い方を詳しく研究できる対象はイザベッラ一人ではない。例えば、彼女の兄アルフォンソだが、彼の注文はたしかに美的な質においては引けを取らないものであるが、妹と同じ

12.6 ジョルジョーネ『テンペスタ(嵐)』

ような知的自負は持っていなかったように思われる。一五一四年、彼はベッリーニの『神々の饗宴』（図12・7）を入手した。これは、それまでにヴェネツィアで生み出された神話を主題にした油彩画の中でももっとも大きなものの一つだった。そして、この場合には詳細な計画についても、学識ある助言者に相談していた画家についても問題はなかった。ただ、フィリップ・フェールが論証しているように、ロティスとプリアポスの物語を示すこの作品の構成は、オヴィドの『暦』の標準的なテクストにも、『変身物語』のイタリア語版にジョヴァンニ・ボンシニョーリが付けた短い意訳にも基づいていない。その代わり、それはボンシニョーリのこの部分についての注釈に従っているのである。それは伝説とはまったく違っていて、古典文学には見られないものである。[37]この絵が描かれた後に、人間として生まれたロティスとプリアポスはオリンピアの神々の中に加えられることになったのである。

四年後、アルフォンソは『ヴィーナス礼賛』という、同様の神話を主題にした絵画群に入るもう一枚の絵を注文した。今度は指示についてもっと注意を払い、画家のティツァーノには計画書を渡したが、これは明らかにフィロストラタスからの抜粋であった。[38]ルネサンスには、繰り返し語られたテクストを使うことはよくあったのだが、もちろんこういうテクストはイザベッラが好んだ道徳的な解釈のようなものの役には立たないし、古典からの種本をこのように道徳的に解釈するのが適切なはずはない。ここでもティツァーノはテクストを正確になぞることはしなかった。いや実際には、フラ・バルトロメーオによって始められた同じ主題によるもっと早い時期の絵には従わずに、右側にフィロストラタスでは言及されていない二人の女性を加えたのである。[39]この装飾計画のための彼の二枚目の絵『バッカスとアリアドネ』で、ティツァーノは明らかにさらに大幅な自主性を認められていた。この構成は一つの繰り返し語られたテクストに基づいているのではなく、オヴィドと

12.7 ジョヴァンニ・ベッリーニ『神々の饗宴』

カトゥルスの両方の特徴を持っているように思われる。[40] 見たところ、別々の原典から絵のための要素を選択したのは、図像学的な細部を考慮したためというよりは、効果的で〈古風な〉図案を創ろうという強い希望に動かされたためであった。したがって、学識ある助言者に相談したのは間違いなくティツァーノの方であって、彼のパトロンではなかったのである。[41]

この時代の注文で、美術家に与えられたこの種の指示について、もっとも多くの考察の対象となったのはスタンツァ・デッラ・セニャトゥーラ（「署名の間」）の装飾である。この部屋が実はユリウス二世の私的な図書室だったことを発見したジョン・シィアマンのおかげで、そこにあるパズルのようなひじょうに分かりにくい図像学的な特徴を読み解くことができた。[42] ラファエロは天井の補助的な主題についての助言を受けており、それは独創的で適切なものであった。だが基本になる壁画のプランは、神話や哲学や詩の書物を収めた書架の上部にある、それらの書物に登場する有名な人物を表現したものであり、見慣れた伝統的な図書室装飾の様式に従っていた。こういうものはバチカン宮殿そのものの内部のビブリオティカ・ラテーナにその先例がある。[43] ラファエロの工夫の偉大なところは、人物たちを歴史絵画の慣習にならって配置したことであった。この巧妙な形式的解決は人文主義者の示唆によったものではなさそうである。事実、ジョン・ホワイトが下絵の分析で示したように、『聖体の論議』の正確な主題はラファエロが多くの段階を経て構図を完成させた後にようやく決まったのだった。[44] また、それぞれのフレスコ画に描かれた人物について、画家がいちいち細かく指示を受けていなかったことも証明されている。『アテナイの学堂』（図12・8）では、プラトン、アリストテレス、ピタゴラスといったもっとも有名な哲学者だけが、その決まった特徴ある付属品でそれとわかるだけである。他の人物の多くはそれぞれ独特の物を持っていないことからして、その部屋を訪れる人が、そうした人物を見分ける

12.8 ラファエロ『アテナイの学堂』

ための図形上の手掛かりを初めから与えられていたということはほとんどありえない。事実ラファエロは、満足のいく構図を得るのに必要なだけの人物しか取り入れず、しかもそういう人物の年齢や外観を変えてまで、多様性を生み出そうとした。アンブロジウス図書館にある壁画の実物大下絵からわかるように、高名なディオゲネスを描いたことでさえ後からの思いつきに過ぎなかったのである。

いままでのところ、この議論は宗教を主題としない絵画に集中してきたが、それはこういう絵に対するパトロンの態度がほとんど一定していないからである。対照的に、宗教的な絵画の注文では、図像学がもっとも重要な決定要素であったことはすぐに考えられる。しかしここでさえも、美術家は時として驚くほどの主導権を与えられていたのである。例えば、ロレンツォ・ロットがベルガモのサンタ・マリア・マッジョーレ寺院のために寄木象眼の連作――費用のかかる意欲的な企画である――をデザインしたとき、〈ロトと娘たち〉を主題に選び、その理由は「私はソドムの五都市のテーマが好きだし、それにそこには私の名前のロットが含まれているから[45]」であると自ら述べたのであった。もう一つの主題として彼は〈太陽を止めているヨシュア〉を提案したが、それは「四旬節の間に私たちの説教者が話すのを聞いた[46]」主題だったからである。この事例では、彼はその物語を書き物にして送ってくれるようにパトロンに依頼はしたが、必ずしも聖書のテクストに隷属的な正確さで従う必要があると信じていなかったのはたしかであった。それはベルガモの聖職者がしたある提案に関して「物語が知れ渡っており、それ自体として理解され認識されていれば、聖書のテクストにある細かい事柄やその解釈はすべてでなくても十分である[47]」と書いていることからも明らかである。盾の紋章用の主題としてパトロンたちが送ってくる選択肢の中から、いくつかの風変りなものを選んだのもロットであった。[48]

こうした例を見ていると、ペルジーノのための計画書は、その厳格な点でも複雑な点でも、はたして十六世紀初頭のパトロンと美術家の関係を代表するものなのだろうか、と考えてしまうのも当然である。通常イザベッラが美術家に対して取っている態度は、明らかに高圧的で旧態依然としたものである。彼女が芸術作品を注文するとき、一四九三年に父親が見せたような熱中や没頭ぶりを想像することもできない。その時、父のエルコーレ・デステは「歴史ものか物語か」何かの実物大下絵と取り組んでいたエルコーレ・デ・ロベルティと二人きりで、四日間朝から晩まで書斎にこもりきりになっていた。乗馬にも出ず、チェスもしないで——また、学識ある助言者に相談もせずに——夢中になっており、その間宮廷の人々は外で退屈し、かといって落ち着かずに待っていたのである。[49] イザベッラがただ闇雲に自分の意思をペルジーノに押し付けたやり方は、ガレアッツォ・マリア・スフォルツァがミラノのカステッロ・スフォルツェスコの絵画装飾のために一四七二年と一四七四年に出した指示書[50]に現れた態度と共通するものが多い。この指示書には計画されたフレスコ画の内容と構図が細かく記されていた。例えば、ある場面には独特の衣装を着けた二十人ほどの名前を明記された人々の行列が描かれることになっており、「今述べたすべての雄弁家、修道僧、指揮官、将軍たちはさながら生きているように描かなければならない。彼らの名前は構図をいささかも損なわないもっともよい場所に金文字で銘記すること、また彼らの駿馬の名前も同様にすること。そして、閣下が最適とお考えになるように、人物を手前と奥に分けて描くようにすること」[51]とあった。別の部屋は狩りの場面になっており、ここもまた名前が書いてある人々の肖像で埋まっている。「そして、これらの人々はみなさまざまな狩りの姿勢で表現すること。例えば、アレッシオは馬上で男鹿を打ち取ったところを描き、鹿の足はできうる限り立派に空に向かって上げること」[52]という風である。さらに、もう一枚のフレスコ画については、多くの人物の中で特に「マントヴァ侯婦人とモンフェッラート侯婦人をお二人とも同じように、どちらかがより威厳があるとか優れているとか考えることができないように描くこと」[53]という指示があった。

ここにはイザベッラのような苦心の寓意についての言及はない。もしあれば、それは明らかに場違いなものになっていただろう。しかし、ミラノの画家たちに課された役割は本質的にはペルジーノに期待されたものとまったく同じである。絵そのものは失われてしまったが、ガレアッツォ・マリアの指示書は、作品を成功させるために必要な純粋に視覚的な問題を考慮に入れなかったので、まるで芸術的な失敗作のための秘策とでも言えるようなものになっていた。彼の案は、本来同時代のカメラ・デリ・スポージ（「結婚の間」）のためのプランという範疇に入るものである。しかしながら、（同様にマントヴァのパラツォ・デュカーレの「結婚の間」の壁画を手がけた）マンテーニャの場合は、たしかにパトロン側の同様な拘束はあったが、それには従わなかったようである。彼もまたフレスコ画に誰を入れるかについて指示されたかもしれないが、人物の配置とポーズの決定については大部分が彼に任されていたのはたしかである。また、あの驚くべき天井画の新趣向も彼のものであったに違いない（図12・9と12・10）。『愛と貞節の戦い』の場合、イザベッラがその出来映えに落胆したという事実の責任は彼女自身が負うべきであると思うしかない。このような計画書を与えられていたのだから、ペルジーノはこれ以上に上手くできるはずがあるだろうか。少なくとも彼はチェリーニの「多くのものは言葉で表現すると大変美しいのですが、実際に作ってみると上手くいかないのです」という意見を裏書きすることにはなっただろう。

計画書について議論するとき、この単純な点があまりにもしばしば見逃されている。芸術作品の内容がパトロンや助言者によって前もって特定されていればいるほど、その外観はあらかじめ決定されている部分が多くなる。ガレアッツォ・マリア・スフォルツァとイザベッラ・デステは共にこのことを理解できなかったが、十

12.9 アンドレア・マンテーニャ『ロドヴィーコ・ゴンザーガ侯爵と子息フランチェスコ・ゴンザーガ枢機卿の出会い』，パラッツォ・デュカーレの「結婚の間」，マントヴァ

12.10 アンドレア・マンテーニャ．フレスコの天井画．パッラツォ・デュカーレの「結婚の間」，マントヴァ

五世紀においてさえ、もっとものがよくわかったパトロンも他にいたのである。例えば、アンドレア・ヴェンドラミン総督の墓碑の場合、当然第一に図像学が重んじられると思うだろう。製図に残されているヴェロッキオの企画は、伝統的なヴェネツィアの壁面型の墓碑で、正義の女神を特に目立つようにしたものであった。しかし、ヴェロッキオの死後トゥッリオ・ロンバルドによって最終的に作られた墓は、まったく異なる計画書によるものであった。彼が採用した凱旋門形式は、ピエトロ・モチェニーゴ総督の墓碑から取ったもので、原案のように一人の女神だけを強調したものではなかった。パトロン側の計画変更がデザインの変更につながったとは到底考えられない。新しい図像学的プランを必要としたのは、ロンバルド工房に特有の建築形式を取ったトゥッリオの選択だったのはたしかである。[54]もっと後の時代にも同様な例がある。ミケランジェロが新聖具室用に考えたさまざまな案は、デザインの問題を解決するためのものとして理解するしかない。デザインが満足いくようになるまでは、詳細な図像学的考察は彼の頭の中にほとんど何も形作らなかったに違いない。このため、このプランが象徴するのは、例えば、ネオプラトニズムの魂の上昇であるという考えを持ち出しても、それは不思議なほどミケランジェロの創作過程について何も明らかにしないのである。もし何かこのような解釈がその当時彼か、あるいは誰か他の人によってなされていたら──それに、これは一見して似たタイプのものがない解釈である──それはある程度は、少なくとも〈事後の〉理由付けにはなったであろう。[55]同じようなことがユリウスの墓についても言えるだろう。もっとも早い企画書は一五〇五年のものであるが、これにはすでにたくさんの〈奴隷たち〉とか〈囚人たち〉と呼ばれている男性の裸像が含まれている。これらは後にヴァザーリとコンディヴィによって属州の擬人化、あるいは芸術の擬人化であると推定された。だが、もしこのどちらかの解釈が最初からミケランジェロの意図したものであったとすれば、この場合の擬人化された像は女性であるべきだし、それまでつねに女性として表現されていたのだから、[56]彼はとんでもない誤りを犯したばかりか、像の意味が誤解されるのを保証したようなものだった。しかし実事は、コンディヴィの、そしてたぶんヴァザーリの資料提供者はミケランジェロだったようである。彼は、たとえどんなに信じがたいものだろうと、なにか説明をしなければならないと感じていたのだろうか。その答えはともかくとして、伝統的な図像学的考察は彼の興味を引かなかったようである。その時とりわけ彼の心を占めていたのは、男性裸像の持つ表現の可能性だった。もし彼の考えている像が全体的な計画書に組み込まれることができないならば、おそらく彼は自分の責任においてもそうするつもりであったのだろう。

デザインの考察が図像学的表現に影響を与えたと思われるもう一つの例は、フィレンツェ本寺洗礼堂にあるギベルティの「天国の門」である。この扉についてのレオナルド・ブルーニの計画書は、明らかにこの類いで現存するもっとも初期のものである。これによればブルーニは、選ばれた彫刻家はそれ以前にアンドレア・ピサノとギベルティが造った幾組かの扉のために使ったプランに従うことになると考えていた。これらは二十八枚のパネルからなり、そのうち八枚には予言者の像が、残りには旧約聖書からの場面があった。[57]この案を採用するにあたって、ブルーニはパトロン〔毛織物取引商組合〕の意向に従っていたようで、次の有名な手紙でそのことを示している。

あなたが旧約聖書から選ぶようお決めになった新しい扉の二十の物語は、大きく分けて二つの特質を持つべきだと考えます。一つは壮麗さを示すもの、もう一つは深い意味を持つものです。壮麗さとは、多様なデザインで目を喜ばすものということですし、深い意味とは、心に留める価値が十分あるような重要なものを言います。

……　デザインする者は人物や行為を適切に配置し、しかも品位を保ち装飾についても理解できるよう個々の物語に精通していることが必要でしょう。……一つ一つの物語の全体的意味を考慮してデザインをしてくれる者なら誰とでも喜んで一緒に仕事したいと思います。[58]

実際にあるように扉を十枚の大きな長方形のパネルに区分したのはギベルティの考え出したことで、それについて彼は『覚書』の中で次のように自らの責任を明言している。

私はもう一つの扉、サン・ジョヴァンニの第三の扉を作るよう注文を受けた。仕事をするにあたってはまったく自由にしてよいと言われた。作品が完璧で、華麗で、豪華になると思われるならどんな方法でも許された。私は一と三分の一ブラッキアの大きさのパネルを使ってこの仕事を始めた。[59]

クラウトハイマーはギベルティ研究の中でこの発言の信憑性を疑問視している。彼の見るところ、ブルーニは、例えばヨセフには三つのパネル、ノアには一つのパネルを当てて、小さなエピソードも大きなエピソードも同じように強調しているが、現実に作られた扉では話の扱いがもっとずっと洗練されている。聖書の物語が十の完結した「章」に分けられ、その一つ一つが単一の意味を持った主題に当てられているのである。クラウトハイマーによれば、この新趣向は聖アンブロシウスとの関連が推定される聖書解釈に詳しい誰かの介入を反映しているに違いないという。この仮説の証拠として、彼はパネルそのものの中にある細部を見つけ出し、それが普通ではありえないほどの厳密な神学的知識を示しているのである。[60]

この論の主な欠点は、助言者の側に高度な視覚的感性を想定していることである。この種の人々でそれほど想像性豊かな者はめったにいない。助言者にせいぜい期待できるのは、主な物語要素一つ一つに同じような重みを置き、二枚か四枚のパネルを当てるといったところであろう。しかしながら、ブルーニの主題の配置が拙劣なのを示すのに、実際聖アンブロシウスの知識まで必要とするのだろうか。この拙劣さはまさしく偉大な美術家ならそのまずさ加減が分かると思われる類いのものであり、原案の全面的見直しを含む採用された修正案は、助言者のものとはまったく思えないが、最近シエナの洗礼堂の注文を受け、大きな長方形のパネルの仕事をした彫刻家のものと言うなら完全に理解できる。その上、クレイトン・ギルバートが指摘したように、初期のパネルは一枚一枚がいくつかの別々なエピソードを示している一方で、後期のものは全体で一つか二つのエピソードしか扱っていないという事実は、ギベルティが最初から与えられた詳細な計画書によって仕事をしていたという考え方と折り合わない。そうでなく、間違いなく物語テクストを図解する方法における彼自身の進歩を反映しているのである。[61]

神学的な内容に関して言えば、クラウトハイマーやその他の人々によって、主題の選択のための一貫した論理的根拠を、例えば、予表論の中に確立するために多くの努力がなされてきた。[62]だが、旧約聖書を別にすれば、描かれているテーマを十分に説明するテクストはただの一編も見つかっていない。これは驚くには当たらない。というのもブルーニは少なくともパトロンに何らかのきわめて高い知識に基づいた神学的内容の計画書を求められてはいなかったのだから。もしこの点がパトロンたちの意図するところだったら、彼らはおそらくブルーニの代わりに神学者に相談していただろう。ブルーニ自身は修辞学の術語を用いて主題の選択について次の二つの基準だけを提案した。主題は「デザインの多様性によって目のごちそうになるものでなければならない」、そしてまた「記憶に値するほど十分に重要なものでなければならない」というものである。 これは目下手掛けている仕事にとってはきわめて分別のある方法であるように思われる。この仕事は結局のところ、すでに据え付けられていた扉を補って完成させるための新たな一組の扉の装飾計画であって、神学の論文を書くことではないのだから。最終的に実施されたプランは同様に明確な基準によって考えられたように思われる。表現されているエピソードのほとんどがブルーニの計画書にあり、他のものも彼の勧めを非常に適切に取り入れている。したがって、ギベルティがなぜソロモンの裁きよりは、ソロモン王とシバの女王の会見を表現しなければならなかったのかすぐに理解できる。たしかにこの場面は記憶に止める価値があるし、同時に目にとっては一層のごちそうになると人は思うであろう。[63]

しかしクラウトハイマーは、このパネルには神学の素養のある助言者の介入を予測させる細部が、少なくとも一つはあると考えている。それは左に描かれた男によって放たれた鳥であり、彼はそれをアラム語による旧約聖書の部分訳、タルグム第二巻の「エステル記」にある挿話と関連させている。[64] だが、このあいまいなテクストのどこにも女王がソロモン王と会見する場面に鳥がいたことを示すものはない。いずれにしろ、その鳥は聖書ではヤツガシラ（または別の版ではオオライチョウ）とされているが、ギベルティのパネルではハヤブサのように見える。これはもう一人の従者の肩にいる猿と同じく、王者に従う動物としてもっとも普通のものである。この両方とも、例えば、ジェンティーレ・ダ・ファブリアーノの『三博士礼拝の図』にある三人の王に従う行列に登場している。しかし、クラウトハイマーがもっと重要であるとしているのは、ノアのパネルにある細部、つまり箱舟（図12・11）である。この箱舟がピラミッドのように表現されているので、ギベルティはオリゲネスの『創世記講解』第二集について教えられていたに違いない、オリゲネスは箱舟をこんなふうに描

12.11 ロレンツォ・ギベルディ『大洪水後のノア』

写しているのだから、と彼は信じているのである。残念ながら、クラウトハイマーの主張する説、オリゲネスの箱舟再構成は他のいかなる神学者にも受け入れられていないという説は、真実とはほど遠いものである。セント・ヴィクターのヒューに至るまで、この解釈には議論の余地はなかった。初期の神学の権威はみな箱舟はピラミッド状のものであるということを受け入れていた。この考えはもっとも一般的な参考書ペトルス・コメストルの『スコラ的聖書物語』[65]にさえ現れている。たぶんギベルティは箱舟をそのような形で表現した最初の大美術家であったのかもしれない。しかし、だからといって彼がややこしい神学的な計画書に基づいて仕事をしたということにはならない。せいぜい言えることは、窓、戸口、三層の構造と寸法（それを彼は注意深く枠の縁に彫った）の書いてある「創世記」の六章十五～六節を読んでおり、それから箱舟が実際はどんなものに似て見えるのか知るために、神学の基礎的知識を持った誰かに相談したということぐらいであろう。

扉の他の一枚一枚のパネルにおけるように、ここにもギベルティの細心な姿勢、ことにあらゆるところで図像学について適切な説明をしている聖書テクストに対する誠実な姿勢を見ることができる。それに、たしかにブルーニは多くを指示していたが、助言者が関連した箇所についてギベルティに翻訳以上のものを与えたり、難しいところを解明してくれたと考える理由は何もない。[66]また、縁枠に彫られた人物の選択もそれほどの神学的専門知識を表しているわけではない。クラウトハイマーが自ら認めているように、そうした人物の枠内の物語との関係は「全体的に驚くほど単純である」。

私が「天国の門」をこのように重視した理由は、この注文には、おそらく他のどんなものよりも、学識ある助言者というものについての現在行われている考え方の落とし穴があるからである。何と言ってもそれは十五世紀の多分もっとも重要なまとまった彫刻企画であったし、知識を集めた計画書がその存在理由を発揮する場があるとすれば、これはまさに格好な場所であった。パトロンがある著名な人文主義者に相談したということもわかっている。この人物が提案したプランは予想通り想像性に欠けるもので、純粋に視覚的な面についての考察を無視している点でもかなりなものであった。この事実にもめげず、さらにギベルティ自身の証言にもかかわらず、歴史家たちはなんとかしてもっと深遠な計画書の存在を信じようと試みてきた。まるでそれが偉大な作品にはどうしても必要なものであるかのように。したがってこの推論の過程で、彼らは扉の構想においてギベルティにはありえないほど小さな役割しか与えず、パトロンには風変わりで物好きな動機一式を押し付け、誰ともわからない助言者には並ぶ者のない、同時に非現実的なほどの深い学識と才能を付与しなければならなかった。図像学的計画書の驚くほどの単純さを見抜くことができるとしたら、それはルネサンスの芸術と助言者について、歴史学者の立場からもっとも遠い視点から見るときだけかもしれない。

これまでのところ、議論は主にパトロン制度の仕組みをめぐってなされてきたが、これは学識ある助言者についての検証で利用できる唯一の証拠というわけではない。同じくらい適切なものとして、ルネサンスの芸術理論がある。その大部分はこうした仕事をするために仕えていたと考えられる人々によって書かれたものである。はたしてこの中に詳細な計画書を準備することはごく普通の知的活動であったとか、美術家とパトロンの関係を示す通常の特徴であった、というようなことについて何か文献的な証拠があるだろうか。このことを考える背景として見逃すことができない二つの見解がある。初期ルネサンスの美術は同時代の著作物ではほとんど論じられていないというものと、もう一つは大多数の人文主義者は――少なくとも十五世紀には――この主題には少しも興味がなかったというよく聞かれるものである。人文主義者たちはそういうものはまじめに考えるに値しないと思ったか、特殊な分野の自律的な活動だから専門家に任せて置くのが一番と見なしたかのどちらかであった。芸術が少しでも語られるとすれば、それは非常に様式化された枠組を必要とした。したがって、美術家やその作品を扱ったたくさんの詩があるが、その多くはペトラルカのラウラの肖像についてのソネットの模倣か、または古代のよく知られた美術史にある月並みな表現を際限なく繰り返しているだけである。ここでは後者の方がまだ意味がある。なぜなら、古典の著述家、ことにプリニウスは、ルネサンスの知識人に芸術活動についてきわめて進んだ考え方を提供していたからである。しかし、美術家がパトロンや助言者に与えられた計画書にそって仕事をしたという指摘は古典のテクストにはなかったであろう。代わりに、彼らが例えばプルタルコスの中で読んだのは、アレクサンダー大王を雷光と共に描くことの是非について美術家たちが自ら議論したということである。[67]人文主義者である助言者（我々は今ではその言葉の意味を理解しているのだが）は、古典の中に彼らの先例を持たないし、初期ルネサンスの文学にはその存在や活動を指摘するものは多くない。もし学識に基づいた計画書の作成がしばしば考えられているほど普通にあったとしたら、このような記述漏れはむしろ驚くべきことである。結局、それは知識人たちがその才能と学識をより目立つように披瀝することができる一つの方法として考えられたのだろう。しかし、十五世紀半ば以前には、計画書のために称賛された人は誰もいなかったようである。

とくにルネサンス美術に関係した著作の中でもっとも重要な初期の典拠はアルベルティの『絵画論』であるが、これは美術修行をしている者のためにと言うよりは、人文主義教育を受けた一般の人々のために書かれたものである。アルベルティは、理想としては画家は学問があるのが望ましいと、次のように説いている。

詩人や雄弁家の言葉には画家と共通の装飾がたくさんあるので、もし画家が彼らに興味を持てば、それは有利になるに違いない。文筆家は多くの主題について情報が豊富だから、〈歴史物〉の構図の準備にはとても助けになるであろう。まずはじめに構図の創案をするとき、このことが大きな価値を持つのである。[68]

アルベルティが優れた創案の例に引いた『アペレスの中傷』は、ルキアノスによって書かれた複雑な寓意的内容を持ち、ペルジーノの『愛と貞節の戦い』と共通するものがある。[69] しかし、アルベルティは後にイザベッラが取り入れたような手続きを支持することはなかった。もし誰かが助言者に相談するとすれば、それは画家であり、『中傷』のプランを考え出したのはアペレス自身であると考えた。アルベルティがあげたもう一つの成功した創案は『美の三女神』で、それについて彼はこう書いている。

この種の創案が、いかにして美術家に偉大な名声をもたらすかお解りいただけたと思う。だから私は研究熱心な画家には、詩人や雄弁家やその他の文人に親しむよう勧める。なぜなら、このような学識豊かな人々からすばらしい装飾を手に入れられるばかりでなく、絵画でのもっとも大きな称賛を得られる可能性を持つ、まさにその創案のプロセスそのものにおいて援助を受けられるからである。著名な画家［原文のまま。本当は彫刻家］フェイディアスはゼウスの威厳をいかにして最高に表現するかについて、ホメロスから学んだとよく言っていた。我々もまた、同時代の詩人の作品を読めば、もっと才能あるより完成された画家になれるかもしれない。ただし、金銭的な利益よりは学問にもっと熱心になればの話だが。[70]

アルベルティの考えに影響を受けたと思われる画家はボッティチェリであり、『中傷』の最初の近代版を生み出したのは彼であった（図12・12）。ここでは事実上全体のプランは明らかに文学者によって与えられたものである。しかし、ボッティチェリのもう一つの作品である『マルスとヴィーナス』（図12・13）は、アルベルティが画家は文人から「装飾」を獲得すると言ったとき心に描いていたと思われることをより明白に例証している。この絵に我々が見るのは、静かに満ち足りたヴィーナスと疲れ切った裸のマルスである。彼の疲労は戦場の活動によるものでないのはたしかである。こうして、ヴィーナスはマルスより強いことが証明されている。非常に単純な主題で、この絵がおそらくそうであるような、結婚のための絵の主題として適切なものであることは明らかで、ボッティチェリが自分自身で簡単に考え出すことができたものである。ネオプラトニズムとか占星術とかそんな類いのものを含む学問的な計画書の存在を予測するもの、あるいは暗示するだけにしろ、そのようなものは何もない。[71] 人文主義的な「装飾」はマルスの甲冑で遊んでいるサティロスの群れで、これはいささか滑稽な主題を大変見事に補完している。長いこと知られてきたように、このモチーフはアエティオンによる『アレクサンダーとロクサナの結婚』についてのルキアノスの描写から取られたものである。ただしこちらの場合、遊んでいる人物はキューピッドで、これはアレクサンダーが武器への愛をまだ失っていなかったことを示すためである、とルキアノスは言っている。この注釈はボッティチェリの構図では明らかに場違いになっていただろう。[72] 対照的に『マルスとヴィーナス』では、サティロスは当時よく用いられた男根のシンボルである槍を支えようと苦闘しており、単に性的な当てこすりを強調しているに過ぎない。この槍の意味は、ボッティチェリが控えめにそれが折れているのを暗示していることで一層強められている。[73]

しかし、美術家が「詩人や雄弁家」に相談する必要はこのような「装飾」を得るためばかりではなかった。アルベルティが執筆していたころは、画家や彫刻家の「創案」の助けになるテクストを簡単に見ることができ、

12.12 サンドロ・ボッティチェリ『アペレスの中傷』

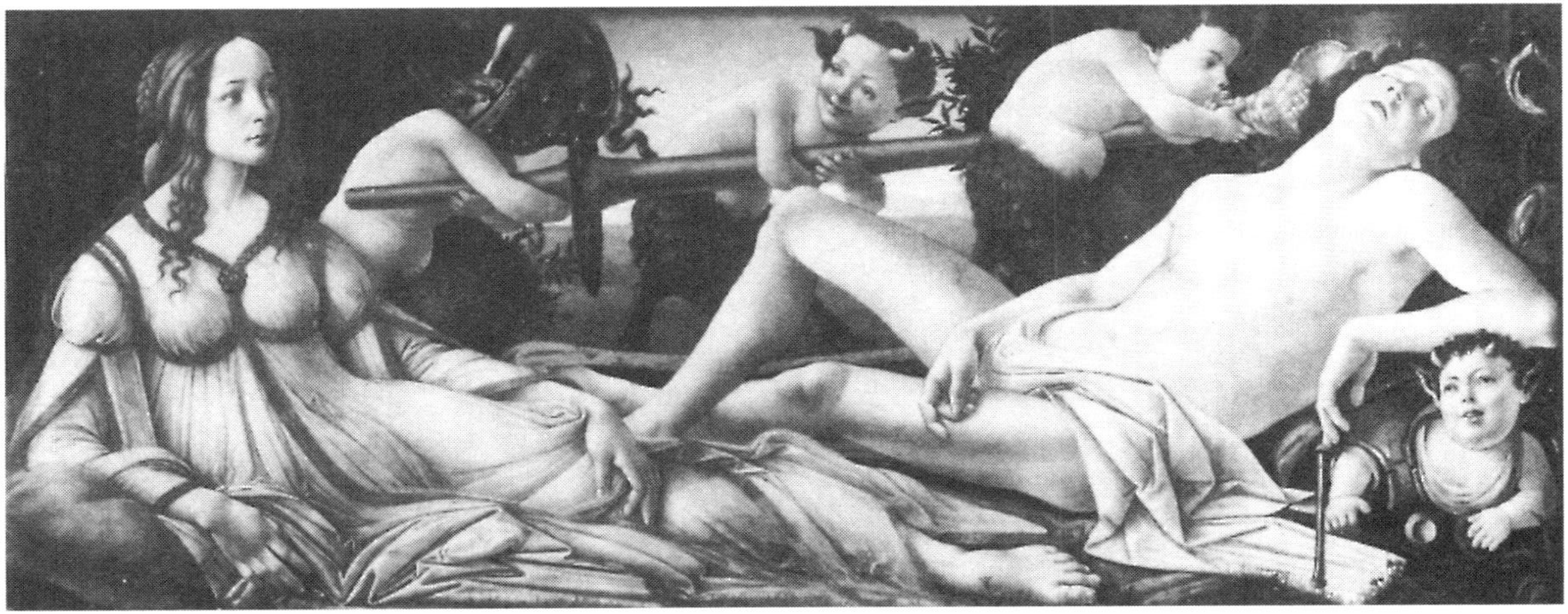

12.13 サンドロ・ボッティチェリ『マルスとヴィーナス』

しかもそれに精通しているのは人文主義者だけであった。このため、例えば、一四四七年にレオネッロ・デステが書斎をミューズの女神たちを描いた連作で飾ろうと考えたとき、神々の付属物についてグァリーノに相談したという出来事はどうしても必要なことだったのである。[74]当時の画家ならば、見たところ一人一人区別がつかない若い娘たちの群れを提案するのがせいぜいのところだったのだから。だが、印刷されたテクストと印刷された画像の普及で、アルベルティの理想の学識ある美術家が初めて現実になる可能性が出てきた。一五〇〇年頃に、宗教以外のテーマの絵が多く書かれるようになったことと印刷術の発達とが同時に見られたのは、単なる偶然の一致だったのだろうか。最近の研究は美術家が、イタリアで手に入るものに限られてはいるが、出版されたテクストを参照しているのを示す証拠がだんだん増えていることを明らかにしている。ベッリーニが『神々の饗宴』を描くときもそうであった。また、ジュリオ・ロマーノは大広間の絵のために『変身物語』のイタリア語版を使ったこと、ティツァーノが『ダイアナとアクタイオン』および『エウロパ凌辱』でも明らかに同じようにしたことが証明されている。[75]こうしたことがどのくらいの広がりを持っていたかはまだはっきりしない。なぜなら、当時の美術作品に関してその文献上の典拠を探そうとするとき、学者は一般的に自国語ではなく原語の古典テクストに注意を向けているからで、この方法が有効かどうかはまだ疑問の余地がある。

アルベルティは、美術家が主題を工夫する際に文人の助けを求めるよう助言するとき、ホラティウスの有名な直喩「絵を描くように詩を書く」を頭においていたに違いない。これは少なくとも二世紀にわたってあらゆる美術論についての議論の中心にあったものである。[76]画家が詩人に似ていると考えられていたのは、同じレパートリーからテーマを選んだ題材を描き、そうしたものの扱いも同様の慣例に支配されているからである。したがって、アルベルティが気付いたように、フェイディアスがホメロスからインスピレーションを得ていたに違いないというのはきわめて妥当なことなのである。だがこれによって、イザベッラ・デステがペルジーノに詩人の地位を授けたと主張することはほとんど不可能である。彼女の計画書は画家が創造性を発揮する機会を奪ったばかりではなかった。その強烈な道徳的、寓意的性格によって、イザッベラが与えた計画書はもっとも称賛された詩の伝統的なテーマとも別のものになってしまった。結果として、それは『変身物語』そのものの世界よりは、〈道徳的なオヴィド *Ovide Moralisé*〉と中世の注解の世界に属することになってしまったのである。画家に詩人の地位を与えることを否定した一人の十六世紀の理論家がいたが、それはイザベッラの友人であったマリオ・エクィコラに違いないと思われているのは多分偶然ではないだろう。彼が彼女のために図像学に基づいた計画書を作ったということも十分ありうることだろう。[77]

十六世紀の趣味をもっとよく代表しており、エクィコラとイザベッラの見解とはまったく対照的なものは、次にあげるコジモ一世への手紙である。これは一五五〇年代の後半に、有名なフィレンツェの学者でヴァザーリの友人であったジョヴァン・バッティスタ・アドリアーニによって書かれたものである。

インノチェンティ小修道院長（ヴィンチェンツォ・ボルギーニ）は私とは無二の親友ですが、彼が知らせてくれたところによれば、閣下はお部屋の飾りのため豪華なタペストリーを作らせたいと思し召しのようです。しかもそこにはペルシャ人でもメディア人でもあるいは他の有名な民族の王でも、誰か一人の王の物語を描がかせたい、そして美しく、見て楽しく、またそういった場所にふさわしいものをとお考えのようです。記憶をたどったり、文献を調べたりしてキルス、カンビセス、ダリウス、クセルクセスあるいはその他の適当な王に関するものが何かないか探してみました。その結果本当のところを申し上げますと、私の無知のためか、そこにはこのような飾りに使いたいようなものは何もないためか（というのも、こういう主題は大部分異邦人に関するもので、それほど十分に記録されていないのです）、満足するようなものは見つけられませんでした。理由は主として、こういう絵に描かれるものは、新しい工夫よりも、詩人の作品と共通点が多ければ多いほど魅力があり、見て楽しめるものであると思えるということではないでしょうか。絵画と詩は非常に多くの共通するものがあり、一方でうまくいって、人を楽しませるものは他方でもほとんどつねに喜びを与えるものですから。[78] 同じように、これによってより明らかになるのは、新しい主題の絵はそれについて何か知っていたほうがより楽しめるということだと思われます。言い換えると、絵の中に持ち込んだものから残りのすべてを容易に理解できるとき、このことは、一人一人がそれぞれに自力で意味を発見したのだと感じるという点で、見る者に大きな満足感を与えるものなのです。このように、ある主題がその意味を十分に表現され、巧みに描かれていれば、それは目と心を同じように楽しませます。それに対して、もう一つの主題があり、それがあまり知られていないものだとしたら、美術家の技によって目を楽しませることはできるかもしれませんが、何の意味も認められず、理解もできないのですから、決して心を満足させられないのです。異邦人の王の誰かが閣下のお気に召したとしても、こういうことがその主題に起きないかと心配しています。ですから、多くの人が知っている物語から逸れるのは危険ではないだろうかというのが私の意見であります。皆が知っているものの中に、テーセウスとアテネについてのギリシャの伝説あるいは寓話があります。これは多くの詩人によって語られ成功を収めてきたし、他の文筆家たちにも絶賛されており、物語の詳細はよく知れ渡っています。きわめて詩的であると同時に優美でもあるこのようなエピソードを描く者が上手くできないはずはないと信じます。……はじめに申しましたように、この物語を閣下にお勧めしますのは、目新しいというのではなく、それが絵画に適していると思われる要素を含んでいるので、美しく、魅力的で人を楽しませるものだからです。私の意見では、全く知られていないか、ほんのわずかな人しか知らないものを描く者はあまり満足が行くようにはできないと思うからです。まして、これらの飾りは公開して多くの人々を楽しませるために作られるのですから。その上、親方連――画家のことですが――は人を楽しませればそれだけ余計に褒められるのです。もし、この主題がすでに他の画家に描かれていたとしても少しもかまいません。それどころか、それが何回も巧みに描かれていればいるほど、私は嬉しいのです。[79]

アドリアーノはテーセウスを全体のテーマに選ぶとき、何か隠された意味があるから、という理由によったのではないという点は注意する必要がある。彼の選択の基準は、次の一節に示されているとおり、個々の主題が潜在的に芸術作品として魅力があるかどうかであった。

第一の場面では（ミノタウロスへの）恐ろしい貢ぎ物の描写が大変よいものになるのではないかと思います。なぜなら、そこにはアテネの都市、ピレウスの港やそこから見える岬がはっきりと表され、また七人の高貴で美しい青年と、同数の同じく高い地位の優雅な娘たちが、それぞれ違った外見で、母親、父親その他の従者に伴われており、最後には一人一人異なる群衆が彼らに付き従って港へ向かっている様が描かれるからです。この物語が優れた画家がその技を発揮することができ、それで称賛をえられる何かを含んでいるかどうか、閣下にお考え戴きたいと思います。画家はたくさんのそれぞれ異なる人物を描いて見せることができますが、もっと多くなるか少なくなるかは、この不幸な者たちに従う人がどのくらいいるかによります。また、アテネやその港やその辺りの他の場所はしばしば歴史でも述べられていますし、そういうところを見るのはとても大きな喜びだということは言うまでもないでしょう。第二の場面はクレタ島にしたいのですが、何かそれと認められるものを添えたいと思います（この場合でも我々は当時の様子を知っていますので）。絵はミノス王とその宮廷を彼に備わっていたと言われる威厳と重厚さをもって表し、妻のパシパエと小さな寝椅子に腰掛けている美しい娘のアリアドネも一緒に描きます。またテーセウスはそこにいて、鄭重にそして熱心に、王に対して訪問の目的を説明しています。アリアドネはその彼を夢中になってじっと見ており、彼の美しさに強い衝撃を受けたようです。自分の仕事の意味がよく理解できる者にまかせれば、この場面は人物や物を配して豪華に装飾することができます。こうすることで、主題にその長所と美を与えられるのです。[80]

『ヴィーナスとアドニス』についての〔ヴァサーリに宛てた〕手紙におけるカーロと同じく、アドリアーノも明らかに芸術家が文学テクストに盲目的に追従することを期待してはいなかった。彼が与えた助言は、我々が十六世紀の論文に見るものと一致している。例えばピーノのような幾人かの著述家は、主題は通常パトロンによって与えられていたとしても、時には画家が自分で選んでいたこともあると述べている。[81] ジーリオもまたパトロンの役割は単に全体的なテーマを出すだけであると見たし、この見解はおおよそ慣習に即したものであった。[82] 一五八四年ラファエロ・ボルギーニは、画家たちは創案に際して詩人と同じく自由である、という見方を否定する文を書いている。彼らはホラティウスの言葉を誤って解釈して、想像力をほとんど完全に束縛されずに示すことを正当化してしまっていると言うのである。[83] ボルギーニは、画家や彫刻家は詩のテクストを利用できるのにそれに従っていない、と言って非難した最初の著述家で、彼が例に引いたのはティツァーノの『ヴィーナスとアドニス』であった。[84] しかし、そのボルギーニでさえ美術家が優れた技を見せるのに適した「寓話か物語」が見い出せないときには、自分で工夫することを受け入れており、ミケランジェロの『カスキノの戦い』をその例に引いた。こういう場合にはもっと自由にしても許されると彼は明言している。[85] 画家や彫刻家が詩の主題を再解釈するやり方についてのボルギーニの批判は、明らかに宗教的な主題の扱いについての反宗教改革派の理論と共通するものが多い。彼は特にジーリオの名を挙げてその意見に賛成している。[86] しかし、宗教画においてさえ正典のテクストを無視する行為はこの頃始まったわけではなく、聖アントニオがそれについて不満を述べたのは、一四五〇年頃であった。[87]

これまで議論した実例では、パトロンによってまとめられたものにしろ学識ある助言者のものにしろ、美術家に詳細な指示が与えられたと信じるのは難しい。特殊な主題が要求されたときでさえ、その扱い方はしばしばかなりな部分画家や彫刻家に任されていた。その上、このような人々は――イザベッラから指示書を与えられたペルジーノのように――パトロンに与えられた計画書をただ実行しているにすぎないという考え方は、不思議なことに美術理論家たちにはほとんど支持されていない。もちろんこのことが直ちに、ルネサンスの美術家は自分が望むものを自由に描くことができたとか、図像学は一般的に彼らの注文主にとって関心のないことだったという意味にならないのは明らかである。しかし、注文主がどの程度コントロールするかは注文の性格によっていた。ある状況では人文主義者たちも相談を受けたが、大部分は彼らの役割ははっきり二つに限定されていた。第一の役割は、適当な主題をしばしば非常に一般的な言葉で提案すること。彼らがそのような依頼を受けるのは、装飾的な企画がたくさんの別々な構成要素を持ち、関連したテーマで繋がっているものを含む場合である。したがって、カプラローラの館でカーロが、あるいはフィレンツェ洗礼堂入口の扉の場合のブルーニが直面した問題は、真っ先に使える空間を埋めるだけの主題を考えることであった。大抵の場合、まず最初に考えなければならないのは一貫した、適切なそして魅力的な計画を立てることで、その計画の厳密な意味が非常に重大であるということはめったになかった。第二の役割は、美術家たちに頼まれて図像学の特殊な要点を教えること。この仕事の例としては、すでにギベルティとヴァザーリに言及した。さらに例をあげるとすれば、バッティスタ・フィエラの対話編にあるマンテーニャの言葉である。そこで彼は、正義の女神をいかに表現するかについてさまざまな哲学者にたずねたこと、当然のことながら彼らすべてがそれぞれ違った提案をしたことを語っている。[88] 対話編は風刺的なものであるが、風刺の対象は絵画ではなくて正義というものである。だがここで大事な点は、フィエラが描写した美術家と人文主義者の関係が、少なくともある程度、典型的な状況を反映しているという事実である。

それではなぜ歴史家たちは複雑な計画書と学識ある助言者に突出した地位を与えているのだろうか。答はしいて歴史的な証拠を求めても見出せず、むしろ学問的な研究の対象として図像学が発達したという事実にあるように思われる。もっと難解なテクスト、特にフィレンツェのネオプラトニズムのテクストを使って、ボッティチェリの『春』のような「問題絵画」を説明しようとしたあと、学者たちは、この種の文書は主題がもっとはっきりと透けて見えるような美術作品にも当てはまるという考えに傾いて行った。こうしたテクストを使うのを正当化する主な根拠は、こういうものがしばしば神話、例えばヴィーナスやキューピッドに言及しているということなのだろうが、それならば同じことが学問的な論文から好色な〈短編物語集 *novelle*〉に至るまで、事実上同時代の他のあらゆる形の文献についても言える。つまり、ルネサンス時代、教育を受けたものなら誰でもヴィーナスは愛の女神であり、キューピッドは彼女の息子、そして美の女神たちは彼女の仲間であることを知っていたのである。だからあらゆる範疇のテクストが図像学の研究に使えると想定することもできる。しかしその前に、あるテクストに見出される概念を美術家が表現することをパトロンが適切であると考えたということを明白に示さなければならない。人文主義のテクストの場合は、プラトン的な傾向のものであろうとなかろうと、このような想定についての検証がなされていないのである。

もし人文主義者が考えた計画書に基づくとされている、初期および盛期ルネサンスの美術作品をほんの少ししか調べていないとすると、内容が一本調子で陳腐でさえあると思うだろう。例えば、フェラーラにあるアントーニオ・コスタビーリの宮殿にチェリオ・カルカニーニの計画書によって一五一七年頃にガロファーロが描いた、エロスとアンテロスの伝説を表した十八連作のルーネット〔半円形の壁〕のフレスコ画についてもこういうことがたしかに言える。[89] この伝説は特に学問的な解釈がし易いものであったが、ほとんどどれもこれらの絵には当てはまらない。絵の意味はそれぞれの場面の下にある題銘によって完璧に示されている。[90] この主題が選ばれたのは寝室の装飾に明らかにふさわしいからで、哲学的な含意のためではなかったのである。

カルカニーニは才気をひけらかそうとはしなかったが、イザベッラとその助言者は『愛と貞節の戦い』のための計画書を作るとき、たしかにそれを意図した。結果として、その絵は予想どうり芸術作品としては成功していない。明らかにパトロンは自己満足しているが、このタイプの主題は決して独創的なものではない。事実、これはかなりよくあるもので、馬上槍試合でさえ同様のテーマで考案されている。例えば一四九〇年ボローニャで、アルフォンソ・デステは「知恵」と「運命」の騎士団の間で行われた馬上槍試合に加わっている。この種の催しは一五〇九年ロンドンでも記録されているが、これはパラスとダイアナの闘士たちによるものである。同様のタイプのものはおそらく数え切れないほどあったに違いない。[91] 学識豊かな助言者パリーデ・ダ・チェレサーラがしたことは、主要人物たちについて細部の意味をいかにも学者風に主張したことと、背景に神話の愛の物語を加えたことであった。もし現存していなかったら、計画書を再現できたかどうか分からない。と言っても、そこに含まれる概念が知的で複雑だからではなく、計画書自体が拙劣で、ことに画面の手前と背景の間に物語の一貫性が欠けているためである。結局、補足的なエピソードは主テーマに何の貢献もせず、空間を埋めているだけで、計画書にうわべだけの博識を与えるために加えられたのである。

最近美術史家によってなされたこの時代の美術作品に関する多くの解釈は、非常に複雑で創意工夫に満ちており、ガロファーロのための計画書もペルジーノに与えられたものも比較にならないほどである。現に例えば、『春』についてのさまざまなネオプラトニズム的な説明のどれを取っても、同時代の助言者が考え出した、または考えることができたものと一致するということを示す証拠はない。[92] ボッティチェリの博学なアレゴリーへの最短距離にあるものはヴィラ・レンミのフレスコ画であるが、人文学やその他の擬人化された像が描かれたその絵の図像学的意味は透けて見えるほど単純で、基本的にはまだ中世の伝統に属するものである。もっと簡素で博学なイメージはメダルに見出せるかも知れないが、しかしメダルというのは絵画とは別のもので、別の約束事に従うものである。一四五〇年に、マルコ・パレンティからフィリッポ・ストロッツィに送られた帯の留め金についても同じことが言える。これに関してはパレンティの詳しい描写が現在まで残っているが、[93] 三つの意匠からなっており、それぞれ送る者、受け取る者を想わせるもの、そしてストロッツィが住んでいたナポリ王国を想わせるものが表わされている。この図像による表現はたしかに創意に満ちており、例えば、最後の意匠の構図は「風景の中に武具をつけたナポリ王が横たわっており、王国内では支配者の権力があらゆるところに行き渡っていることを物語る[94]」というものである。だが、パレンティが詩人や古代の哲学者や同時代の神学者について深く考えることもなく言及している点（彼はこれらの人々の作品をいちいち調べていないのは明らかである）、誤ってダイアナの付属物を省いてしまったという言葉、また、全体的に個人的性癖の強い計画書は、多くの歴史学者の見解にある種の修正を加えるものである。同じように、すでに述べたベルガモの寄木象眼の中に『ロトと娘たち』を含めるためのロットの提案を、考えられないほどくだらないものであると思った学者もいるに違いない。しかし、この種の思いつきは決して類がないわけではない。一五四六年に、モデナの市当局がローマ史から取った場面で市庁舎を飾ることを決定したとき、ニッコロ・デル・アバーテとの契約において、基本的なテーマの特定を誤ってしまった。個々の主題は明らかに、アッピア街道に付けられた索引の中にモデナについて言及のある記載項目を調べる、という単純な根拠によって選ばれたのだった。[95]

しかしながら、マニエリスムの時代には複雑なイメージや、純粋に学識を示すことへの嗜好は、不変の規則と言うにはほど遠かったにもかかわらず、絵画とか彫刻、またもっとマイナーな芸術形式においても、流行していたのは疑いもないことである。それに伴う結果として、ヴァザーリのような人が前の時代の作品を過剰解釈する誘惑に駆られることもあったのである。彼はティツァーノの『ヴィーナス礼讃』に描かれた二人の女性を「美」と「徳」であるとしたのだが、ほんとうは不特定の人間として描かれたのはほとんど間違いなかった。[96]しかし、当時の視覚イメージを支配した慣習は、美術家、助言者、そしてパトロンに同じようによく理解されており、その解釈は一般的に認められている原則に基づいていた。ある種のコンテクストでは、〈事後の〉解釈でさえ、まったくそのまま受け入れられたのである。パラッツォ・ヴェッキオの『サトゥルヌスのイタリア到着』というフレスコ画は、カルロス五世とクレメンス七世のボローニャでの会見を描いたものであるというヴァザーリの意見——コジモ・バルトリの計画書にはまったくなかった読み方である——はおそらくメディチの宮廷人によるあらゆる種類の追従の言葉の中でも典型的なものである。[97] しかしながらこの事例は、このような読み方が他所でも適切だと見られるという意味ではない。特に、イザベッラ・デステの趣味である「立派な意味」をこれに並ぶものとして引用することはできない。なぜなら、このような意味は彼女の絵の現実の主題で、第二のレベルで機能するというのではないからである。

イザベッラが彼女の〈小部屋〉の装飾に示した態度を当時のパトロンの典型と考える現代の学者もいるが、事実それは十五世紀、十六世紀の他のパトロンたちの行為とはまったく相反するものである。彼らが芸術形式の多様さに気づいていたことを示す豊富な証拠文献は、個々の芸術家が選ばれるのはあるタイプの主題に対する独特の能力のためであるということばかりでなく、ある芸術家の特殊な技に合わせて主題が選ばれていたことをも暗示している。こういうことは古代でもあったのはよく知られているし、ルネサンスでも起こったのを我々は知っている。たくさんある中から一つだけ例を引くと、ピエロ・ディ・コジモはそれぞれ別のクライエントに対して同じようなテーマの絵をかいていたが、そのテーマは他とは違う彼だけのものであった。[98] 同様に、ローマの凱旋式の史上に名高い絵画による再現を注文した十五世紀で唯一のパトロンであるゴンザーガ家が、宮廷画家としてマンテーニャを雇い入れたのはほとんど偶然ではありえなかった。マンテーニャの才能はまさにこうしたタイプの仕事に抜群に適していたのであるから。趣味というものがルネサンスのパトロンの考え方に重要な、ときには決定的な役割を演じたように思われる。美術品を注文する人は、他のことも考慮するかもしれないが、しばしばそれが美しいと思うから注文するのであるということを認めたとしても驚くには当たらない。ルネサンスの図像学についての最近の研究が学識ある助言者の役割についてきわめて疑問のある前提に基づいていたため、この時代のパトロン制度のより重要な面をかなり覆い隠してしまったのはまことに残念なことである。[99]

*Charles Hope　ルネサンス美術史専攻

注

1　この論文に貴重な批評と提言をいただいた Elizabeth McGrath 氏に深く感謝する。

2　Fiorenzo Canuti, *Il Perugino* (Siena, 1931), II, 212ff. ここに引用した翻訳は D. S. Chambers, *Patrons and Artists in the Italian Renaissance* (London, 1970), pp.136ff. この注文の文献全体は Canuti, *Il Perugino*, II, 208-37 にある。

3　カーロの計画書については Annibal Caro, *Lettere familiari*, ed. Aulo Greco(Florence, 1957-61), I, 178ff. and III, 131-40, 237-40 を参照。ブレーシャの計画書については Harold E. Wethey, *The Paintings of Titian* (London, 1969-75), III, 251-55 を、パラッツォ・ヴェッキオのものは、特に Karl Frey, Der *literarische Nachlass Giorgio Vasaris* (Munich, 1923-30), I, 410-15, 437-42, 447-51, 526-31 etc. を参照のこと。一五六五年のフィレンツェにおける結婚の儀式についての完全な文献は Annamaria Petrioli Tofani, *Mostra di disegni Vasariani*...(Gabinetto disegni e stampe degli Uffizi, XXII) (Florence, 1966), pp.6ff. にある。ここでの議論にもっとも興味あるテクストは、一五六五年四月五日付けのボルギーニのコジモ一世への報告書であるが、これは Giovanni Bottari and Stefano Ticcozzi, *Raccolta di lettere sulla picttura, scultura ed architettura* (Milan, 1822-25), I, 125-204 にある。

4　この計画及び本論文で取り上げた多くの事柄については E. H. Gombrich, "Aims and Limits of Iconology," *Symbolic Images* (London, 1972), pp.1-25, esp. pp.9-11 を参照。

5 Benvenuto Cellini, *Vita,* ed. Orazio Bacci (Florence, 1901), pp.247ff.

6 チェリーニが記録したアラマンニの言葉は “una Venere con un Cupido, insieme con molte galanterie, tutte approposito.” セザーノの言葉は “una Hamphitrite moglie di Nettunno, insieme con di quei Tritoni di Neptunno e molte altre cose” (Cellini, *Vita,* p.247).

7 “molte cose son belle da dire, che faccendole poi non s'accompagniano bene in opera” (Cellini, *Vita,* p.247).

8 コントラポストの概念については D. Summers, *“Contrapposto*: Style and Meaning in Renaissance Art,” *Art Bulletin,* 69 (1977), 336-61 を参照。

9 “Cose assai belle da dire, ma non da fare” (Cellini, *Vita,* p.247).

10 フェデリーコの手紙から。原文は “In uno vorria che fosse il rapto di Proserpina, sopra il che non se vi dice altro, che voi ne siete instruttissimo, et sapete che figure vi bisognino” (C. Gaye, *Carteggio inedito d'artisti*...[Florence, 1839-40], II, 252).

11 Jean Seznec, *The Survival of the Pagan Gods* (New York, 1961), esp. pp.219-56.

12 Caro, *Lettere familiari,* II, 62-64. ここでの引用は E. H. Gombrich, *The Heritage of Apelles* (Oxford, 1976), pp.124ff. の翻訳から。カーロが創案の基礎にしていた詩は今ではテオクリタスのものとされてはいない。この詩は後にフェデリーコ・ツッカーロが図像学的典拠として用いた。(G. Smith, *The Casino of Pius IV* [Princeton, 1977], pp.77ff.)

13 例えば、H. Keller, *Titians Poesie für König Philipp II von Spanien* (Wiesbaden, 1969); M. Shapiro, “Titian's *Rape of Europa,” Gazette des Beaux-Arts,* 6^{e}pér.,77 (1971), pp.109-16; M. Tanner, “Chance and Coincidence in Titian's *Diana and Actaeon,” Art Bulletin,* 66 (1974), 535-50 を参照。

14 A. Cloulas, “Documents concernant Titien concervés aus Archives de Simancas,” *Mélanges de la Casa de Velázquez*, 3(1967), 201-88; Luigi Ferrarino, *Tiziano e la Corte di Spagna* (Madrid, 1975).

15 この有名なエピソードについてはDavid Rosand, “Art History and Criticism: The Past and Present,” *New Literary History*, 5 (1973-74), 435-45の特に439-41を参照。Rosandはジャンボローニャの彫刻は内容を除外して単に形式だけの作品としては見られないことを指摘している。結局、彼は「ある特定のものを表現する方法」、つまり英雄的な闘争する男女の像の表現法を用いていたのである。

16 肖像画を別にすれば、フェリペ二世から特別に求められたことが知られている絵はエスコリアル宮殿にある*Martyrdom of St.Lawrence*（Cloulas, *Mélanges*, p.265 参照）とプラド美術館にある*Allegory of Lepanto*（J. Martínez, “Discursos practicables,” in *Fuentes literarias para la historia del arte español*, F. J. Sánchez Cantón ed.[Madrid, 1923-41], III, 41を参照）だけである。

17 Caro, *Letere familiari*, III, 237. 引用はGombrich, “Aims and Limits of Iconology,” p.9の翻訳から。

18 “Ed, oltre a tutto questo, ci é quest'altra considerazione, che avendosi ad allogar a diversi maestri, ognuno arà caro (non uscendo dell'invenzione data loro) d'essercitar l'ingegno suo, e far un po' di mostra e dar saggio del suo valore; il che è da permettere, anzi da desiderare, perchè ognuno si assottiglierà, e farassi di belle cose” (Bottari and Ticozzi, *Raccolta di letere*, I, 128).

19 契約は一五六四年十月三日になっているが、計画書がティツァーノに送られたのは一五六五年八月六日で、彼がすでに“secondo la sua intentione”（上記の意図にしたがって）一枚の絵をかき初めてしばらく経ってからであった。（Carlo Pasero, “Nuove notizie d'archivio intorno alla Loggia di Brescia,” *Commentari dell'Ateneo di Brescia*, 151[1952], 49-91, esp. pp.55ff. を参照）

20 例えば、バルトーリがヴァザーリへの手紙の中でサラ・デリ・エレメンティの装飾に関して述べている次のような意見などがある。"Questo é quanto mi occorre circa alla historia presente per voler cosa che, secondo me, havessi del buono:pur mi rimetto sempre al parer vostro et di chi più di me se ne intende" (Frey, *Der literarische Nachlass Giorgio Vasaris*, I, 421). こうした文献には同種のコメントがしばしば見られる。

21 この計画書には画家の名前が指示されてはいないが（Frey, *Der literarische Nachlass Giorgio Vasari*, I,439-42）、これを *Ragionamenti* にあるヴァザーリ自身の記述（Giorgio Vasari, *Le opere*, ed. Gaetano Milanesi [Florence, 1875-1885], VIII, 85-103）と比べて見るとよい。

22 Frey, *Der literarische Nachlass Giorgio Vasari*, I, 373-8.

23 ツッカーロと彼の *Porta Virtutis* については D. Heikamp, "Ancora su Federico Zuccaro," *Rivista d'arte*, 33(1958), 45-50を参照。ズッキのパラッツォ・ラスポーリのフレスコ画については F. Saxl, *Antike Götter in der Spätrenaissance*, Studien der Bibliothek Warburg, VIII (Berlin, 1927) を参照。

24 Canuti, *Il Perugino*, II, 239.

25 Canuti, *Il Perugino*, II, 228. ここの引用は Chambers, *Patrons and Artists*, p.140 の英訳から取った。

26 主な資料は W. Braghirolli, "Carteggio di Isabella d'Este Gonzaga intorno ad un quadro di Giambellino," *Archivio Veneto*, 13(1877), 375-83であるが、Chambers, *Patrons and Artists*, pp.126-33 の英訳もある。さらに参考として J. M. Fletcher, "Isabella d'Este and Giovanni Bellini's 'Presepio,'" *Burlington Magazine*, 113(1971), 703-13も見てほしい。

27 Gaye, *Carteggio inedito d'artisti* II, 71(dated 1505); Chambers, *Patrons and Artists*, p.131.

28 イザベッラの手紙の以下の箇所から引用。"siamo contente remetterne al judicio suo, pur chel dipinga qualche historia o fabula antiqua, aut de sua inventione ne finga una che representi cosa antiqua, et de bello significato" (Braghirolli, "Carteggio di Isabella d'Este," p.377)

29　イザベッラの手紙から。"Questo presepio desideramo l'habi presso la M.ª el nostro S.re Dio, S. Isep. uno S.to Joanne Baptista et le bestie" (Braghirolli, "Carteggio di Isabella d'Este," p.379).

30　イザベッラの手紙から。"li parea chel fosse fuora de propoixito ditto santo a questo prexepio" (Braghirolli, "Carteggio di Isabella d'Este," p.380).

31　Luca Bertrami, *Documenti e memorie riguardanti la vita e le opere di Leonardo da Vinci* (Milan, 1919), p.65; Chambers, *Patrons and Artists*, p.144.

32　Terisio Pignatti, *Giorgione* (Venice, 1969), p.160.

33　Pignatti, *Giorgione*, p.160.

34　Pignatti, *Giorgione*, p.160.

35　Pignatti, *Giorgione*, pp.161ff. に転載されているヴァザーリのコメントを参照。彼は次にこの作をパルマ・ヴェッキオのものとしたが、このほうがずっと可能性がある（Pignatti, *Giorgione*, p.135）。

36　Pliny, *Historia Naturalis*, XXXV, 96. この言葉が『テンペスタ』に言及したものであるという示唆は Oliver Logan, *Culture and Society in Venice 1470-1790* (London, 1972), p.229 にある。Logan 自身は深遠な計画書があった可能性を除外してはいないが、この絵の実際の外観はこれを裏書きするようなものではない。それではこの絵には物語や寓意がないと考えるべきなのだろうか。この仮説に対しては、通常他のいかなるルネサンス絵画もそのように伝統的な主題を持たないものはないと反論される。これは真実なのだが、しかし確定的なことではない。なぜなら、この絵は同時代の他のどんな絵ともまったく似ていないからである。もしこの絵が現存していなかったら、この時代にこのような絵が書かれたなどとは考えもしなかったに違いない。

37　Philipp Fehl, "The Worship of Bacchus and Venus in Bellini's and Titian's Bacchanals for Alfonso d'Este," *Studies in the History of Art* (Washington, D.C., 1974), pp.37-95, esp. pp.45-51.

38 ティツァーノはフィロストラタスのテクストを翻訳しただけのものを受け取ったのではなく、それに基づいた新しい計画書を送られていたと考えることもできる。しかし、アルフォンソ・デステへの承諾の手紙の次の箇所はこの考えを裏付けるものではない。"L'arto giorno...recevi le lettere sue...et lette le lettere et la informatione inclusa mi é parso tanto bella et ingeniosa, che non so che si potesse trovare, et veramente quanto più vi ho pensato, tanto più mi son confirmato in una opinione che la grandezza de l'arte di pictori antichi era in gran parte, anzi in tutto aiutata da quelli gran Principi, quali ingenioisissimi li ordinaveno, di che poi haveano tanta fama et laude"（Giuseppe Campori, "Tiziano e gli Estensi," *Nuova antologia di scienze, lettere ed arti*, Ser.I, 27[1874],586). こうした言葉にもかかわらず、テッツァーノが古代の美術家たちがふつう計画書に従って仕事をしていたとまじめに信じていたかどうかは疑わしい。手紙（自筆ではない）の言葉はパトロンに対する儀礼的以上のものとはほとんど考えられない。

39 Fehl,"Worship of Bacchus and Venus," pp.62-7.

40 さらに参考として Fehl,"Worthip of Bacchus and Venus," pp.68ff.

41 この絵は異例に文献に多く記述されているのだが、アルフォンソや彼のヴェネツィア大使テバルディの手紙のどこにも、計画書についての言及がない。もしこのような文献があったなら、テバルディはある時わざわざ公爵に「閣下の絵を見ました。そこには美しい人物と馬車、それを引いている動物が描かれています。」と報告することはなかっただろう。(Adolfo Venturi, *Storia dell'arte italiana* [Milan, 1928], vol.IX, pt.3, p.116).

42 J. Shearman, "The Vatican Stanze: Functions and Decoration," *Proceedings of the British Academy*, 67(1971), 379-83.

43 Deoclecio Redig de Campos, *I Palazzi Vaticani* (Bologna, 1967), p.61 and Fig.28.

44 J. White,"Raphael and Bruegel:Two Aspects of the Relationship between Form and Content," *Burlington*

Magazine, 103(1961), 230-35.

45 "io ho cominciato...uno de li picoli che non mi é dato da nissumo, ma per piacermi el sugeto di le cinque cità di Sodoma et per esserci incerto el mio cognome Loto" (Luigi Chiodi, *Lettere indite di Lorenzo Lotto* [Bergamo, 1962], p.39)

46 "Et penso che per uno de li quadri de li pilastri, seria al proposito quel di Josué che firmò il sole che in questa quadragesima lo sentì ricordar dal nostro predicatore" (Chiodi, *Lettere inedite*, p.43).

47 "purché 'l sia judicata et conosciuta per quella istoria, el basta sanza tute le paticuralità del texto de la Scriptura o sensi di essa" (Chiodi, *Lettere inedite*, p.57).

48 Chiodi, *Lettere inedite*, p.53.

49 Adolfo Venturi, "Ercole de'Roberti fa cartoni per le nuove pitture della delizia di Belrigardo," *Archivio storico dell'arte*, 2(1889), 85. Venturi はここで、パトロンがエルコーレ・デステではなくアルフォンソであると誤って述べている。

50 L. Beltrami, *Il Castello di Milano* (Milan,1894), pp.280-82, 365-71.

51 "Tuttti li suprascripti signori Oratori, fratelli, capitani et conducteri siano tracti dal naturale et gli sia descripto el nome loro al mordente in lettere doro, et similiter li nomi deli cavalli megliori che habiano, neli loci più convenienti e che monco impazino la pictura, e se averanno a dipingere chi nanti et chi dreto, como parerà ad sua signoria" (Beltorami, *Il Castello di Milano*, p.367).

52 "E tutti questi stagano in acti da caciatori differenti. Item, che Alexio sia depincto che uno cervio labia butato da cavallo, e lui alci le gambe suso al cello in più bello acto sia possibile" (Beltrami, *Il Castello di Milano*, p.280). もっと原文に忠実に読むと、アレッシオは自分の足を空中に上げることになるが、これはありえな

いだろう。

53 “Il marcherse da Mantua e lo marchese de Monferrá ambiduij ad paro, in tal forma e acto che nol se possa comprendere luno essere superiore ne magniore de laltro” (Beltrami, *Il Castello di Milano*, p.281).

54 W.Stedman Sheard, “‘*Asa Adorna*’: The Prehistory of the Vendramin Tomb,” *Jahrbuch der Berliner Museen*, 20 (1978), 117-56, esp. pp.143ff. ヴェロッキオの案（Sheard の p.137 に再現されている）では、正義の女神は両側に二人の寓意的な人物を従えている。Stedman Sheard はそれを「勝利」と「名声」であるとしているが、それほど確信はない。後の案（p.141 に再現されている）では、従う人物は「克己」と「堅忍」であった。

55 図像学についての最近の優れた議論については H. von Einem, *Michelangelo* (London, 1973), pp.96ff., 105-10 を参照されたい。

56 この原則についてはほとんど例外を知らない。ミケランジェロ自身も新聖具室では確かにこれを守っている。

57 Richard Krautheimer, *Lorenzo Ghiberti* (Princeton, 1970), II, 373.

58 Krautheimer, *Lorenzo Ghiberti*, p.372. ここでの引用は Gombrich, *Norm and Form* (London, 1966), p.21 の英訳から。また、Michael Baxandall, *Giotto and the Orators* (Oxford, 1971), pp.19ff. も参照。

59 引用は Krautheimer, *Lorenzo Ghiberti*, I, 14 の英訳から取った。

60 Krautheimer, *Lorenzo Ghiberti*, I, 14.

61 C. Gilbert, “The Archbishop on the Painters of Florence, 1450,” *Art Bulletin*, 41 (1959), 84.

62 U. Mielke, “Zum Programm der Paradiesetür,” *Zeitschrift für Kunstgeschichte*, 34 (1971), 115-34; E. M. Angiola, “‘Gates of Paradise’ and the Florentine Baptistery,” *Art Bulletin*, 60 (1978), 242-48.

63 E. H. Gombrich, *Topos and Topicality in Renaissnace Art* (London, 1975), p.9. ここでは扉の時事問題との関係について議論するのは避けた。それについては Gombrich が十分考察している（pp.3-9）.

64 Krautheimer, *Lorenzo Ghiberti*, I, 177. クラウトハイマーは M. Semrau, "Notiz zu Ghiberti," *Repertorium für Kunstwissenschaft*, 50 (1929), 151-4に従っている。

65 Don C. Allen, *The Legend of Noah* (Urbana, Ill., 1949), pp.71ff.; Patrologia Latina, CXCVIII, 1082: "Fecit Noe, juxta praeceptum Domini, arcam de lignis levatis, id est politis, vel quadratis...Fuit ergo haec arca in fundamento quadrata, sed in forma altera parte longiori, ab angulis in arctum conscendens, donec in cubito summitas ejus perficeretur." ついでながら、ペトルス・コメストルからのこの箇所はギベルティが箱舟に四角のパネルを使ったことを説明している。これはクラウトハイマーが聖アンブロシウスと結び付けた特徴である。ギルバートは（"The Archbishop on the Painters of Florence," p.84, n.40)、オリゲネスが箱舟を先端が切れたピラミッド型で、その先端は一キュービット四方の正方形になっていると見なした、と考えているがこれは正しい。これに対して、ギベルティがこの特徴を落としたのは、彼がコメストルのそれほど明確ではないテクストを使ったことでよく説明できる。

66 同時代のフィレンツェの人文主義者たちの歴史的正確さに関する姿勢について、ギベルティが関心を持っていた背景については Gombrich, *The Heritage of Apelles*, pp.93-110 と Gombrich, *Norm and Form*, pp.5ff. を参照。

67 Plutarch, *De Iside et Osiride*, 24. これについては Elizabeth McGrath の論文を参照した。

68 Leone Battista Alberti, *On Painting and On Sculpture*, ed. Cecil Grayson (London, 1972), p.94.

69 Alberti, *On Painting and On Sculpture*, pp.94-6.

70 Alberti, *On Painting and On Sculpture*, p.96.

71 こうした解釈については Ronald Lightbrown, *Botticelli* (London, 1978), II, 56を参考にしてほしい。Lightbrown 自身もボッティチェリの神学をより難解なものに読むことは拒否している（I, 90-93, 99)。

72 もう一つのこのような「装飾」は、サティロスの一人が持っているホラ貝である。この細部については、ボッティチェリはポリツァーノによっていると思われる（V.Juřen, "'Pan Terrificus' de Politien," *Bibliothèque d'Humanisme et Renaissance*, 32[1971], 641-5）

73 Suzanne Butters が思い出させてくれたように、「槍を折る "Rompere una lancia"」というのは性交渉の通常の隠喩であり、明らかにボッティチェリの絵にふさわしい。Lightbrown はその槍は馬上槍試合で使われるものであるということまで指摘している（*Botticelli*, I, 91）。もし損なわれていなかったら、槍はマルスの頭部の右側に突き出ていることになる。

74 Michael Baxandall, "Guarino, Pisanello and Manuel Chrysoloras," *Journal of the Warburg and Courtauld Institutes*, 28 (1965), 186-8.

75 Bolo Guthmüller, "Ovidübersetzungen und mythologische Malerei. Bemerkungen zur Sala dei Giganti Giulio Romanos," *Mitteilungen des Kunsthistorischen Instituts in Florenz*, 21 (1977), 35-68; Hugh Brigstocke, *Italian and Spanish Paintings in the National Gallery of Scotland* (Edinburgh, 1978), pp.163 and 165, n.6(citing an unpublished paper by C. Ginzburg); Philipp P. Fehl, "The Cows," in Philipp P. Fehl and Pual Watson, "Ovidian Delight and Problems in Iconography: Two Essays on Titian's *Rape of Europa*," *Storia dell'arte*, 26(1976), 24-8.

76 R. W. Lee, "*Ut pictura poesis*: The Humanistic Theory of Painting," *Art Bulletin*, 22 (1940), 197-269.

77 Paola Barocchi, *Scritti d'arte del Cinquecento* (Milan and Naples, 1971-77), I, 259ff.; E. Verheyen, *The Paintings in the* Studiolo *of Isabella d'Este at Mantua* (New York, 1971), pp.28ff.

78 この点でアドリアーノは、私が彼が意味しているとしたことと正反対のことを言っている。というのは注79を見れば分かるように "e" という語の代わりに "ne" があるからで、これは筆者のペンが滑ったのか、テクスト印刷の際のミスプリントのためであろう。

79 “Il priore delli innocenti, amicissimo et intrinseco mio, quanto, esser si possa, mi ha ragionato che l'Eccellenza vostra desidera farsi tessere alcuni panni darazzo ricchi per ornamento della camera sua, e vi amerebbe drento ritratta alcuna storia de Re o de Persi o de Medi, o d'altri cerebrati, che fosse bella, o piacevole e da quel luogo. Io ho ricercato nella memoria mia, e nelle lettere se, o di Cyro, o di Cambie, o di Dario, o di Xerse o d'altri, vi fussi quello che si desidera, e in vero, o per non sapere io tanto, overo per non vi veder drento quello che si ricerca in cotali ornamenti, per essere per lo più cose barbare, nè così bere infra di loro conservate, non ve ne ho trovata niuna che molto mi piaccia; massimamente che queste cose di pittura mi pare che allhora sieno graziose e piacevoli quante più s'accostano a poeti che fantasìe: perpiocchè la pittura e la poesia hanno molto similitudine infra di loro, nè quello che sta bene nell'una e piace, quasi sempre nell'altra diletta, e così, in contrario, parmi ancora che la pittura nuova piaccia molto più, quando della storia dipinta si ha alcuno lume da sè. Perciocchè facilmente da quello che tu ne fai vi si riconosce dentro tutto il restante, cosa che assai aggrada ariguardanti che ciascuno da per sè pare imparare senza aiuto d'altrui. E così, ove è ben figurata et atteggiata una cotale storia, porge diletto all'occhio et a l'animo insieme; mentre dove un'altra, non così conosciuta, può bene dilettare la vista per virtù dello artefice, ma l'animo non vi si sadisfarà drento giamai non vi conoscendo o non vi riconoscendo cosa alcuna, il che dubito non advenisse a queste storie barbare s'alcuna però ve ne fussi da piacere, e per ciò io sarei d'animo che non fussi sicuro il discostarsi da quelle delle quali molti hanno notizia. Tra le quali nelle greche è la storia, overto la favola, di Teseo et di Athene, del quale molti poeti hanno honoratamente favoleggiato, o gli altri scrittori l'hanno estremamente lodato, li cui fatti sono assai ben chiari; e chi ne ritraessi quelli che hanno più del poetico et insieme del grazioso, per mio adoviso non

farebbe male....Questa storia, come dissi nel principio, a Vostra Eccelentia non la dò per nuova, ma per bella, per leggiadra e per piacevole, havendo in sè quelle parti che mi pare si convenghino a pittura. Perciò che a mio giudizio chi dipinge cosa non punto conosciuta, o da pochi, non diletta ugualmemte, massimamente faccendosi cotali ornamenti a pompa, et sodisfazione delli più; et anco li maestri, li pittori che più gente dilettono ne sono più aggraditi. Nè mi muove punto se forse questa storia fussi stata dipinta da altri, che sempre più mi piacerà quanto e più volte, più e meglio, ritratta sarà" (Alessandro del Vita, "Lo Zibaldone di G. Vasari," *Il Vasari,* VII[1935], 106ff., 110ff.).

80 "Et in prima giudicherei che molto leggiadro riuscisse il ritratto di quello horribile tributo, dove fusse dipinto il sito d'Athene, il porto Pièo con quelli promontori che vi si vedono descritti apunto, perciocchè si vedrebbono dipinti sette giovanetti di bellissimo aspetto e nobili, ed altrettante vezzose donzelle di simile qualità, meste ne sembianti, et insieme le madri, i padri e li altri attenenti e finalmente tutto un popolo mesto che li accompagnassi al porto. Lascio hor pensare a Vostra Eccellentia se in questa storia un buono pittore harebbe dove adoperare l'arte, et acquistare loda. Vi fare' assai figure meste, altre più et altre meno, secondo che più o meno fussino congiunti a quelli miseri; senza che il riconoscere Athene et il suo porto e li altri luoghi di quella provincia, che per le storie sono assai conti, diletterebbe assai. La seconda storia vorrei che fusse l'isola di Creti con segni da riconoscerla, che anco questa si sa come a quel tempo stava, ritrahendosi il re Minos con la corte sua in quella gravità e maesta che si tiene che egli fussi, et insieme Pasifae, sua moglie, e Ariadna, vezzosissima sua figliuola, che sopra un lettino morbidamente si sedessero, e Teseo insieme che, riverente et ardito, se apresentasse al cospetto del Re aprendoli quello che fussi venute a fare, e Ariadna, che così fiso il guardassi, che apparissi che dalla bellezza di lui si

sentisse punta. Questa parte si potrebbe molto ornar e di figure e deffeti da chi li sapesse bene condurre; che in questo consiste il buono et il bello della cosa" (Del Vita, "Lo Zibaldone di Giorgio Vasari," pp.109ff.).

81 Paola Barocchi, *Trattati d'arte del Cinquecento* (Bari, 1960-62), I, 115. 上に引いたヴァサーリへの手紙では、カーロも美術家が自分自身の主題を選ぶことに何の違和感も感じていない。

82 Barocchi, *Trattati d'arte del Cinquecento*, II, 1-115. 伝統的な慣習と「美的許容」の問題は、ジーリオのみならず十六世紀の美術理論にとってもっとも重要な主題である。これはもちろん、画家は創案に際して全面的にパトロンの言いなりになっているのではないという前提に基づいている。

83 Raffaello Borghini, *Il riposo* (Florence, 1584), pp.53ff.; Barocchi, *Scritti d'arte del Cinquecento*, I, 340.

84 Borghini, *Il riposo*, pp.64ff.

85 Borghini, *Il riposo*, p.61; Barocchi, *Scritti d'arte del Cinquecento*, I, 354.

86 Borghini, *Il riposo*, p.53; Barocchi, *Scritti d'arte del Cinquecento*, I, 340.

87 Gilbert, "The Archbishop on the Painters of Florence," p.76.

88 Battista Fiera, *De iusticia pingenda* (1515; rpt.ed. James Wardrop, London, 1957).

89 Erkinger Schwarzenberg, "Die Lünetten der 'stanza del tesoro' im Palast des Lodovico il Moro zu Ferrara," *Arte antica e moderna*, 7(1964), 131-50, 297-307.

90 十六世紀のルーネットに見られる唯一の学識を含んだ図。エロスとアンテロスが孝行のシンボルであるコウノトリに腰掛けている姿が描かれている（Schwarzenberg, "Die Lünetten," pp.304ff.）.

91 Sidney Anglo, *The Great Tournament Roll of Westminster* (Oxford, 1968), p.31, n.1, and pp.46-9.

92 これらの解釈についてはLightbrown, *Botticelli*, II, 52を参照。Lightbrown自身の主張（I, 73-81）は、ボッティ

チェリが描いたのはヘスペリデスの園であるという示唆を別にすれば、ずっと簡潔で信憑性がある。

93 J. Russell Sale, "An Iconographic Program by Marco Parenti," *Renaissance Quarterly*, 27（1974）, 293-9, esp. 298ff.

94 "La terza è nota, che volendo significare che se nel reame, vedi un paese, nel quali ghiace un re armato a dinotare che in un reame per tutto se distende la potenza del re"（Sale, "Iconographic Program," pp.298ff.）.

95 E. Langmuir, "*The Triumvirate of Brutus and Cassius*: Nicolò dell'Abate's Appian Cycle in the Palazzo Comunale, Modena," *Art Bulletin*, 69 (1977), 188-96.

96 Vasari, *Le opere*, VII, 434; Fehl, "The Worship of Bacchus and Venus," pp.62-7.

97 この部屋のための計画書は現存しないが、同じ区画の他の二つの部屋、サラ・デリ・エレメンティとサラ・デッラ・デア・オピのものは残っている（Frey, *Der literarische Nachlass Giorgio Vasari*, I, 410-15)。ヴァザーリの読みが〈事後の〉ものであるということは彼自身の次の言葉でも示される。"Dico che l'arrivare doppo il suo esilio Saturno in Italia fuor della nave, e recevuto da Iano e da'padri antichi, si può facilmente simigliare allo esilio di Clemente"（Vasari, *Le opere*, VIII, 39).

98 ピエロの「原始的」で神話的な主題の絵の出所についてはいまだに議論がある（Mina Bacci, *L'opera compreta di Piero di Cosimo* [Milan, 1976]. ごく最近のものとしては C.Cieri Via, "Per una revisione del tema del primitivismo nell'opera di Piero di Cosimo," *Storia dell'arte*, 29[1977], 5-14）. しかし、少なくとも *Discovery of Honey*（Worcester, Mass.）と *Misfortunes of Silenus*（Cambridge, Mass.）は Giovanni Vespucci のために描かれたこと、またニューヨーク、オックスフォード、ロンドン、それにハーフォードとオタワにある「原始的な」主題のパネル画は出所が異なり、その内のあるものは Francesco del Pugliese のものであったこと

は明らかである。それに、例えばボッティチェリに、この種の絵を注文するパトロンなど想像することもできない。たとえ二人とも *Mars and Venus* のような伝統的なテーマの絵と実際取り組んだことはあったとしても。

99　私が原稿を出版社に入れた後に、十五世紀の絵画の助言者についての Creighton E. Gilbert 氏による貴重な考察が出た（*Italian Art, 1400-1500: Sources and Documents*, Englewood Cliffs, 1980, esp. pp.xviii-xxvii）幸いなことに、同氏の結論は私のものときわめて近いものである。

十三章　「美的許容」の誕生――ルネサンス初期の不満なパトロン――

H・W・ジャンソン*

〈美的許容 artistic license〉という言葉にはさまざまな意味があるが、この論文ではそのうちの一つの意味しか扱わないつもりである。それは、美術家が注文を受け創作するときに、前もってパトロンの許可を受けずに、あるいはパトロンの明確な指示に反して変更を加えるということである。

中世後期には画家や彫刻家はギルドに属しており、その構成員と顧客の関係を調整するために特別に作られた規則に従っていた。顧客は私的な個人の場合もあるが、公的な団体である場合の方が多かった。これらの顧客は込み入った詳細にわたる契約書を作って注文の明細を規定したが、そこには引き渡しの日時や価格はもちろんのこと、使用される材料や表現する主題なども明記されていた。契約書にはしばしば線画が添付されていたが、これによって顧客は前もって企画を目に見える形で示すことができたのだった。[1]

美術工芸家と顧客との間に起こった、引き渡し日の遅れや費用に関する意見の不一致が原因の争いを記録した例はたくさんあるが、こうした問題は決して初期ルネサンスに特有のものではない。ここで私の興味を引くのは別の種類の争いで、それはギルドの規則によって解決することができないものであり、美術家の新しい自己評価と活動の本質を反映したものである。我々がよく知っているように、古代や中世においては画家や彫刻家は美術や工芸の職人として分類されていたが、ルネサンスという時代は、徐々にではあるが、美術家を詩人や哲学者と並ぶ教養に携わる集団の一員という、新しいより高い地位に引き上げていた。こうした傾向に照らして自分自身を見ることになった美術家は、新しい精神の自立を主張した。彼らは自らの「才能」、自らの霊感に導かれることを求め、この霊感が契約書の言葉と一致していようがいまいが問題ではなかった。こういう背景の中で、それまでの顧客は次第にパトロンに変わっていったのである。言葉の変化は本質的に重要な意味を含んでいる。顧客というのは「安定している」ものである。と言うのも、彼らは以前に手に入れたと同等のものを得られるという理由で、いつも同じ供給源に戻ってくるからである。それに対してパトロンは「不安定な」ものであると定義できる。彼らは注文の結果がどんなものになるかはっきりわからず、限度はあるにしても驚かされるのを好む。したがって個々の事例ごとに注文した作品について心を決めなくてはならないのである。パトロンたちは、時にはいやいやながらにしても、美術家というのはパトロンの望みよりは自分の才能によって、パトロンが特定したものに優先する内なる声の命令によって導かれることもあるのだということを承知している。[2] このように美術家とパトロンの関係は工芸家と顧客のそれとは根本的に違っている。後者の場合はお互いの間の交渉も事務的で、契約書に対する両者の権利と義務ははっきりと定められており、原則として、両者によって受け入れられていた。

美術家は――あるいは、少なくともジョットのような偉大な美術家は――教養に携わる者の地位を与えられるべきであるという考えは、一四〇〇年頃のフィレンツェで、フィリッポ・ヴィッラーニが最初に述べたものである。しかし、そのもっとも早い動きは十四世紀の中頃にまでさかのぼる。死後の財産処分に関する遺言書の中で、ペトラルカは所有していたジョットの聖母像について、並の人には理解できないだろうが専門家なら素晴らしさに息を呑むだろうと述べている。ここで彼が言っているのは、美術家とパトロンの両者が持つ「エリートとしての」見解、つまり大芸術家は大衆を喜ばせるために描くのではない、彼を理解するのに必要な背景を持った特別に限られた愛好者にアピールするように描くのである、ということについてであった。[3]ボッカッチョも『著名人列伝』に付けられた詩の擁護の中で、同様の態度を表明している。彼によれば、ジョット以前の画家は単に感覚を楽しませるものを描いていたが、ジョットは見る者の精神に訴える古典の伝統を復活させたのである。ボッカッチョはまた、画家と詩人は両者とも不道徳な主題を扱うのを許されるよう求める。アペレスあるいは当代のアペレスとも言うべきジョットが、ジュピターの情事を描いたとしてもだれが咎めるだろうか、と彼は問うのである。[4]

十四世紀にはこのような主張はまだ理論のレベルに留まっていたが、十五世紀、少なくともフィレンツェでは、現実の経験の中に影響を与えたように思われる。と言うのは、こうした主張はある種の美術家についての一連の逸話に反映されており、この中で彼らは、パトロンは無知であり、美術家は自分の領域では君主としての自由を与えてくれるいっそう高度な法に従っているのだという考えを根拠にして、威厳を持ってパトロンと接する権利があると主張している。ルネサンス最盛期及びそれ以後は、天才的な美術家は神に次ぐ創造者として称賛され、人々は「神のような」ミケランジェロと呼び習わしていたのだから、このような話は驚くことではない。しかし、こういうことも実際にはもっとずっと早くから始まっていたのである。例えば、一四七〇年代に記され、「ポリツィアーノの日記」として知られている文献にその事例がある。[5]こうした話の中にもっともしばしば登場する主役はドナテッロである。むろんこのような逸話を文字通り受け取る必要はない。こういうものは事実としての内容ではなく、それが映している風潮に意味があるのだから。ここには自らの領域の絶対的な支配者として振る舞うドナテッロの姿が典型的に描かれている。ヴェネツィア総大司教の面前に出向くよう呼出を受けたとき、彼は行くのを拒否してこう言った。「総大司教が彼の世界の主権者であるならば、私も同じく自分の世界の主権者なのです。」[6]権力者側との口論で激高した彼が、自ら作ったガッタメラタ将軍騎馬像の頭を蹴り落としてしまい、それに対して権力者側がおまえの頭を切り落とすぞと脅したとき、彼は「結構でしょう。ただしあなたがたに私の頭を元どおりに戻せる方法があればですが。私はガッタメラタ将軍の頭を元どおりにする方法を知っていますよ」[7]と返事したのだった。もう一つの話はヴァザーリによって伝えられたもので、オル・サン・ミケーレ聖堂にある古着商ギルドの壁龕のためにドナテッロが作った聖マルコ像に関するものである。ギルドの組員がその像について何か批判的なことを言うと、ドナテッロは壁龕の回りに木の囲いを張り巡らした、そして二週間のあいだ像を製作するふりをしていたが実際は何もしないでいた。囲いを取り除くと、以前に批判的だったギルドの役員はたいへん満足であると言ったのである。奇妙なことに――おそらく同じ典拠に基づいたものだったのだろう――ヴァザーリは若き日のミケランジェロについてもよく似た話を伝えている。フィレンツェの都市長官が大理石のダビデ像の鼻についてとやかく言ったとき、ミケランジェロは足場に登って鼻に再度手を加えるように振る舞ったが、実際は何も変えなかった。にもかかわらず、長官はそれで十分満足したと言った。ヴァザーリによれば、この芸術家は「何も知らないのにわかっている振りをしたがる者たちを哀れむ気持ちで下に降りて来たのであった」[8]。

このような話がどの程度事実に根差したものであるかについては知るよしもないが、手掛かりになりそうな類似が見い出せるのは、ルネサンスの人々の手に入りやすい逸話群である。例えば、プリニウスの『博物誌』

三十七巻に再録されている紀元前四世紀のある種の画家たちのプライドと高い地位についての逸話のようなものである。これによれば、アペレスは芸術について愚かな発言をしたと言ってアレクサンダー大王を非難したが、それにもかかわらず大王の恋人キャンパスピを譲り受けている。パラシウスは自らを「芸術の王」と呼んだ。ゼウクシスは自分の絵を無償で寄贈してしまうが、それはどのパトロンも彼の絵をそれにふさわしい価格で買うことができないからである。ルネサンスの人々にとってこれらの話は、当時広く知られていた古代の文筆家たちの美術に対する否定的な、または蔑むような態度を制する歓迎すべき解毒剤として役立っていた。[9] こうした古代の美術家たちについての話の事実関係がどうであろうと、彼らの十五世紀の子孫たちはその象徴的な真理だけは主張できる。なぜなら、我々はドナテッロがパトロンと争っている状況で、結局自分の思い通りにした場合のことをたくさん知っているからである。

顕著な例はプラート大聖堂の戸外の説教壇にまつわるものである。一四二八年七月に市当局と、ミケロッツォをパートナーにしたドナテッロとの間に交わされた契約が定めているのは、仕事は二人の彫刻家が作った模型のデザインに従ってなされなければならないということだった。この模型は説教壇の欄干が六つの区画に分けられ、その一つ一つにプラートの紋章を掲げた二人の天使を表す大理石のレリーフが付くはずになっていた。一四三三年五月までには説教壇の枠組がかなりできていたが、ドナテッロは欄干のレリーフを一つも渡しておらず、ローマで仕事をしていた。この時点で、プラート市当局はドナテッロのもっとも重要なパトロンであるコジモ・デ・メディチの助けを求めた。コジモの使いが何とか彫刻家をフィレンツェに戻るよう説得した。しかしながら、フィレンツェでドナテッロは大聖堂の第二聖具室への戸口上部の唱歌壇の注文を受けてしまった。彼はこの仕事をプラートの仕事よりはるかにやり甲斐のあるものと考えたに違いない。とくに、一年前に第一聖具室の入り口上部の唱歌壇の注文を受けていたルカ・デッラ・ロッビアと競うことになるのだから、なおさらやる気になったのだった。それで彼はプラート市当局を待たせることにした。ローマから帰って一年後に、欄干のレリーフを完成させるという第二の契約書に最終的に署名した。だが、最初のレリーフは一ヵ月後（すなわち、一四三四年六月）にようやく完成した。一四三六年四月にさらに三枚のパネルが渡され、そして最後のものは一四三八年までプラートに到着しなかった。その数は六枚から七枚に増えており、立った天使が掲げた市の紋章の代わりに、激しく踊りまくる小童群が表されていた。いくつかのパネルでは、小童たちは踊っているというよりは戦っているように見えた。事実ここでドナテッロは、子供がボクシングやレスリングをして、競技者のように振る舞っているローマ時代の石棺のデザインを借用したのである。ドナテッロがこの計画の変更についてプラート市当局の同意を得ていたかどうか文献上の手掛かりはない。明らかにこの場合のパトロンはひどくこの彫刻家を畏怖していたので、彼が差し出すものなら何でも喜んで受けたのだった。別の点でもドナテッロは一四三四年の契約書の条件に従って行動することができなかった。契約書は親方がすべてのパネルを「自分自身の手で *propria manu*」彫刻することを明記していた。確かにこれは助手を使うことをまったく認めないという意味ではない――〈個人の手仕事〉などという現代的な概念はその当時はなかった――しかし、このケースではレリーフのいくつかはきわめて不細工に刻まれており、ドナテッロはせいぜい急いでスケッチだけ与え、実際の仕事は工房の経験の浅い者に任せたことがうかがえる。[10]

一四三三年から一四三九年にわたったドナテッロのフィレンツェ大聖堂の唱歌壇の仕事には、予測できなかった（そして多分認可されていない）計画の変更があった。もともとそのデザインはルカの唱歌壇に使われた形を踏襲することになっていた。つまり、欄干は、プラートの説教壇と同じく、対になった付柱で分けられた一枚一枚のパネルが連なったものになる予定だった。しかしながら、すぐに親方は踊る小童群を配した連続した帯状装飾に置き換えることに決めてしまった。明らかに、前に述べたローマ時代の石棺にあった競技する子供たちの影響である。もしかすると、プラート説教壇のパネルのいくつかは、もともとドナテッロがフィレンツェの唱歌壇のためにデザインし、それを帯状装飾に切り替えたとき捨てたものに基にしているのかもしれない。このような仮説は、彼がプラートのパネルの仕事を始めるのが遅くなったこと、その主題を変更したことを説明できるかもしれない。ところで唱歌壇の計画に帯状装飾という考えを導入すると、ドナテッロは建築の枠組みも変えなければならなくなった。新しい枠組みはきわめて異例のものだったので、その当時の大聖堂建築主任であった旧友のブルネッレスキと喧嘩する羽目になってしまったのである。[11]

オル・サン・ミケーレ聖堂の聖マルコ像について引用した逸話は事実に基づいたものではないかもしれないが、ガッタメラタ将軍像の頭に関するものは、その注文を遂行するに際してドナテッロが直面した多くの困難のうちの何かあるものを反映していると言ってよいだろう。一四四三年の末、彼はフィレンツェを発ってパドヴァに向かった。その年の始めに亡くなるまでヴェネツィア軍を率いていた有名な将軍の騎馬像を作るためであった。もともとの注文の条件はわかっていないが、手に入るあらゆる先例からすると、求められていた騎馬像は壁墓の一部として考えられていたものに違いない。材料は石であったと思われる。だが、十年におよぶ将軍の遺族（そして、おそらくヴェネツィア元老院）との争いのすえ、最終的に彼が作ったのは独立したブロンズの記念像で、将軍を〈古き好き時代風に〉表現し、その名声を賛えた完全に世俗的な性質のものであった。古代ローマ時代には、このような像に表現されるのは皇帝だけの特権であった。十五世紀まで残っていた騎馬像としては、ローマのマルクス・アウレリウスの記念像とパヴィアのレジソーレ（〈黄金にかがやく像。権力者の象徴だとして」フランス革命の間に破壊された）の二つがある。コンスタンチノープルにあった皇帝ユスティアヌスの記念騎馬像はすぐにトルコによって壊されてしまったので、いくつかの線画によってしか知られていなかった。古代以来最初のブロンズ騎馬像はフェッラーラのニコロ・デステのもので（一七九六年に破壊された）、一四四一年以降間もなく取り掛かったものであるが、これも君主を賛えた像であった。一将軍に過ぎず、しかも共和国に仕えていた者にこのような記念像を作るのはあまりにも画期的過ぎ、当時のしきたりに反することだった。したがって、このアイディアを将軍の遺族や遺言執行人のものとすることは非常に難しいし、ことに将軍の遺言書で葬儀と墓のために取り置かれた七百ダカットをはるかに超える費用からしてもありえないだろう。ドナテッロがパドヴァに行く途中フェッラーラに立ち寄り、ちょうど製作中の二人の彫刻家からニコロ・デステの記念騎馬像について学び、その結果、彼の受けた注文をガッタメラタ将軍の墓に付属する石像から、独立した〈古き好き時代風の〉ブロンズの記念像にグレードアップしようと決心したということも十分考えられる。そうでなければ、ほとんど際限のないような遅れや、注文を受けてから十年後、ついにそれを完成してフィレンツェに帰るまでの間に彼が遭遇した政治的だけでなく、経済的な困難を説明できないだろう。一方で、それが公開される数年前に、その記念像の評判は遠く南のナポリまで伝わり、王のアルフォンソ・ダラゴーナは自らのブロンズ騎馬像を作るためにその彫刻家に仕事をしてもらいたいと望んだ。[12] いったん公開されると、ガッタメラタ将軍記念像はその美的な質の高さを激賞されるとともに、それを「征服者カエサル」になぞらえたり、どんな昔の英雄もこのように称揚されたことはないという指摘といったさまざまな皮肉な世評も招いたのだった。[13]

以上のことからして、この像の苦難に充ちた歴史の理由を説明するものは、ドナテッロ自身のあまりにも野心的な目標であったと言える。やっかいなもめごとが解決するのを待つ間に、彼は別の方面からもう一つの大きな注文を受けた。聖アントニウス教会（「サント」として知られている）のための新しい中央祭壇で、一四四六年個人の寄贈で作られたものである。ここで彫刻家は別の種類の問題に出会うことになった。彼はそのために雇われた多くの職人の助けを得て三年以内にこの仕事をしたが、フランシスコ修道会は期待に背いて支払いをしなかった。祭壇の奉献式を終えたあと、修道会はドナテッロに一七〇〇リラ近くの借りがあったが、その後一四五六年に、フィレンツェにいた彼はまだその貸し金を回収しようとしていた（我々の知る限り、一度も成功しなかった）。争いの原因は明らかに、祭壇のほとんどの彫刻を構成するブロンズ製品の仕上げの程度について、意見が食い違っていたためであった。七つの彫像のうち、聖フランシスとトゥールーズの聖ルイの最初の二つだけが修道会側が要求したように浮彫模様で完全な仕上げがされていたが、聖母像を含む他の五つは、会側の保守的な標準からしたら、はっきりと「未完成」であった。この点に関して、ドナテッロは祭壇を構成するさまざまな彫刻の設置される場所によって判断していたようである。見る者の近くに置くレリーフは細心に浮彫仕上げがされているが、遠くで比較的光が当たらないところに置く像は同じ程度に細かく気を使う必要はないと考えたのだろう。遠くからしか見られないフィレンツェ大聖堂の唱歌壇のレリーフも、同様に細心の仕上げを欠いている、とヴァザーリは記している。彼にしてみたら、これは *sprezzatura* ――この語は翻訳がとても難しい（意識的に軽んじるというような意味である）――という称賛に値する特徴だった。大変皮肉なことに、ヴァザーリはまた次のようなことも伝えている。あの〈尽きることのない〉天才ミケランジェロは、ただ一点を除いてはドナテッロを高く評価していた。その唯一の欠点とは、「作品にきれいな仕上げを施す忍耐に欠けており、そのため遠くからはすばらしく見えるが、そばによって見るとその評判を維持できない」

ということであった。[14] 言うまでもないことだが、サントの修道僧たちが *sprezzatura* というものに何らかの理解を示すのを期待することはほとんどできないだろう。序文で定義した「美的許容」は、必ずしも主題、全体の計画、あるいは注文の性質の変更を含む必要はない。少なくともこれら二つの例で、ドナテッロは注文の範囲を踏み出してはいなかったが、主題をきわめて過激に解釈し直したので注文したものとは認めがたくなってしまったり、あるいは（少なくとも保守的な人々の目には）不快に映ったのである。一四一六年から一四三五年の間にフィレンツェの鐘塔にある壁龕に置くために彼が作った五体の予言者の大理石像のうちのいくつかはこれと同じ類いのものである。ほとんどの文献はこの像の名前をあげていないが、それがみな予言者のつもりで作られたのは疑いない。それでも、この一連の像の一番最初のもの、いわゆる「髭のない予言者」だけが長い巻物を目立つように広げて見せている（もし使徒ならば、対照的に、ドナテッロの聖マルコ像のように書物を持っている）ことで確立したイメージに従っているだけである。第二の像、「髭のある予言者」は一四一八〜二〇年に作られたもので、深い瞑想に耽る古典の哲学者をモデルにしている。彼の持つ巻物は巻き取られておりほとんど見えない。最後の二つ、「ズッコーネ」と呼ばれるものと「エレミア」はローマの雄弁家になってしまっており、予言者という固定したイメージとはひどく掛け離れていたので、フィレンツェの人々はすぐにこれらを予言者の像としては見なくなってしまった。その世紀の終わりごろまでには、この二つの像は一般には、一四三三年にコジモ・デ・メディチに対する陰謀を企てた者のうち、二人の主なメンバーであるジョバンニ・ディ・バルデュッキーオ・キリキーニとフランチェスコ・ソデリーニのものであると思われるようになっていた。二人の名前が挙げられたことは、この話が起こったのが一四九四〜一五一二年の間であることを示している。その時期は二回目のメディチ家追放後で、彼らのような初期の「共和国の自由のために戦う闘士」が再び記憶によみがえったときだったのだろう。ドナテッロがこのように自分のもっとも大事なパトロンの敵を賛えたという仮説は、ばかばかしいには違いないが、それでも百年ほど前までは信じられてきたのだった。[15]我々にとってこの話が意味を持つとすれば、それは単に彫刻家が期待されていたものから逸脱したということを記録しているという点である。しかしながら、この場合は大聖堂側が失望したということをほのめかすものは何も残ってはいない。実際は、「ズッコーネ」(「カボチャ」。像が禿げ頭だから)の方は大変有名になったので、次のような別の話の主人公にもなったのである。その像の「雄弁家」としての性格があまりにも評判になったので、ついには「話す力さえあれば」と言われるようになった。それで、彫刻家はその像を作りながら「話せ、話せ。さもないと、神のたたりがあるぞ」と叫び続けたというものである。[16]ここには、もっとも初期の彫像であるダイダロスの作った像が、話しができ、動くこともできたという大昔の逸話の影響がある。他方でこの逸話は、他のいくつかのものと同様に、ドナテッロがミケランジェロの先行者であることを強く印象付けるのに役立っている。ミケランジェロの生前すでに流布していた話があるが、それは彼にはメディチ家の墓の彫像を動かしたり喋べらせたりする能力があるとするものである。[17]もっとも、ミケランジェロの方がずっと偉大な力を与えられているのはたしかだが。

しかしながら、ドナテッロの全作品中、指定された主題をもっとも大胆に変更したのはダヴィデのブロンズ像である。最新の解釈によれば、この謎の多い像はおそらく一四二五年頃にフィレンツェの長老たちによって注文されたもので、ミラノ侯爵フィリッポ・マリア・ヴィスコンティの軍勢の脅威に直面していた市民の自信を鼓舞するような都市国家の愛国的な英雄像として、目立つ公の場所(多分、メルカト・ヴェッキオのような野外に置いた石柱の上)に据えるつもりのものであったに違いない。一四〇八〜九年の間にドナテッロが大聖堂のために彫ったゴリアテの頭を足で踏んだ勝ち誇るダヴィデ像は、一四一六年におけるフィレンツェの愛国心の象徴としての役割を引き受けるものであった。というのはその年に、この大理石のダヴィデ像は、市庁舎パラッツォ・ヴェッキオの大広間の一つに移され、「祖国のために勇敢に戦った者」に神の加護を保証した刻銘を加えられたのだった。[18] 大聖堂のバットレス［控え壁］に置くための予言者を主題にした作品群の一部として注文されたこの初期のダヴィデ像とは対照的に、ブロンズのダヴィデは最初から世俗的、政治的な機能を考慮して作られていた。この機能のための図像学的細部が、前もって彫刻家とパトロンの間で同意されていたのはたしかである。例えば、ゴリアテの翼のついたヘルメットは、ゴリアテをミラノ侯と同一視するのに役立っていたし、これを独立して立つ記念像としたこともその性格を示していた。中世には、石柱の上に独立して立つ像は「偶像」として忌み嫌われており、一つも作られていなかった。十五世紀の初め頃、少なくともフィレンツェにおいては、この千年に及ぶ偶像嫌いは明らかに衰え始めていたとはいえ、ドナテッロの完成したブロンズのダヴィデは古典の青年裸像をモデルにして、あまりにも確信を持って「偶像」の特徴を示していた。これには、議員の中のより保守的な者たちは強い衝撃を受けたに違いないなかった。この仕上りは彼らが予期していなかったし、契約書でもほとんど触れていなかった。たしかに、我々はブロンズのダヴィデの当初の扱いについて、このような読みをするための文献的確証は何も持たないが、しかし、情況証拠はそれを裏付けている。一四二三年と一四二八年の間フィレンツェを苦しめ、厳しさは徐々に薄らいだとはいえ、一四四七年のフィリッポ・マリアの死までなお続いた軍事的、経済的危機（中でも一番苦しかったのは、今日の所得税の初期の形にあたる〈カタスト *catasto*〉が課されるという結果に至ったことである）にもかかわらず、ブロンズのダヴィデ像は一度も公の場に展示されることはなかったのである。そして結局、一四三〇年代にメディチ家がそれを手に入れ、新しい宮殿の庭の中央を飾ることになった。その間に――一四三〇年代の何時か――ドナテッロは「ドヴィツィア（富）」という石像を作った。これはメルカト・ヴェッキオで石柱の上に立っていたが、一七二一年電光のため壊れてしまった。「ドヴィツィア」の外観は細かくは不明だが、衣装をまとった擬人化されたものであり、そのため偶像嫌いの人々にはブロンズのダヴィデほど不快感を持たれなかったことは分かっている。したがって、我々はそれがブロンズのダヴィデの代わりに注文されたものだと仮定したくなるのである。ブロンズのダヴィデは、その愛国的な像としての当初の目的の地位を得ることができなかったが、一四九四年のメディチ家追放後に再び公的な財産になり、パラッツォ・ヴェッキオの庭の中央に置かれた。しかしながら、すぐにそれはその象徴的な役割をミケランジェロの巨大な大理石のダヴィデ像に譲らなければならなくなった。その間の年月――ざっと四分の三世紀――はまだ残っていた偶像嫌いの残滓を払拭したばかりか、美術家の新しい地位をきわめて強化したので、「美的許容」はもう当然のことになろうとしていたのである。

*H.W.Janson　ルネサンス美術史専攻

注

1　Hannelore Glasser, *Artists' Contracts of the Early Renaissance* (Ph.D. Disertation, Columbia University, 1965; New York, 1977) 参照。

2　芸術家が教養に携わる集団に加わる地位に引き上げられたことについては Rudolf and Margot Whittkower, *Born Under Satern* (London, 1963) の各所を参照。

3　Theodor E. Mommsen, *Petrarch's Testament* (Ithaca, N.Y., 1957) 参照。

4　Charles Osgood, trans. and ed., *Boccaccio on Poetry*...(New York, 1956) 参照。ジョット称賛は *Decameron*, VI, 5 にある。他に、同様の箇所が Edgar Zilsel, *Die Entstehung des Geniebegriffs* (Tübingen, 1926), p.336, n.4 に引用されている。

5　Albert Wesselski, *Angelo Polizianos Tagebuch, zum ersten Mal herausgegeben,* (Jena, 1929).

6　Wesselski, *Angelo Polizianos Tagebuch,* p.27.

7　Wesselski, *Angelo Polizianos Tagebuch,* p.28; Giorgio Vasari, *Le vite*...,ed. Giovanni Milanesi (Florence, 1878-85), II, 407 参照。

8　H. W. Janson, *The Sculpture of Donatello,* 2vols. (Princeton, 1957), II, 18-20.

9　Ernst Kris and Otto Kurz, *Die Legende vom Künstler*... (Vienna, 1934), pp.47ff. 参照。

10　Janson, *Donatello,* II, 108-18 および "Donatello and the Antique," in *Donatello e il suo tempo, atti del viii° convegno internazionale*...(Florence, 1968), pp.77-96 (reprinted in *Sixteen Studies* [New York, 1974], pp.249-88). 説教壇に関する文献のもっと詳しい記述については Margrit Lisner, *Münchner Jahrbuch der bildenden Kunst,* 9/10 (1958/59), 117-24 を参照。

11　Janson, *Donatello,* II, 119-29, 140 参照。

12　George Hersey, *Master Drawings,* 7 (1969), 21ff. 参照。

13　Janson, *Donatello,* II, 151-61 参照。

14　サントの祭壇の歴史については Janson, *Donatello,* II, 162ff. *sprezzatura* については pp.36, 40 を参照。

15　Janson, *Donatello,* II, 33-41 参照。

16　原文については Janson, *Donatello,* II, 35 を参照。

17　古代の話の典拠については Verena Brüschweiler-Mooser, *Ausgewählte Künstleranekdoten*...Ph.D. Dissertation, Bern, 1969 (Zürich, 1973), pp.7-40 を参照。ミケランジェロの彫像の話は Anton Francesco Doni, *I marmi* (Florence, 1552) から取ったものであるが、これは Kurz and Kris, *Die Legende*, pp.109ff. に要約されている。

18 大理石のダヴィデ像の歴史については Janson, *Donatello*, II, 3-7 を参照。ブロンズのダヴィデ像の解釈は H. W. Janson, "La signification politique du David en bronze de Donatello," *Revue de l'Art*, fasc.39 (1978), pp.33-8 に基づいている。

十四章　十六世紀建築のパトロンとしてのヴェネツィア貴族

ダグラス・ルイス*

本書の二つの論文で、チャールズ・ホープとH・W・ジャンソンはそれぞれイタリア・ルネサンスにおける画家の知性と彫刻家の自立について考察しているが、ここでは建築家とパトロンの共同作業というテーマを、両者の関係をいくつか調べることで探っていきたい。私が提案するのは、議論を建築家そのものから、時としては無視されることもあった共同制作者、つまり現実の建築作品に動機を与え製作する一連の過程にとって根本となる、注文し資金を出す者の方へ移すことである。また、こうした関係を小さくて自己完結した世界、ヴェネツィアという世界の中で調査したいと思う。理由の第一は、ヴェネツィアがいまだ十六世紀の壮麗さの反映をいくらか残して輝く独特なロマンティックな美を保っているためである。第二は、そういう保守的な社会では建築の革新と継承についての興味ある問題が出てくるからで、こういう問題はもっと大きな国では分析が難しいが、ヴェネツィアの持つ限定された環境は何らかの解決のパターンを認める助けになると思うからである。しかし残念ながら、ヴェネツィア・ルネサンスのパトロンであった家系のうち一家族についてさえ、完璧に近く知るようになるには長い時間がかかる。それに、現代では『貴族名簿』に登録されている独裁君主の名を通

14.1 マウロ・コドゥッチとピエトロ，トゥッリオ，アントーニオ・ロンバルド．パラッツォ・ロレダン（ヴェンドラミン カレルジ），ヴェネツィア

して徹底的に調査するのは、一生かかっても難しい。ルネサンスのパトロン名簿のヴェネツィア版を作る話を始めることでさえ、その前にするべきことがたくさん残されているのである。とは言っても、この壮大な夢は私のいつ終わるとも知れない文献調査というクモの巣の上に魅惑的な揺らめく光を放っており、ヴェネツィア共和国の「趣味を定める人」についてもっと徹底した研究をする方に転向したいと希望する理由の一つになっているのである。

十六世紀はじめでさえ、このような世襲貴族は、例えば、大運河沿いにあのすばらしいパラッツォ・ロレダン（図14・1）を注文できるような教養を身につけていた。これはおそらく現職ドージェ〔統領〕の親戚のアンドレア・ロレダンという人物を通して、明らかに建築家マウロ・コドゥッチから注文が出されたものである。一五〇四年のコドゥッチの死後に完成したことはたしかで、その当時有能な親方トゥッリオ・ロンバルドがいた彫刻と建築の工房がその仕事をしたと思われる。[1] この傑作についての私の描写に複数の留保があるのは、パトロンも、計画書も、建築家も、日付も本質的にはまだ正確に決定するに至っていないということを意味する。またこれらの留保は、この上なく素晴らしい建築作品――この場合、ラグーンの建築が、もっとも壮大な中央イタリアの建築と競い、あるいはそれを凌駕するというほどのもの――についてでさえ、まだ我々はすべてをこれから学ばなければならないということを強調するのである。

ここに我々の調査をもっとたしかな根拠に基づくものにするのに役立つかもしれないある特別な人物がいる。その人の素晴らしい彫像はワシントンの美術館で私が大事に保管している。それはあのアグネシーナ・バドゥーア・ジュスティニアンという名の凛とした風貌の婦人で、国立美術館にあるブロンズ像（図14・2）は、化粧気はないが率直な人柄を表わしており、多くの人々の論議の対象になっている。[2] だが、この像も私がヴェネト

14.2 ヴェネツィア派『アグネシーナ・バドゥーア・ジュスティニアン』, 1542年ころ

州の遠く離れた村の一つにアグネシーナが建てた別荘の礼拝堂で、彼女の名前のラベルを付けたテラコッタの原型を確認するまでは誰ともわからなかったのである。彼女はヴェネツィアの貴族ではほとんど最古と言える家から出た主な分家のただ一人の相続人であり、その結果としての富と特権を用いて、ヴェネツィア・ルネサンスの建築に影響を与え続けた少なくとも三つのきわめて重要な作品を注文している。このため、彼女はルネサンスのパトロン制度の歴史において大変意義深い人物なのである。

最初の作品はアグネシーナの父親の記念彫像で、サン・フランチェスコ・デッラ・ヴィンナの古い教会にあり、十六世紀初頭の十年以内にトゥッリオ・ロンバルドと彼の工房で作成されたレリーフが付いていた。[3]このアグネシーナ・バトゥーアの最初の注文は、小さいが印象的な教会用の作品で、同時進行でパラッツォ・ロレダンを仕上げていたあの彫刻家で建築家でもある人物によるものだった。その少し後、その人物トゥッリオ・ロンバルドはさらにいっそう壮麗なプラーリアのベネディクト派教会を完成させたが、そこで彼の建築作品は終わったと長い間考えられていた。しかしながら、新たに公表された研究論文は、パトロンについて注意深い検討をした上で、アグネシーナ・バトゥーアと夫のジローラモ・ジュスティニアンによってロンカデに建てられた広大な城郭風の領主館〔ヴィラ・ジュスティニアン〕（図14・3）も現在はトゥッリオによるものと考えて間違いないとしている。一五一一～三年に作られたこのきわだって優れた傑作は、狭間胸壁の内部に、古代以来初めて民間の建物に取り入れられた独立したペディメント〔三角形の切妻壁〕が新鮮であり、さらにそれにも引けを取らないような新しい試みも見せている。言い換えれば、この建物には中世的な保守主義と、復活した古代古典主義の最新表現との魅力的な混合が見られるのである。[4]アグネシーナの第三の注文に行く前に、トゥッリオのロンカデの設計が生んだ反響について少し述べておこう。なぜならこの設計が、ある身分の高い貴族仲間の別荘注文に影響を与えたからである。フェデリコ・プリウリは、約十五年後、一五二八年ころカステルフランコの近くのトレヴィルにある田園の別邸〔ヴィラ・プリウリ〕を建てたが、ここにもロンカデのものと非常に近いファサード〔建物前面〕の配置が再現されている。しかし他方で、この館の計画は当時ローマからヴェネト州にやって来たばかりのセルリオとの興味ある関連を示唆してもいる。この建築家は（少なくとも建築後の十年間は）フェデリコが所有するヴェネツィアの家に住んでいた。[5] この関係から、トレヴィルの別荘の建築に際して両者の共同作業が想定される。つまり、ここにはセルリオがもたらした最新流行のトスカナ-ローマ式の計画と、おそらくアマチュア建築家としてのパトロンの趣味を反映した明らかにヴェネツィア式のファサードの両方が見られるのである。これが興味深いのは、フェデリコ・プリウリはアグネシーナ・バドゥーアの家系と同じくらい大変影響力のあるサンタ・マリア・フォルモサの古い家柄の出身である一方で、ヴァザーリとリドルフィが共に認めているように、トレヴィルの館を聖母のレリーフを縁取る聖人像のフレスコ画で飾り、それをそれぞれ中央イタリアからやって来た別の二人、ジュゼッペ・サルヴィアーティとヤコポ・サンソヴィーノに完成させていたからである。フェデリコ・プリウリはサンソヴィーノとの付合いを長く続けており、パドヴァのサント教会にある『カリルラ』を一五三六年にコルナーロ家の彼自身の親友と共同でヤコポに注文することで、その彫刻家とコルナーロ家との結び付きも証明している。[6] だが、もう一度アグネシーナ・バドゥーアを通してこれらの人々のところへ戻るとしてその前に、フェデリコ・プリウリの別荘がサンソヴィーノの建築の発達に与えた特別な影響について述べるべきであろう。その理由はとくに、それがヴェネツィア社会の予期しない方面からの人物による建築に対するパトロン行為という、びっくりするような例をもたらしたということである。

トゥッリオの影響のある保守的なヴェネツィアのイメージからイタリア中央部の自由で開放的なプランへと好みが移っていく橋渡しとして、フェデリコ・プリウリの別荘の持つ移行的な性格を形として見ることができたのは、一九六九年にその別荘の南ファサードの珍しい木彫（図14・4）が再発見され、公開されてからに過ぎない。[7]我々は今こうした性格を、別荘のこれまで見えなかった北ファサード（図14・5）を再現することでさらに強く示すことができる。そしてこれを見ていると、サンソヴィーノがこの混合的な作品の予期しなかった魅力に動かされて、ポンテカサレに有名なアルヴィーゼ・ガルゾーニのための別邸（図14・6）を設計するようになった、ということもありそうに思われてくる。ヴィラ・ガルゾーニはサンソヴィーノが作った唯一の田園の別邸で、通常その構想は純粋にローマ風であると言われている。[8]下部のトスカナ様式のロッジア〔柱廊〕はトレヴィルのもののように直接もう一つのロッジアに向かって開いており、彫像がたくさん置かれた中庭を見渡している。内部の装飾は二つの特別に印象的なマントルピースにも及んでいる。豪華なアーチ型天井を持つ西側のサロンにあるものは二人の高貴な男性像に支えられており、これに対する女性像が配されているマントルピースは東の儀式用大広間にあってユニークな特徴を備え、ドージェ官邸にある彼が作ったものと比べてもはるかに勝っている。男女の像にはそれぞれ別にサンソヴィーノの署名がある。このどの様式にも属さない傑作について、パトロン制度の視点から、問題の解明に役立つと思われる二つのことを述べよう。最初は建造の年月日で、現在このパトロンは一五三九年に結婚したことを確定できるので、結婚の行事の準備のために、この屋敷を所有していたそれ以前の十年間の何時かに館を注文したと思われる。第二はこの館の独自性を知る手掛かりになるもので、アルヴィーゼ・ガルゾーニ本人についての本当に驚くべき事実である。彼は貴族階級に属しておらず、名門の家柄でもなく、ヴェネツィア社会の第二階級の一員、つまり一般市民であった――お

14.3 トゥッリオ・ロンバルド．ヴィラ・ジュスティニアン，ロンカデ，1511-13 年

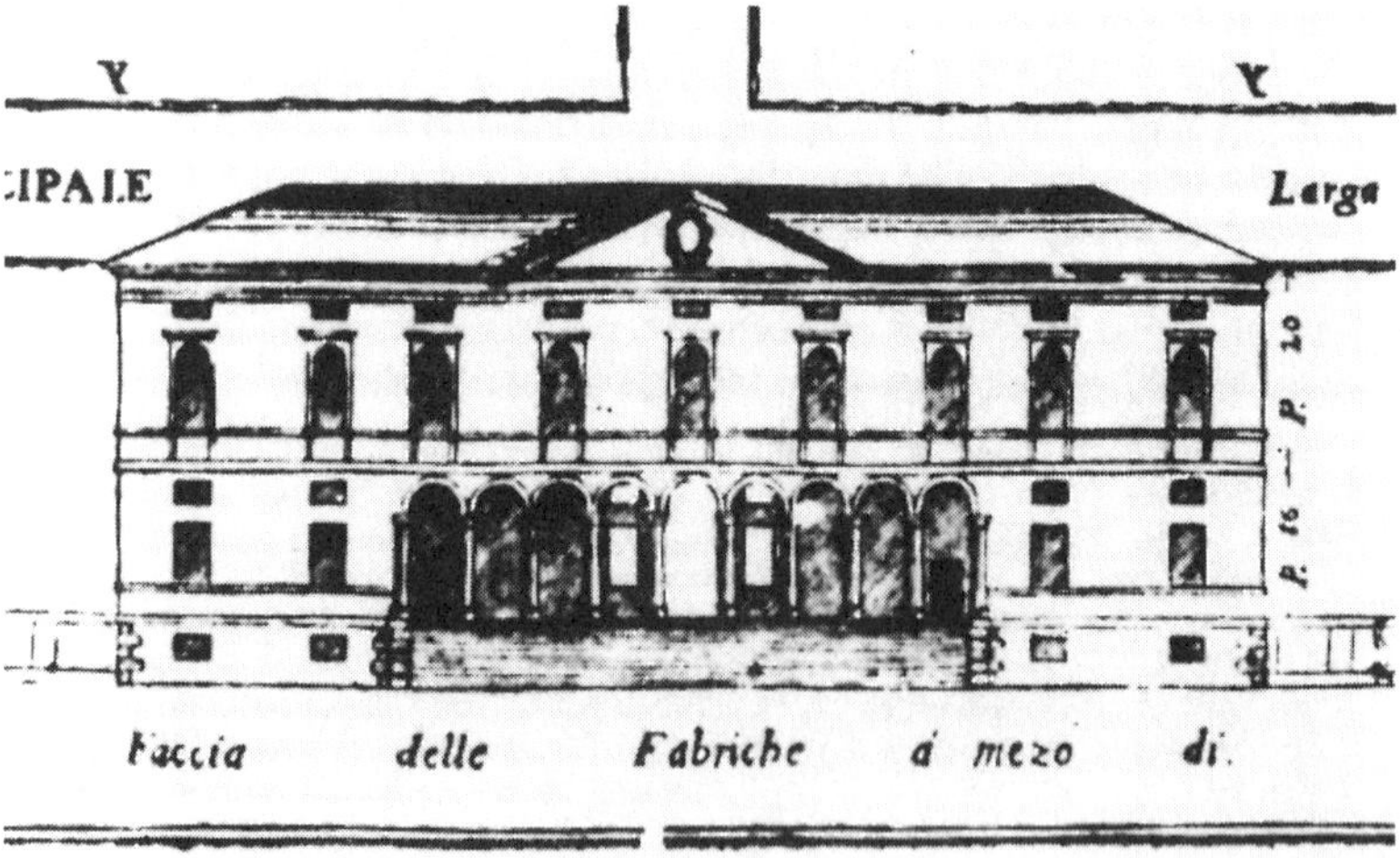

14.4 セバスティアーノ・セルリオ（？）．ヴィラ・プリウリの南ファサード，トレヴィル，1528 年頃

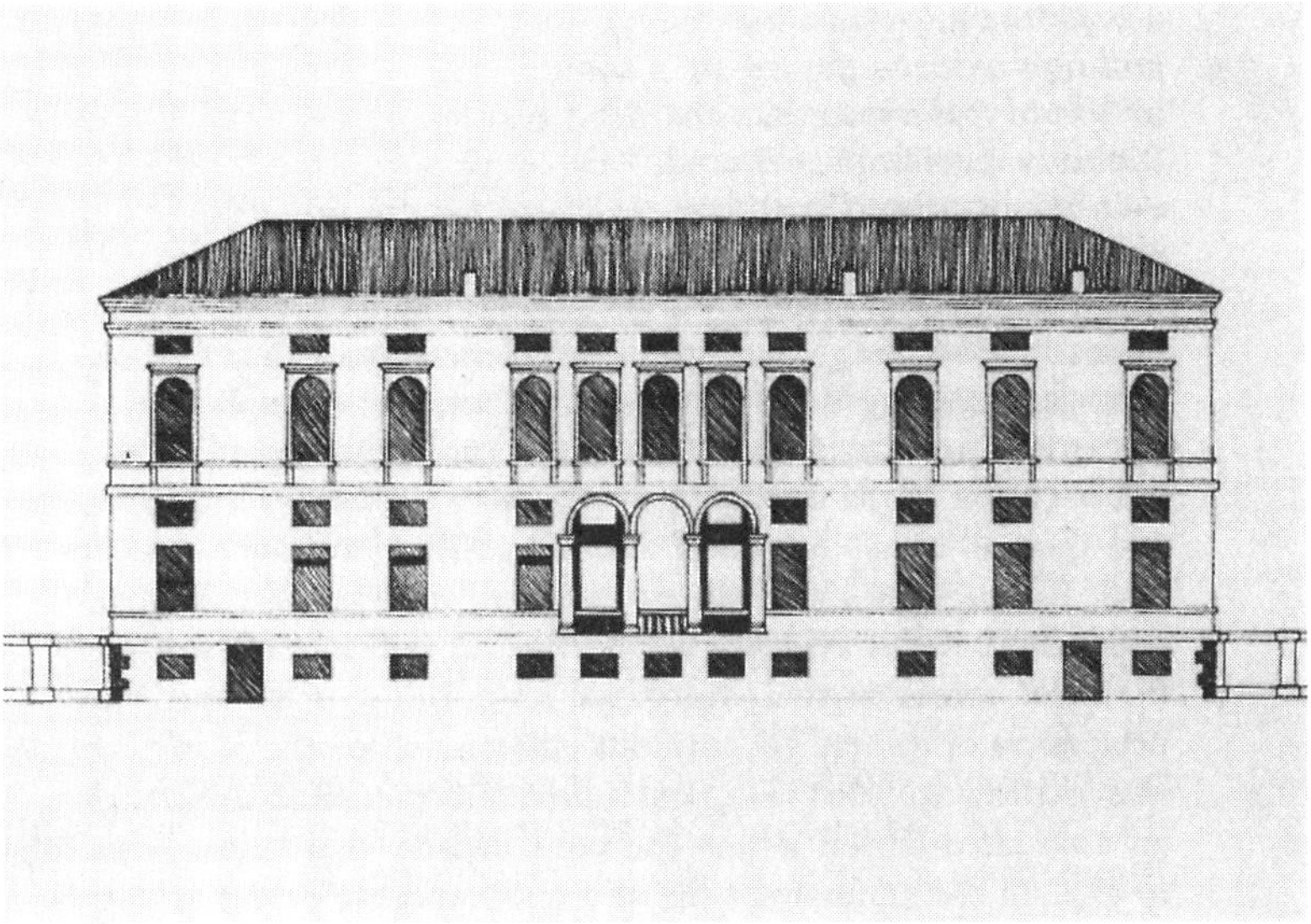

14.5 セバスティアーノ・セルリオ（？）．ヴィラ・プリウリの北ファサード．筆者の再現図，トレヴィル，1528 年頃

14.6 ヤコポ・サンソヴィーノ．ヴィラ・ガルゾーニ，ポンテカサレ，1539 年

そらく大変な資産家ではあったが。[9] 貴族の出身ではない一市民が、ヴァザーリが言うように、リアルト地区のもっとも目立つ官邸よりも実質的には大きい田園の別邸を建てるなどという考えはまったく前例のないものだった。[10] もちろん、中程度あるいは下級の貴族でも目立つような館を建てたが（サン・フォスカにあるサンミケーリのパラッツォ・グッソーニのような）、市民はそんなことはなかった。彼らの建築についての要求は、伝統的にスクォーレ・グランデと呼ばれる大きな慈善組合を動かすことで表に出されることになっていた。[11] こうした市民が持つ制度の事業で、例えば、この時代の建築に対する注目をもっとも多く集めたものが二つある。ガルゾーニ家も入っていたミセリコルディア組合がサンソヴィーノに注文したものと、サン・ロッコ組合の注文したもっと豪華だが時代遅れのロンバルディア風の建物である。後者はこのタイプ、つまり市民がある一つの階級のパトロンとして、もっとも保守的な建築様式の苦しい最後の一息を支えているという形を明確に代表している。しかし、野心的で金持ちの一市民が遠いパドヴァの農園に建てたポンテカサレの広大で堂々とした館の変則性を説明する助けになると思われるのは、ミセリコルディア組合がサンソヴィーノに出したより大胆な注文のまさにその意外性と、同じ十年間に連携しあった市民たちから彼に出された私的な注文である。その館は、表面的には伝統的な保守的発想を思わせるのであるが、その精神においては明らかにローマ風を指向したものである。私は荘園建築家としてサンソヴィーノを尊敬しているので、貴族が苦情を言ったのは、ポンテカサレの設計について言い立てられてきたさまざまな難点のためではなく、そこに含まれたあまりにも明白な意味のためだったのではないだろうかと思う。その意味とは、貴族としての特権は持たないがきわめて裕福な市民が、不穏なほど豪華な仕上りを求めて、トスカナ-ローマ風の傾向を持つスクォーラの建築家の方に眼を向けたということである。我々の知る限りでは、サンソヴィーノは以後別荘の注文を受けることはなかった。

このようなコンテクストで考えると、ごく最近名をあげた野心的な貴族の少なくともある一家族が、この新しい技法を好み、彼らの別荘のために攻撃的なほど前衛的な中央イタリア様式のスポンサーになっているのはおもしろいことである。ここで言っているのは、ソランツォ家がカステルフランコ近くのソランツァ館〔ヴィラ・ソランツォ〕（図14・7）をサンミケーリに注文したことである。またこの館の注文に関する研究から、一五三九年の直前かその近くにも一つの計画があったことが分かっている。[12] さらに、このような他から導入された重々しい巨大な様式ときわめて明白な対照をなす、第三の別荘の計画が同年からあった。それはジローラモ・コルナーロがピオンビーノにかつてあった荘園館をサンミケーリによって再建しようとしたことであった。この計画は我々をもう一度古い家柄の貴族に連れ戻してくれるのだが、その家族についてはこの後すぐにもっと知ることができるだろう。文献や後に描かれた絵から、それが多分、アグリアーノに現存し「デッレ・トロンベ」と呼ばれる、パラッツォ・サラケーノ（図14・8）にかなり似ているものだということが分かる。[13] ここに、ひじょうに分かりやすい対照が見られる。まず一方で、ヴィラ・ガルゾーニの注文を受けたサンソヴィーノとソランツァ館のサンミケーリは一五三九年頃、それぞれ富裕な市民と新興の貴族に雇われ、きわめて新しく実験的とも言える様式で、人目を引くような仰々しい企てをすることになった。他方、同じ年に、古い家柄の高名で尊敬すべき貴族から注文を受けたサンミケーリは、見たところ高雅で威厳があり、古風な共和国の重厚さを呼び起こすようなものを作らなければならないと感じたのだった。おそらくこのとき彼がこれに匹敵するものとして思い浮かべたのは、ヴィンチェンツィア近くの本土の古い家柄の家族のために彼が作ったとされているサラセン風の屋敷ではなかったろうか。

まさにこの両面性が、ヴェネツィア到着以来のサンミケーリの経歴を特徴付けるものであった。コッレール

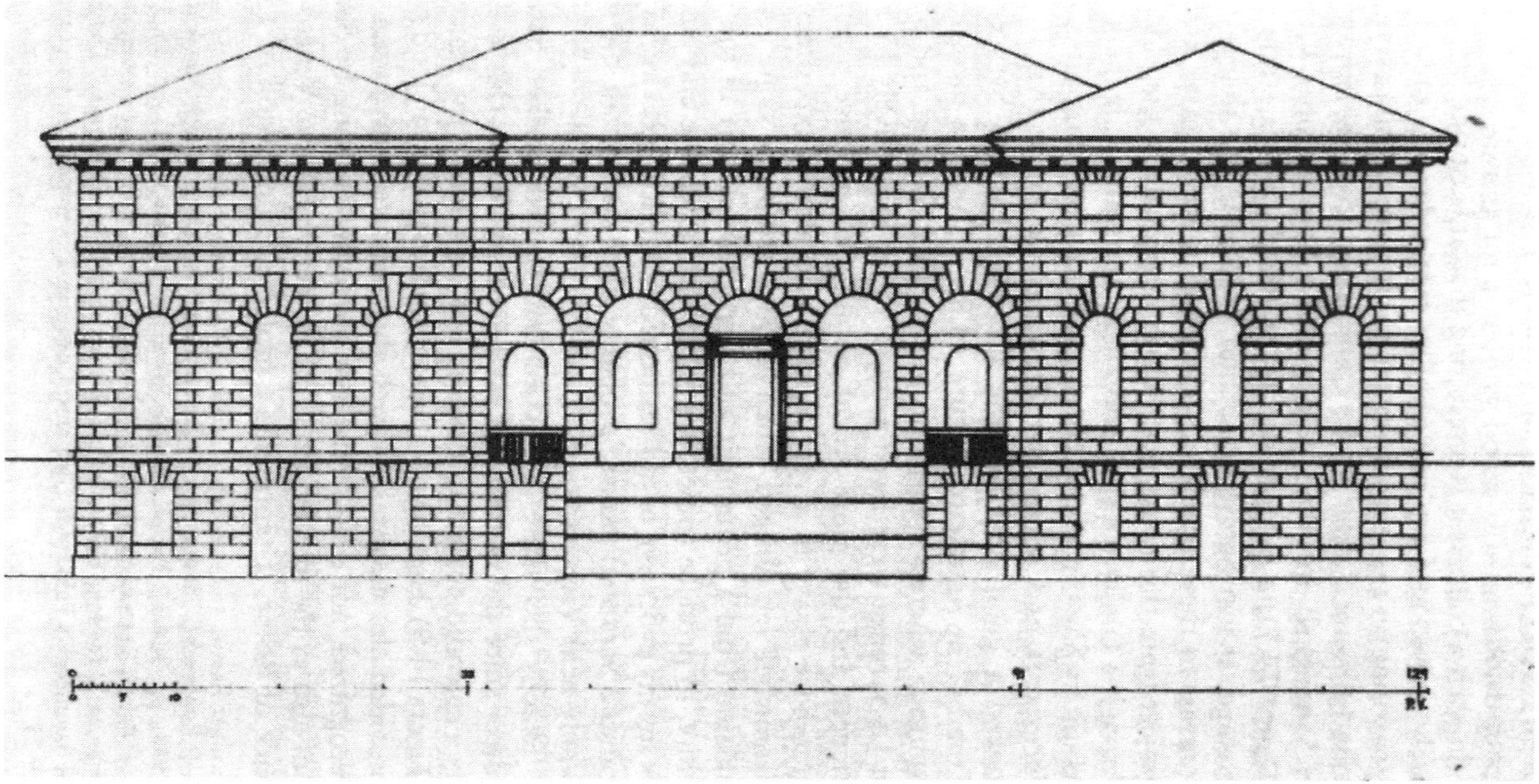

14.7 ミケーレ・サンミケーリ．ヴィラ・ソランツォ，筆者の再現図，カステルフランコ，1539 年

14.8 ミケーレ・サンミケーリ（？），パラッツォ・デッレ・トロンベ，アグリアーノ，1541 年ころ

美術館で最近発見されたすばらしい計画図（図14・9）もこの点の例証となった。ここでもまた貴族階級の土地所有についての細心な研究で得られた手段によって、この重要な作品がサンミケーリの現存する唯一の計画図としてばかりでなく、「ローマ略奪」以来ヴェネト州での彼の活動の最初の証拠として認定された。それは一五二八年、カ・デル・デュカの大運河に面した敷地に壮観な新しい館を作るため計画された注文を表すものである。注文主は十六世紀ヴェネツィアのもっとも富裕で、著名なパトロンの一人、ヴェットール・グリマーニであった。[14] 聖マルコ寺院の行政官としてヴェネツィア共和国のドージェ（実際、一五二三年までは彼の祖父がその地位にあった）に次ぐもっとも高い地位を占めている者の一人であったが、比較的新しく貴族になったヴェットールの家系は、ヴェネツィアの保守的な文化階層の中では、バドゥーア家やプリウリ家、あるいはコルナーロ家ほどには威光をほしいままにするということもなかった。このため彼が、教皇クレメンス七世によるローマとオルヴィエートでのパトロン制度が崩壊したためにヴェネツィアの地に到着したばかりのサンミケーリに、早すぎるとも思える保護と注文を与えたことは、彼の「教皇派」としての信念と、ヴェネツィアに過激なまでに斬新な建築様式を取り入れるという因習打破的な意向をなお一層明快に示してくれる。また同じように、サンミケーリもこの傲慢な青年貴族の執拗さに、荘重なローマ風の豪奢な館を設計することで応じたのだった。この壮麗な館は、もし実際に建てられていたら、このとき使用されなかった設計をほとんど正確に再現して一五二九〜三一年にヴェローナで彼が手掛けたパラッツォ・カノッサの、首都における原型となっていたであろう。[15] だが残念ながら注文してから一年もたたないうちに、ヴェットールは大運河沿いの〈ローマカトリック〉的な建物に法外な大金を浪費するよりも、もっとましな別の金の使い道を見い出してしまった。そして、サン・マリア・フォルモサの先祖伝来のパラッツォ・グリマーニの最上階にある現実的な住まいに戻っ

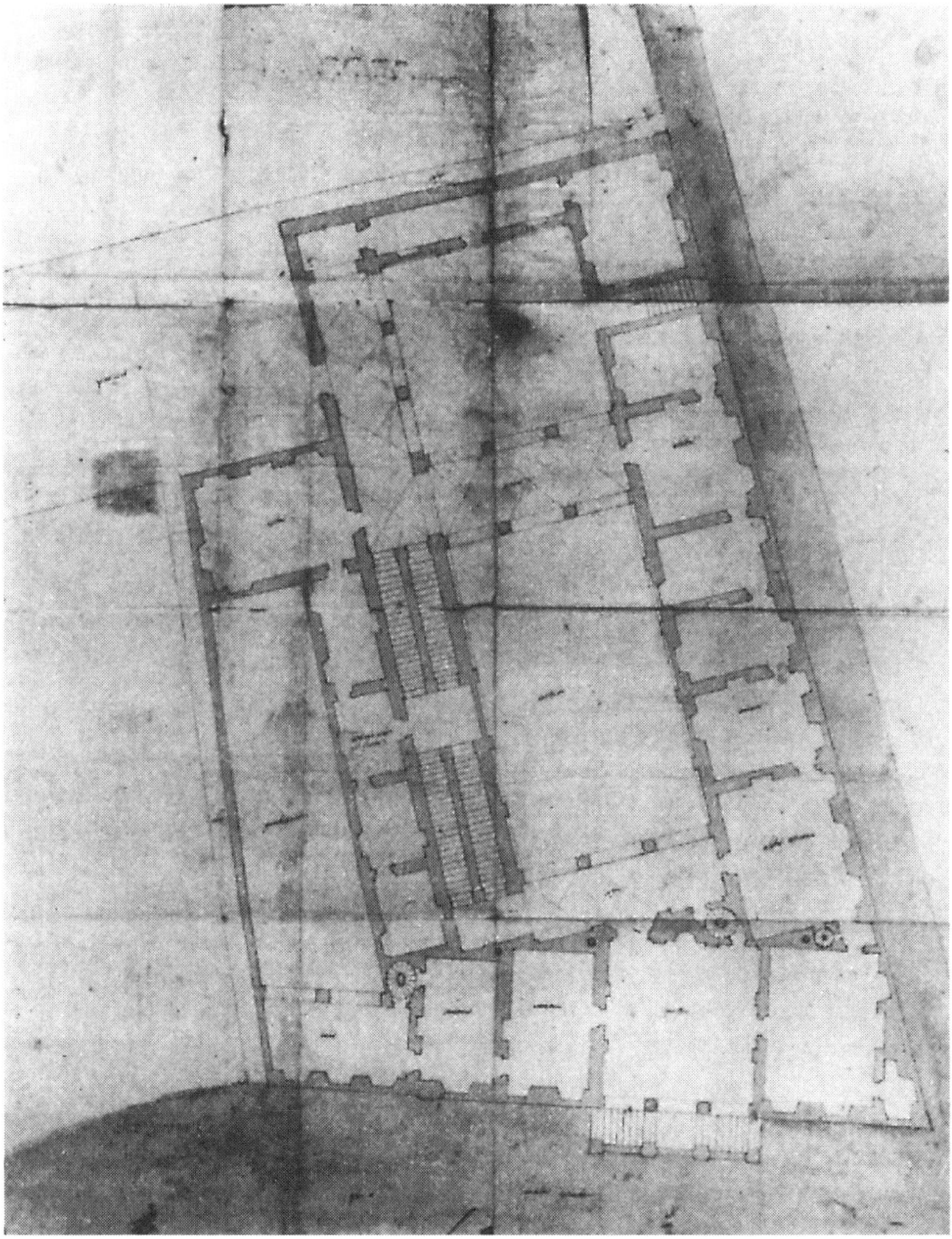

14.9 ミケーレ・サンミケーリ．カ・デル・デュカのパラッツォ・グリマーニの設計平面図，ヴェネツィア，1528 年

た彼が、弟のザンネと共に、一五三二年から一五三七年ころの間にサンミケーリに注文したのは、ずっと控えめなその住まいの改装だった。[16]

ヴェットール・グリマーニが大運河沿いに野心的な新館を建てるために採用したトスカナ-ローマ風の計画を放棄したことについて興味あるのは、彼がそれをあきらめたのは妻の父親が死亡したのと同じ週であったという点である。それは、敷地の一部を売却した事で証明される。義父は行政官ジローラモ・ジュスティニアンで(ヴェットールは明かに政略結婚によって地位と財産を築こうとしていた)、その死によって、一族の長老として彼の義母、ほかならぬ我々のヒロイン、六十歳になっていたアグネシーナ・バドゥーア・ジュスティニアンが活動の表面に復帰した。持ち前のエネルギーで、アグネシーナは直ちに父親と亡き夫のために贅沢な記念礼拝堂を建立する計画を思いついたようである。サン・フランチェスコ・デッラ・ヴィンナにある一族の教会をサンソヴィーノに依頼して建て直そうとしたのであるが、このために野心家で行政手腕に長けた義理の息子の侮りがたい組織力を役立てようとしたのであった。[17]ヴェットール・グリマーニは(彼が注文を出したことと教会の模型を保有していることを記録している財産目録が、はっきりとそれが彼であることを証明している)すぐにサン・フランチェスコの町でヴェネツィア建築の私的部門において、かってなかったほどの派手な活動を展開し、結果としてできた建物(図14・10)とそのための文書は貴族階級のパトロン行為を研究する者にとって宝の山となったのである。[18]新ドージェのアンドレア・グリッティがこの計画の背後の推進力になっていたに違いないということが——時々思いついたように熱心にではあるが——ずっと主張されてきている。彼が近くに住んでおり、礎石を置き、内陣に埋葬してもらうために一千ダカット支払ったというのがその理由である。しかし結局のところ、彼はヴェットール・グリマーニと大変親しい政治的な盟友というだけであった。我々が

14.10 ヤコポ・サンソヴィーノとアンドレア・パラディオ，サン・フランチェスコ・デッラ・ヴィンナ，ヴェネツィア，1533 年と 1565-70 年ころ

それよりはるかに示唆的だと思えるのは次の数件の事柄である。第一は、アグネシーナ・バドゥーアと彼女の夫の親戚がそれぞれ動いて、中央祭壇の側面に位置する二つの最上の新しい礼拝堂を使用する権利を獲得したこと。義弟のロレンツォ・ジュスティニアンが身廊と袖廊の接続箇所にある隣接する礼拝堂を買ったこと。彼女の婿のうちの二人もまた身廊の礼拝堂を手に入れたということ（グリマーニ家の人々は一般にいささか見栄っ張りであり、贅沢な中央イタリアの装飾を自分たちのものにしようとしていた）。最後に、サン・フランチェスコの修道僧がグリマーニ家に、内部のファサードの壁と外部のファサード全部の両方を、一家の私的な墓所とドージェの墓所の背景として〈無料で〉提供したという事実である。[19] 一五五八年のヴェットールの死から約七年後、弟のザンネ・グリマーニは建築家パラディオに有名なファサードを加えて教会を完成するよう注文した。これは、サンソヴィーノ（とヴェットール）が意図していたのとは大幅に異なるものだった。[20] だが、これでは話が先に行き過ぎる。サン・フランチェスコでの最初の共同作業はヴェットール・グリマーニとヤコポ・サンソヴィーノの――サン・マルコ寺院の代理業務に関わるパトロンと〈職人頭〉としての――長い協力関係の事実上の出発であった。都市の中心部を美しくするための国家事業で、二人は一緒にさらに四件の基礎的な仕事に貢献していた。図書館と柱廊、ピアッツァの奥にあるサン・ジェミニアーノ教会、そしてパラッツォ・デュカーレ内の素晴らしいスカラ・ドーロ（「黄金の間」）である。最後のものは、ヴェットールが一五四七年にフランス宮廷に大使として赴いたことがもたらした有形の成果であると長い間考えられている。[21]

一五四九年、ダニエーレ・バルバロが華やかにイングランドに出発したもう一つの大使派遣も、特別に興味あるエピソードによって、アンドレア・パラディオの受けたパトロン行為につながっている。彼はヴェネツィア人とヴェネツィア貴族の土地所有者のために圧倒的に多くの仕事をした建築家であった。パラディオの都市での成功は、当時のヴェネツィアのもっとも優れた人文主義者であるダニエーレ・バルバロと親しい間柄であったことと大いに関係があったに違いない。ダニエーレがマセルの新しい別荘〔ヴィラ・バルバロ〕を注文したときまでには、パラディオとの交友はおそらくすでに十年位はあったのだろう。最初はパドヴァ大学で、それから一五四〇年代の間ずっと、力を合わせて偉大な『ウィトルウィウス』の注釈とイラストを付けるというより親密な作業を通して。二人は続く十年の間にこの書物を共同で出版した。[22] 一五四九年の四月末、ダニエーレの父親が、明らかにマセルの旧居で、死去。この出来事は息子が新しい別荘を注文するきっかけになった（そういうことはよくある）ということ、またダニエーレが六月始めにイングランドに出発したことを考えると、パラディオがこの有名な仕事のために最初のスケッチ（図14・11）を描いたのは多分その中間の五月ということになるだろう。ダニエーレが一五五一年に帰国した後、それは実行に際してかなり修正された（図14・12）。しかし、この案はパラディオの設計のうちでも、続く計画の中で生き残っているきわめてわずかなものの一つであり、パトロン行為を記した証拠のおかげで、開始の日時がめずらしく正確にわかる唯一のものである。[23]

建築のパトロンについて研究することから得られる一番はっきりした利益の一つは、パラディオがコルナーロ家から受けた別荘の注文を通じて示すことができる。この関係が特に興味深いのは、同じ一族の他の二つの分家が、同時に、巨大な新しい都市の館を建築中で、それはそれぞれサンソヴィーノとサンミケーリの設計だったことである。これらの先端的な様式の壮麗な住居は、両方とも、最近火災にあったばかりの先祖の館の跡地に、権勢並ぶもののない大一族中の若い分家の子息によって建てられていた。一族の長老は、パラディオへの注文に先立つ一五四〇年代の十年間は、かつて伯母のキプロス女王のものであった古い有名な館に住んでいたので、親族の若者たちがこれ見よがしに流行の建築様式を追いかけていても無関心でいられたのだった。[24] この

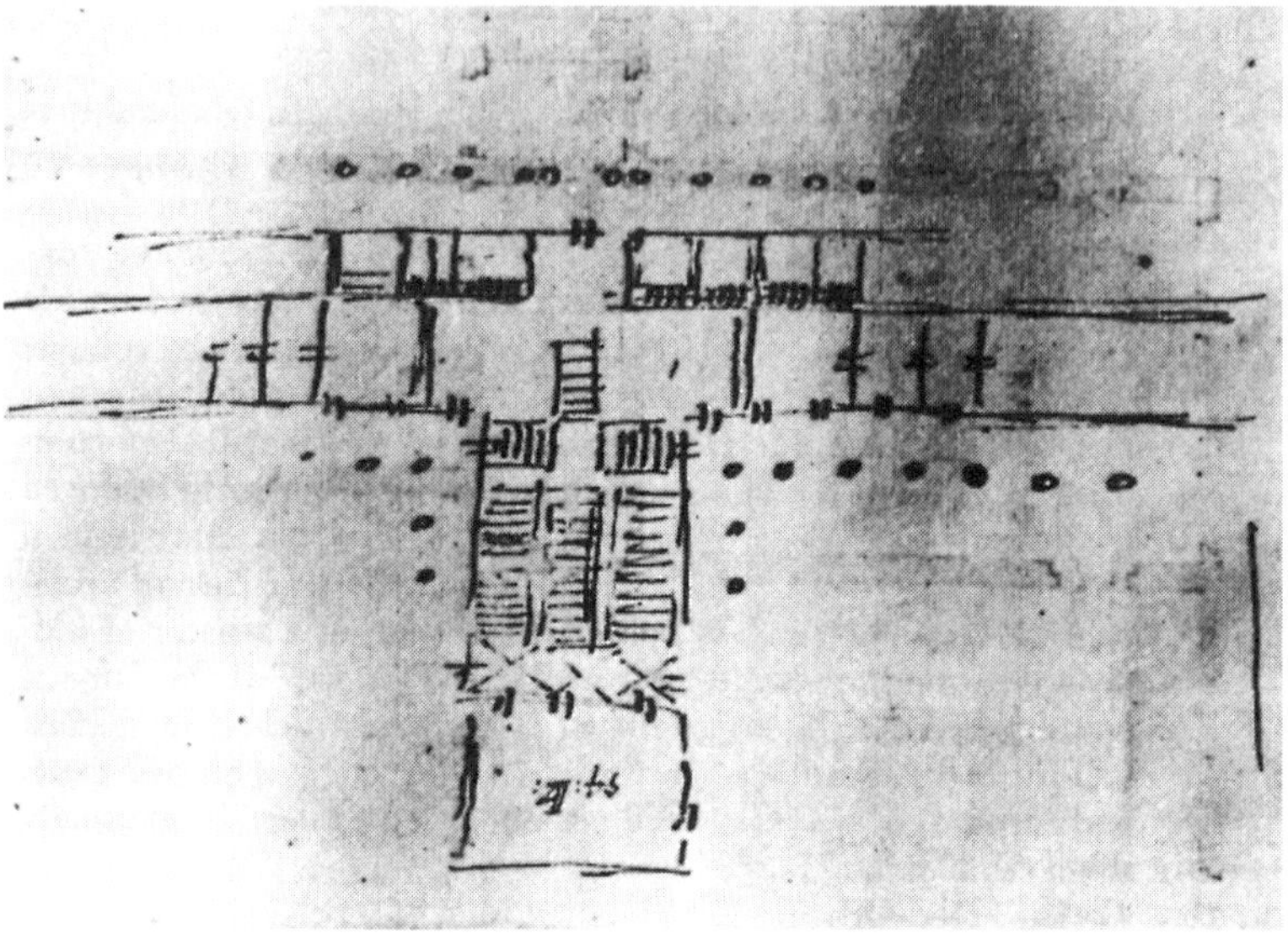

14.11 アンドレア・パラディオ．マセルのヴィラ・バルバロのための原案スケッチ，1549 年

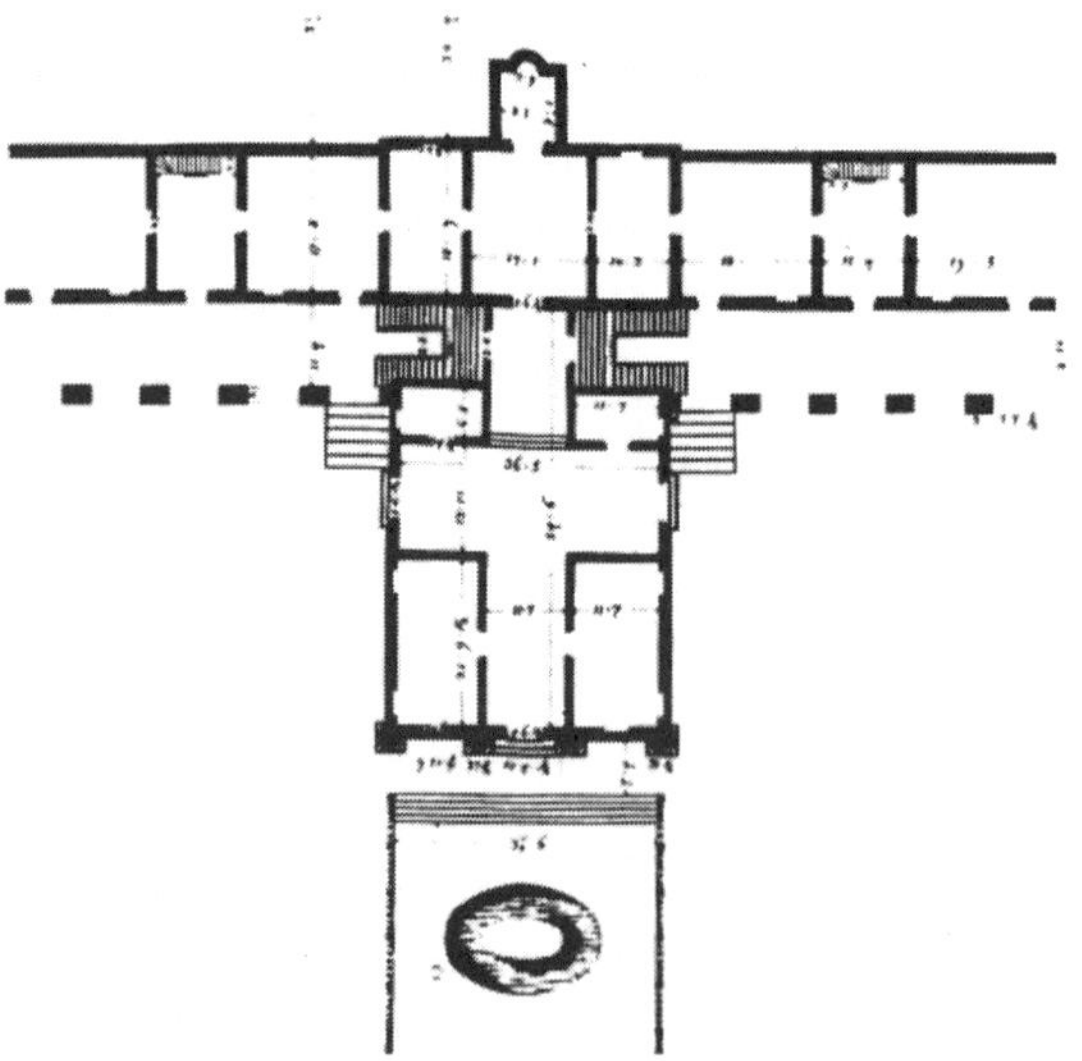

14.12 アンドレア・パラディオ．マセルのヴィラ・バルバロの設計平面図，1551-58 年，彫版画

長老が昔風の軍人としての徳を持った元老院議員ジローラモ・コルナーロであった。彼は十人委員会の中心メンバーとして、国の防備計画について絶えずミケーレ・サンミケーリと話し合っていた。それで、この建築家にピオンビーノの別邸〔パラッツォ・コルナーロ〕を、彼自身の好みを反映して、異例なほど荘重に建て直すことを依頼したのだった。一五五一年ジローラモ・コルナーロが死去すると、長男のアンドレアは長子の権利としてその立派な建物の所有を主張したが、それを使いたいとは思わなかった。一方、弟のゾルゾンはその屋敷が大変気に入っていたが、館の回りの敷地の半分の権利しか得られなかった。彼はすぐにその敷地を使ってパラディオに大きな新しい館を注文をした（図14・13）[25]。サンミケーリが建て直した父親の館は、長い間放置された後、エモ家に引き継がれ、十八世紀に取り壊されたが[26]、パラディオが作ったゾルゾンの美しい別邸は今でもピオンビーノにある。この建物が持つ性格を十分味わうためには、すでにあるものと競合する前例のない配置と、パトロンの特別な目的を理解するという方法以外にない。傍らに圧倒するように立つサンミケーリの館の大きさ（この館の生成的な先行者としての役割は以前には認められていなかった。その独特の形は一家の古文書保管所を探して再発見されたばかりである）と競うために、パラディオは例のない高さをもってすることに決めた。具体的には、列柱を上下重ねて二つの丈の高い柱廊を作った。さらに、村に向かう正面の入口は、上部が丸い窓を取って明るくした一対の長い翼廊で飾り、さらに突き出した二重の柱廊玄関を付け、その重ねた柱廊の上には高いペディメントを置いた（図14・14）[27]。こうした装置のすべてはパラディオにとってピオンビーノで初めて使ったものであり、これに似たものや模倣したものが多いのをみると、実際ヴェネツィア貴族によるパラディオへの初期の注文の中でもっとも影響力の強いものである。この家はヴェネツィアの別荘建築の不朽のイメージを打ち立てたものであり、またヴェネツィア貴族たちをマニエリスムの実験的なものへの浮

14.13 ジローラモ・トマソーニ.「ピオンビーノの地図」, 1707年. 右にサンミケーリ作のパラッツォ・コルナーロ、左にパラディオ作のパラッツォ・コルナーロがある.

14.14 アンドレア・パラディオ．ゾルゾン・コルナーロのヴィラ，ピオンビーノ，1551 年

気から、古い時代の実用性を再現することで、説得力のあるその土地に合った様式に引き戻したものである。こう考えると、建築家がモデルにしたのは、ほかならぬ四十年前にトゥッリオがアグネシーナ・バドゥーア・ジュスティニアンのために設計したロンカデの早熟な傑作（図14・3）であったという魅力的な事実を認めることができる。あるいは、もしかするとそれはパトロンがモデルにしたのだったかもしれない。なぜなら、私はここでヴェネツィアの十六世紀住宅建設は完全に一巡して元に戻ったと感じるからである。アグネシーナとトゥッリオがロンカデでほのかに輪郭を示していた優美で実用主義的な古典の様式が、パラディオによるピオンビーノのゾルゾン・コルナーロのための仕事を通して、その世紀の地道な住宅建築の主要な様式として再び確立された。ゾルゾン・コルナーロは土地所有権という古風なものを意識的に美徳とし、また古代共和国の簡素というよくある図像学的連想を好んでいた。そしてまた我々は今、ゾルゾンがアルヴィーゼとニコロのフォスカリ兄弟と親しい関係にあったことを知り、なぜ二人がマルコンテンタと呼ばれる有名な別荘（図14・15）のために、パラディオにピオンビーノの原案を使うよう頼んだのかわかり始めたように思う。[28] フォスカリ家の二人の独身の兄弟のために作られた二組の続き部屋のある平屋が、パトロンとその花嫁のためのものであり、また彼らが田舎に滞在するたびについてくる召使や友人たちからなる随行者が泊まるために拡張された事情も理解できる。ゾルゾンがピオンビーノの完成の年に結婚式を行ったことは、この意味をさらに補足する。

コルナーロ家とフォスカリ家は、文化と政治の領域での僚友として緊密なネットワークを持ち、この世紀の中頃に建築美術の分野で同時に起こした行動は、きわめて影響力のあるヴェネツィア上流社会に持て囃された住宅建築家として、パラディオの出世を保証した。このネットワークは次の世代にまで引き継がれ、パトロンとパラディオの両方の後継者たちの間で共同作業が行われるまでに広がった。パラディオの手掛けた建物のう

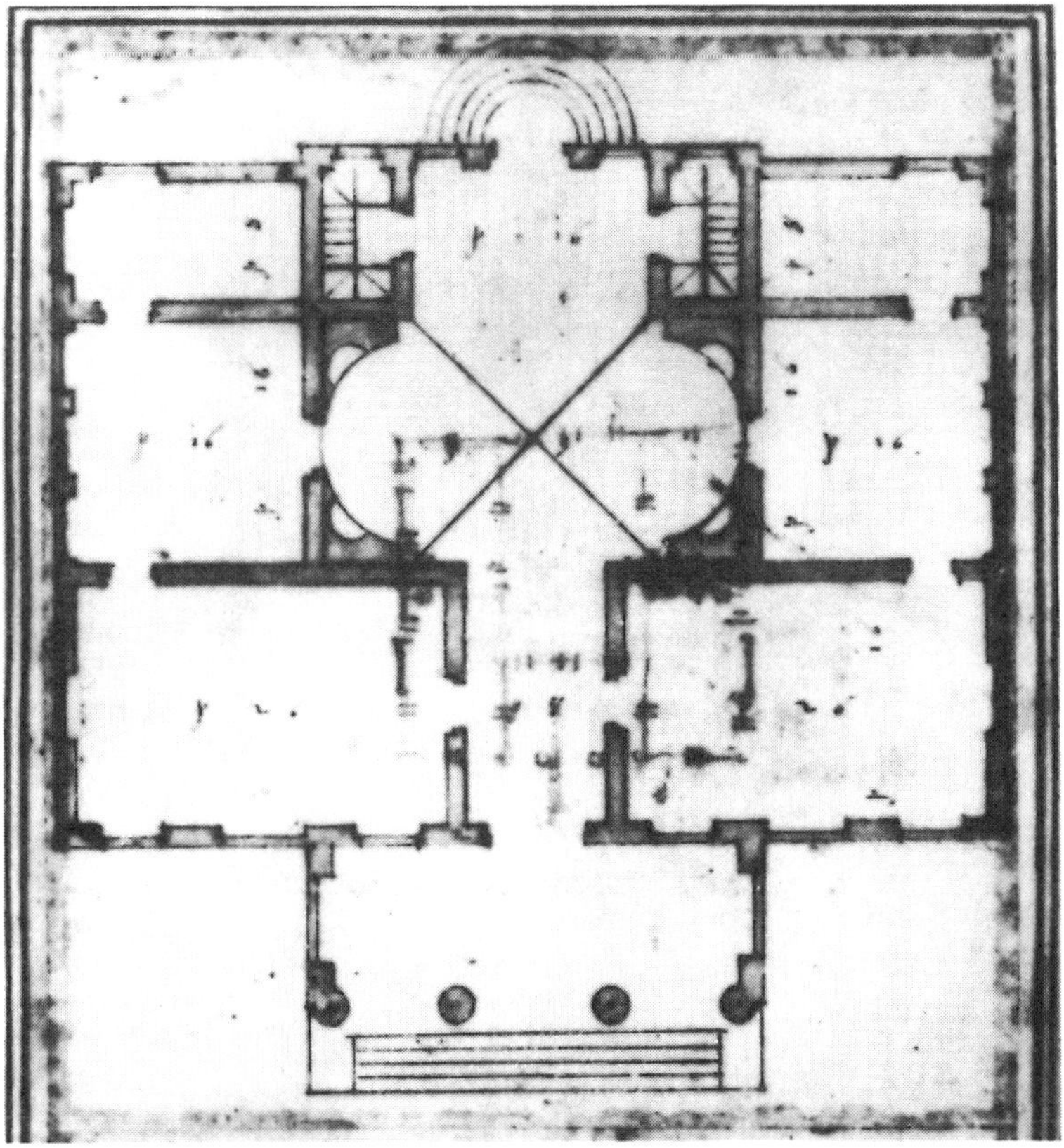

14.15 アンドレア・パラディオ，ヴィラ・フォスカリ（マルコンテンタ）に採用された平面設計図，1547－48年ころ

ちかなりな数のものが、彼の第一後継者のヴィンチェンツォ・スカモッツィによって完成された。それらはパラディオの死の年に始まったテアトロ・オリンピコから有名なヴィラ・ロトンダにまで及んだ。スカモッツィは、このヴィラでは、ドームを設計し直して実際に製作したばかりでなく、入口のわきに大きな使用人用の建物も作った。[29] ここでもまた、パトロン行為の証拠が重要であると思う。と言うのも、ゾルゾンの息子ジローラモ・コルナーロはヴィチェンツァの長官に指名されたことでスカモッツィに出会ったのだが、

14.16 ヴィンチェンツォ・スカモッツィ他．ヴィラ・コンタリーニ，ロレッジア，1600年（?）

14.17 ジャンフランチェスコ・コスタ．ミラにあるロンゲーナ作のヴィラ・コンタリーニ，1616-20年，彫版画

ピオンビーノの別邸にどこにも引けを取らない厩舎を建てることと、館の上部を既製の部分と一致するよう完成させることの両方を注文したからである。こうしたものやその他の注文を通して、また自身が政治の世界で高位にあることもあって、ジローラモは保守的なヴェネツィアの貴族社会の中で、パラディオの古典主義をさらに簡素にしたスカモッツィの大変な人気を促進する助けになっていたようである。[30] 十六世紀の最後の二十五年間には、もっとも古くからの共和国の名門はほとんどみなスカモッツィに注文を出していた。これらの大部分はおもしろみのないものであったが――例えば、ロレッジアのコンタリーニ家の別荘〔ヴィラ・コンタリーニ〕（図14・16）のように――こうしたパトロンたちの子孫にはもっと大きな幸運が訪れた。我々がたどった百年にわたる軌道の終わり、一六一六年のスカモッツィの死の時に、彼の弟子の一人がヴェネツィア建築に革命を起こす運命を背負った優秀な若手の設計者として登場したからである。これがロンゲーナで、サンミケーリ、サンソヴィーノ、そしてパラディオの遺した建物を作り直したが、彼の仕事の迫力はすぐに同時代の偉大な建築家ベルニーニのローマにある傑作と競うほどになった。この若者は幸運なことに、スカモッツィにロレッジアの別荘と首都の大きな館を注文したあのコンタリーニ家に属する、最近騎士に叙せられた貴族を最初のパトロンとして、ブレンタ川沿いに新しい別荘を建てた（ミラの古いコンタリーニの別荘の向かい側）――ただ残念なことにそれは今石鹸工場に押し潰されそうになっている。十八歳の天才がかたくなな昔気質の騎士道精神の持主のために考えた、風車のような放射状の翼廊を持つドラマティックな設計（図14・17[31]）は我々のよく知る貴族階級のエリートたちの間ですぐに彼を評判の人物にした。したがって、その後間もなく元老院の注文者として、バルダッサーレ・ロンゲーナのために「サンタ・マリア・デッラ・サルーテ聖堂の建築家」としての任務を獲得してやったのが、あの初期のスカモッツィの支持者で、ゾルゾン・コルナーロの息子、いまでは騎士で行政官のジローラモであってもそれほど驚くにはあたらない。[32] この行為によって、彼はヴェネツィアのもっとも偉大な地元出身の建築家を公的な場に登場させたばかりでなく、彼自身の一族がその建築上の繁栄にひじょうに深く関わっていたこの都市自体に、忘れ難く感動的な最高傑作(図14・18)を与えることになったのである。サンタ・マリア・デッラ・サルーテ聖堂は、聖母の執り成しのパトロン行為に対する共和国の感謝を表わしたものであった。

14.18 バルダッサーレ・ロンゲーナ．サンタ・マリア・デッラ・サルーテ聖堂，ヴェネツィア，1630 年

*Douglas Lewis ルネサンス美術史専攻

注

1 Pietro Paoletti, *L'Architettura e la scultura del rinascimento in Venezia* (Venice, 1893), pp.187-8; Giovanni Mariacher, *The Vendramin Calergi Palace* (Venice, 1965).

2 "La Sculpture," in Wilhelm Bode, *La Collection Spitzer* (Paris, 1892), IV, 96-7, 114, n.15; Bode, *Die Sammlung Oscar Hainauer* (Berlin, 1897), pp.20-21, 76, n.101; and Bode, "Two Venetian Renaissance Bronze Busts in the Widener Collection in Philadelphia," *Burlington Magazine*, 12 (November 1907), 86-91.

3 Anne Markham Schulz, "The Giustiniani Chapel and the Art of the Lombardo," *Antichià Vita*, 16 (March /April 1977), 27-44.

4 Carolyn Kolb Lewis, *The Villa Giustinian at Roncade* (New York and London, 1977).

5 C.K.Lewis, "Portfolio for the Villa Priuli: Dates, Documents, and Designs," *Bollettino del Centro Internazionale di Studi di Architettura* (hereafter cited as *Bollettino C.I.S.A.*), 9 (1969), 353-69.

6 Bernard Gonzati, *La basilica di S. Antonio di Padova* (Padua, 1852-53), I, 103, doc.XCVI.

7 C.K.Lewis, "Portfolio for the Villa Priuli," pp.358-61 および図133.

8 ヴィラ・ガルゾーニについては、以下の文献がある。Lionello Puppi, "La Villa Garzoni a Pontecasale," *Prospettive*, 24(1961), 51-62, 84; Puppi, "La Villa Garzoni ora Carraretto," *Bollettino C.I.S.A.*, 11 (1969), 95-112; Puppi, "Minuzia Archvistica per villa Garzoni di Jacopo Sansovino," *Antichità Vita*, 13(1974), 63-4; Bernhard Rupprecht, "Die Villa Garzoni des Jacopo Sansovino," *Mitteilungen des Kunsthistorischen in*

Florenz, 11 (1963), 2-23.

9　Girolamo Alessandro Capellari, *Campidoglio Veneto*, MSS. Cons., Biblioteca Nazionale Marciana, II, fol.112^{v}: "rimase fra Popolari; la cui linea...havento havuto nell'ordine de'Cittadini, alcuni huomini chiari"; Marco Barbao, *Nozze*, c.1538ff., Biblioteca Nazionale Marciana, Venice, MSS. Ital. Cl. VII, Cod.156(=8492), cc.87, 207-8, 248; Douglas Lewis, "Some Implications for the Dating of the Villa Garzoni," paper presented at the Titian-Aretino-Sansovino conference, King's College, Cambridge, 18 April 1973.

10　Giorgio Vasari, "Jacopo Sansovino," *Le Vite de' più ecclenti pittori scultori ed architettori*, ed. Gaetano Milanesi (Florence, 1881), VII, 503: "Più largo per ogni verso che non è il Fontigo de'Tedeschi tredici passa."

11　J. C. Davis, *The Decline of the Venetian Nobility as a Ruling Class* (Baltomore, 1962); Brian Pullan, *Rich and Poor in Renaissance Venice* (Oxford, 1971); Deborah Howard, *Jacopo Sansovino* (New Haven and London, 1975), esp. ch.5. "Charitable Institutions," pp.96-119.

12　Rupprecht, "Sanmichelis Villa Soranza," *Festchrift Ulrich Middeldorf* (Berlin, 1968), pp.324-32; Puppi, *Michele Sanmicheli* (Padua, 1971), pp.86, 156, n.254.

13　Puppi, *Sanmicheli*, p.85. アグリアーノのヴィラについては Renato Cevese, *Ville della provincia di Vicenza*(*Veneto 2*) (Milan, 1971), II, 285-87を参照。D. Lewis, "The Rediscovery of Sanmicheli's Palace for Girolamo Corner at Piombino," *Architectura*, 6(1976), 29-35.

14　D. Lewis, "Un disegno autografo del Sanmicheli e la notizia del committente del Sansovino per S. Francesco della Vigna," *Bollettino dei Musei Civici Veneziani*, 17 (1972), 7-36, n.3,4.

15 D. Lewis, "Disegno...e la notizia del committente," pp.22-4; Puppi, *Sanmicheli*, pp.46-57.

16 Rudolfo Gallo, "Michele Sanmicheli a Venezia, 5: Il parazzo Grimani a Santa Maria Formosa," *Michele Sanmicheli 1484-1559; reccolta di studi...* (Verona, 1959-60), pp.125-9, 157-8.

17 Lewis, "Disegno...e la notizia del committente," p.27.

18 Lewis, "Disegno...e la notizia del committente," pp.25ff.

19 *Ibid.*; D. Lewis, *The Drawings of Andrea Palladio* (Washington, D.C., 1981), pp.186-7.

20 Rudolf Wittkower, "The Genesis of an Idea : Palladio's Church Facades," *Architectural Principles in the Age of Humanism* (New York, 1971), pp.89-97; John Sparrow, *Visible Words: A Study of Inscriptions* (*The Sanders Lectures for 1964*) (Cambridge, 1969), pp.41-8. ファサードの作られた年は、ヴァザーリが一五六六年にヴェネツィアを訪れたときに見たのは、その場所にある台座だけだったのだから、およそ一五六五〜七〇年より早いことはありえない。Milanesi, ed., *Vite*, VII, 529-30.

21 Manfredo Tafuri, *Jacopo Sansovino* (Padua, 1969), pp.84-6. また、これ以前の文献も参考にした。

22 D. Lewis, "Introduction to the Patronage of Palladio's Works in Domestic Architecture," paper presented at the Folger Institute's Washington Renaissance Colloquium, Washington, D.C., April 1972, pp.9, 17.

23 D. Lewis, "Disegni autografi del Palladio non pubblicati: le piante per Caldogno e Maser, 1548-1549," *Bollettino C.I.S.A.*, 15 (1973), 369-79. Howard Burnsは、一九八〇年十一月にWuppertal-Elberfeldで行われたパラディオ・シンポジウムで、マセルの別荘についての第二原案を発見したことを報告した。現物は失われているものだが、そのコピーがOxford大学Worcestor CollegeのJohn Webbによって保管されている。

24 R.Gallo, "Michele Sanmicheli a Venezia, 2: I Corner ed i loro palassi," pp.112-8, 154-6. サンソヴィーノのS. Maurizioにあるパッラツォ・コルナーロ・デッラ・カ・グランデに関しては、Howard, *Sansovino*, pp.138-

40 参照。サンミケーリのS. Poloにあるパラッツォ・コルナーロの年代を一五五五〜六四年にしたことに関してはD. Lewis, "Sansovino and Venetian Architechure," *Burlington Magazine*, 121 (January 1979), 41 参照。

25 D. Lewis, "La datazione della villa Corner a Piombino Dese," *Bolletino C.I.S.A.*, 14 (1972), 381-93.

26 取り壊しは明らかにおおよそ一七七二年から一七七八年の間にあった。Puppi, "Novità per Michele Sanmicheli e Vincenzo Scamozzi appresso Palladio," *Storia dell'Arte* 26 (1976), 16-8 および D. Lewis, "The Rediscovery of Sanmicheli's Palace," p.35 参照。

27 "Program and Image in the Planning of Zorzon Cornaro's Republican Manor House," in D. Lewis, *The Villa Cornaro at Piombino*(*Corpus Palladianum 9*) (Vicenza and University Park, Pa. 1974 〔?〕)

28 D. Lewis, "The Social Context and Sequence of Palladio's Projects around 1550," *The Villa Cornaro*; D. Lewis, "Introduction to Patronage," pp.18-20; Puppi, *Andrea Palladio* (Milan, 1973), pp.128-35, 328-30.

29 Puppi, *Palladio*, pp.188-95, 226-30, 380-83, 435-9. また、Camillo Semenzato, *La Rotonda di Andrea Palladio* (*Corpus Palladianum 1*) (Vicenza and University Park, Pa., 1968) も参照。

30 D. Lewis, "Girolamo II Corner's Completion of Piombino, with an Unrecognied Building of 1596 by Vincenzo Scamozzi," *Architectura*, 7 (1977), 40-45.

31 D. Lewis, "Baldassare Longhena," *Arte Veneta*, 27 (1973), 329.

32 Wittkower, "S. Maria della Salute," *Saggi e memorie di storia dell'arte*, 3 (1963), 34.

訳者あとがき

本著は Guy Fitch Lytle and Stephen Orgel ed., *Patronage in Renaissance* (Folger Institute Essays), Princeton University Press, Princeton, New Jersey, 1981 の全訳である。

ルネサンス期のパトロン制度に対する新たな関心が目立ちだしたのは、八十年代前後からであろう。それは歴史の分野から始まり、社会、経済、美術史、文学などを巻き込む学際的な研究として広がっていった。もちろんパトロンという概念自体は決して新奇なものではなく、古代ローマの政治家マイケナスがホラティウスやウェルギリウスを庇護した例を持ち出すまでもなく、古くから芸術の存在に深くかかわるものとしてあったことは言うまでもない。

だが、八十年代以降のパトロン制度に対する興味は明らかにそれまでとは異なる視点からのものである。ミシェル・フーコーの歴史、権力についての思想に触発された新しいアプローチ「新歴史主義」は、歴史に《書く／記録する》主体の問題を持ち込み、また方法論として、政治学、経済学、歴史学、民族学、美術史、文学などの隔絶されていた学問領域の枠を取り払い、真に学際的な研究への道を拓いた。こうした中で、この伝統的なパトロン-クライアントの関係にも異なる多様な角度からの光が当てられ、芸術のみならず、政治、社会を含めたルネサンス世界を読み解く鍵となる重要な制度としてクローズアップされるようになった。

一九八一年に出版された原著は、このような新たな光りによってパトロン制度を再発見しようとする研究の出発点とも言えるものである。「はじめに」で編者の一人スティーヴン・オーゲルが述べているように、ここには十四編の論文が収められているが、それらの執筆者の専門は、文学（六）、歴史学（五）、美術史（三）と三分野にわたっており、それぞれの立場からパトロン制度という同一の主題をめぐって多彩な考察を展開している。二十世紀も終わろうという現在では、これはもう当然のことであり、むしろここに社会学者、経済学者などが加わっていないのが物足りなくさえ思えるのだが、やはりこの学際的構成の意味は小さくない。

こうした総合的ネットワークでパロトン制度を考えようという意図は、歴史学者W・L・ガンダーシェイマーの巻頭論文「ルネサンスのパトロン制度——新たなアプローチ」に明言されている。

重要なのは、個々のパトロン、およびあらゆる種類と程度のパトロンとしての一つ一つの行為は、その直接的な文化のコンテクスト内だけで理解するべきでないという点を認めることである。パトロンやその行為は、ヨーロッパの社会的、知的歴史においてパトロン制度が持つシステムとしての効果を扱った、もっと包括的な理論によって考察することもできるはずである。

九十年代のはじめころ、我々三人はチューダー、スチュアート両王朝期、つまり、王を中心とする宮廷への権力集中化の過程において、当時の文学に対するパトロン制度がどのようなものであったかを再確認する作業を通して、イギリス・ルネサンスにおける文学の位置、文学者のプロフェショナルとしての意識形成を見ていきたいという途方もないことを考えていた。そのための文献捜しの中で出会った原著は、この分野における最初の優れた試みとして我々の道標となった。おかげでいささかドンキホーテ的に出発した研究をなんとか『宮廷の文人たち――イギリス・ルネサンスのパトロン制度』（一九九七年）としてまとめることができたのである。その当時からぜひこれを邦訳して、パトロン制度を切り口としたルネサンス研究を紹介したいという思いが、今回ようやく実現したのである。

訳出にあたっては、繁雑さを防ぐため、補足的情報はできるだけ訳文に織り込むようにしたが、どうしても必要と思われるときは〔　〕を使って説明を加えた。また、原文の明らかに誤りと思われる箇所は可能な限り訂正した。参考文献については、原著ではBibliographical Notesとして一九八〇年前後までのものがあげられているので、それ以後のものを中心に補足して「参考文献」として巻末に載せた。

翻訳は「はじめに」と「一、十一、十二、十三、十四章」および「図版所有者・出典」を成沢、「二、三、四、六、九、十章」を有路、「五、七、八章」と「インデックス」を舟木が、「参考文献」作成は有路が担当した。しかし、基本的には三人の共同作業という認識で、この一年間、月に一度以上は集まって、繰り返し全員で原稿に手を入れた。それでも解決できない問題については、東京学芸大学と信州大学のさまざまな分野の専門家にお教えいただいた。いちいちお名前をあげることはしないが、ご多忙な中時間を割いて下さり、貴重な知識や情報をいただいた先生方に深く感謝したい。

最後に、我々の無理をお聞きいただき、本著の出版をお引き受け下さった松柏社の森信久社長と担当の編集部里見時子さんに厚く御礼申し上げる。

成沢和子

二〇〇〇年一月

索　引

エ

オ

カ

キ

ク

ケ

コ

ミ

メ

モ

ユ

ラ

リ

ル

参考文献

Brennan, Michael G., *Literary Patronage in the English Renaissance: The Pembroke Family,* London and New York, 1988.

Brown, Cedric C. ed., *Patronage, Politics, and Literary Traditions in England,* 1558-1658, Detroit, 1993.

Bullard, M. M., *Filippo Strozzi and the Medici: Favour and Finance in Sixteenth-Century Florence and Rome,* Cambridge, 1980.

Burke, Peter, *Italian Renaissance: Society and Culture,* Cambridge, 1972.
(森田、柴野訳『イタリア・ルネサンス ── 社会と文化』岩波書店　1992年)

Chambers, D. S., *Patrons and Artists in Italian Renaissance,* London, 1970.

Christensen, C. C., *Art and the Reformation in Germany,* Athens, Ohio, 1979.

Clough, C. H., *The Duchy of Urbino in the Renaissance,* London, 1981.

Dickens, A. G. ed., *The Courts of Europe: Politics, Patronage and Royalty, 1400-1800,* London, 1977.

Dobson, R. B. ed., *The Church, Politics and Patronage in the Fifteenth Century,* Gloucester and New York, 1984.

Dutton, Richard, *Mastering the Revels: The Regulation and Censorship of English Renaissance Drama,* Basingstoke and London, 1991.

Eisenstadt, S. N. and Louis Roniger, 'Patron-Client Relations as a Model of Structuring Social Exchange' in *Comparative Studies in Society and History,* 22, 1980, pp.42-77.

______, 'The Study of Patron-Client Relations and Recent Developments in Sociological Theory' in *Political Clientalism, Patronage and Development,* eds. Eisenstadt, S. N. and R. Lemarchand, London, 1981, pp. 271-329.

Fenlon, I., *Music and Patronage in Sixteenth-Century Mantua,* Cambridge, 1981.

______ed., *Music in Medieval and Early Modern Europe: Patronage Sources and Texts,* Cambridge, 1981.

Fogle, French R. and Louis A. Knafle, *Patronage in Late Renaissance England,* Los Angeles, 1983.

Fox, Alistair, *Politics and Literature in the Reigns of Henry VII and Henry VIII,* Oxford, 1989.

Garin, Eugenio ed., *L'Uomo del Rinascimento,* Roma, 1988.
(近藤他訳『ルネサンス人』岩波書店　1990年)

Gilbert, C. E. ed., *Italian Art, 1400-1500,* Englewood Cliffs, 1980.

Goffen, R., *Piety and Patronage in Renaissance Venice,* New Haven, 1986.

Gold, K. B., *Literary Patronage in Greece and Rome,* North Carolina, 1987.

Goldthwaite, R., *The Building of Renaissance Florence,* Baltimore, 1980.

Gundersheimer, W., *Ferrara: The Style of Renaissance Despotism,* Princeton,

1973.

Gurr, Andrew et al. eds., *The Year Book of English Studies, 21: Politics, Patronage and Literature in England 1558-1658,* special number, 1991.

Hall, M. B., *Renovation and Counter-Reformation: Vasari and Duke Cosimo in Sta. Maria Novella and Sta. Croce, 1565-1577,* Oxford, 1979.

Hannay, Margaret P. ed., *Silent But for the Word: Tudor Women as Patrons, Translators, and Writers of Religious Works,* Kent, Ohio, 1985.

Haskell, Francis, *Patrons and Painters,* rev. ed., New Haven, 1980.

Heinemann, M., *Puritanism and Theatre: Thomas Middleton and Opposition Drama under the Early Stuarts,* Cambridge, 1979.

Kent, D., *The Rise of the Medici,* Oxford, 1978.

Kent, F. W., *Household and Lineage in Renaissance Florence,* Princeton, 1977.

Koenigsberger, H. G., 'Republics and Courts in Italian and European Culture in the Sixteenth and Seventeenth Centuries' in *Past and Present,* 83, 1979, pp.32-56.

Lockyer, Roger, 'Patronage and Politics under Elizabeth I and the Early Stuarts' in *Royal Stuart Papers,* 24, 1987, pp.1-14.

Newcomb, A., *The Madrigal at Ferrara, 1579-1597,* Princeton, 1979.

O'Farrell, Brian, *Politician, Patron, Poet: William Herbert, Third Earl of Pembroke, 1580-1630* (unpublished Ph.D. dissertation, University of California, 1966).

Peck, Linda Levy, *Northampton: Patronage and Policy at the Court of James I,* London, 1982.

______, *Court Patronage and Corruption in Early Stuart England,* London, 1990.

Price, D. C., *Patrons and Musicians of the English Renaissance,* Cambridge, 1981.

Rosenberg, Eleanor, *Leicester: Patron of Letters,* New York, 1955.

Ross, C. D. ed., *Patronage, Pedigree and Power in Later Medieval England,* Gloucester, 1979.

Saunders, J. W., *The Profession of English Letters,* London and Toronto, 1964.

Sheavyn, Phoebe, *The Literary Profession in the Elizabethan Age,* rev. ed., Manchester 1967.

Smith, A. G. R., *Servant of the Cecils: The Life of Michael Hickes, 1543-1612, London,* 1977.

Streitberger, W. R., 'On Edmond Tyllney's Biography' in *Review of English Studies,* n.s. 29, 1978, pp.11-35.

______, *Edmond Tyllney, Master of the Revels and Censor of Plays: A Descriptive Index to his Diplomatic Manual on Europe,* New York, 1986.

Trevor-Roper, Hugh R., *Princes and Artists: Patronage and Ideology at Four Hapsburg Courts 1517-1633,* London, 1976.

Van Dorsten, J. A., *Poets, Patrons and Professors,* Leiden and London, 1962.

Vitkus, Daniel James, *Occasions of Magnificence: Poets, Patrons, and the Politics of Marriage in Renaissance England* (Ph.D. dissertation, 1992), Ann Arbor, 1996.

図版所蔵者・出典

1.1 T.Hodgson『ユリウス三世に自作のミサ曲を捧げるパレストリーナ』 Sir John Hawkins, *A General History of the Science and Practise of Music* (London, 1776), 3:173 より.

1.2 Francesco del Cossa と助手たち『道化に褒美を与えるボルソ・デステ』フェッラーラ, Palazzo Schifanoia の「暦月の間」.(写真:Alinari)

1.3 Giorgio Vasari『大公コジモ・デ・メディチの神格化』フィレンツェ, Palazzo Vecchio.(写真:Alinari)

5.1 『ロンドン塔のシャルル・ドルレアン』(フランドルの彩飾家). シャルル・ドルレアンの詩集写本からの彩飾本. British Library MS. Royal 16 F II, fol.73. ロンドン, British Library Board の許可により複写.

5.2 『ジェイムズ四世』(16世紀の画家) Abbotsford Abbey 所蔵.

5.3 『ヘンリー七世』(作者不詳). 王室版権. ロンドン, Victoria and Albert Museum 所蔵.

5.4 『エリザベス・オブ・ヨーク』(作者不詳). ロンドン, National Portrait Gallery 所蔵.

5.5 Maynard Wewyck(?)『皇太子アーサー』 H.M.Queen Elizabeth II が版権所有. 王室コレクション. Windsor Castle 所蔵.

5.6 Maynard Wewyck(?)『ヘンリー八世』 Anglesey Abbey 所蔵.

5.7 Maynard Wewyck『リッチモンド伯夫人マーガレット・ボーフォート』 Cambridge 大学 Christ College の学寮長および評議員の許可により掲載.

5.8 Pasquel Grenier『トロイ陥落』タペストリー. 王室版権. ロンドン, Victoria and Albert Museum 所蔵.

5.9 Piers Enghein(?)『皇太子アーサーの婚約式(?)』タペストリー・パネル. Oxford 大学 Magdalen College 所蔵.(写真:英国 National Monuments Record の許可により掲載)

5.10 Piers Enghein(?)『皇太子アーサーの婚約式(?)』タペストリー・パネル. Oxford 大学 Magdalen College 所蔵.(写真:英国 National Monuments Record の許可により掲載)

10.1 B.de Beaujoyaulx, *Ballet Comic de la Royne* (Paris, 1581) の口絵.

10.2 『館の劇場で王と王妃を歓待するリシュリュー枢機卿』(作者不詳). グリザイユ画. パリ, Musée des Arts Décoratifs 所蔵.

10.3 Inigo Jones『フロリメナ』のための平面図. ロンドン, British Library 所蔵.

10.4 Inigo Jones『フロリメナ』のための舞台装置. カッツワース, Devonshire Collection.

10.5 Inigo Jones『アルビオンの勝利』のための舞台装置. カッツワース, Devonshire Collection.

12.1 Pietro Perugino『愛と貞節の戦い』パリ, Louvre 所蔵.(写真:Musée

Nationaux)

12. 2 Benvenuto Cellini『塩入れ』ウィーン，Kunsthistorisches Museum 所蔵.

12. 3 Giorgio Vasari『ウラノスを去勢するサトゥルヌス』フィレンツェ，Palazzo Vecchio「エレメンツの間」.（写真：Alinari）

12. 4 Rubens(?)(Titian に倣って)『ブレーシャのアレゴリー』ロンドン，British Library 所蔵.（写真：The Warburg Institute）

12. 5 Titian『エウロパ略奪』ボストン，Isabella Stewart Gardner Museum 所蔵.

12. 6 Giorgione『テンペスタ(嵐)』ヴェネツィア，Galleria dell'Accademia 所蔵.（写真：Osvaldo Böhm）

12. 7 Giovanni Bellini『神々の饗宴』ワシントD.C., National Gallery of Art 所蔵.

12. 8 Raphael『アテナイの学堂』ローマ，Vatican 宮殿の「署名の間」.（写真：Alinari）

12. 9 Andrea Mantegna『ロドヴィーゴ・ゴンザーガ侯爵と子息フランチェスコ・ゴンザーガ枢機卿の出会い』マントヴァ，Palazzo Ducale の「結婚の間」.（写真：Alinari）

12.10 Andrea Mantegna によるフレスコの天井画. マントヴァ，Palazzo Ducale の「結婚の間」.（写真：Alinari）

12.11 Lorenzo Ghiberti『大洪水後のノア』フィレンツェ，洗礼堂.（写真：Alinari）

12.12 Sandro Botticelli『アペレスの中傷』フィレンツェ，Galleria degli Uffizi 所蔵.（写真：Alinari）

12.13 Sandro Botticelli『マルスとヴィーナス』ロンドン，National Gallary 所蔵.

14. 1 Mauro Coducci and Pietro, Tullio, and Antonio Lombardo, Palazzo Loredan (Vendramin-Calergi). ヴェネツィア.（写真：筆者）

14. 2 ヴェネツィア派の彫刻家(氏名不詳)『アグネシーナ・バドゥーア・ジュスティニアン』ワシントン D.C, National Gallary of Art 所蔵. Widener Collection.

14. 3 Tullio Lombardo, Villa Giustinian. ロンカデ.（写真：筆者）

14. 4 Sebastiano Serlio(?), Villa Priuli 南ファサード. 木彫.トレヴィル
S.Duby, *Oeuvres d'architecture de Vincent Scumozzi* (Leiden, 1713) より.

14. 5 Sebastiano Serlio(?), Villa Priuli 北ファサード. トレヴィル.（写真：筆者）

14. 6 Jacopo Sansovino, Villa Garzoni. ポンテカサレ.（写真：German Institute of Florence）

14. 7 Michele Sanmicheli, ソランツォ家所有の Villa Soranzo. カステルフランコ.（写真：筆者）

14. 8 Michele Sanmicheli(?), Palazzo delle Trombe. アグリアーノ.（写真：筆者）

14. 9 Michele Sanmicheli, Palazzo Grimani の設計平面図. ヴェネツィア，Ca'del Duca. Museo Civico Correr 所蔵.

14.10 Jacopo Sansovino and Andrea Palladio, S. Francesco della Vigna. ヴェネツィア.（写真：C.I.S.A.:Vicenza）

14.11 Andrea Palladio, マセルの Villa Barbaro のための原案スケッチ.（写真：R.I.B.A.：London）

14.12 Andrea Palladio, マセルの Villa Barbaro の設計平面図 (1551-59). 彫版画. Ottavio Bertotti Scamozzi, *Le fabbriche e i disegni di Andrea Palladio*

(Vicenza, 1776-83) より.

14.13 Girolamo Tomasoni によるピオンビーノの地図 (1707 年). ヴェネトの個人所有の古文書館蔵. (写真：筆者)

14.14 Andrea Palladio, Villa of Zorzon Cornaro. ピオンビーノ. (写真：C.I.S.A.: Vicenza)

14.15 Andrea Palladio による Villa Foscari(Malcontenta)に採用された設計平面図. (写真：R.I.B.A.：London)

14.16 Vincenzo Scamozzi 他, Villa Contarini. ロレッジア. (写真：筆者)

14.17 Gianfrancesco Costa によるミラにある Longhena の Villa Contarini (1616-20). 彫版画. *Delle delicie del fiume Brenta* (Venice, circa, 1747-50) より.

14.18 Baldassare Longhena, S. Maria della Salute. ヴェネツィア. (写真：筆者)

訳者略歴

有路雍子（あるじ ようこ）
一九三九年生まれ。津田塾大学大学院／成城大学大学院修了。現在、東京学芸大学教授。
イギリス・ルネサンス文学専攻。

成沢和子（なるさわ かずこ）
一九四〇年生まれ。津田塾大学大学院修了。現在、信州大学医療技術短期大学部教授。
イギリス・ルネサンス文学専攻。

舟木茂子（ふなき しげこ）
一九四一年生まれ。津田塾大学大学院修了。現在、成城大学非常勤講師。
イギリス・ルネサンス文学専攻。

ルネサンスのパトロン制度

二〇〇〇年七月十日　初版発行

編著者　ガイ・フィッチ・ライトル
　　　　スティーヴン・オーゲル
訳者　有路雍子／成沢和子／舟木茂子
発行者　森　信久
発行所　株式会社　松柏社
〒一〇二—〇〇七二　東京都千代田区飯田橋二—八—一
電話〇三（三二三〇）四八一三（代表）
ファックス〇三（三二三〇）四八五七

装丁　ペーパーイート
印刷・製本　平河工業社

ISBN4-88198-934-0
定価はカバーに表示してあります。

文化の美学

ルネサンス文学と社会的装飾の実践

パトリシア・ファマトン 著

生田省悟＋箭川　修＋井上　彰 訳

A5判上製440頁

イギリス・ルネサンスの装飾の織りなす宇宙を新歴史主義的視点から論じるファマトンの本邦初訳。ファマトンが提唱する「文化の美学」は、贈与、受領、消費の美学に着目し、装飾的余剰としての文化――子供、宝飾品、宴、料理・菓子、恋愛詩、仮面劇、イギリス革命に命を落としたチャールズ一世の形見――の中に、「私」にこだわる自己成形の物語を読み取る。装飾が氾濫する現代、「文化の美学」の意義は大きい。

世紀末イギリスの芸術と思想

ホルブルック・ジャクソン 著

澤井　勇 訳

〔日本図書館協会選定図書〕

A5判上製408頁

イギリスにおける19世紀末、それは芸術史・思想史上極めてユニークな時代であった。当時の作家や画家をはじめとする芸術家たちは、それぞれが無縁ながらしかし共通の大気を呼吸し、精神的な一致をみせていたのである。本書は、当時のそうした状況を複眼的視点でとらえ、その知的・想像的営為のありのままの様相を確実な証言に基づいて描き出すことにより、その本質を照らし出した古典的名著の新版の本邦初訳である。

十九世紀イギリスの日常生活

クリスティン・ヒューズ 著

植松靖夫 訳

A 5判上製356頁

十九世紀のイギリスほど興味深い変化を遂げた社会はない。本書はその時代の日常生活を上流階級から労働者階級に至るまで、照明器具・暖房・召使・ファッション・医療・法廷・軍隊・買い物・娯楽・習慣などにまつわる社会事情の細部を具体的に取り上げて解説する。未曾有の規模での変革ゆえに生じた社会が見せる多様性は、専門の研究者のみならず一般の読者や映画ファンにとっても興味が尽きないところだろう。

犯罪・刑罰・社会

英国社会は犯罪にどう対処してきたか <改訂新版>

J・ブリッグス＋C・ハリソン＋A・マッキネス＋D・ヴィンセント 著

吉村伸夫 訳・注

A 5判上製410頁

社会的ルールを破った者の制裁方法には、その社会の価値観や人間観が、端的に現れる。本書は、イングランドの世俗権力や教会や地域共同体が制裁の権利と責任をどのように分かち合い、その実施のためにどのような機構を用意してきたか、またそれらが時代とともにどう変遷したかを、中世から近代警察の成立まで辿ってゆく。犯罪への対処という観点から社会を見直すことを一人ひとりが迫られている今、貴重な資料となるはずである。